高等职业教育“十三五”规划教材

汽车典型零部件的测绘与识图

主　编　田　耘　王　京
副主编　甄　雯　梁时光　赵海军
参　编　夏广辉　王刘菲　冯淑元

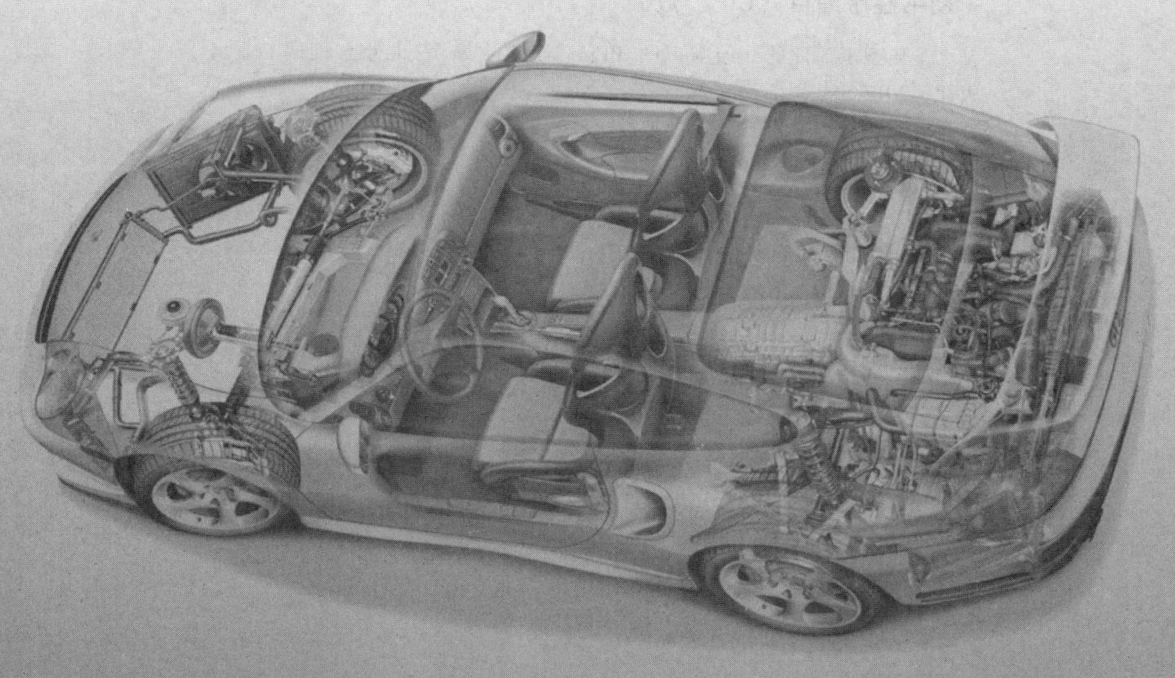

机械工业出版社

本书是高等职业教育课程改革教材，是编者根据教育部制定的“高职高专工程制图课程教学基本要求（机械类专业）”，并结合多年教学改革实践经验编写的。

本书主要面向汽车制造类专业的学生，以汽车典型零部件作为教学案例，具有针对性。本书以“够用、适用、兼顾学生后续发展”为原则，以轴套类、盘盖类、箱体类、叉架类零件作为四大项目，分别选取典型汽车零部件作为教学案例进行分析、讲解。

本书可作为高职高专院校和成人高等学校汽车制造类专业的教材，也可供其他相近专业使用或参考。

本书配有电子课件，凡使用本书作为教材的教师可登录机械工业出版社教育服务网 www.cmpedu.com 注册后免费下载。咨询邮箱：cmpgaozhi@sina.com。咨询电话：010-88379375。

图书在版编目（CIP）数据

汽车典型零部件的测绘与识图/田耘，王京主编. —北京：机械工业出版社，2017.9

高等职业教育“十三五”规划教材

ISBN 978-7-111-57601-3

Ⅰ.①汽… Ⅱ.①田… ②王… Ⅲ.①汽车-零部件-测绘-高等职业教育-教材②汽车-零部件-机械图-识图-高等职业教育-教材 Ⅳ.①U463

中国版本图书馆 CIP 数据核字（2017）第 187867 号

机械工业出版社（北京市百万庄大街 22 号 邮政编码 100037）

策划编辑：王海峰 责任编辑：王海峰 刘良超 张亚捷

责任校对：刘志文 封面设计：鞠 杨

责任印制：张 博

三河市国英印务有限公司印刷

2017 年 9 月第 1 版第 1 次印刷

184mm×260mm · 14.5 印张 · 353 千字

0001— 1900 册

标准书号：ISBN 978-7-111-57601-3

定价：38.00 元

凡购本书，如有缺页、倒页、脱页，由本社发行部调换

电话服务

服务咨询热线：010-88379833

读者购书热线：010-88379649

网络服务

机 工 官 网：www.cmpbook.com

机 工 官 博：weibo.com/cmp1952

教育服务网：www.cmpedu.com

金 书 网：www.golden-book.com

前言

汽车产业是国民经济重要的支柱产业，未来十年将是我国从汽车大国迈向汽车强国的关键时期，汽车产业需要大批高端技能型人才。对汽车制造企业进行的大量调研显示，机械制图的知识及技能是企业对人才最基本和最重要的要求。本书是编者根据教育部《关于加强高职高专教育人才培养工作的意见》和《关于加强高职高专教育教材建设的若干意见》的精神，针对职业教育重在职业岗位能力的培养目标，根据教育部高等职业教育教学委员会制定的“机械制图”课程基本要求，并结合多年来教学改革实践经验编写的。

本书主要面向汽车制造类专业的学生，内容上以汽车典型零部件的实体为载体，将徒手绘图、仪器绘图贯穿整个教学过程，确保投影理论、构型设计、表达方法、绘图能力、制图规范等基础内容的教学。在讲解制图、识图知识的基础上，对汽车典型零部件的性能也有所介绍。本书以培养学生职业能力为导向，促进课程内容模块化，突出专业可持续发展能力的培养。

本书主要有以下特点。

1）针对性强。采用汽车典型零部件作为案例进行知识讲解，让企业产品进入课堂，实现理论教学与企业需求无缝对接。

2）按照轴套类、盘盖类、箱体类、叉架类四大类分别选取汽车零部件作为教学任务进行分析、讲解。

3）贯彻新国标，本书在编写过程中特别注意国家标准的更新，全面贯彻与本课程有关的最新国家标准。

4）内容交汇。编写过程中将制图的基础知识融汇到各个案例中，做到学以致用。

5）合理选取教学任务。由浅入深、循序渐进，符合学生的认知规律。

本书可作为高职高专院校和成人高等学校汽车制造类专业的教材，也可供其他相近专业使用或参考。

参加本书编写工作的有北京电子科技职业学院田耘、王京、甄雯、赵海军、梁时光、夏广辉、王刘菲、冯淑元。本书由田耘、王京任主编并统稿。

由于编者水平有限，编写时间仓促，书中缺点、错误、遗漏在所难免，恳请广大读者和选用本书的老师提出宝贵意见和建议，以便及时调整、补充。

编　者

目录

第一部分

知 识 准 备

模块一

基础知识

项目目标

1）能够严格按照国家标准《技术制图》和《机械制图》中的基本规定进行绘图。

2）熟练掌握绘图仪器与工具的使用。

3）在汽车工程领域内掌握几类典型零部件图形的绘图方法。

4）掌握平面图形的画图步骤与尺寸标注。

任务引入

图 1-1-1 所示为东风标致汽车前置前驱三维立体构造图，整车结构由变速器、减振器、发动机、传动轴等结构部件组成，要将这些虚拟零部件变成真实的产品，必须将其绘制成符合标准的图样，再由工人根据图样进行加工和装配。那么如何绘制这些零部件的平面图形，并标注尺寸及技术要求呢？

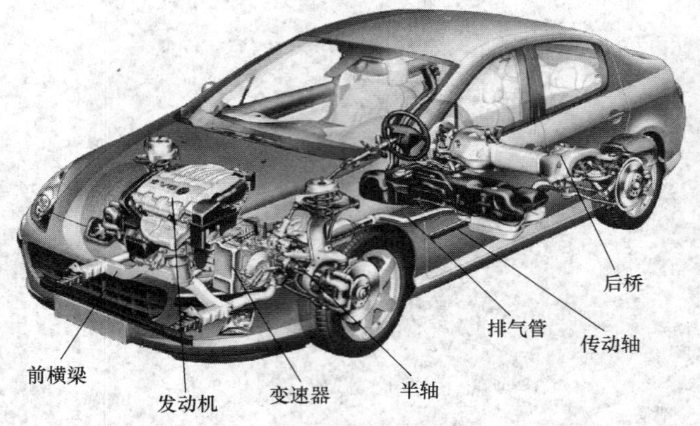

图 1-1-1　东风标致汽车前置前驱三维立体构造图

任务分析

图 1-1-1 所示的汽车总装三维立体图，若将其绘制成平面图形，并完成加工、装配，须

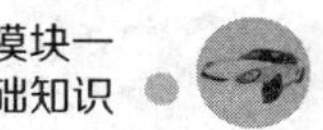

按照设计要求完成总装配图样，再将其拆分成不同部件，完成部件装配图及零件图。无论是总装图还是部件装配图及零件图，首先要根据所表达内容的形状及尺寸选好图纸的幅面和绘图比例；其次，要分析图形中线段的类型、尺寸间相互关系，确定平面图形的画图顺序；再次，要清楚地将三维图表达成平面图形，对其进行投射，并恰当地表达零件的特性；最后要清楚地表达图样中各条线段的尺寸。要完成以上工作任务，必须掌握国家标准《技术制图》中的基本规定、平面图形和几何图作图的画法以及绘图仪器和工具的使用。

1.1 机械图样概述

一、机械图样

在工程技术中，根据投影原理和有关标准的规定表示的工程对象，并有必要的技术说明的“图”，称为图样。

在现代工业生产中，无论是机器制造与维修，还是建筑工程、水利工程等，都是根据图样进行制造和施工的，工程图样起到了比文字更直观、更形象的作用。

机械制造业中使用的图样称为机械图样。机械图样是表达设计意图、交流技术思想的重要工具，是机械制造业中的技术文件，也是机械制造业的技术语言。因此，机械图样不仅要遵循技术制图标准，还要遵循机械制图标准。

本书以汽车零部件作为载体，主要研究的对象是汽车。设计者通过图样表达设计意图：想制造怎样的汽车。制造者通过图样了解设计要求，组织制造和指导生产：想加工制造怎样的汽车。下面通过汽车零件的实例，完成相关内容的学习。

十字轴，又称十字节，即万向接头（universal joint）。它是汽车驱动系统的万向节的“关节”部件，用于实现变角度动力传递，如图 1-1-2 所示。由于立体图不便于将零件内部结构和每个细节表达清楚，且不便于尺寸标注，则工程上采用投影原理和有关标准的规定方法将其绘制为零件图（图 1-1-3），零件图不但可以将零件的内部结构表达清楚，还能将每个细节表达完整，只要能看懂它，就可以进行制造、加工、检验等工作。

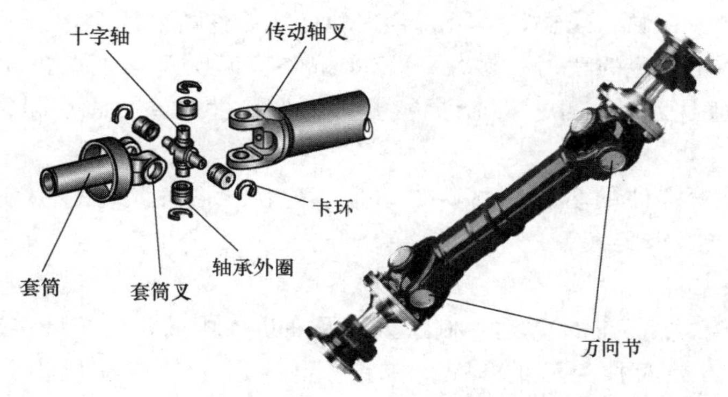

图 1-1-2 万向节结构图

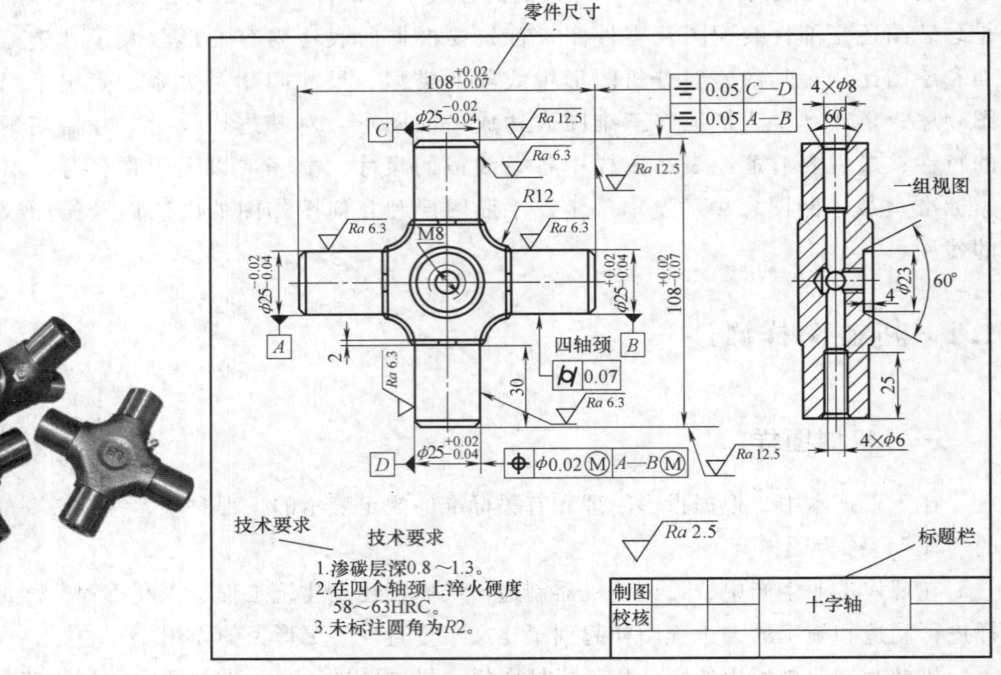

图 1-1-3 十字轴

二、零件图的作用及分类

1. 零件图的作用

任何机器或部件都是由若干个零件按照一定的要求装配起来的。用来表达零件结构形状、尺寸大小和技术要求的图样称为零件图。零件图是生产准备、加工制造、质检装配、维修服务的基本依据，反映了设计者的设计意图，是生产中最重要的技术文件。

2. 零件图内容

由零件图在生产过程中的作用可知，一张完整的零件图必须具有以下内容（图 1-1-3）。

1）一组视图。用视图、剖视图、断面图及其他画法，正确、完整、清晰地表达出零件的结构和形状。

2）完整的尺寸。正确、完整、清晰、合理地标注零件所需的全部尺寸。

3）技术要求。用规定的代号、数字、字母和文字说明等简明、准确地给出零件在制造、检验和使用时应达到的各项技术指标及要求，如尺寸公差、表面粗糙度、材料的热处理等。

4）标题栏。填写零件的名称、材料、数量、比例、图样编号、责任签署（制图设计人、校核人、审核人、审定人等）、日期、单位等。

3. 零件图的分类

按照零件的结构特点、视图表达、制造方法及在机器中的作用等可将其分为轴套类、盘盖类、叉架类、箱体类四种类型的零件。如图 1-1-4 所示的传动机构。叉架类零件如图 1-1-5所示。

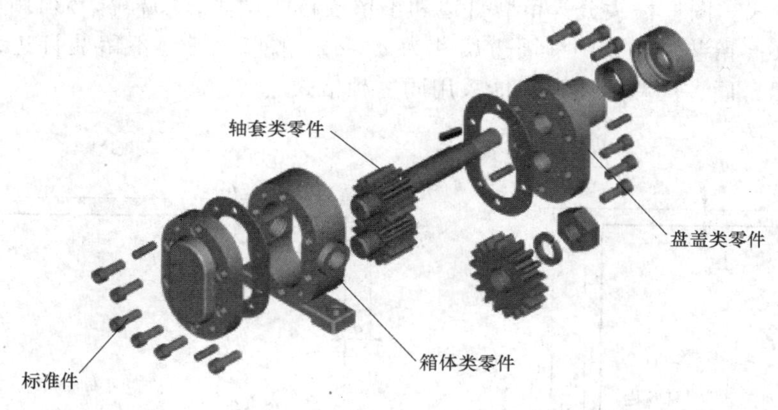

图 1-1-4　传动机构

图 1-1-5　叉架类零件

三、《技术制图》的基本规定

国家标准《技术制图》和《机械制图》是工程界重要的技术基础标准，是绘制和阅读机械图样的准则和依据。国家标准《技术制图》与《机械制图》对图样做出了一系列的统一规定并编号颁布，如 GB/T 16675.1—2012。编号中“GB”代表国家标准，简称“国标”，“T”表示推荐性标准（“GB/T”为推荐性国标），字母后面的两组数字分别表示标准顺序号和标准批准年份（“16675.1”——标准顺序号，“2012”——标准批准年份）。需要注意的是，《机械制图》标准适用于机械图样，《技术制图》标准则普遍适用于工程界各种专业技术图样。

1. 图纸幅面和格式

1）图纸幅面（GB/T 14689—2008）。绘制图样时优先采用表 1-1-1 所规定的基本幅面，基本幅面有 5 种。必要时允许加长幅面，其尺寸由短边成整数倍增加，长边尺寸不变。

表 1-1-1　图纸幅面　　（单位：mm）

幅面代号	A0	A1	A2	A3	A4
$B\times L$	841×1189	594×841	420×594	297×420	210×297
a	25				
c	10			5	
e	20		10		

注：a、c、e 表示图纸留边宽度，如图 1-1-6、图 1-1-7 所示。

2）图框格式。图框格式分为留装订边和不留装订边两种，图样都必须用粗实线画出图框。如图 1-1-6（留装订边，图框周边尺寸为 a、c）、图 1-1-7（不留装订边，图框周边尺寸均为 e）所示。同一产品的图样只能采用同一种格式。

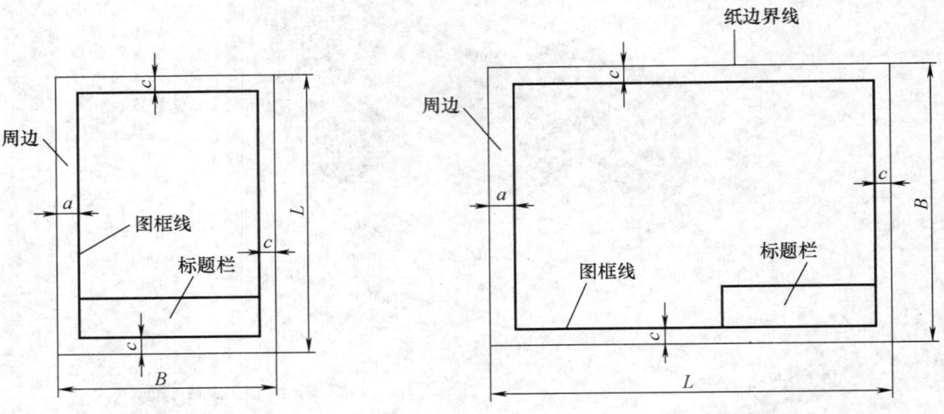

图 1-1-6　留装订边的图框格式

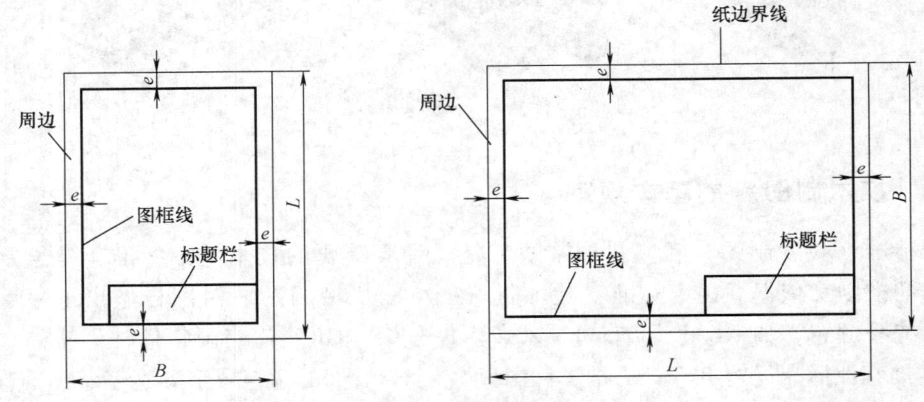

图 1-1-7　不留装订边的图框格式

3）标题栏。每张图样必须有标题栏，标题栏用来表达图样的综合信息，如零部件名称、所用材料、图形比例、图号、单位名称及设计、审核、批准等有关人员的签字。标题栏位于图样的右下角，标题栏文字方向一般为看图方向。标题栏的格式和尺寸按 GB/T 10609.1—2008 规定绘制，如图 1-1-8a 所示；用于学生作业的标题栏可由学校自定，图 1-1-8b所示的格式可供参考。

2. 绘图比例（GB/T 14690—1993）

图样中的图形与其实物相应要素的线性尺寸之比称为比例。其计算公式为

$$绘图比例=\frac{图中图形线性尺寸}{实物相应要素尺寸}$$

绘制技术图样需要按比例绘图时，应由表 1-1-2 中选取。

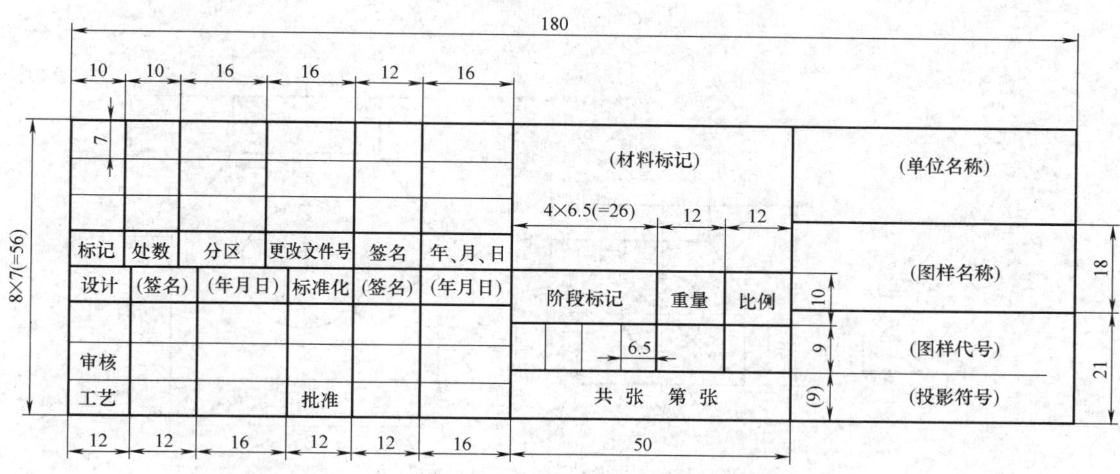

a)

(图 号)			比例		(图号)	
			件数			
班级		(学 号)	材料		成绩	
制图	(姓 名)	(日 期)	(校 名)			
审核	(姓 名)	(日 期)				
12	28	25	15	15	12	(23)

5×8(=40)

130

b)

图 1-1-8 标题栏

表 1-1-2 绘图比例

种类	优先选用比例	允许选用比例
原值比例	1∶1	1∶1
放大比例	5∶1 2∶1 5×10^n∶1 2×10^n∶1 1×10^n∶1	4∶1 2.5∶1 4×10^n∶1 2.5×10^n∶1
缩小比例	1∶2 1∶5 1∶10 1∶2×10^n 1∶5×10^n 1∶1×10^n	1∶1.5 1∶2.5 1∶3 1∶1.5×10^n 1∶2.5×10^n 1∶3×10^n 1∶4 1∶6 1∶4×10^n 1∶6×10^n

注：n 为正整数。

术语提示如下。

1）原值比例。技术制图中的一般规定术语，是指比值为 1 的比例，即 1∶1。

2）放大比例。技术制图中的一般规定术语，是指比值大于 1 的比例，即 5∶1 等。

3）缩小比例。技术制图中的一般规定术语，是指比值小于 1 的比例，即 1∶3 等。

绘制图样时，对于选用的比例应填写在标题栏中的比例栏内。无论缩小还是放大，在图样中标注的尺寸均为机件的实际尺寸，如图 1-1-9 所示。

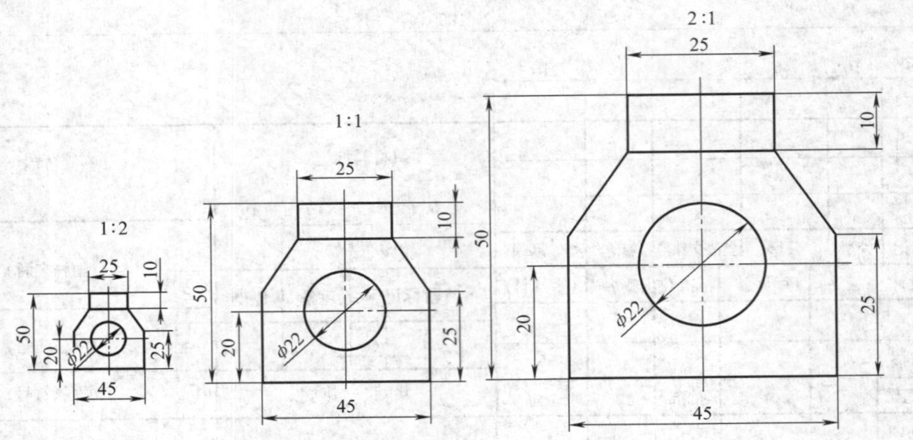

图 1-1-9 图形比例标注与尺寸数字

3. 字体（GB/T 14691—1993）

GB/T 14691—1993 规定了技术图样及相关技术文件中书写的汉字、字母、数字的结构形式及公称尺寸。在图样中书写的字体必须做到字体工整、笔画清楚、间隔均匀、排列整齐。

1）字高。字体高度（用 h 表示）的公称尺寸系列为 1.8mm、2.5mm、3.5mm、5mm、7mm、10mm、14mm、20mm。如需要书写更大的字时，其字体高度应按$\sqrt{2}$（≈1.4）的比率递增。字体高度代表字体的号数。例如 5 号字即表示字高为 5mm。

2）汉字。图样上汉字应写成长仿宋体字，并应采用中华人民共和国国务院正式公布推行的《汉字简化方案》中规定的简化字。汉字的高度 h 不应小于 3.5mm，其字宽一般为 $h/\sqrt{2}$。书写长仿宋体汉字的要领：横平竖直、起落分明、结构均匀、粗细一致。呈长方形。

3）字母和数字。字母和数字分 A 型和 B 型两类，其中 A 型字体的笔画宽度（d）为字高（h）的 1/14，B 型字体的笔画宽度（d）为字高（h）的 1/10，在同一张图样上，只允许选用一种类型的字体。

字母和数字可写成斜体或直体，一般采用斜体。斜体字的字头向右倾斜，与水平基准线成 75°角。技术图样中常用的字母有拉丁字母和希腊字母两种，常用的数字有阿拉伯数字和罗马数字两种。字体示例见表 1-1-3。

表 1-1-3 字体示例

字体		示例
长仿宋体汉字	10 号字	字体工整笔画清楚间隔均匀排列整齐
	7 号字	横平竖直 注意起落 结构均匀 填满方格
	5 号字	技术制图机械电子汽车航空船舶土木建筑矿山井坑港口

（续）

字体		示例
长仿宋体汉字	3.5号字	螺纹齿轮端子接线飞行指导驾驶舱位挖填施工引水通风闸阀坝棉麻化纤
拉丁字母	大写斜体	*ABCDEFGHIJKLMNOPQRSTUVWXYZ*
	小写斜体	*abcdefghijklmnopqrstuvwxyz*
阿拉伯数字	斜体	*0123456789*
	正体	0123456789
罗马数字	斜体	*Ⅰ Ⅱ Ⅲ Ⅳ Ⅴ Ⅵ Ⅶ Ⅷ Ⅸ Ⅹ Ⅺ Ⅻ*
	正体	Ⅰ Ⅱ Ⅲ Ⅳ Ⅴ Ⅵ Ⅶ Ⅷ Ⅸ Ⅹ Ⅺ Ⅻ

4. 图线（GB/T 17450—1998）

图线指起点和终点间以任何方式连接的一种几何图形。《技术制图　图线》的国家标准代号为 GB/T 17450—1998，《机械制图　图样画法　图线》的国家标准代号为 GB/T 4457.4—2002。

（1）基本线型　GB/T 17450—1998 规定图线的基本线型有 15 种：实线、虚线、间隔画线、点画线、双点画线、三点画线、点线、长画短画线、长画双短画线、画点线、双画单点线、画双点线、双画双点线、画三点线、双画三点线。GB/T 4457.4—2002 列出了机械制图中常用的 9 种线型，图线线型及应用见表 1-1-4。

表 1-1-4　图线线型及应用

代码 No	名称	机械图常用线型及名称	图线宽度 /mm	应用及说明
01.1	细实线	————————	$d/2$	尺寸线及尺寸界线、剖面线、指引线、过渡线
	波浪线	～～～～	$d/2$	徒手连续线，为细实线的变形。用于断裂处边界线、视图与剖视图的分界线等
	双折线	——∧∨——∧∨——	$d/2$	为图线的组合，由几何图形要素在实线上规则地分布形成。用于断裂外边界线
01.2	粗实线	━━━━━━	d	可见轮廓线、可见棱边线
02.1	细虚线	— — — — — —	$d/2$	不可见轮廓线、不可见棱边线
02.2	粗虚线	━ ━ ━ ━ ━ ━	d	允许表面处理的表示线
04.1	细点画线	——·——·——	$d/2$	轴线、对称中心线、剖切线
04.2	粗点画线	━━·━━·━━	d	限定范围表示线
05.1	细双点画线	——··——··——	$d/2$	可动零件的极限位置的轮廓线、相邻辅助零件的轮廓线、中断线

注：在一张图样上一般采用一种线型，即采用波浪线或双折线。

（2）图线尺寸　GB/T 17450—1998 规定，所有线型的图线宽度 d 应按图样的类型和尺寸大小在下列数系中选择：0.13、0.18、0.25、0.35、0.5、0.7、1.0、1.4、2.0（单位：mm），该数系的公比为 $1:\sqrt{2}$。

绘制机械图样的图线分粗、细两种。粗线与细线的线宽比为 2∶1。粗线的宽度 d 可在 0.5~2mm 之间选择，细线的宽度为$\frac{d}{2}$。在同一图样中，同类图线的线宽应一致。

各种图线的应用示例如图 1-1-10 所示。

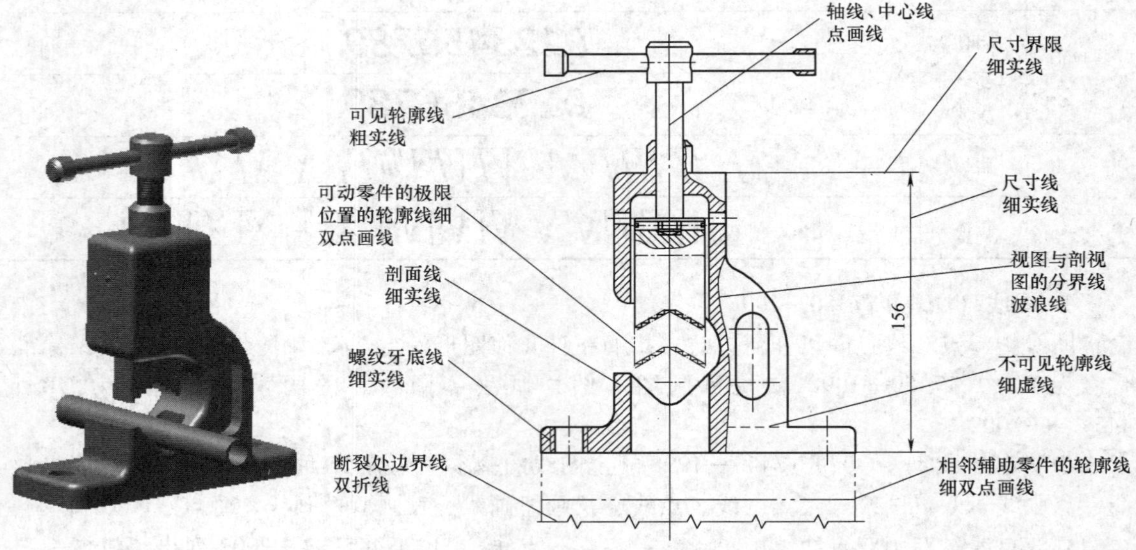

图 1-1-10　各种图线的应用示例

（3）图线的画法（表 1-1-5）

1）除非另有规定，两条平行线之间的最小间隙不得小于 0.7mm。

2）虚线及各种点画线相交时应恰当地相交于画，而不应相交于点或间隔。

3）点画线、双点画线的首末两端应是画，不应是点。

4）在较小的图形中绘制点画线或双点画线困难时，可用细实线替代。

5）虚线在与粗实线的延长线相接或相切时，虚线应留有间隔。

6）当两种或两种以上图线重叠时，应按以下顺序优先画出所需的图线：可见轮廓线→不可见轮廓线→尺寸线→各种用途的细实线→对称中心线（即粗实线→细虚线→细实线→细点画线）。

表 1-1-5　图线的画法

内　容	图　例
间断线的画法	0.5d　1d　3d　24d　点画线 12d　3d　虚线

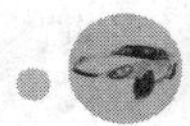

（续）

内 容	图 例	
	正确	错误
平行线间距	≥0.7	<0.7
间断线相交		图线起始于间隔 相交于间隔 相交于点
虚线与粗实线相切或相接		没留间隔 没留间隔
点画线、双点画线画法		

5. **尺寸标注**（GB/T 4458.4—2003）

机件的大小由图样中所标注的尺寸决定，尺寸是制造零件的直接依据。必须严格按照国家标准的有关规定进行尺寸标注。GB/T 4458.4—2003 规定了尺寸标注的规则和方法。

（1）尺寸标注的基本规则

1）机件的真实大小应以图样上所注的尺寸数值为依据，与图形的大小及绘图的准确度无关。

2）图样中（包括技术要求和其他说明）的尺寸，以 mm 为单位时，不需标注计量单位的代号或名称，如采用其他单位，则必须注明相应的计量单位的代号或名称。

3）图样中所标注的尺寸为该尺寸所示机件的最后完工尺寸，否则应另加说明。

4）机件的每一尺寸一般只标注一次，并应标注在反映该结构最清晰的图形上。

（2）尺寸标注符号　标注尺寸时，应尽可能使用符号和缩写词来表达。标注缩写词见表 1-1-6，标注符号说明见表 1-1-7。

表 1-1-6　标注缩写词

名称	直径	半径	球直径	球半径	厚度	45°倒角	均布
缩写词	ϕ	R	$S\phi$	SR	t	C	EQS

表 1-1-7 标注符号说明

符号标注	符号含义	应用示例
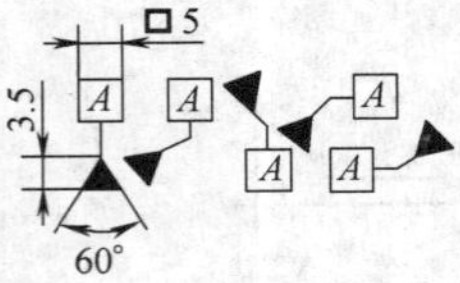	GB/T 1182—2008 基准符号 涂黑三角形及中轴线可任意变换位置,方框和字母只允许水平放置不允许歪斜;方框外边的连线也只允许在水平或铅垂两个方向画出	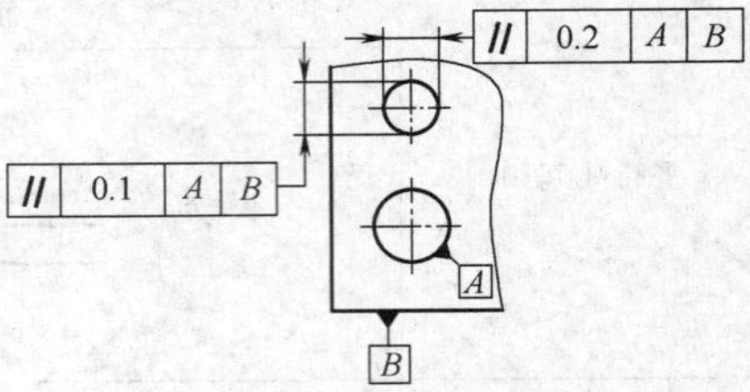
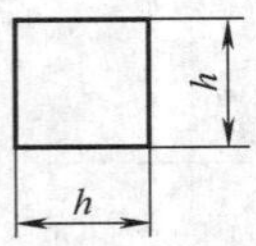	GB/T 4458.4—2003 标注正方形结构尺寸时在尺寸前面加注正方形符号 高度 h=3.5mm	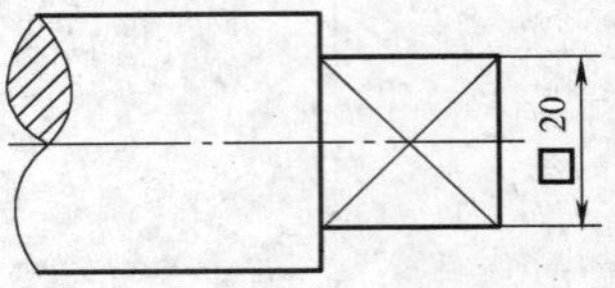
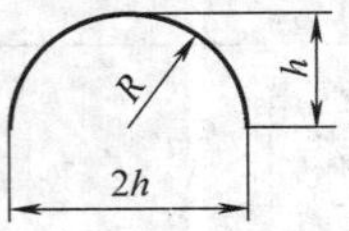	GB/T 4458.4—2003 标注弧长时在尺寸前面加注弧长符号 高度 h=R=3.5mm	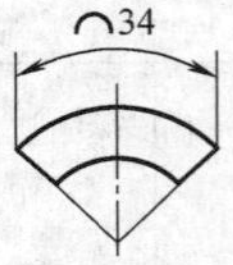
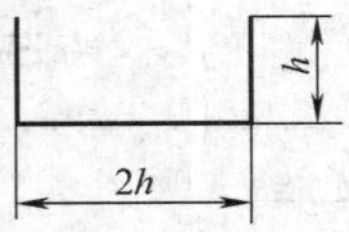	GB/T 4458.4—2003;GB/T 16675.2—2012 沉孔或锪平符号 高度 h=3.5mm	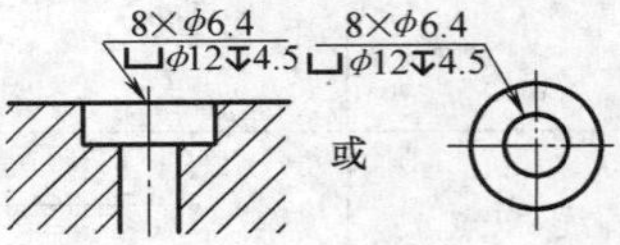
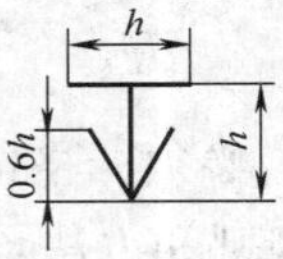	GB/T 4458.4—2003;GB/T 16675.2—2012 沉孔或锪平深度符号 高度 h=3.5mm	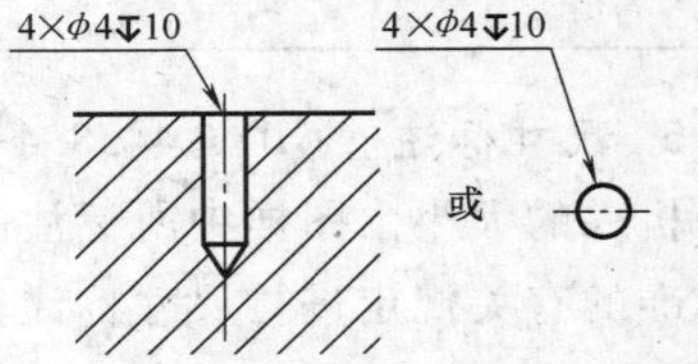
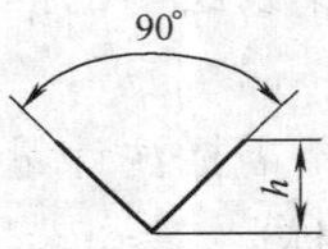	GB/T 4458.4—2003;GB/T 16675.2—2012 埋头孔符号 高度 h=3.5mm	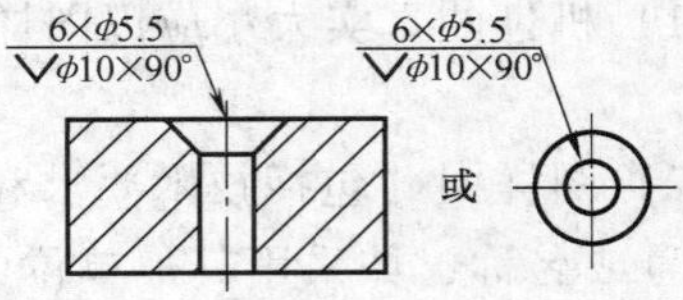
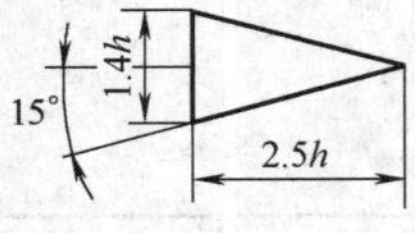	GB/T 4458.4—2003;GB/T 16675.2—2012 锥度符号或莫氏锥度注法 高度 h=3.5mm	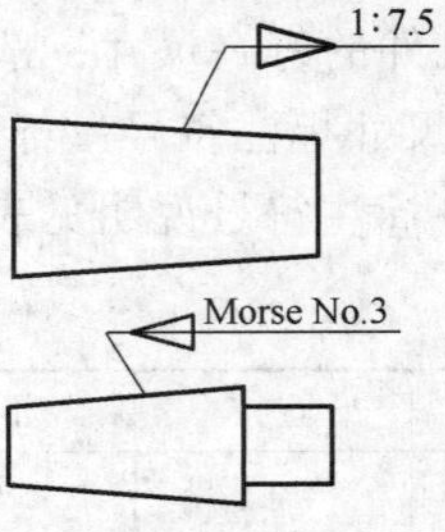

（续）

符号标注	符号含义	应用示例
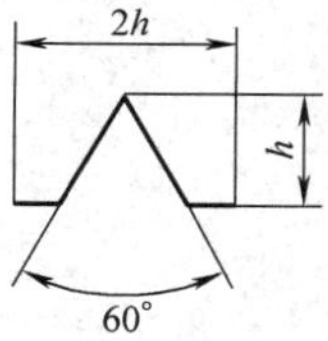	JB/T 5061—2006 定位支承符号 高度 $h=3.5$mm	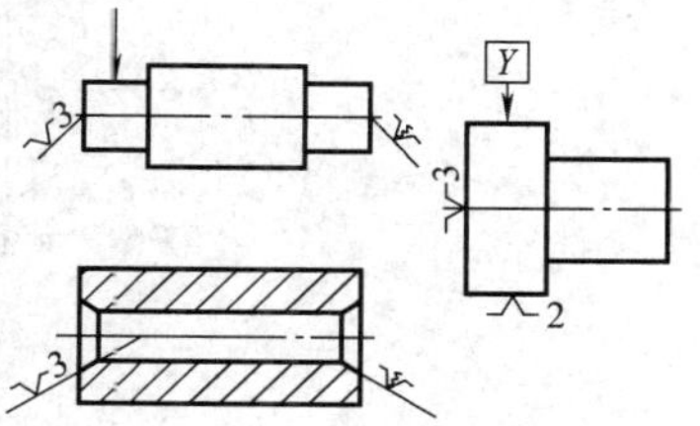
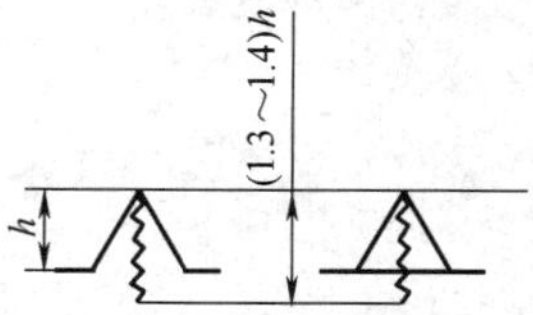	JB/T 5061—2006 辅助支承符号 高度 $h=3.5$mm	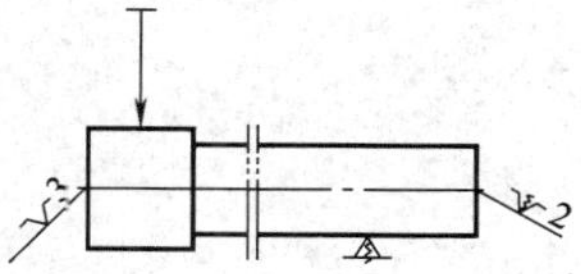
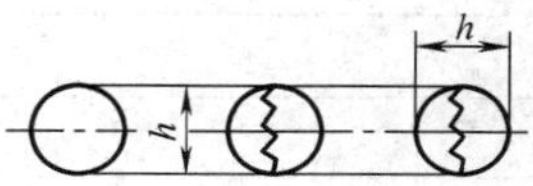	JB/T 5061—2006 辅助支承符号 高度 $h=5$mm	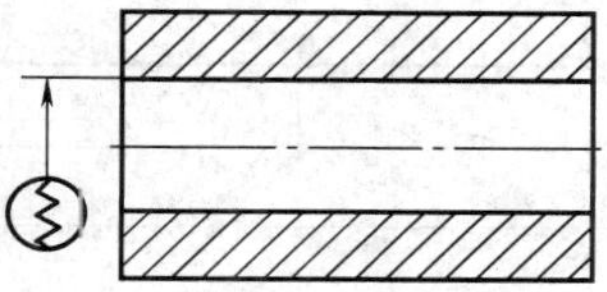
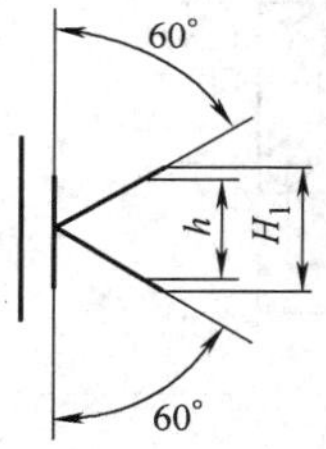	GB/T 4459.5—1999 中心孔符号 高度 $h=3.5$mm；高度 $H_1=5$mm	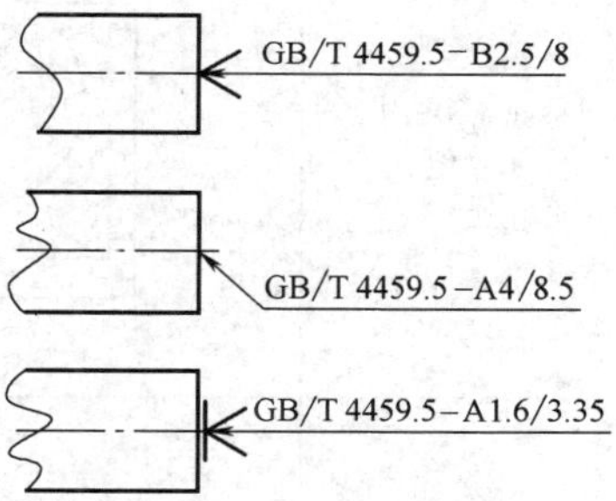 GB/T 4459.5-B2.5/8 GB/T 4459.5-A4/8.5 GB/T 4459.5-A1.6/3.35
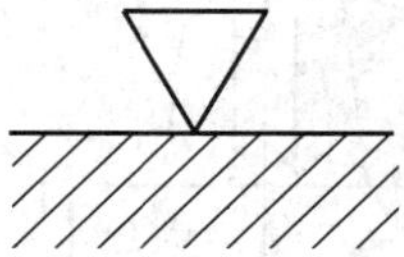	JB/T 8555—2008 热处理技术要求在零件图样上的表示方法。表面粗糙度符号的三角形部分为测量点符号。可随图形进行缩放	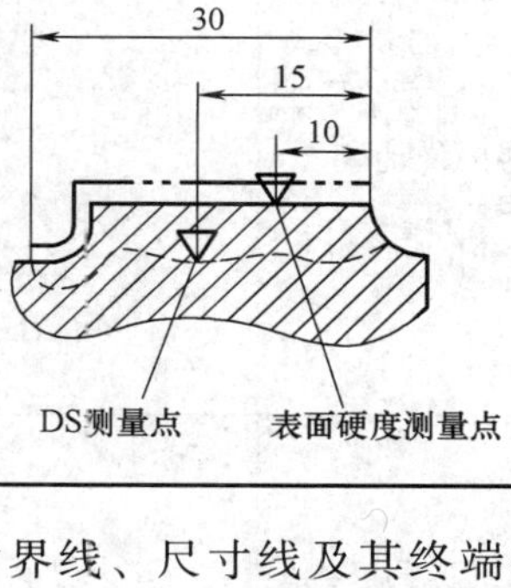 30 15 10 DS测量点 表面硬度测量点

（3）尺寸的基本要素及其规定　一个完整的尺寸由尺寸界线、尺寸线及其终端和尺寸数字及相关符号组成，如图 1-1-11 所示。

1）尺寸界线。尺寸界线是表示尺寸范围的线，用细实线绘制，由图形的轮廓线、中心线或它们的延长线引出，也可将轮廓线，中心线直接用作尺寸界线，但不能用作尺寸线。

尺寸界线应与尺寸线垂直，应超出尺寸线 2mm。当尺寸界线过于贴近轮廓线时，允许将其倾斜画出。在光滑过渡处，需用细实线将轮廓线延长，从其交点引出尺寸界线。尺寸界

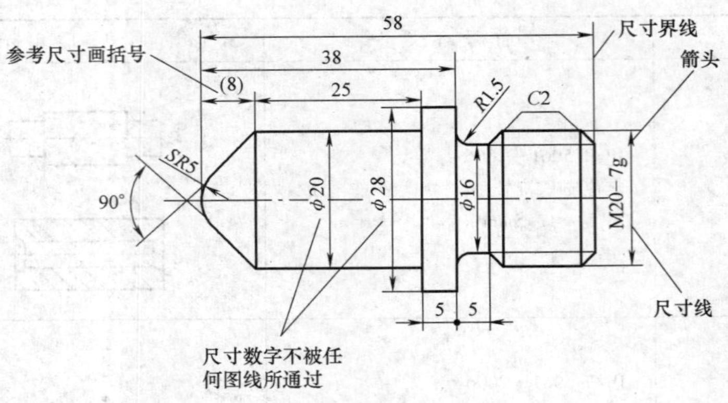

图 1-1-11 尺寸标注示例

线说明见表 1-1-8。

表 1-1-8 尺寸界线说明

说明	图例	
	正确	错误
尺寸界线是细实线，可以利用轮廓线、中心线作为尺寸界线，但不可用作尺寸线	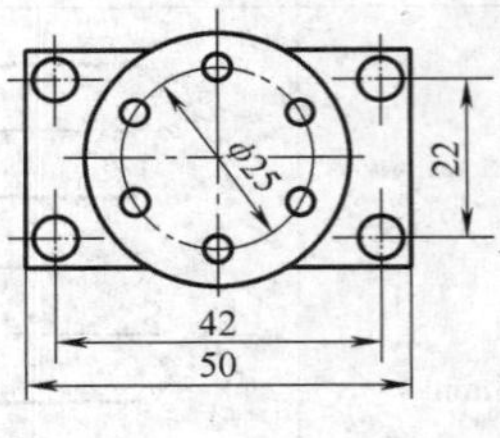 φ25 22 42 50	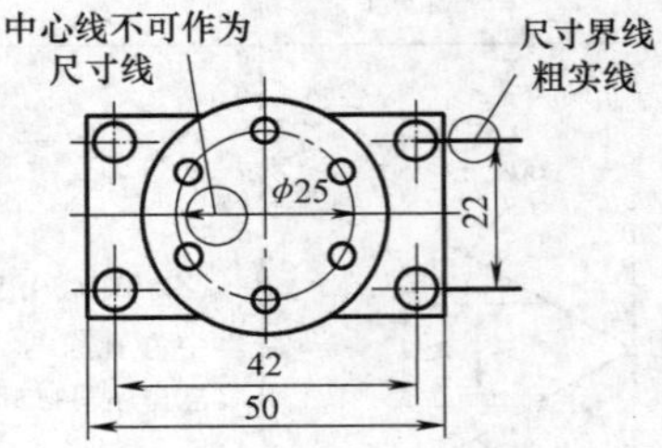 中心线不可作为尺寸线 尺寸界线粗实线 φ25 22 42 50
尺寸界线与尺寸线应垂直，当尺寸界线过于接近轮廓线时，允许倾斜画出	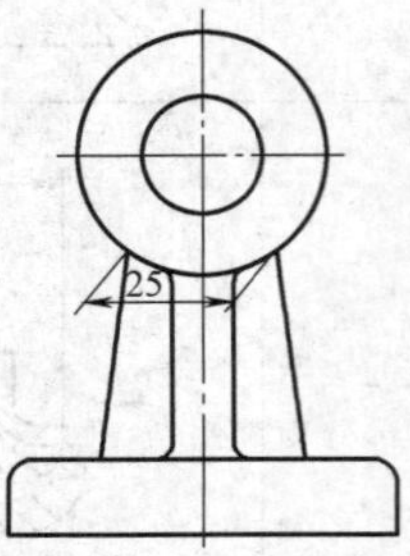 25	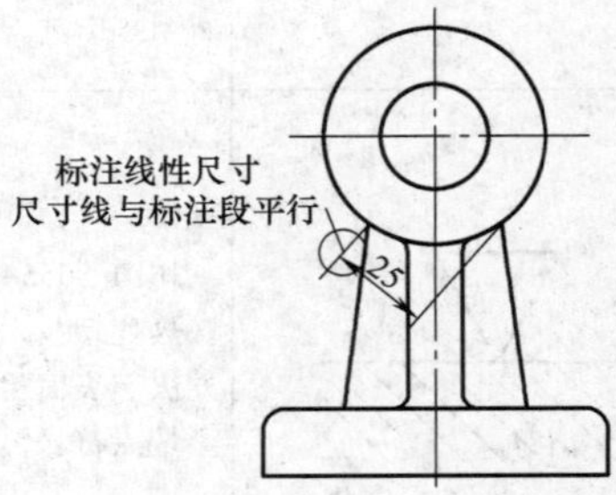 标注线性尺寸尺寸线与标注段平行 25
在光滑过渡处标注尺寸时，必须用细实线将轮廓线延长，从它们的交点引出尺寸界线	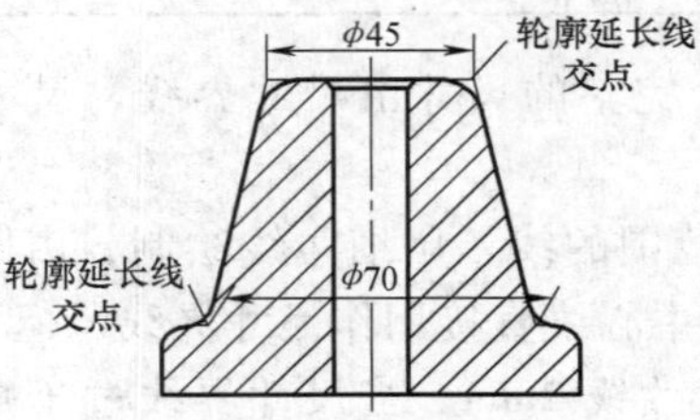 φ45 轮廓延长线交点 轮廓延长线交点 φ70	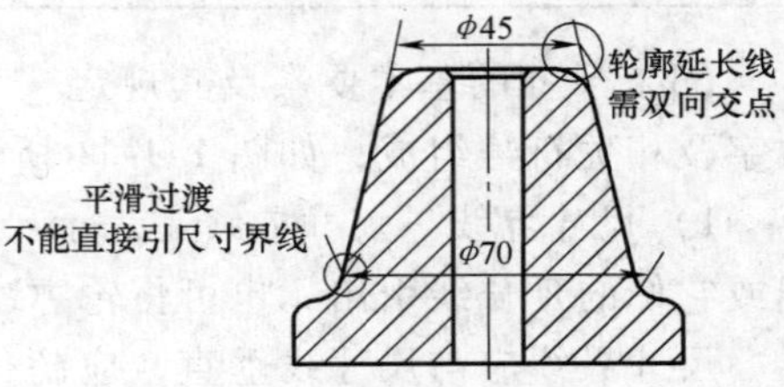 φ45 轮廓延长线需双向交点 平滑过渡不能直接引尺寸界线 φ70

2）尺寸线。尺寸线画在两尺寸界线之间，用来注写尺寸，用细实线绘制。尺寸线、轮廓线间距 7~10mm。对于线性尺寸，尺寸线应与被注长度方向平行，不得与尺寸界线相交；对于角度尺寸，尺寸线应画成圆弧，圆弧的圆心是该角的顶点。对于图样中不完整的表示要素，可在尺寸线的一端画箭头，但尺寸线应超过该要素的中心线或断裂处。尺寸线说明见表 1-1-9。

表 1-1-9　尺寸线说明

说　明	图　例	
	正　确	错　误
图形的轮廓线、中心线或它们的延长线不可作为尺寸线使用。尺寸线必须与所注线段平行	30 24 30 14 50	尺寸线与中心线重合 30 24 30 14 50 尺寸线作为中心线延长线 尺寸线成为轮廓线延长线 尺寸线与轮廓线不平行
尺寸线不得与尺寸界线相交。表示不完整要素时，尺寸线应超过该要素的中心线或断裂处	50 40 30 16 $\phi15$ $4\times\phi6$	尺寸线未超出表示要素中心线 50 40 尺寸线与尺寸界线相交 16 30 $4\times R6$ $\phi15$

尺寸线的上方标有数值，用以表示所注尺寸的大小。尺寸线的终端结构有两种形式——箭头和斜线。箭头画法如图 1-1-12a 所示，其中 d 为粗实线的宽度，斜线画法如图 1-1-12b 所示，其中 h 为字高。箭头适用于各种图样，机械图样中一般采用箭头。同一张图样中只能采用一种尺寸线终端形式。遇到位置不够画箭头时，可以用圆点或斜线代替箭头，当采用斜线时，尺寸线与尺寸界线必须垂直。

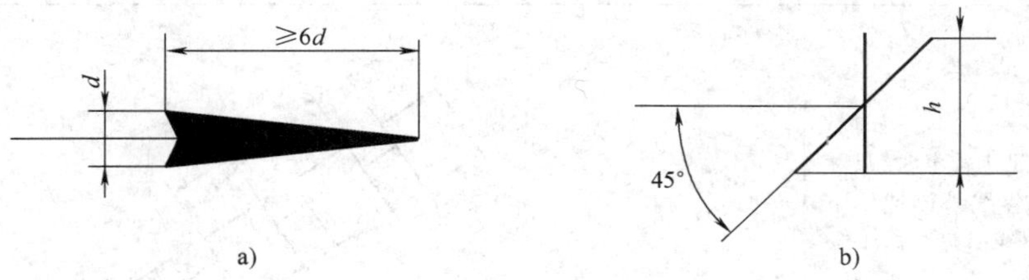

图 1-1-12　尺寸线终端的形式

a）箭头画法　b）斜线画法

3）尺寸数字。用来表示机件实际尺寸的数值，与绘图所用的比例无关。机械图样上的尺寸均必须以 mm 为单位。因此，图样上的尺寸数字无需注写单位。

尺寸数字一般应注在尺寸线的上方，也可注在尺寸线的中断处。同一图样标注时必须一致。尺寸数字不可被任何图线通过，无法避免时，需把图线断开。线性尺寸数字的方向应尽量避免在 30°范围内标注。其标注规定见表 1-1-10 的尺寸数字说明。

表 1-1-10　尺寸数字说明

说　　明	图　　例
线性尺寸数字方向应按右栏图示方式注写，尽量避免在图示 30°范围内标注	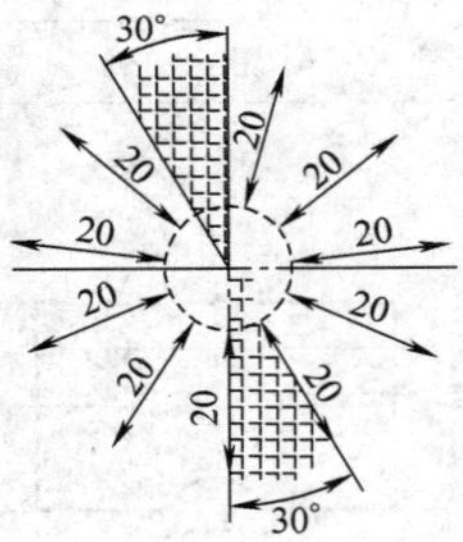 30° 20 20 20 20 20 20 20 20 20 20 30°
尺寸数字不可被任何图线通过，无法避免时，需把图线断开	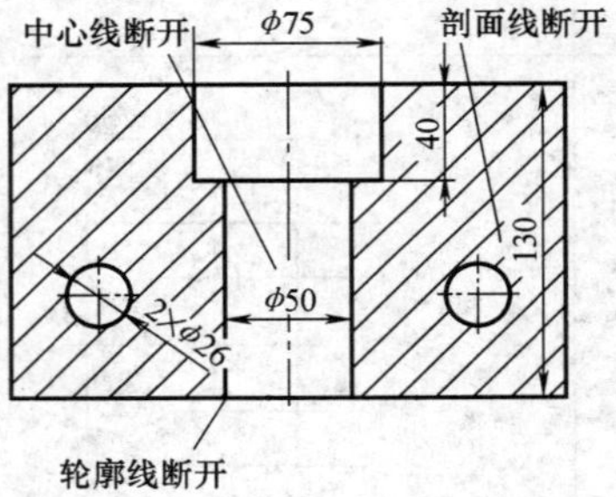 中心线断开　ϕ75　剖面线断开 40　130 ϕ50　2×ϕ26 轮廓线断开
尺寸数字一般标注在尺寸线上方，也可标注在尺寸线中断处，在水平尺寸线上应从左到右写在尺寸线上方，在铅直尺寸线上的，应从下至上写在尺寸线左方	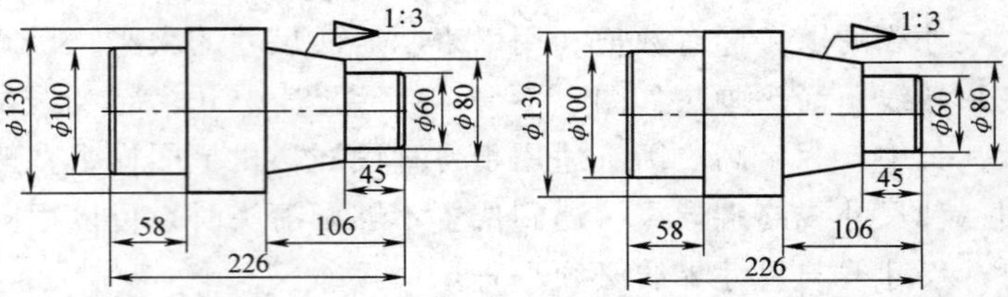 1:3　ϕ130　ϕ100　ϕ60　ϕ80　45　58　106　226 1:3　ϕ130　ϕ100　ϕ60　ϕ80　45　58　106　226
两尺寸界线之间比较窄时，尺寸数字可注在尺寸界线外侧或上下错开，或者用引出线引出再标注	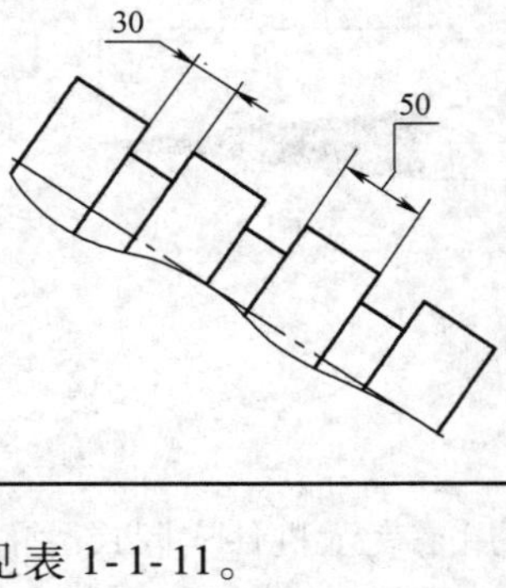 30　50

（4）尺寸的标注方法　常见尺寸标注示例见表 1-1-11。

表 1-1-11　常见尺寸标注示例

项目	说　明	图　例
直径及半径尺寸标注	1）标注半径时，半径数字前应加注拉丁字母 *R*；标注直径时，直径数字前应加注直径符号 ϕ 2）半径尺寸线应一端指向圆弧，另一端通向圆心或对准圆心。直径尺寸线则通过圆心或对准圆心	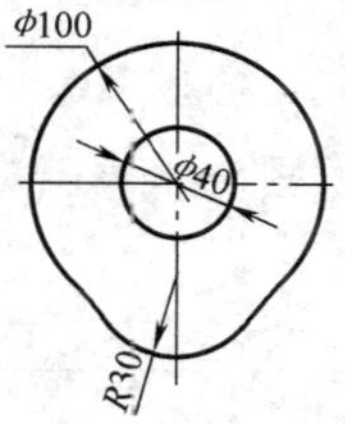
	半径尺寸应注在投影为圆弧的视图上	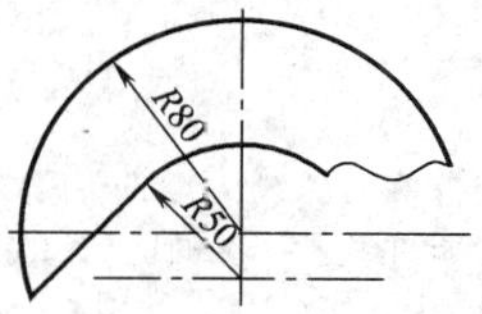
	半径数字、直径数字仍要沿着半径尺寸线或直径尺寸线来注写。当图形较小，注写尺寸数字及符号的地方不够时，也可以引出注写	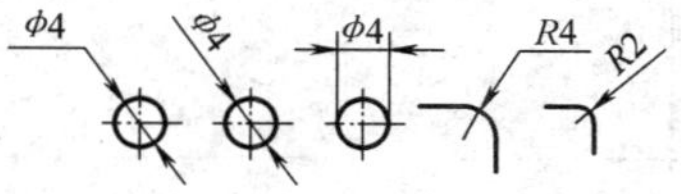
	当更大圆弧的圆心在有限地位外时，则应对准圆心画一折线状的或断开的半径尺寸线	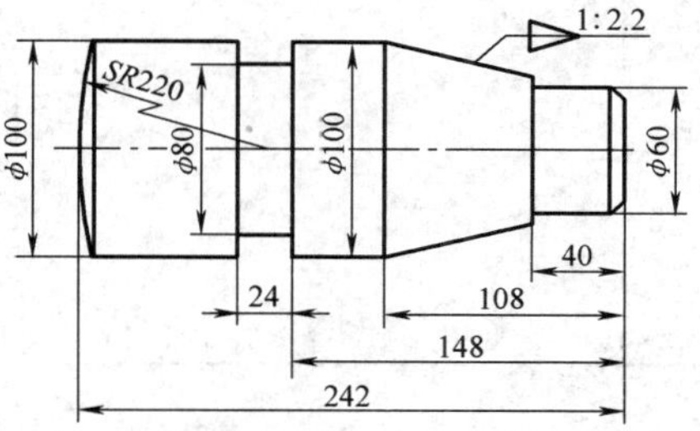
球面尺寸标注	注写球面的半径时，在半径代号 *R* 前再加写拉丁字母 *S*，即 *SR*；注写球面直径时，在直径符号 ϕ 前也加写拉丁字母 *S*，即 $S\phi$	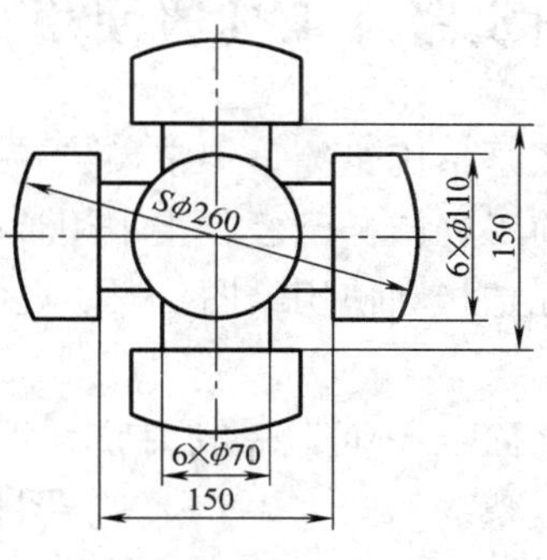
角度尺寸标注	1）角度的尺寸界线必须沿径向引出，尺寸线画成圆弧，其圆心就是该角度的顶点，尺寸线终端应画箭头 2）角度数字一律水平注写，并写在尺寸线的中断处，必要时允许写在外面或引出标注	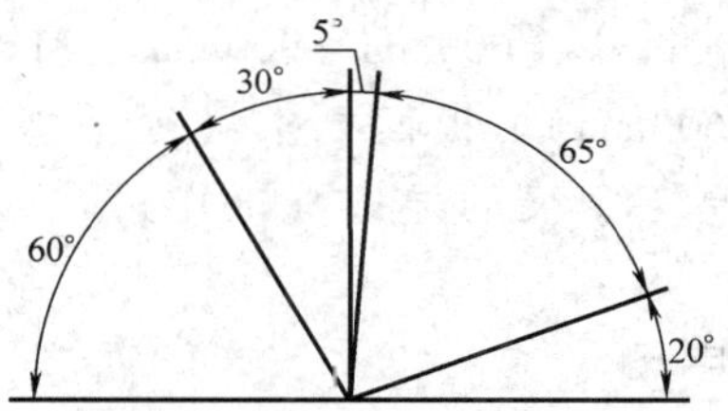

（续）

项目	说　　明	图　　例
小部位尺寸标注	标注一连串的小尺寸时，可用小圆点或斜线代替箭头，但最外两端箭头仍要画出	
对称标注	分布在对称线两侧的相同结构，可仅标注其中一侧的结构尺寸	
简化标注		

1.2　绘图仪器及工具的使用

尺规绘图是指用铅笔、丁字尺、三角板、圆规等绘图仪器和绘图工具绘制工程图样的方法。虽然目前工程图样已经逐步采用计算机绘图，但尺规绘图仍是工程技术人员必备的基本技能。正确地选择和使用绘图工具，是提高绘图质量和效率的前提。

1. 图板

图板用来固定图纸，一般用胶合板制作，四周镶硬质木条，如图 1-2-1 所示。图板有大小不同的规格，规格尺寸有 0 号（900mm×1200mm）、1 号（600mm×900mm）和 2 号（450mm×600mm）。板面要求必须平坦、光滑，左边是丁字尺的导边（工作边），必须平直。

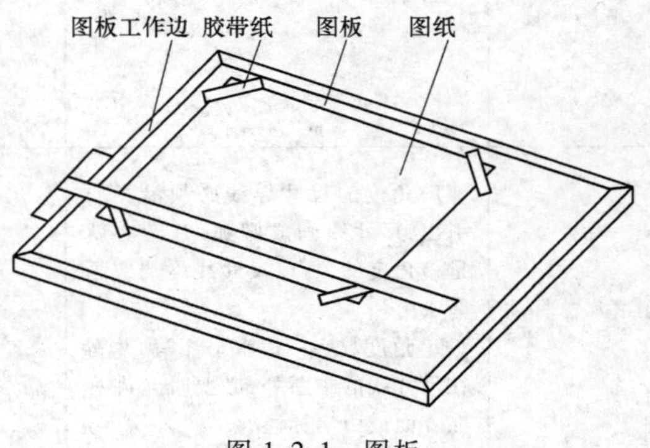

图 1-2-1　图板

2. 丁字尺

丁字尺由相互垂直的尺身和尺头组成。

使用时，必须随时注意尺头工作边（内侧面）与图板工作边靠紧，上下移动，画水平线要用尺身工作边（上边缘）自左向右画一系列横线，画竖线和斜线时和三角板配合。不能用尺身下边画线，也不能调头靠在图板的其他边沿上使用。使用完毕应悬挂放置，以免尺身弯曲变形。丁字尺的用法如图 1-2-2 所示。

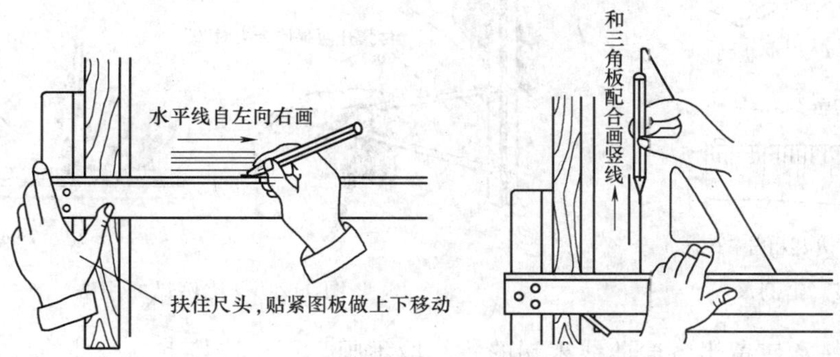

图 1-2-2　丁字尺的用法

3. 三角板

一副三角板由 45°和 30°~60°两块组成。L 为其规格尺寸，如图 1-2-3 所示。三角板与丁字尺配合，可以画垂直线、从 0°开始间隔 15°的倾斜线和一些常用特殊角度。画线过程中要随时注意将三角板下边缘与丁字尺尺身工作边靠紧。三角板与丁字尺配合使用如图 1-2-4 所示。

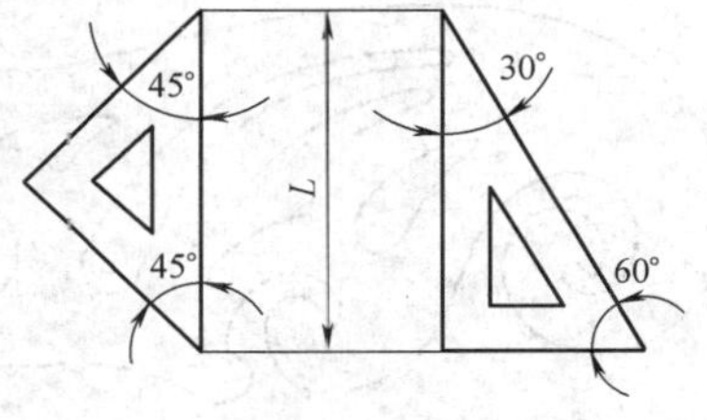

图 1-2-3　三角板

4. 比例尺

比例尺也称三棱尺，比例尺可缩小或放大线段的长度，比例尺上的数字以 m 为单位，如图 1-2-5 所示。比例尺三个棱面上刻有六个不同的比例刻度，绘图时将实际的尺寸按选定比例在相应的尺面上量取即可。在机械制图中，1：100 可当作 1：1 使用，每小格为 1mm；1：200 可以当作 1：2 使用，每小格为 2mm，按此比例绘图，图形缩小了 1/2。比例尺的用法如图 1-2-6 所示。

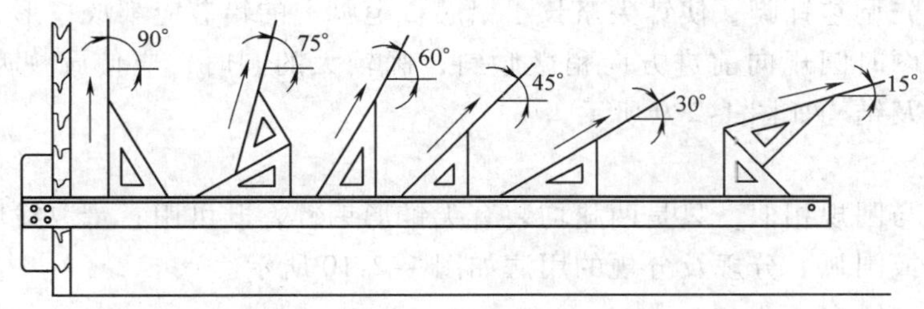

图 1-2-4　三角板与丁字尺配合使用

5. 曲线板

曲线板是用来绘制非圆曲线的，如图 1-2-7 所示。首先要定出曲线上足够数量的点，再徒手用铅笔轻轻地将各点光滑地连接起来，然后选择曲线板上曲率与其相吻合的部分分段画

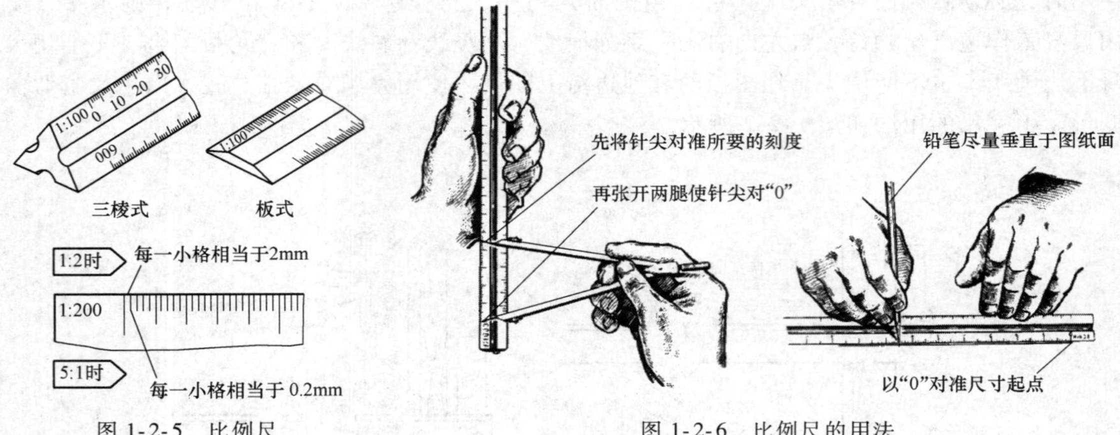

图 1-2-5　比例尺

图 1-2-6　比例尺的用法

出各段曲线。注意应留出各段曲线末端的一小段不画，用于连接下一段曲线，这样曲线才显得圆滑。曲线板的用法如图 1-2-8 所示。

图 1-2-7　曲线板

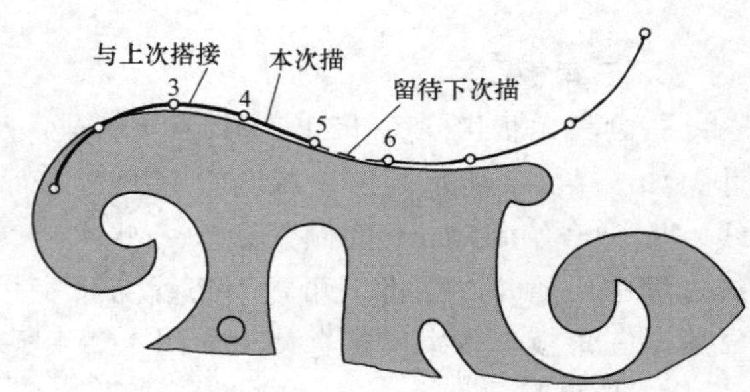

图 1-2-8　曲线板的用法

6. 圆规

圆规用来画圆和圆弧。圆规附件由插脚（钢针插脚、铅芯插脚、鸭嘴插脚）和延伸插杆等组成。其中圆规的一个插脚装有钢针，称为钢针插脚或针脚，用来定圆心；另一个插脚可装铅芯，称为铅芯插脚或笔脚。

在使用前应先调整针脚，使针尖略长于铅芯。笔脚上的铅芯应削成楔形，以便画出粗细均匀的圆弧。画图时圆规向前进方向稍微倾斜；画较大的圆时，应使圆规两脚都与纸面垂直。圆规的用法及结构如图 1-2-9 所示。

7. 分规

分规的形状与圆规相似，只是两腿均装有尖锥形钢针，既可用它量取线段的长度，也可用它等分直线段或圆弧。分规及分规的用法如图 1-2-10 所示。

8. 铅笔

铅笔是绘图线的重要工具。铅笔以铅芯的软硬程度分为软（B）、硬（H）、中性（HB）三类。硬度标号从硬到软依次排序：6H、5H、4H、3H、2H、H、HB、B、2B、3B、4B、5B、6B。通常将 B 或 HB 型铅笔用砂纸磨成四棱柱状用来画粗实线；将 H 或 HB 型铅笔削成圆锥状用来打底稿、画细线或写字。铅芯削法如图 1-2-11 所示。画线时握笔要自然，速度、用力要均匀，铅笔用法如图 1-2-12 所示。

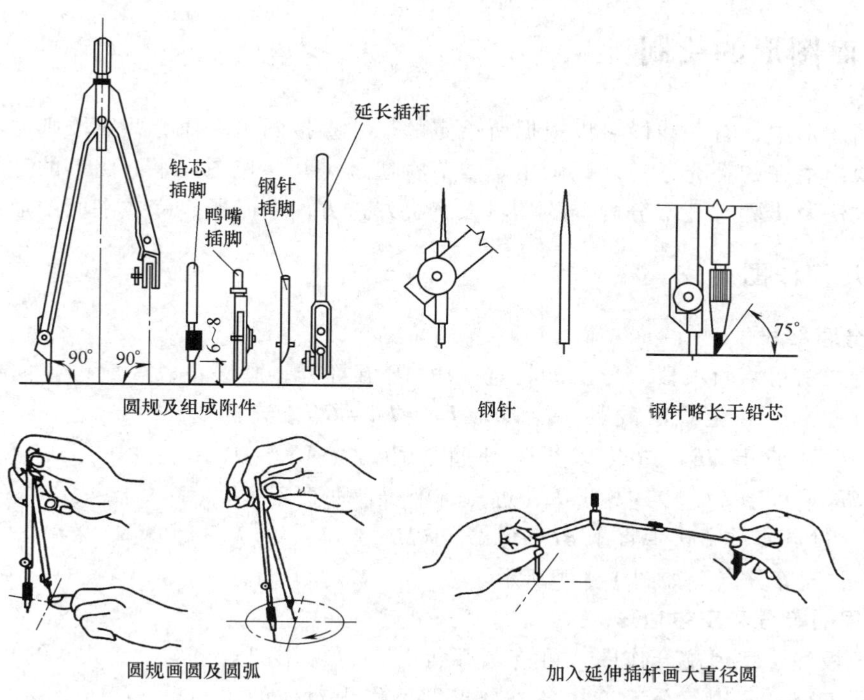

图 1-2-9　圆规的用法及结构

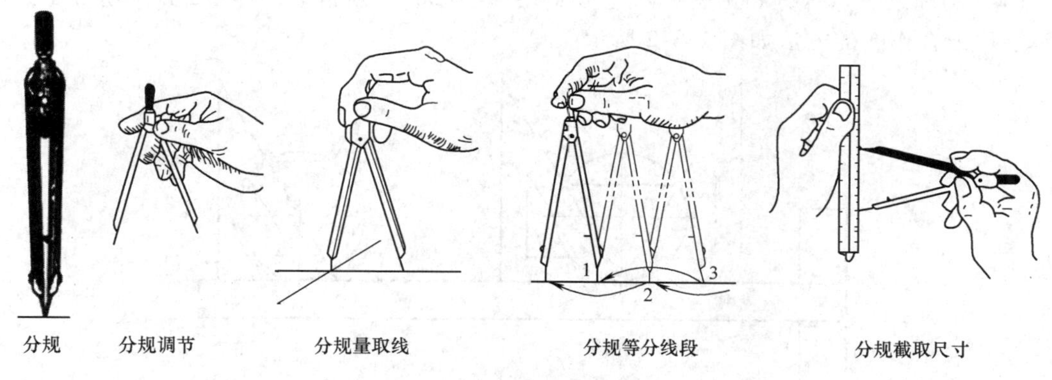

图 1-2-10　分规及分规的用法

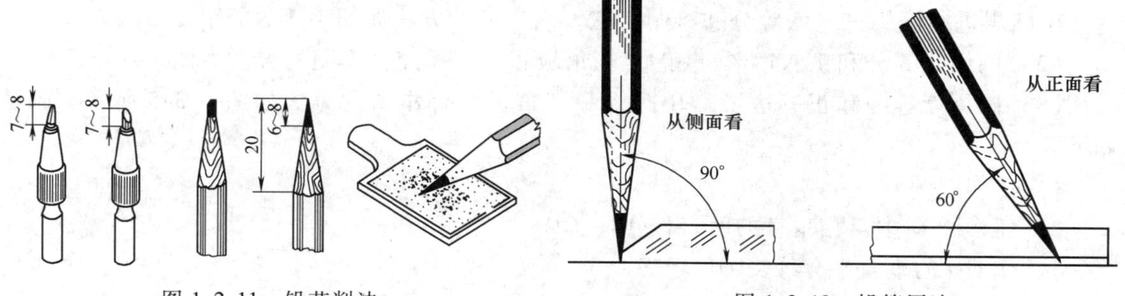

图 1-2-11　铅芯削法

图 1-2-12　铅笔用法

1.3 平面图形的绘制

在平面图形中，有些线段可以根据所给定的尺寸直接画出；而有些线段则需利用线段连接关系，找出潜在的补充条件才能画出。本节将通过对几何作图、平面图形的分析、绘制平面图形的方法及步骤等几部分内容的学习，解决好这方面的问题，完成平面图形的绘制。

一、几何作图

1. 等分直线段

用平行线法可将直线段等分，如将直线段 AB 五等分，画法：以 A 为端点向任意方向作射线 AC，在射线 AC 上顺次截取 $AD=DE=EF=FG=GH$。连接 HB 过 B 作 BI 垂直于 HB，过点 D 作 DJ 垂直于 BI，交 AB 于 J，过点 E 作 EK 垂直于 BI，交 AB 于 K，过点 F 作 FL 垂直于 BI，交 AB 于 L，过点 G 作 GM 垂直于 BI，交 AB 于 M，点 J、K、L、M 即为 AB 的五等分点，如图 1-3-1 所示。

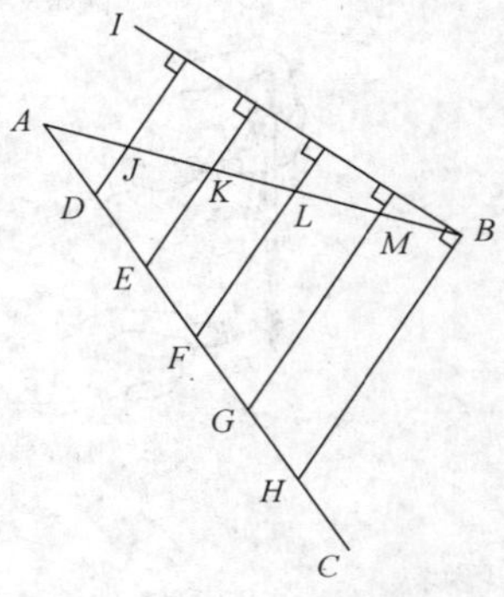

图 1-3-1 等分直线段

2. 圆周的等分和正多边形

用三角板和丁字尺配合作图，可将圆弧等分，也可用圆规作图将圆周等分，圆周等分后连接各等分点即可作出对应的正多边形。

（1）圆周三、六等分和正三、六边形　用 30°~60°三角板和丁字尺配合作图的方法如图 1-3-2 所示。

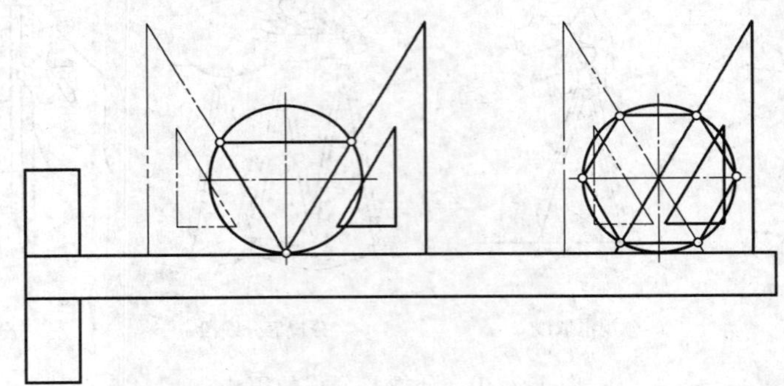

图 1-3-2 圆周三、六等分和正三、六边形三角板与丁字尺配合作图

用圆规进行圆周三、六等分和绘制正三、六边形的方法如图 1-3-3 所示。

（2）圆周八等分和正八边形　用 45°三角板和丁字尺配合作图的方法如图 1-3-4 所示。

（3）圆周五等分和正五边形　用圆规和三角板配合作图的方法如图 1-3-5 所示。画法如下。

1）任作一圆 O。

2）任作圆 O 中互相垂直的两直径 AB、CD。

3）作 OD 的垂直平分线交 OD 于 E。

4）以 E 为圆心，EA 长为半径作弧，交 CD 于 F。

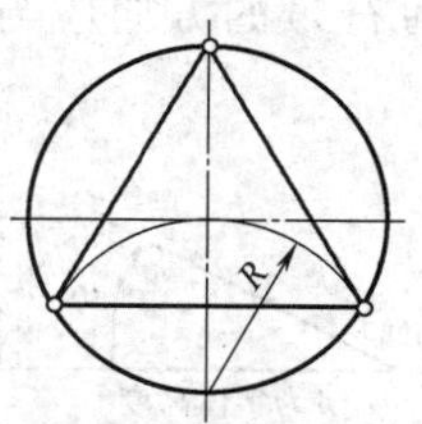

以圆半径R为半径,以
圆与中心线一交点为
圆心画弧(三等分)

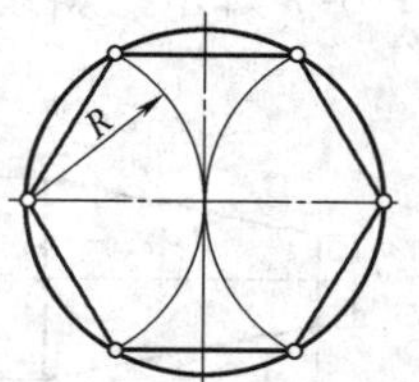

以圆半径R为半径,以
圆与中心线两相交点
为圆心分别画弧(六等分)

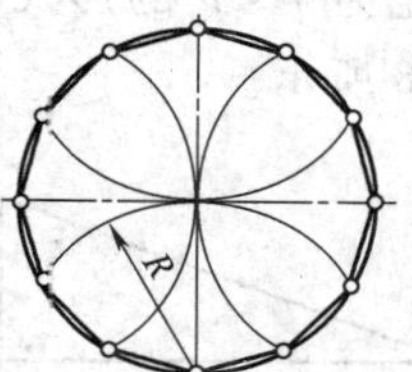

以圆半径R为半径,以
圆与中心线四个交点
为圆心分别画弧(十二等分)

图 1-3-3　圆周三、六等分和正三、六边形圆规作图

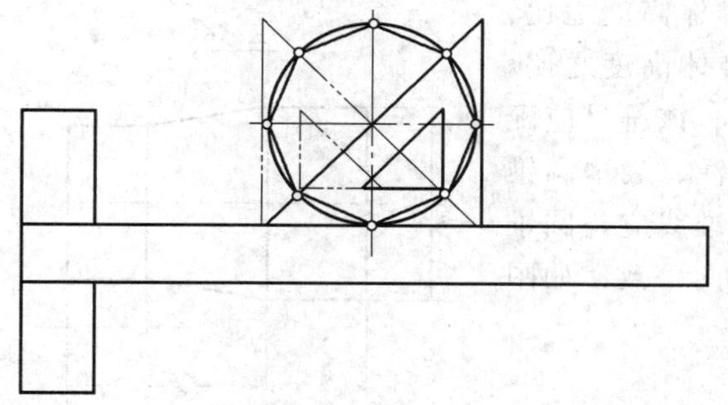

图 1-3-4　圆周八等分和正八边形三角板与丁字尺配合作图

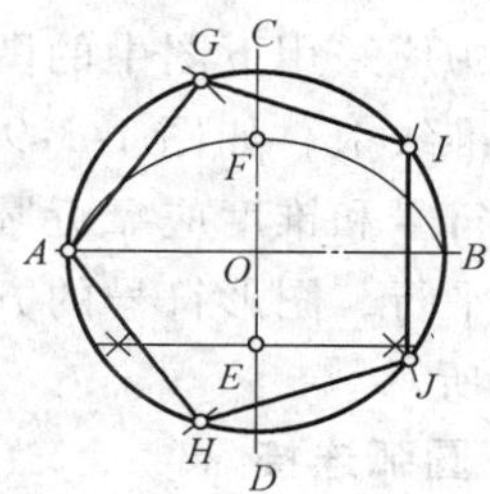
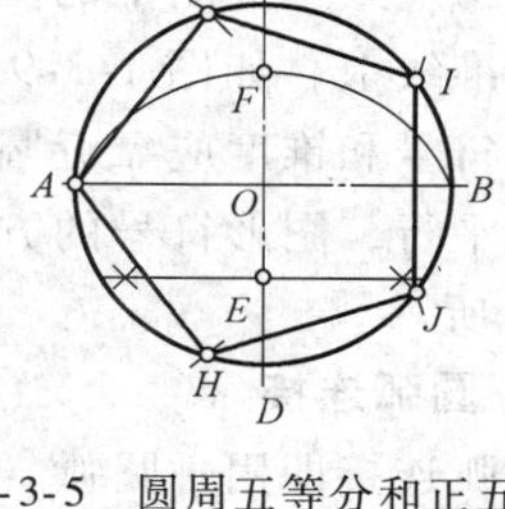

图 1-3-5　圆周五等分和正五边形三角板与圆规配合作图

5）以 A 为圆心，AF 长为半径作弧，交圆 O 于 G、H 点，再分别以 G、H 点为圆心，AF 长为半径作弧，交圆 O 于 I、J。

6）在圆 O 上顺序作弦 $AG=GI=IJ=JH=HA=AF$ 即得正五边形 $AGIJH$。

（4）圆周任意等分和任意边数的正多边形　圆周任意等分三角板与圆规配合作图的方法如图 1-3-6 所示。画法如下。

1）任作一圆 O。

2）任作圆 O 中互相垂直的两直径 AB、EF。

3）将直径 AB 等分成与所求正多边形边数相同的份数。

4）分别以 A、B 为圆心，AB 长为半径作圆弧交于 C 点。

5）连接 C 点、2 点，并延长交圆 O 于 D 点。

6）用弦长 AD 将圆周 N 等分。

7）依次连接各分点得正多边形。

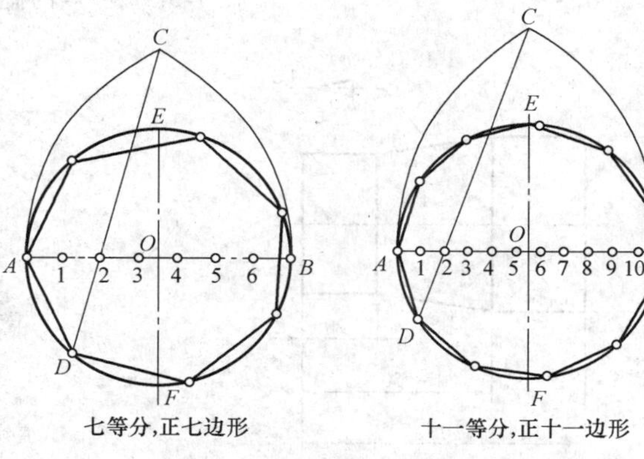

七等分,正七边形　　十一等分,正十一边形

图 1-3-6　圆周任意等分三角板与圆规配合作图

3. 斜度和锥度

（1）斜度　斜度指一直线（或一平面）对另一直线（或另一平面）的倾斜程度，其大小用该两直线（或两平面）的夹角的正切值来表示。$\tan\alpha=$

H/L，习惯上化为 1∶n 的形式，如图 1-3-7 所示。斜度标注时符号的方向应与斜度方向一致，如图 1-3-8 所示。

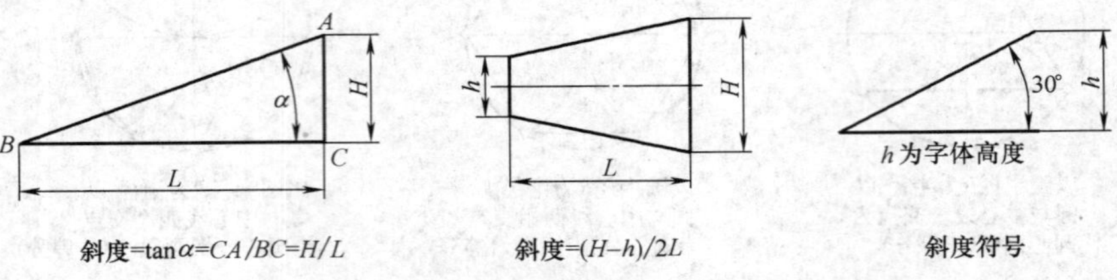

图 1-3-7　斜度的概念及符号

（2）锥度　锥度指圆锥的底面直径与锥体高度之比，如为圆锥台，则为上下两底圆的直径差与锥体高度之比。在图样中应采用下图中的图形符号表示锥度，该符号应配置在基准线上，如图 1-3-9 所示。锥度的标注，表示圆锥的图形符号和锥度应靠近圆锥轮廓标注，基准线应与圆锥的轴线平行，图形符号的方向应与圆锥的方向一致，如图 1-3-10 所示。

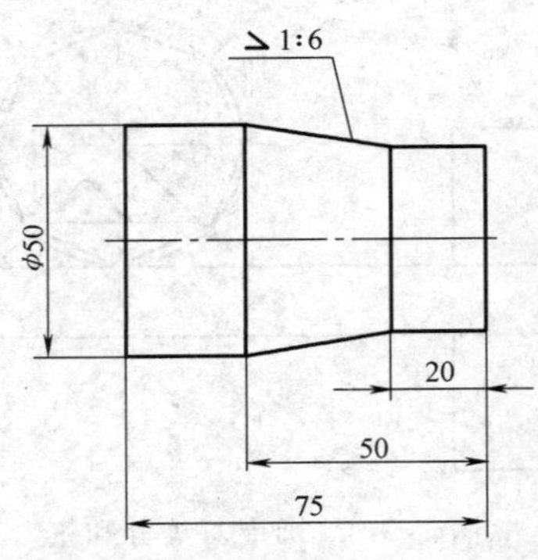

图 1-3-8　斜度的画法及标注

4. **圆弧连接**

圆弧连接即用一圆弧（称连接弧）光滑（即相切）地连接相邻两线段（直线圆弧）的作图方法。圆弧连接在机件轮廓图中十分常见，在大部分铸造件中都可见到圆弧连接，如图 1-3-11 所示的汽车水泵壳体。

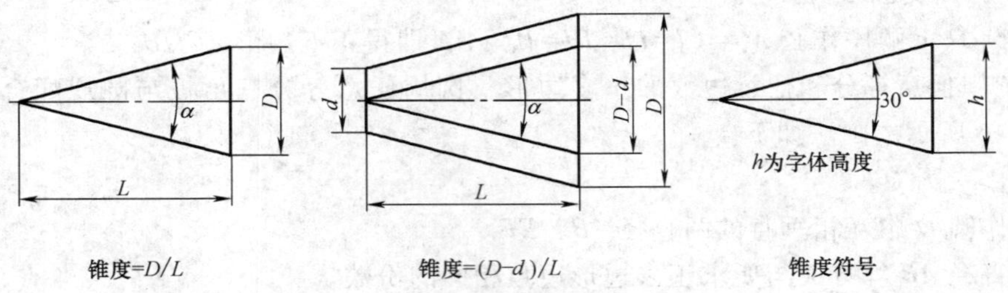

图 1-3-9　锥度的概念及符号

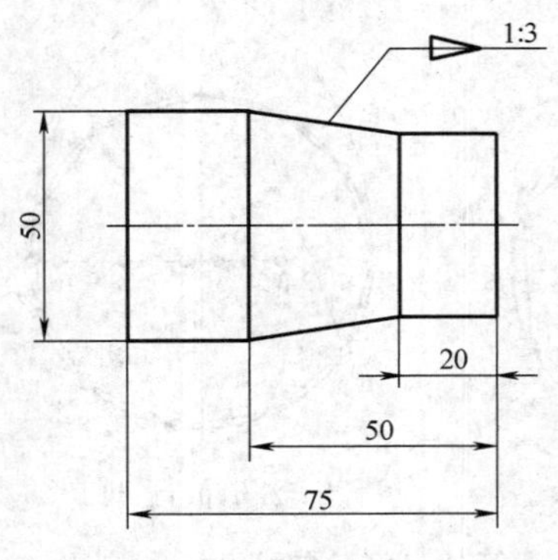

图 1-3-10　锥度的标注

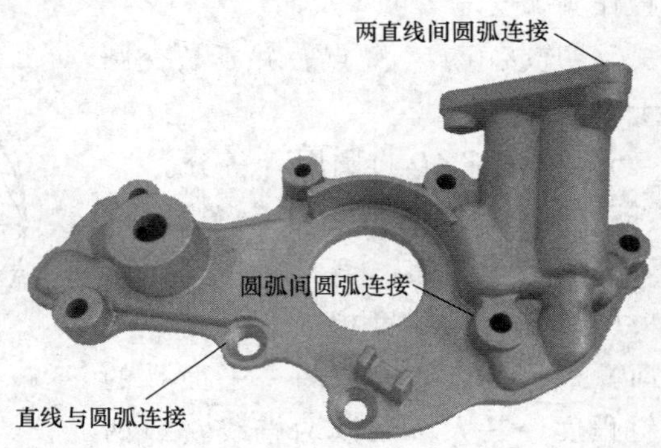

图 1-3-11　圆弧连接示例（汽车水泵壳体）

常见的圆弧连接如下。

1）连接两直线。

2）连接直线和圆弧。

3）连接两圆弧。

作图原理：圆弧连接的作图，其核心在于求连接圆弧的圆心和切点。

圆心轨迹：已知直线的平行线或已知圆弧的同心圆。

切点位置：垂足、连心线与已知圆弧的交点。

作图方法：圆弧连接的实质，就是要使连接圆弧与相邻线段相切，以达到光滑连接的目的。作图方法可归结如下。

1）求连接圆弧的圆心。

2）找出连接点即切点的位置。

3）在两连接点之间画出连接圆弧。

（1）两直线间圆弧连接　用已知半径的圆弧连接两相交直线有锐角、钝角、直角三种情况。

1）两边为锐角或钝角的圆弧连接如图 1-3-12 所示。

① 作与已知角两边分别相距 R 的平行线，交点 O 即为连接弧的圆心。

② 自 O 点分别向已知角两边作垂线，垂足 A、B 即为切点。

③ 以 O 为圆心，R 为半径在两切点 A、B 之间画连接弧即为所求。

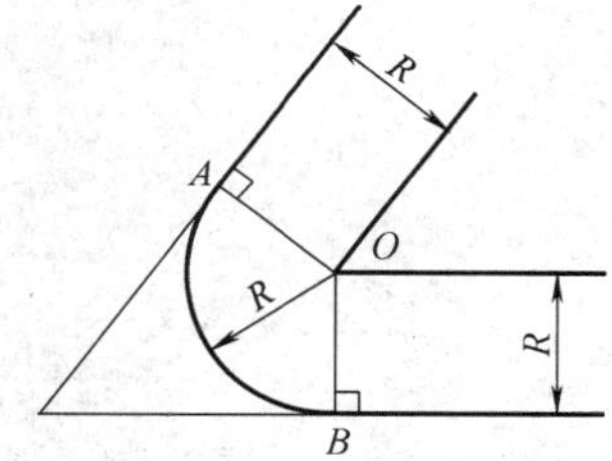

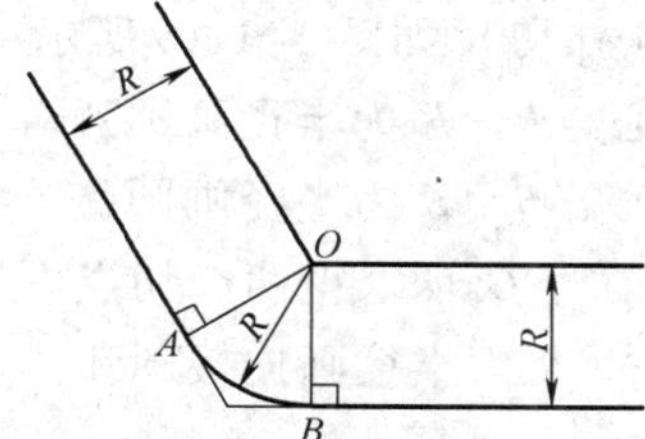

图 1-3-12　两边为锐角或钝角的圆弧连接

2）两边为直角的圆弧连接如图 1-3-13 所示。

① 以顶角为圆心，R 为半径画弧，交直线两边于 A、B。

② 以 A、B 为圆心，R 为半径画弧，相交得连接弧圆心 O。

③ 以 O 为圆心，R 为半径，在 A、B 之间画连接圆弧即为所求。

（2）直线和圆弧间的连接　直线和圆弧间的圆弧连接分为外切和内切两种情况。

1）直线与圆弧间的圆弧连接（外切）如图 1-3-14 所示。

① 作与已知直线平行且相距为 R 的直线。

② 以 O_1 为圆心，R_1+R 为半径作圆弧，交直线于 O 点。

③ 连接 O_1O，求得与已知圆弧的切点。

④ 由 O 向已知直线作垂线，求得与已知直线的切点。

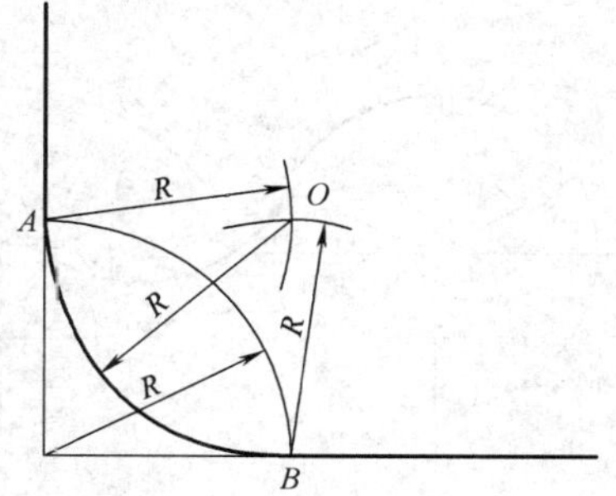

图 1-3-13　两边为直角的圆弧连接

⑤ 以 O 为圆心，R 为半径画连接圆弧。

2）直线与圆弧间的圆弧连接（内切）如图 1-3-15 所示。

① 作与已知直线平行且相距为 R 的直线。

② 以 O_1 为圆心，R_1-R 为半径作圆弧，交直线于 O 点。

③ 连接 O_1O，求得与已知圆弧的切点。

④ 由 O 向已知直线作垂线，求得与已知直线的切点。

⑤ 以 O 为圆心，R 为半径画连接圆弧。

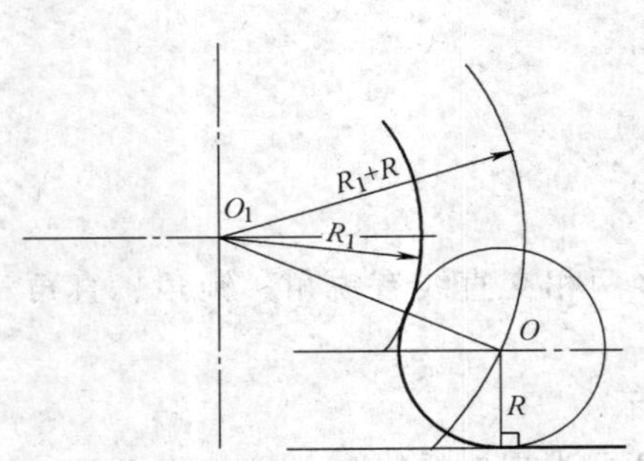

图 1-3-14　直线与圆弧间的圆弧连接（外切）

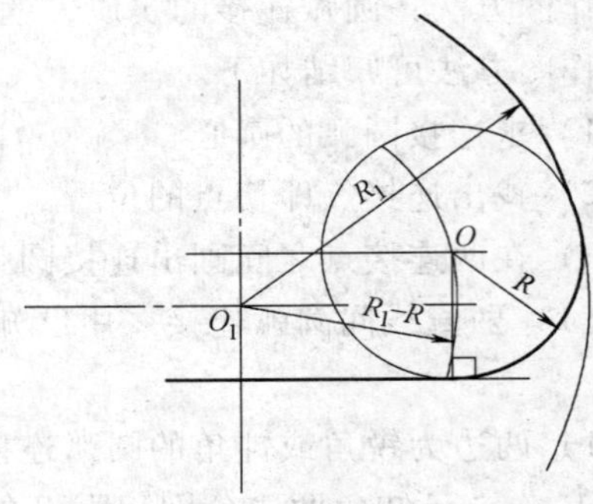

图 1-3-15　直线与圆弧间的圆弧连接（内切）

（3）圆弧和圆弧间的圆弧连接　圆弧与圆弧间的圆弧连接分为外切和内切两种。

1）圆弧连接（外切）如图 1-3-16 所示。

① 以 O_1 为圆心，R_1+R 为半径画圆弧。

② 以 O_2 为圆心，R_2+R 为半径画圆弧。

③ 分别连接 O_1O、O_2O 求得两个切点。

④ 以 O 为圆心，R 为半径画连接圆弧。

2）圆弧连接内切　如图 1-3-17 所示。

① 以 O_1 为圆心，$R-R_1$ 为半径画圆弧。

② 以 O_2 为圆心，$R-R_2$ 为半径画圆弧。

③ 分别连接 O_1O、O_2O 求得两个切点。

④ 以 O 为圆心，R 为半径画连接圆弧。

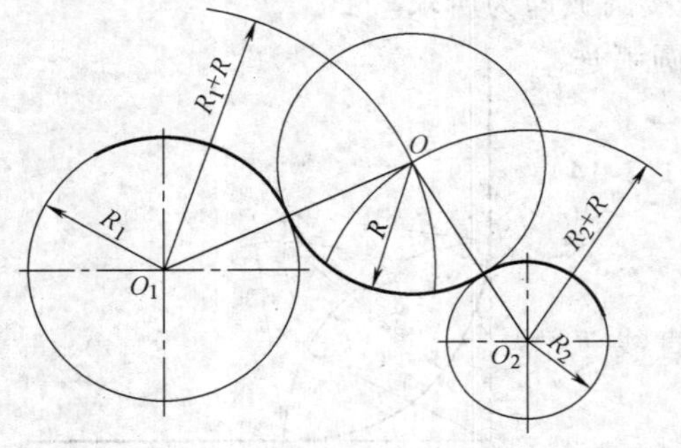

图 1-3-16　圆弧连接（外切）

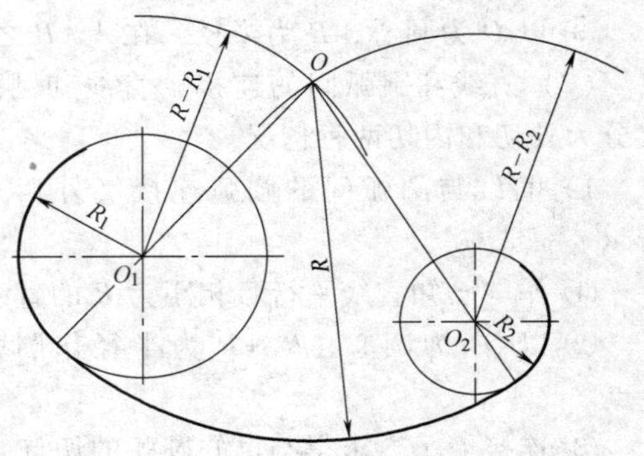

图 1-3-17　圆弧连接（内切）

5. 工程上常用曲线

下面介绍常见的两种椭圆画法：同心圆画法和四心近似画法。常见椭圆画法示例见表1-3-1。

表 1-3-1 常见椭圆画法示例

名称	作图已知条件	作图步骤			
椭圆同心圆画法		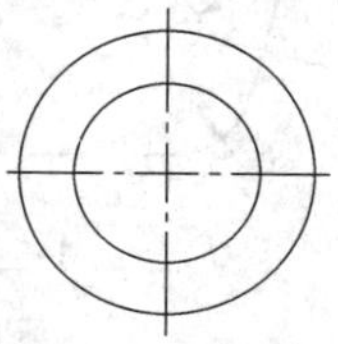 步骤一：以椭圆中心为圆心，分别以长、短轴长度为直径，作两个同心圆	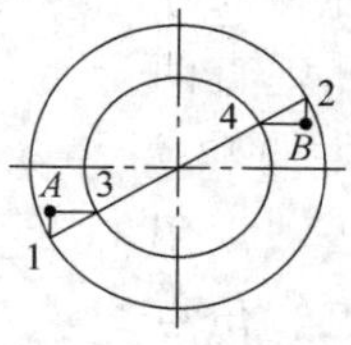 步骤二：过圆心作任意直线交大圆于1、2点，交小圆于3、4点，分别过1、2引垂直线，过3、4引水平线，它们的交点 *A*、*B* 即为椭圆上的点	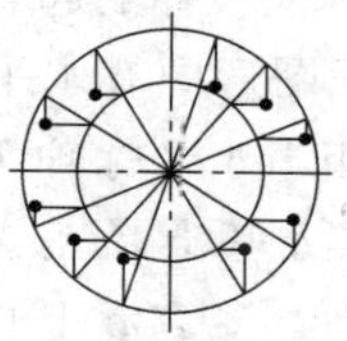 步骤三：按步骤二的方法重复作图，求出椭圆上一系列的点	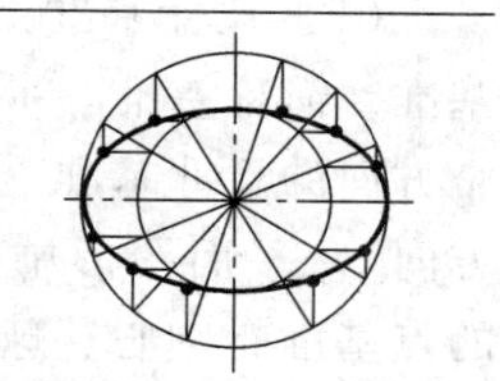 步骤四：用曲线板光滑地连接诸点，即得所求的椭圆
椭圆四心近似画法	已知相互垂直且平分的椭圆长轴和短轴	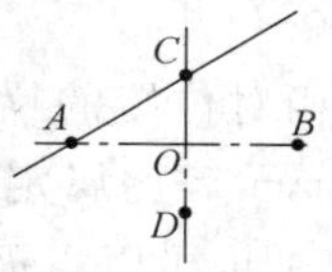 步骤一：画出长轴 *AB* 和短轴 *CD*，连接 *AC*	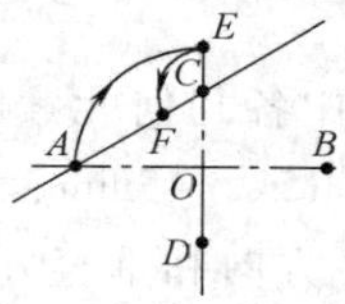 步骤二：在 *AC* 上截取 *CF*，使其等于 *AO* 与 *CO* 之差 *CE*	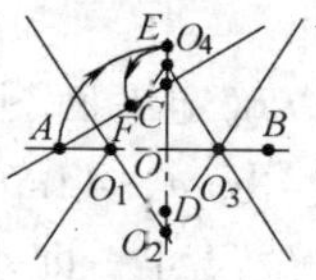 步骤三：作 *AF* 的垂直平分线，使其分别交 *AO* 和 *OD*（或其延长线）于 O_1 和 O_2 点。以 *O* 为对称中心，找出 O_1 的对称点 O_3 及 O_2 的对称点 O_4，此 O_1、O_2、O_3、O_4 各点即为所求的四圆心。通过 O_2 和 O_1、O_2 和 O_3、O_4 和 O_3 各点，分别作连线	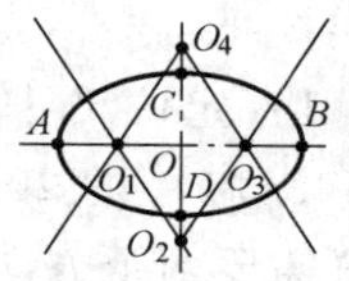 步骤四：分别以 O_2 和 O_4 为圆心，O_2C（或 O_4D）为半径画两弧。再分别以 O_1 和 O_3 为圆心，O_1A（或 O_3B）为半径画两弧，使所画四弧的接点分别位于 O_2O_1、O_2O_3、O_4O_1 和 O_4O_3 的延长线上，即得所求的椭圆

二、绘制平面图形的方法及步骤

在平面图形中，包含若干直线和曲线，这些线段之间的相对位置和连接关系是靠给定的尺寸来确定的。画图时，要处理好这方面的问题，就必须对平面图形中各尺寸的作用、各线段的性质，以及它们间的相互关系进行分析，在此基础上才能明确图形应从何处着手，以及按照什么顺序去作图。现以图 1-3-18 所示的转动导架为例，介绍平面图形的分析与画法。

1. 平面图形的尺寸分析

平面图形的尺寸分析，主要是分析图中尺寸的基准和各尺寸的作用，以确定画图时所需要的尺寸数量，并根据图中所注的尺寸，来确定画图的先后顺序。

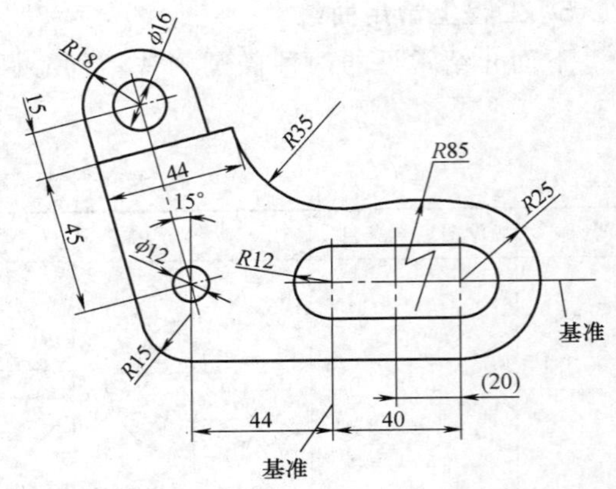

图 1-3-18 转动导架

(1) 尺寸基准 标注尺寸的起点称为尺寸基准，简称基准。平面图形中有水平和垂直两个方向的尺寸基准（相当于坐标轴 *X* 方向和 *Y* 方向)。平面图形中尺寸基准是点或线。常用的点基准有圆心、球心、多边形中心点、角点等，线基准往往是对称图形的对称线、较大圆的对称中心线及主要轮廓线。当图形在某个方向上存在多个尺寸基准时，应以一个为主（称为主要基准)，其余的为辅（称为辅助基准)。

如图 1-3-18 中注有 *R*12mm 长圆形的一对称中心线分别为该平面图形水平和垂直方向的尺寸基准（主要基准)，也是画图时必须首先画出的一对主要基准线。

(2) 尺寸的作用及其分类 平面图形中的尺寸，按其作用可分为定位尺寸和定形尺寸两类。

1) 定位尺寸。用以确定平面图形中各几何元素间相对位置的尺寸，称为定位尺寸。如图 1-3-18 中的 20mm，40mm，44mm、15°、45mm、15mm 等均属定位尺寸。确定平面图形位置需要两个方向的定位尺寸，即水平方向和垂直方向，也可以以极坐标的形式定位，即半径加角度。

2) 定形尺寸。用以确定平面图形中各几何元素形状大小的尺寸，称为定形尺寸，在图 1-3-18 中除上述的定位尺寸外，其余的尺寸均属定形尺寸。一般情况下确定几何图形所需定形尺寸的个数是一定的。例如直线的定形尺寸是长度，圆的定形尺寸是直径，圆弧的定形尺寸是半径，正多边形的定形尺寸是边长，矩形的定形尺寸是长和宽两个尺寸等。

应该说明的是，有时某些尺寸既是定位尺寸，又是定形尺寸（如图 1-3-18 中的两 *R*12mm 圆弧中心距 40mm 和图形中左上方的倾斜尺寸 44mm)。尺寸基准也只有在确定线段间的相对位置时才有意义。定位尺寸也是图形某一方向尺寸的主要基准与辅助基准间相互联系的尺寸。

2. 平面图形的线段分析

确定平面图形中任一几何元素一般需要三个条件：两个定位条件，一个定形条件。根据定形尺寸、定位尺寸是否齐全，可以将平面图形中的图线分为以下三大类。

(1) 已知线段 凡是定位尺寸和定形尺寸均齐全的线段，称为已知线段。已知线段能直接画出，如图 1-3-18 中的 ϕ12mm、ϕ16mm 的圆，*R*12mm、*R*25mm、*R*18mm 的圆弧及长为 44mm 的斜线均为已知线段。画图时应先画出已知线段。

(2) 中间线段 定形尺寸齐全但定位尺寸不齐全的线段，称为中间线段。中间线段必须根据与相邻已知线段的几何关系，通过几何作图的方法才能画出，如图 1-3-18 中的 *R*85mm 圆弧，其圆心的一个（水平方向的）定位尺寸 20mm 为已知，但另一个（垂直方向的）定位尺寸则需根据其与 *R*25mm 圆弧相内切的关系来确定，故 *R*85mm 圆弧为中间线段。

中间线段需在其相邻的已知线段画完后才能画出。

（3）连接线段　只有定形尺寸而无定位尺寸的线段，称为连接线段。连接线段必须根据与相邻中间线段或已知线段两线段的几何关系通过几何作图的方法才能画出，如图1-3-18中的 R15mm、R35mm 圆弧及连接 R12mm 圆弧的两条直线均为连接线段。连接线段须最后画出。

3. 平面图形的画图步骤

在绘制平面图形时，通常需完成三大步骤：绘图前准备工作→绘制底稿→描深底稿。

（1）绘图前准备工作

1）准备好绘图所需的工具、仪器及其他用品。

2）根据所画图形大小，确定画图比例，选定图纸幅面。

（2）绘制底稿　用 2H 或 3H 铅笔绘制底稿，底稿上线型不分粗细，但要求画得轻而细。底稿几何元素绘制顺序：已知线段→中间线段→连接线段。现以图 1-3-18 所示的转动导架为例，画图步骤归纳见表 1-3-2。

表 1-3-2　平面图形画图步骤

序号	绘图步骤	图　示	说　明
1	绘制基准线	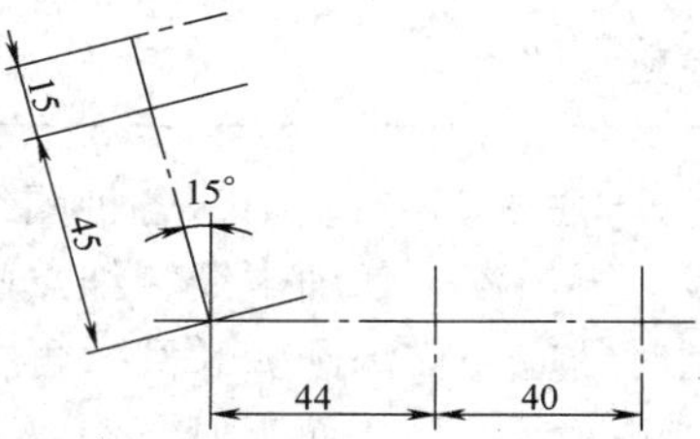	先画出水平和垂直方向的基准线和角度 15°、尺寸 45mm、15mm、44mm、40mm 的定位线
2	绘制已知线段	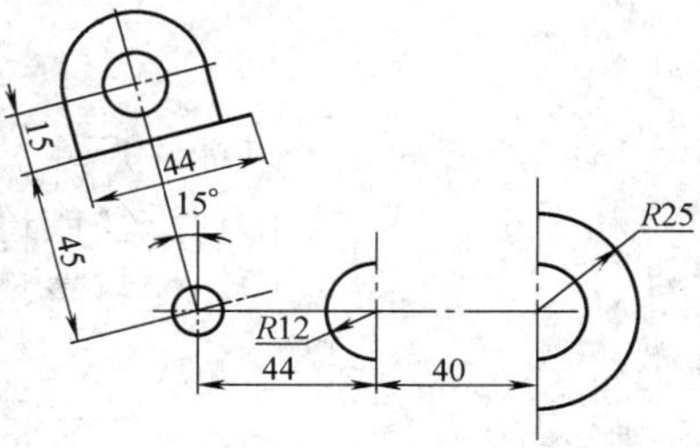	画出 R12mm、R25mm 圆弧，ϕ12mm、ϕ16mm 圆，R18mm 圆弧和长为 44mm 的直线
3	绘制中间线段	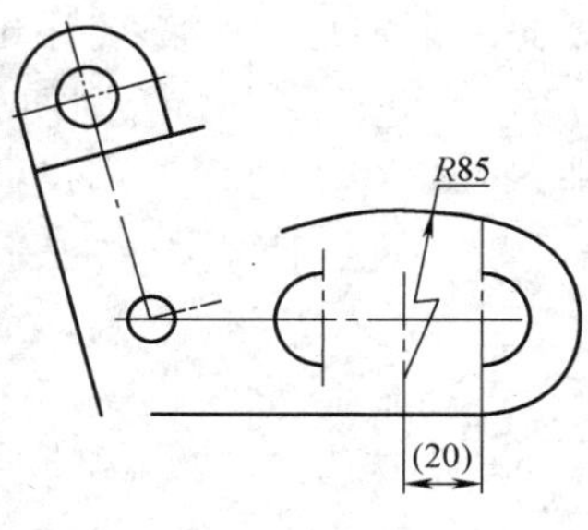	画出 R85mm 圆弧及与 R25mm、R18mm 分别相切的两直线

（续）

序号	绘图步骤	图　示	说　明
4	绘制连接线段	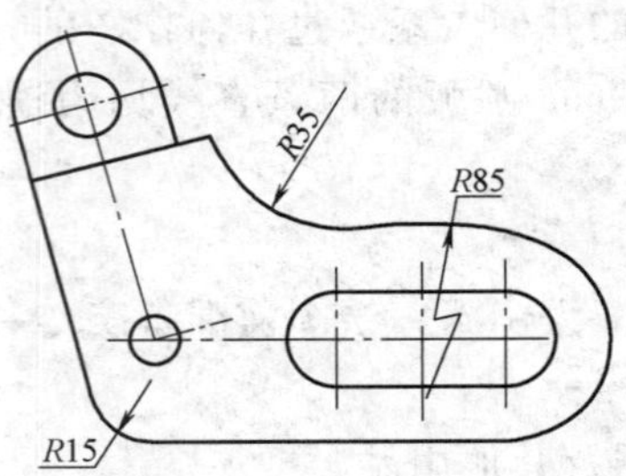	画出 $R15$mm、$R35$mm 圆弧和连接两 $R12$mm 圆弧的两直线（连接两 $R12$mm 圆弧的两直线，也可在两 $R12$mm 圆弧画出后即画出）
5	整理全图、标注尺寸	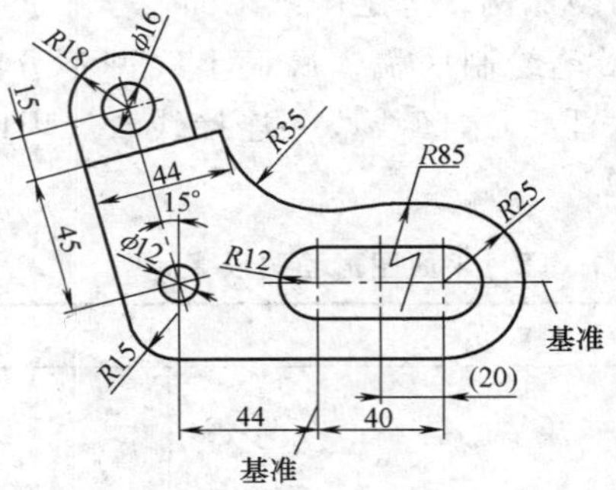	整理全图，仔细检查无误后加深图线，标注尺寸

（3）描深底稿　描深底稿时，使用 HB 或 2B 铅笔描深各种图线。具体描深顺序如下。

1）先粗后细。先描深全部粗实线，再描深全部细虚线、细点画线及细实线等。

2）先曲后直。在描深同一种线型时，应先描深圆弧和圆，再描深直线。

3）先水平、后垂直、再斜线。先用丁字尺自上而下画出全部相同线型的水平线，再用三角板自左向右画出全部线型的垂直线，最后画倾斜的直线。

4）尺寸标注及标题栏等。

4. 平面图形的尺寸标注

平面图形画完后，需按照正确、完整、清晰的要求来标注尺寸。即标注的尺寸要符合国标规定；必须能唯一地确定图形的形状和大小，尺寸不出现重复或遗漏，也不多余地标注出确定各线段的相对位置及其大小的尺寸。尺寸要安排有序、注写清楚。

标注平面图形尺寸的一般步骤如下。

1）分析平面图形各部分的构成，确定尺寸基准。

2）确定图形中几何元素的性质，标注全部定形尺寸。

3）标注必要的定位尺寸。已知线段的两个定位尺寸都要注出；中间弧只需注出圆心的一个定位尺寸；连接弧圆心的两个定位尺寸都不必注出，否则便会出现多余尺寸。

4）检查、调整、补遗删多。尺寸排列要整齐、匀称，小尺寸在里，大尺寸在外，以避免尺寸线与尺寸界线相交，箭头不应指在切点处，而应指向表示该线段几何特征最明显的部位。

三、徒手画图

徒手绘图也称草图，即不借助或少借助绘图工具，目测实物的形状及大小，估计图形与

实物的比例徒手绘制的图样。徒手绘图的基本要求是快、准、好，即画图速度要快、目测比例要准、图面整洁整齐、质量要好。草图中的线条要粗细分明、基本平直、方向正确。

一般练习徒手绘图时选用 HB 或 B/2B 的铅笔，初学徒手绘图时，应在方格纸上进行，以便将图线画得平直和借助方格纸线确定图形的比例。

一个物体的图形无论多么复杂，都是由直线、圆、圆弧或曲线组成的。因此要画好草图，必须掌握好徒手绘制各种线条的方法。

1. 直线的徒手画法

徒手绘图时，手指应握在距铅笔笔尖约 35mm 处，手腕和小手指对纸面的压力不要太大。在画直线时，先定出直线的两个端点，画短直线用的是手腕的力量，画长直线用的是手臂的力量；同时也可以把线段分成几段来画，最后再连接起来，画线时小手指要稍微接触纸面，手腕不要转动，使铅笔所画的线始终保持约 90°，眼睛要看着线段的终点。画长斜线时，为了运笔方便，必要时可以转动图纸，使它转成水平线位置来画。直线的画法如图 1-3-19所示。

图 1-3-19　直线的画法

2. 角度的徒手画法

一般机械上涉及的角度都比较特殊，30°、45°、60°为常见的几种角度，可根据两直角边长度的近似比例关系定出两端点，然后连接两点即为所要画的角度线，如图 1-3-20 所示。10°、15°的角度线可先画出 30°的角度后再等分求得。

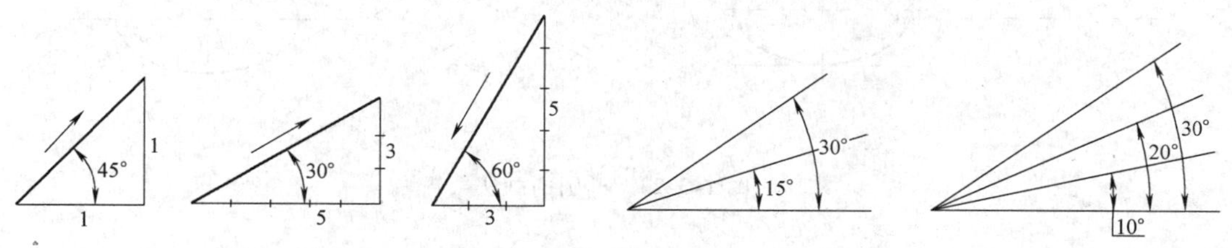

图 1-3-20　角度的画法

3. 圆的徒手画法

画圆时，应过圆心先画中心线，再根据半径大小用目测在中心线上定出 4 点，然后过这 4 点画圆，如图 1-3-21a 所示；当圆的直径较大时，可过圆心增画两条 45°的斜线，在线上再定 4 个点，然后过这 8 个点画圆，如图 1-3-21b 所示；当圆的直径很大时，可取一纸片标出半径长度，利用它从圆心出发定出许多圆上的点，然后通过这些点作圆，或者用手作为圆规，以小手指的指尖或关节作为圆心，使铅笔与它的距离等于所需的半径，用另一只手小心地慢慢转动图纸，即可得到所需的圆，如图 1-3-22 所示。

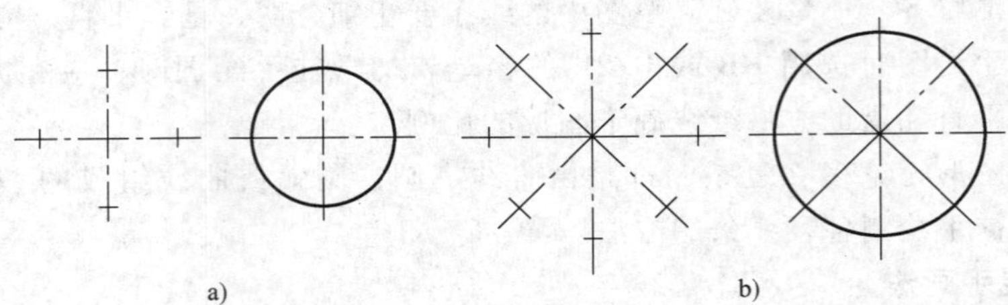

图 1-3-21 圆的画法

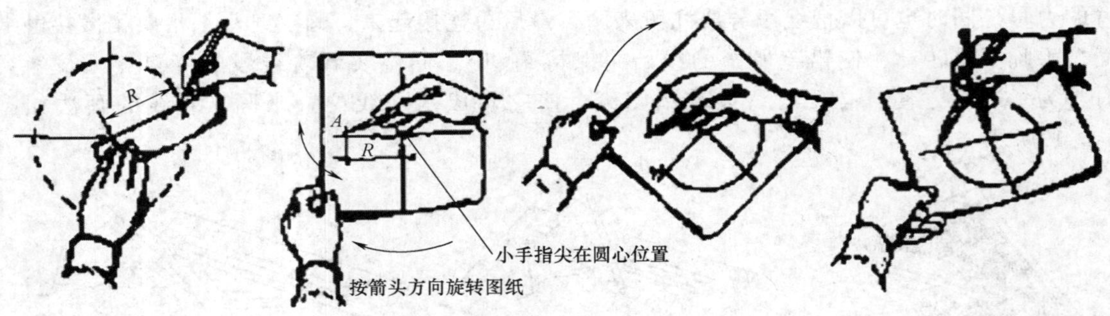

图 1-3-22 大直径圆的画法

4. 椭圆的画法

椭圆的画法和圆的画法差不多，根据椭圆的长、短轴或一对共轭直径，用目测方法定出其 4 个端点的位置，并过这 4 个端点画一个矩形，然后徒手作椭圆与此矩形相切，如图 1-3-23a所示。也可先画出椭圆的外切四边形，然后用徒手方法分别作两钝角及两锐角的内切弧，即得所需椭圆，如图 1-3-23b 所示。

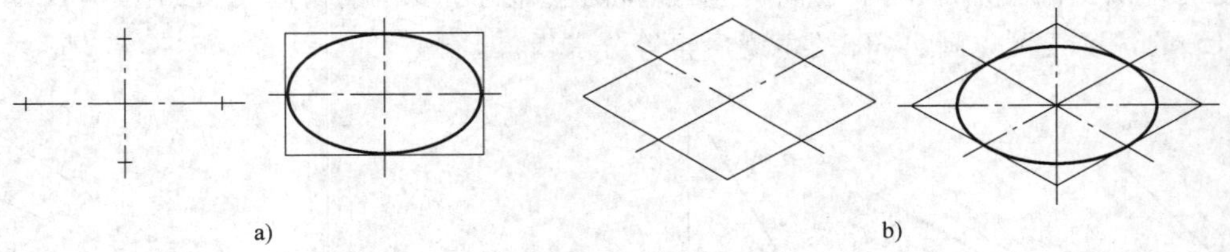

图 1-3-23 椭圆的画法

模块二

视图的形成

项目目标

1）掌握投影法的基本知识。

2）了解测绘的基本知识。

3）学会对零件进行结构分析。

4）掌握四大类典型零件的测绘方法、步骤及视图的绘制。

5）掌握剖视图、断面图、局部放大图的概念及画法。

6）掌握各类零件图表面结构与几何公差。

相关知识

2.1　投影法的基本概念

任何非无色透明物体，在光源的照射下都会产生影子，人类通过科学地总结影子与物体间的几何关系，逐步形成了一种把空间物体表示在平面上的基本方法，即投影法，如图2-1-1所示。

按光源射线的位置关系，投影法分为中心投影法和平行投影法两类。

1. 中心投影法

由同一点光源发出的光源射线形成的投影为中心投影，如图2-1-1a所示。这种表达方式用于表达物体的立体形状，直观性好，立体感强，但不注重表达物体尺寸，所以机械图样的表达不适宜选择这种表达方式，可作为辅助视图。

2. 平行投影法

用相互平行的投射线投射的方法，称为平行投影法，如图2-1-1b所示。这种表达方式可度量性好，作图方便，能反映物体的真实大小，平行投影法又分为正投影法和斜投影法。机械图样主要用正投影法绘制，但立体感差。

（1）正投影法　投射线与投影面相互垂直的投影法，如图2-1-2a所示。

（2）斜投影法　投射线与投影面相倾斜的投影法，如图2-1-2b所示。

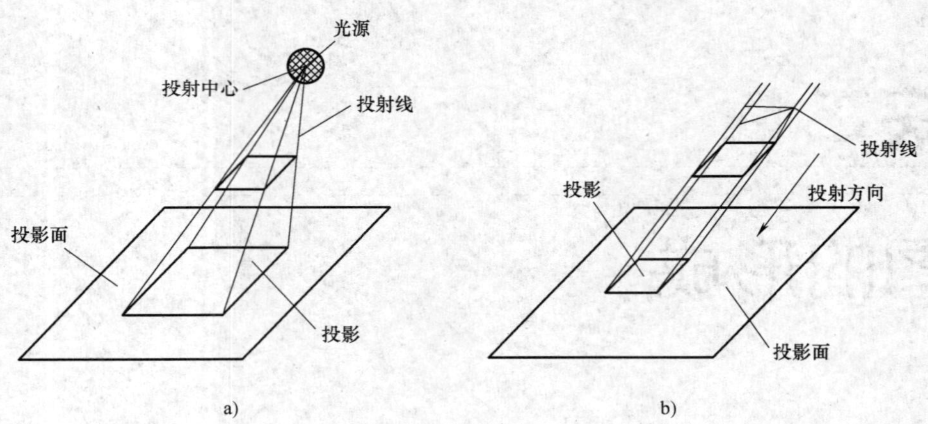

图 2-1-1　投影法

a）中心投影法　b）平行投影法

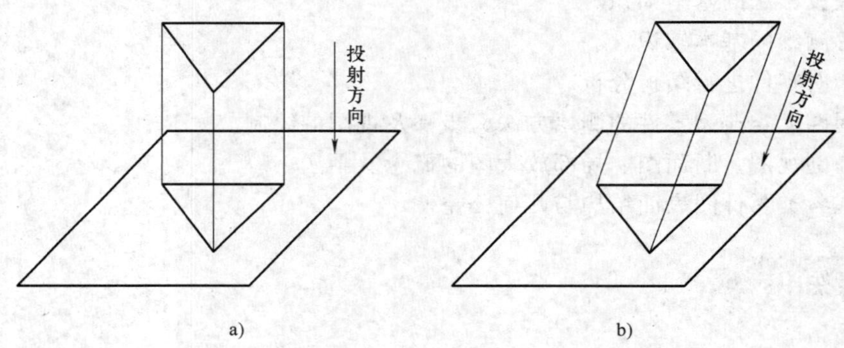

图 2-1-2　平行投影法

a）正投影法　b）斜投影法

3. 正投影法的特性

物体表面上面和线的基本投影相对位置一般分为三种状况：平行、垂直、倾斜。正投影法的基本特性见表 2-1-1。

表 2-1-1　正投影法的基本特性

特性	平面与投影面的关系	投影情况	图　例
实形性	平行	投影反映实形	

（续）

特性	平面与投影面的关系	投影情况	图　例
积聚性	垂直	投影积聚为一点（直线）或直线（平面）	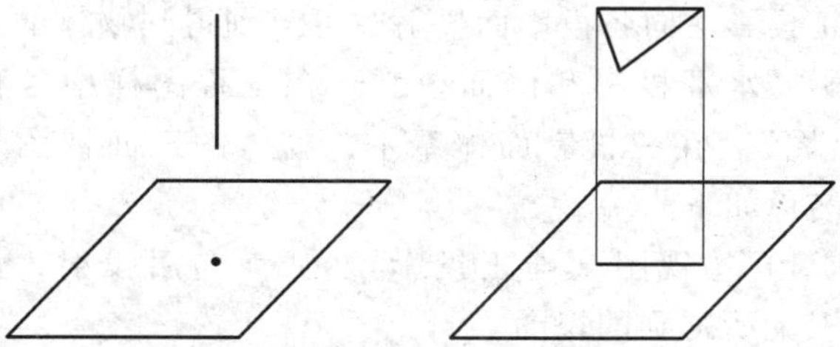
类似性或收缩性	倾斜	投影缩小（短直线）、变形（平面）	

2.2　三视图的形成及投影规律

用正投影法绘制出物体的图形称为视图。

在正投影中，一般一个视图或两个视图只能反映物体一个方位的形状，不能完整反映物体的结构形状和大小，也不能区分不同的物体，如图 2-2-1 所示。三视图是从三个不同方向对同一个物体进行投射的结果，且能较完整地表达物体的结构，在机械制图中应用较多。

一、三视图的形成

1. 投影面的设置和名称

三投影面体系由三个相互垂直的投影面和三条投影轴（立体坐标）构成，分别如下。

1）正立投影面（简称正面），用 V 表示。

2）水平投影面（简称水平面），用 H 表示。

3）侧立投影面（简称侧面），用 W 表示。

4）OX 轴（简称 X 轴），V 与 H 的交线，表示物体的长度方向。

5）OY 轴（简称 Y 轴），W 与 H 的交线，表示物体的宽度方向。

6）OZ 轴（简称 Z 轴），W 与 V 的交线，表示物体的高度方向。

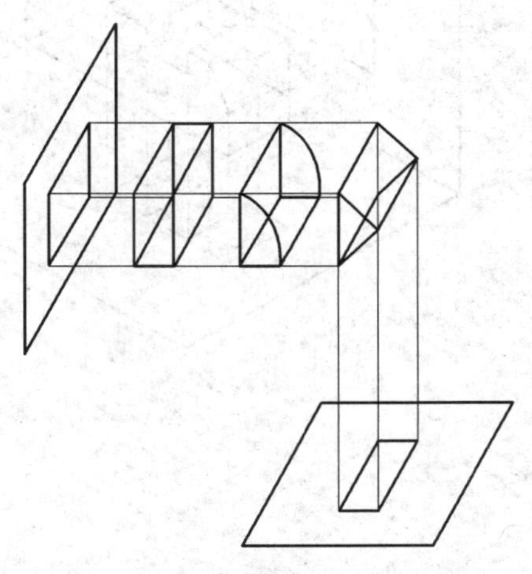

图 2-2-1　物体的正投影

X、Y、Z 三轴的交点 O 称为原点。三投影面体系如图 2-2-2 所示。

2. 三视图的形成和名称

如图 2-2-3a 所示，将物体放在三投影面体系中，按正投影法向各投影面投射，可分别得到物体的正面投影、水平投影和侧面投影。在工程图样中也称为“视图”。在三投影面体系中，物体的三面视图规定的名称如下。

1）主视图（即正投影）。从前向后投射，在正面 V 上所得到的视图。

2）俯视图（即水平投影）。从上向下投射，在水平面 H 上所得到的视图。

3）左视图（即侧面投影）。从左向右投射，在侧面 W 上所得到的视图。

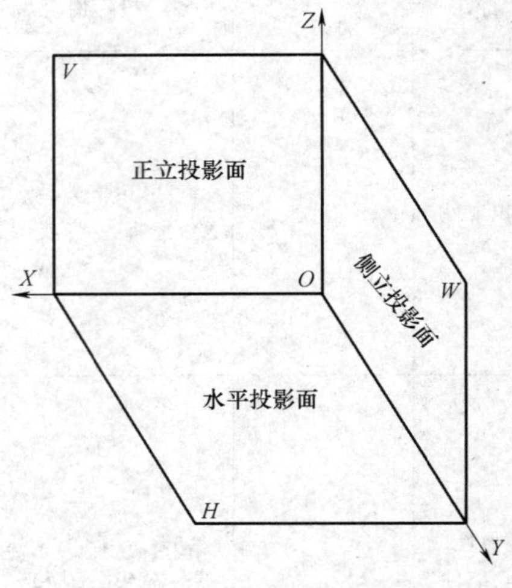

图 2-2-2　三投影面体系

3. 三视图的展开

为方便画图，将处于空间位置的投影面旋转展开到同一平面上，以 V 面为基准，沿 OY 轴剪开，然后 H 面绕 OX 轴向下转 90°，W 面绕 OZ 轴向右转 90°，使三个面在同一个平面上表示，如图 2-2-3b 所示。国家标准规定，如此配置视图时不必标注视图的名称，也不需要画出投影轴和表示投影面的边框，如图 2-2-3c 所示。

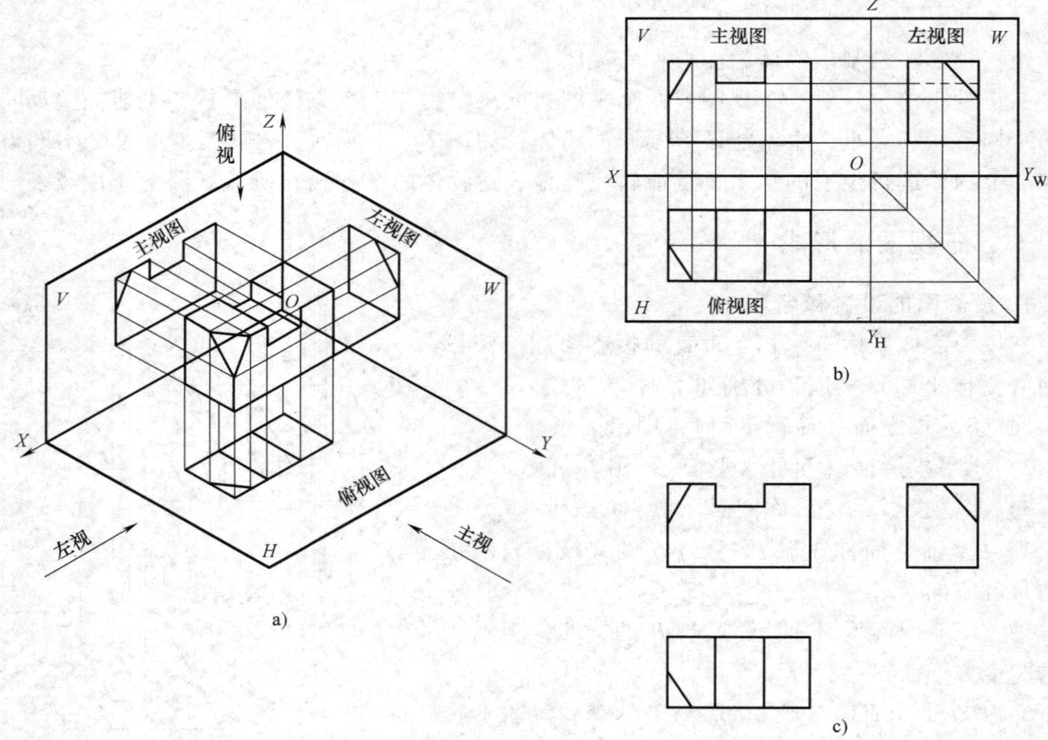

图 2-2-3　三视图的形成、名称及展开

4. 三视图的投影规律

从三视图的形成过程中可以看出，左视图在主视图的正右方、俯视图在主视图的正下方。

1）三视图之间的投影关系（三等关系）。任何物体均有长、宽、高三个方向尺寸，该关系是用于分析每一视图如何反映物体的这些尺寸的。

分析的前提必须先规定物体的长、宽、高尺寸方向。强调正对主视图（V面）的水平方向为物体的长度方向，其他方向尺寸由此确定，如图 2-2-4 所示。归纳如下。

① 主视图反映物体的长、高方向尺寸。

② 俯视图反映物体的长、宽方向尺寸。

③ 左视图反映物体的高、宽方向尺寸。

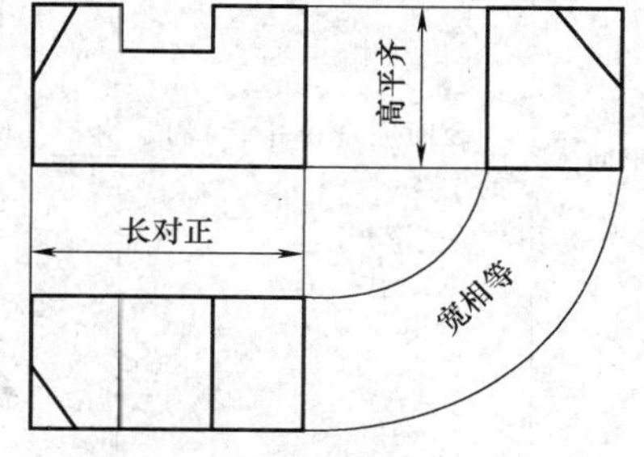

图 2-2-4　三视图的三等关系

由此可见：

① 每一个视图只能反映物体两个方向的尺寸。

② 每两个视图反映的相同方向尺寸，具有尺寸等量的内在联系。归纳如下。

a. 主、俯视图长对正（等长）。

b. 主、左视图高平齐（等高）。

c. 左、俯视图宽相等（等宽）。

2）三视图与物体位置的对应关系。三视图与物体位置的对应关系也称方位关系，方位关系用于分析每一视图如何反映物体前后、左右、上下六个方位，如图 2-2-5 所示。归纳如下。

① 主视图反映物体的左右、上下方位（前、后重叠）。

② 俯视图反映物体的左右、前后方位（上、下重叠）。

③ 左视图反映物体的上下、前后方位（左、右重叠）。

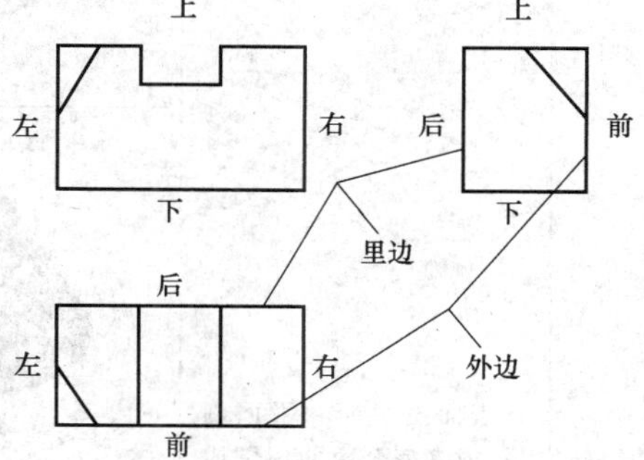

图 2-2-5　三视图的方位关系

可以利用“里后外前”口诀帮助判别前后关系。

> “里后外前”：如图 2-2-5 所示，以主视图为基准，在左、俯两视图中，靠近主视图的一边为里边，表示物体的后边结构；远离主视图的一边为外边，表示物体的前边结构。

二、基本体三视图的绘制

任何物体都是由若干个简单基本体组成的。基本体包括：棱柱、棱锥、圆柱、圆锥、圆球、圆环。工程上常见的机件正是由这些简单的基本体经过切割或组合形成的。

根据基本体表面的形成及其投影规律将基本体分成平面体及曲面体两大类，基本体三视图见表 2-2-1。

表 2-2-1 基本体三视图

分类	内容描述	基本体	三视图
平面体	表面完全由平面围成的立体	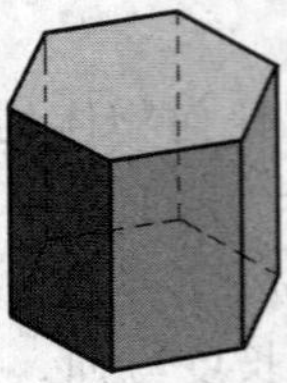 棱柱	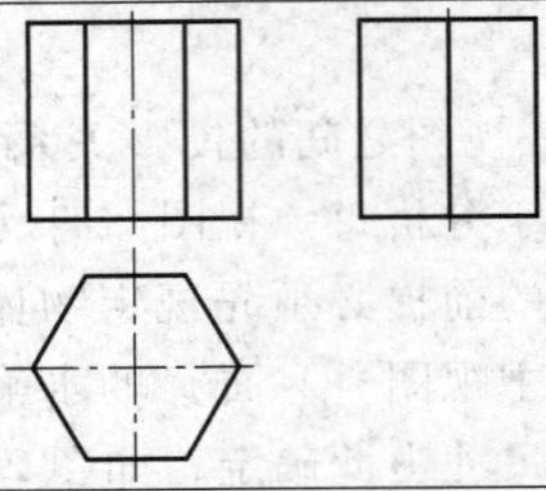
		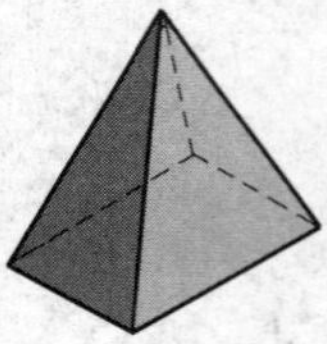 棱锥	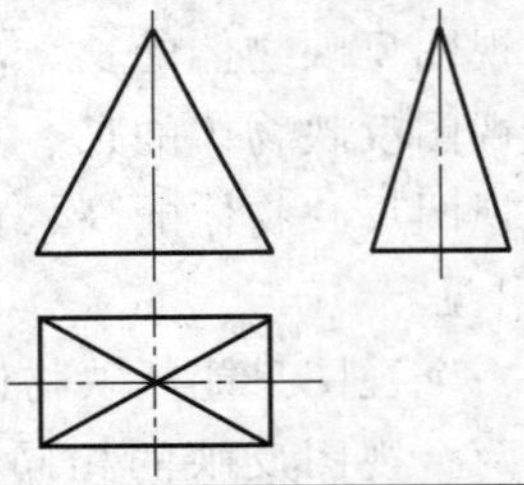
曲面体	表面由曲面和平面围成，或者完全由曲面围成的立体	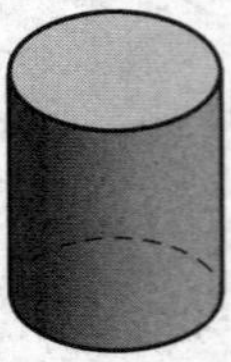 圆柱	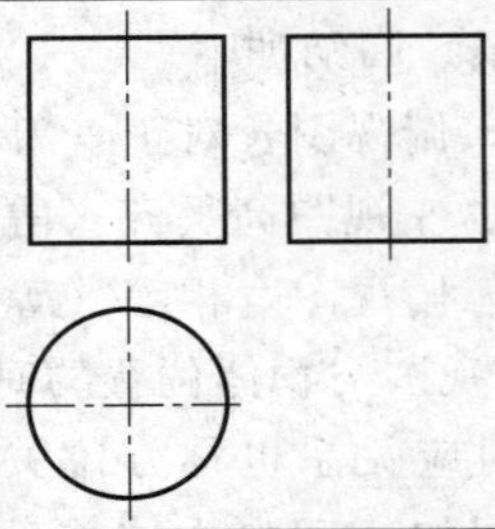
		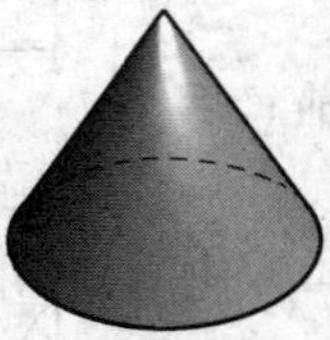 圆锥	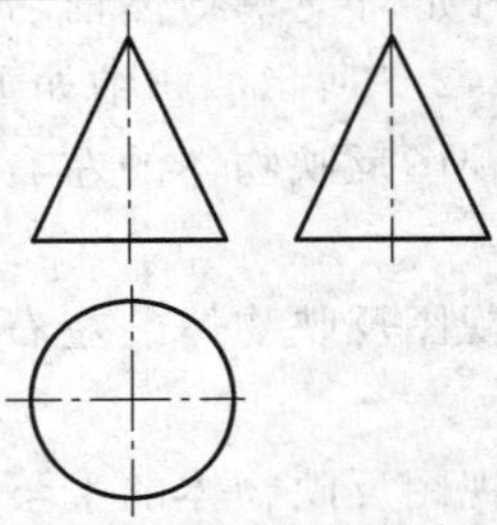
		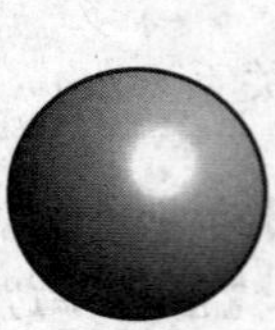 圆球	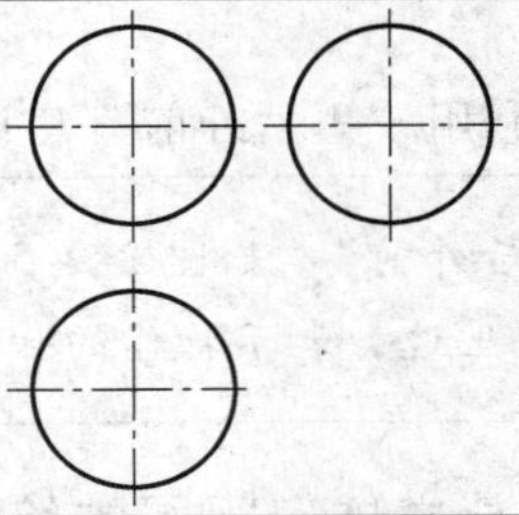
		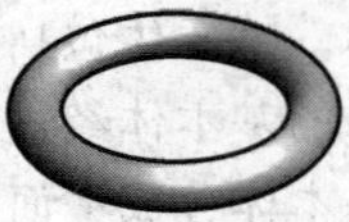 圆环	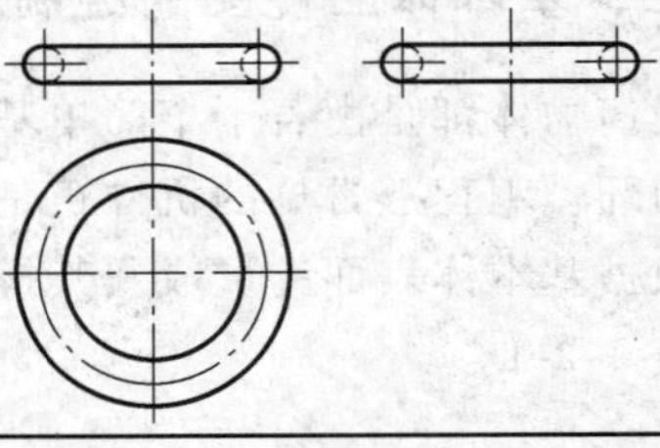

2.2.1 平面截切平面体三视图的绘制

图 2-2-6 所示为两个平面截切平面体，请用正确的三视图表达平面截切平面体。

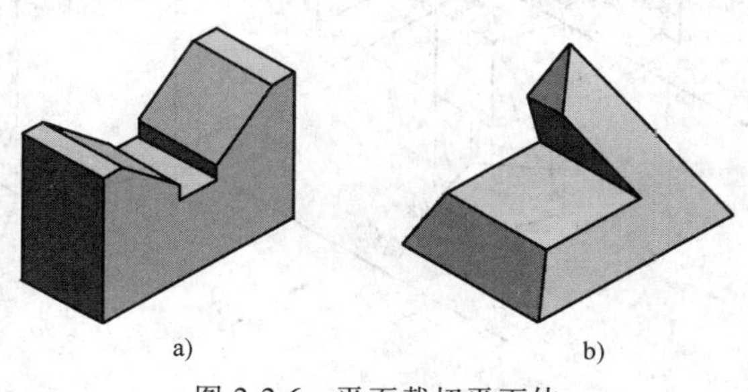

图 2-2-6 平面截切平面体

a）V 形铁 b）棱锥

平面体的每个表面都是平面，图 2-2-6a 所示属于棱柱切割体，图 2-2-6b 所示属于棱锥切割体。该类截切体的具体形状取决于立体表面特征面的形状以及切割平面与立体的相对位置。

1. 棱柱的投影

棱柱表面由顶面、底面和棱面所围成，棱面间的交线为棱线，棱面与底面的交线为底边。常见的棱柱为直棱柱，由两个全等且平行的多边形（底面）和垂直于底面的多个矩形组成。现以正五棱柱为例分析棱柱的投影。

1）形状特征。正五棱柱的顶面和底面是两个互相平行且相等的正五边形，五个棱面均为矩形且与顶面和底面垂直，如图 2-2-7a 所示。

2）投影规律。俯视图的正五边形为顶面与底面的实形，主视图的 $a'b'g'f'$ 为正平面的实形，也是特征面。

正棱柱投影特性如下。

① 顶面与底面水平投影重合，并反映实形——正多边形，各棱面积聚成多边形的边。

② 另两个投影是由粗实线和虚线组成的矩形线框，如图 2-2-7b 所示。

3）绘制三视图。

① 作正五棱柱的对称中心线和底面基线，先画反映底面真实形状特征的俯视图——正五边形。

② 按长对正的投影关系，量取棱柱的高度画出主视图，再按高平齐、宽相等的投影关

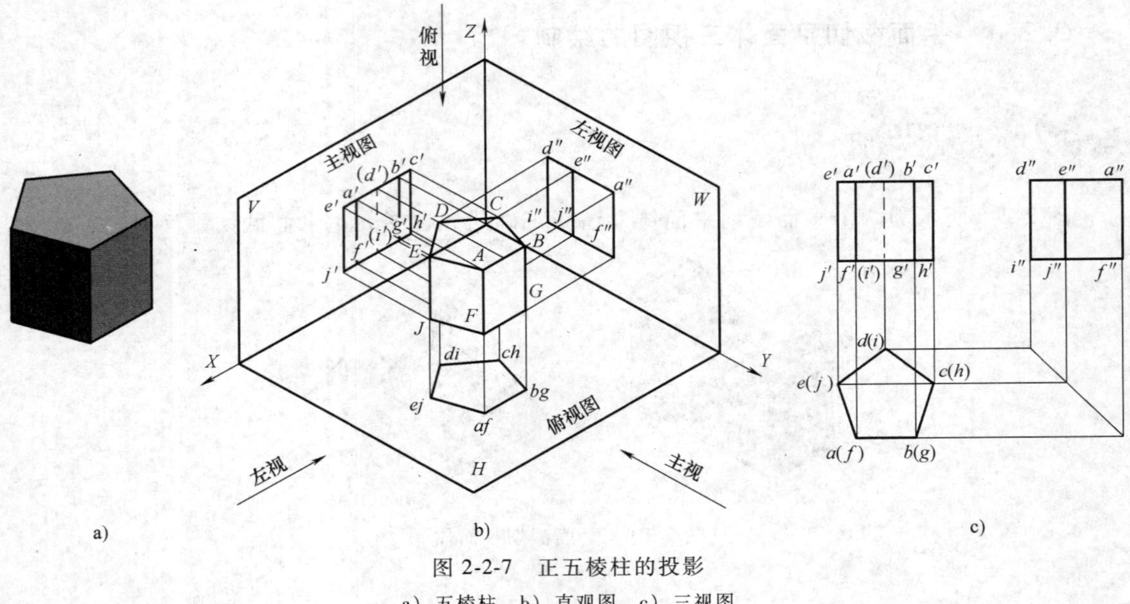

图 2-2-7　正五棱柱的投影

a）五棱柱　b）直观图　c）三视图

系画出左视图，如图 2-2-7c 所示。

2. 棱锥的投影

棱锥表面由平面（棱面）和底面围成，棱锥的棱线交于一点。现以正三棱锥为例分析棱锥的投影。

1）形状特征。如图 2-2-8a 所示，正三棱锥的底面是一个正三角形，棱面由三个等腰三角形围成。

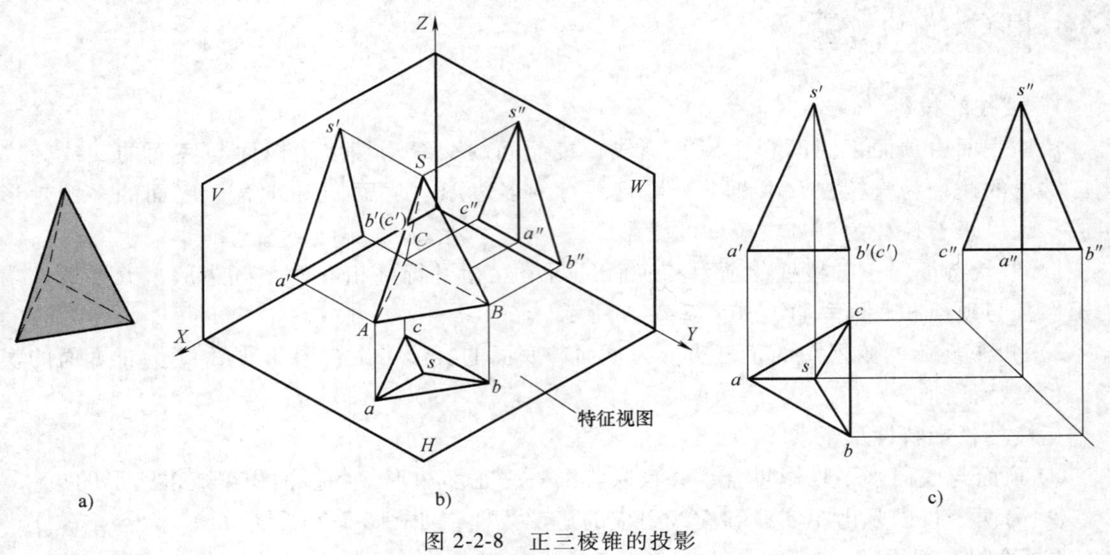

图 2-2-8　正三棱锥的投影

a）三棱锥　b）直观图　c）三视图

2）投影规律。

① 如图 2-2-8b 所示，正三棱锥底面为水平面，其水平投影为特征面实形。

② 棱面 SBC 为正垂面，其余两个棱面为一般位置平面。

③ 三条棱线交于顶点 S。

3）绘制三视图。

① 分别画出底面俯视图——正三角形以及另外两个投影面积聚为直线的投影。

② 画出正三棱锥锥顶在三个投影面的投影。

③ 分别按长对正、高平齐、宽相等的投影关系画全三个视图，如图 2-2-8c 所示。

3. 棱锥表面取点

如图 2-2-9 所示，已知棱锥面上 M 点的正面投影，求其另两个投影并判断可见性。

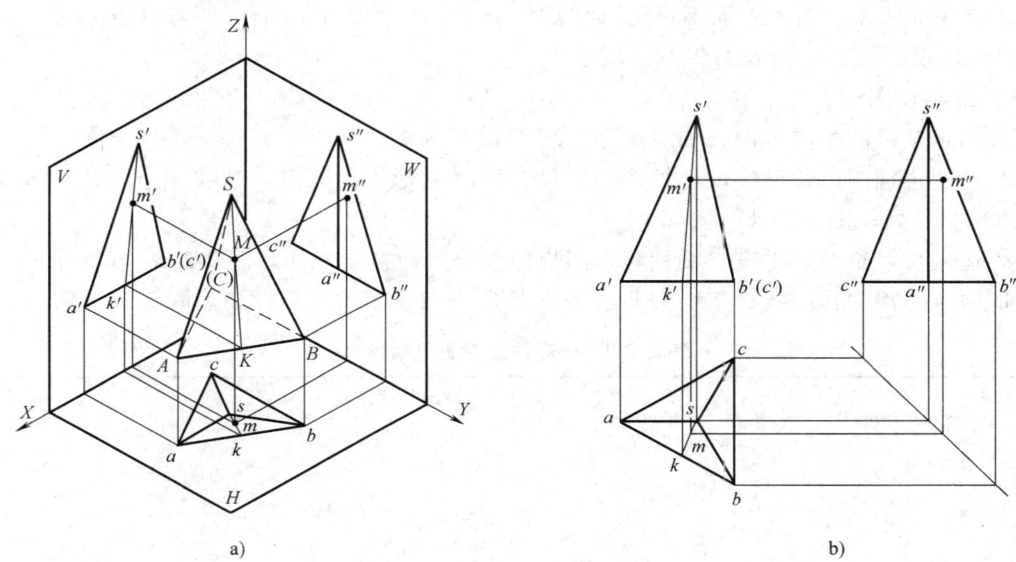

图 2-2-9 棱锥表面取点

a）直观图 b）三视图

1）分析。如图 2-2-9 所示，由 m'可见，可判断出点 M 位于△SAB 上，△SAB 是一般位置面，需作辅助线求得其他投影。

2）作图求其他投影。如图 2-2-9a 所示，过锥顶 S 及点 M 作一条辅助线 SK，求出 SK 在水平投影面上的投影 sk，即可求点 M 在水平投影面上的投影 m，由已知点 M 的正投影 m'及水平投影 m，可求得侧投影 m''，如图 2-2-9b 所示。

3）可见性判断。点 M 位于△SAB 上，如图 2-2-9b 所示，△SAB 在三个投影面上均可见，则点 M 的投影在三个投影面上也都可见，即点 m、m'、m''均可见。

可见性判断原则：若点所在面的投影可见，则点的投影也可见。

任务实施

结合投影相关知识的讲解及以上案例的解析，完成图 2-2-6 所示两个平面截切平面体的三视图。

案例 1. 完成图 2-2-6a 所示 V 形铁的三视图。

1）形状特征分析。图 2-2-6a 所示 V 形铁是四棱柱的截切体，形体表面由六个相互垂直的矩形组成，并在四棱柱上进行平面体切割，如表图 2-2-2a 所示。

2）投影特性。

① 确定主视图的方向，该形体在主视图上反映正面的实形。

② V 形铁主视图的投影特性。前、后面与 *V* 面平行，反映实形性；上、下、左、右面及 V 形槽的左、右两个侧面与 *V* 面垂直，反映积聚性，如表图 2-2-2d 所示。

③ V 形铁俯视图的投影特性。上、下面及 V 形槽底面与 *H* 面平行，反映实形性；前、后、左、右面及 V 形槽左、右两侧面与 *H* 面垂直，反映积聚性，如表图 2-2-2g 所示。

④ V 形铁左视图的投影特性。左、右面及 V 形槽两侧面与 *W* 面平行，反映实形性；其中 V 形槽底部的左、右两侧面不可见，用虚线绘制；V 形槽的两个侧面与 *W* 面倾斜，其反映类似性且投影重合，如表图 2-2-2g 所示。

3）绘制视图。

① 确定正确的视图方向，如表图 2-2-2a 所示。

② 绘制主视图。绘制特征面外形→按尺寸画出 V 形槽的顶点→连接顶点完成 V 形槽主视图的绘制，如表图 2-2-2b、c、d 所示。

③ 运用长对正、高平齐、宽相等投影规律画出其他视图，如表图 2-2-2e、f 所示。

④ 检查、擦除作图线，按线型要求完成 V 形铁三视图的绘制，如表图 2-2-2g 所示。

表 2-2-2　V 形铁三视图绘制过程

步骤	三视图绘制过程
确定正确的视图方向	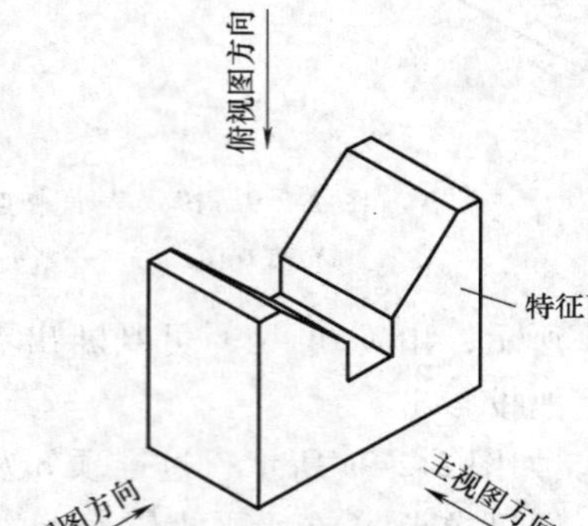 a)
绘制主视图	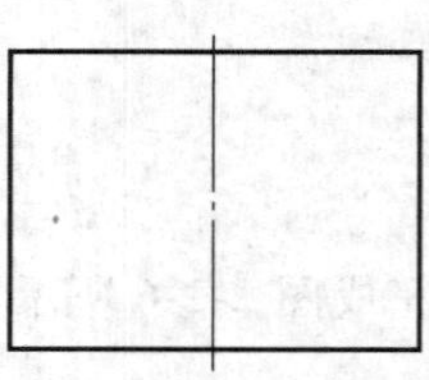 b) 画特征面外形 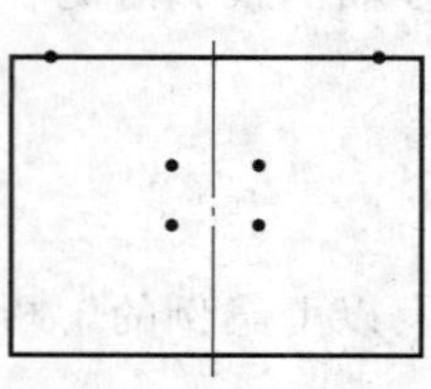　c) 确定特征点 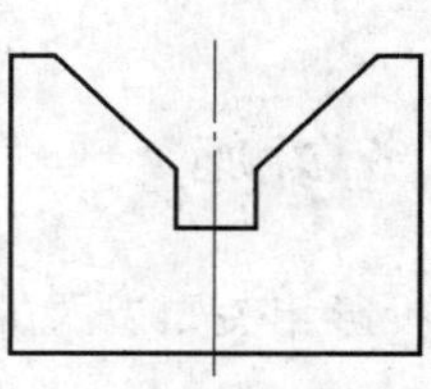　d) 完成主视图

（续）

步骤	三视图绘制过程
绘制其他视图	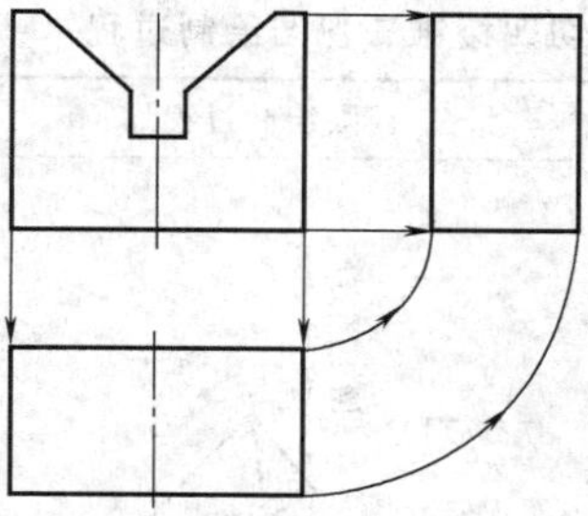 e）按三视图形成规律画俯、左视图 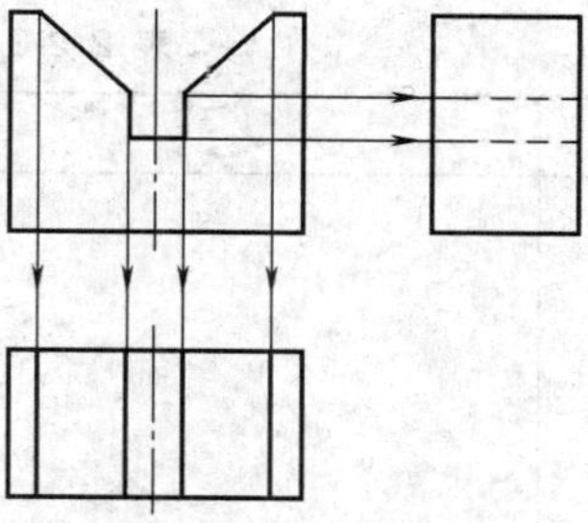　f）完成俯、左视图
检查	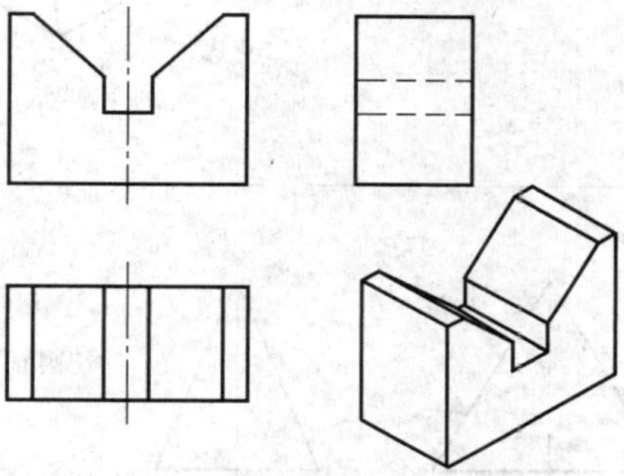 g）擦除作图线，完成三视图

案例 2. 完成图 2-2-6b 所示截切四棱锥的三视图。

1）形状特征。图 2-2-6b 所示为四棱锥被两个截平面截切后形成的截切体，截平面Ⅰ与截平面Ⅱ均切割在棱线上，且两个截平面相交。如表图 2-2-3a 所示。

2）投影特性。

① 确定主视图的方向。

② 截切四棱锥主视图的投影特性。底面及三角形截切体底面与 V 面垂直，反映积聚性，前、后面与 V 面倾斜，反映类似性，左、右面与 V 面垂直，反映积聚性，如表图 2-2-3f 所示。

③ 截切四棱锥俯视图的投影特性。底面及三角切割体底面与 H 面平行，反映投影的实形性，且三角切割体底面在 H 面投影不可见，用虚线表示；前、后、左、右面与 H 面倾斜，反映投影的类似性，如表图 2-2-3f 所示。

④ 截切四棱锥左视图的投影特性。前、后、底面与 W 面垂直，反映积聚性，如表图 2-2-3f所示。

3）绘制三视图。

① 确定正确的视图方向，如表图 2-2-3a 所示。

② 绘制四棱锥三视图，如表图 2-2-3b 所示。

③ 作切割面Ⅰ、Ⅱ的主、左视图，如表图 2-2-3c 所示。

④ 运用长对正、高平齐、宽相等原则画出其他视图，如表图 2-2-3d、e 所示。

⑤ 检查、擦除作图线，按线型要求完成截切四棱锥三视图的绘制，如表图 2-2-3f 所示。

表 2-2-3　截切四棱锥三视图绘制过程

步骤	三视图绘制过程
确定正确的视图方向	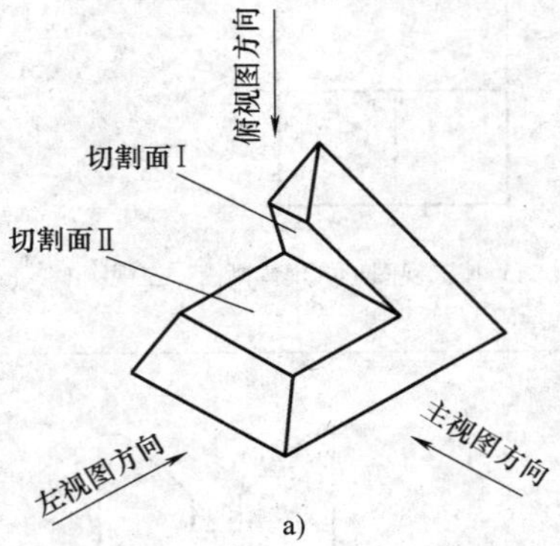 俯视图方向 切割面Ⅰ 切割面Ⅱ 主视图方向 左视图方向 a)
绘制四棱锥主视图及截切平面	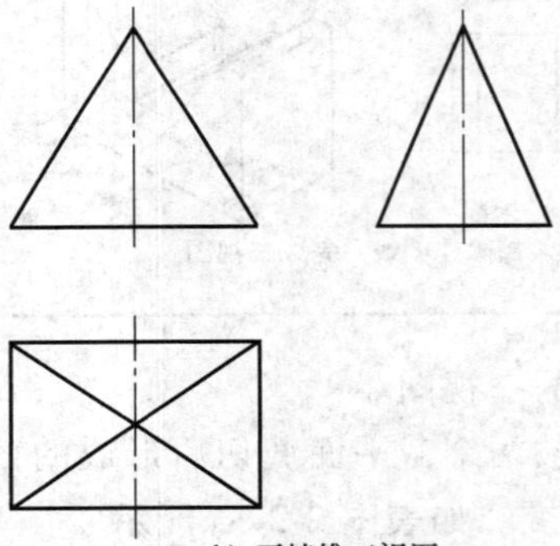 切割面Ⅰ 切割面Ⅱ b) 正棱锥三视图 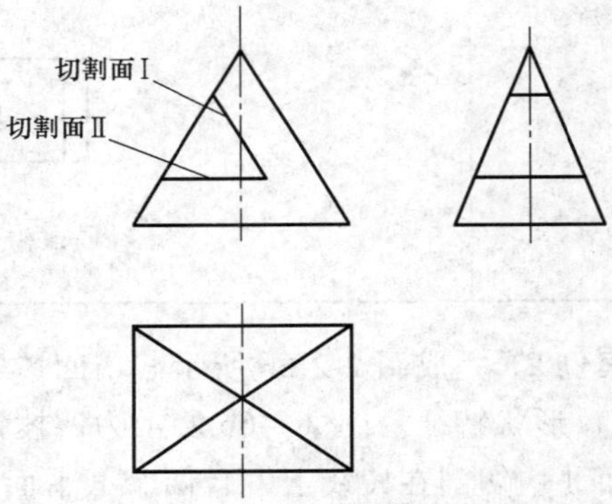　　c) 作切割平面
绘制其他视图	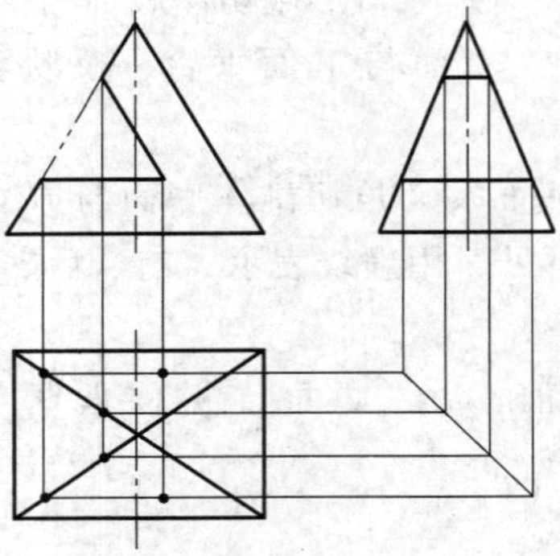 画虚线 d) 求交点和交线 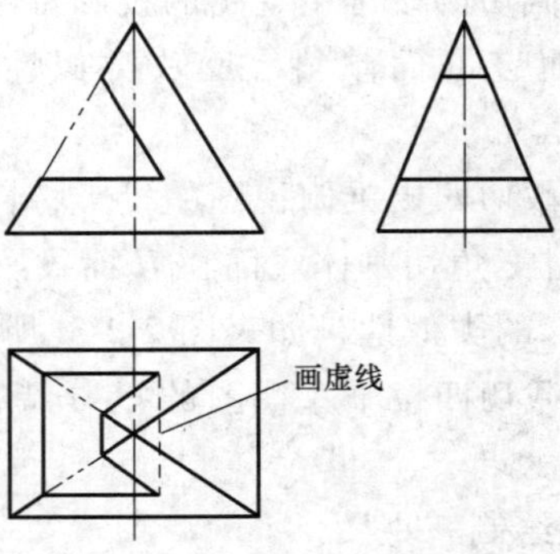　　e) 连接交点和交线

（续）

步骤	三视图绘制过程
检查	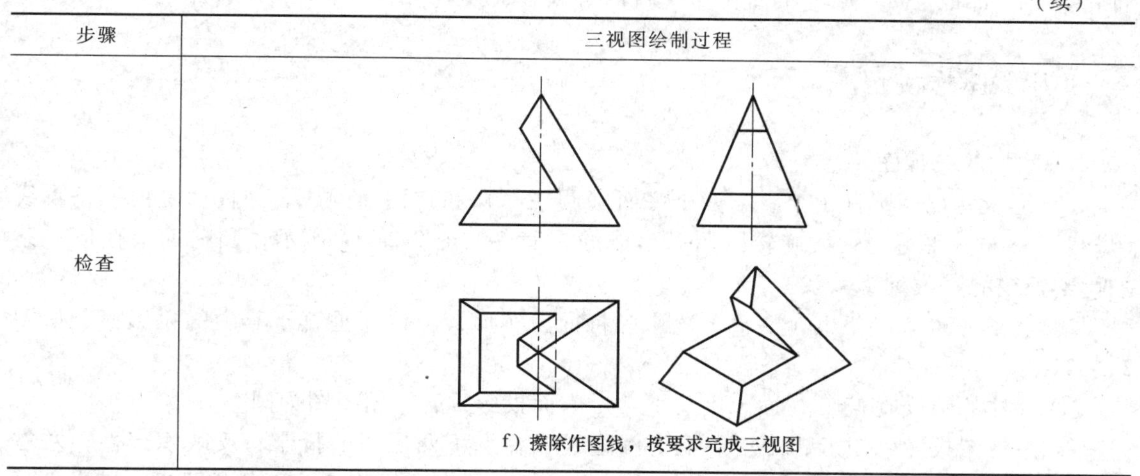 f）擦除作图线，按要求完成三视图

2.2.2　平面截切回转体三视图的绘制

任务引入

图 2-2-10a、b 所示为汽车传动系统中万向节机构的两个零部件。万向节位于传动轴的末端，起到连接传动轴和驱动桥、半轴等机件的作用，如图 2-2-10c 所示。万向节的结构和作用有点像人体四肢上的关节，它允许被连接零件之间的夹角在一定范围内变化。例如前置后驱的汽车，必须将变速器的动力通过传动轴与驱动桥进行连接，那为什么要用万向节呢？主要是为了传递动力、适应转向和汽车运行时所产生的上下跳动所造成的角度变化。请利用所学的投影知识，用正确的三视图表达万向节中轴承外圈及锥套筒两个回转体零件。

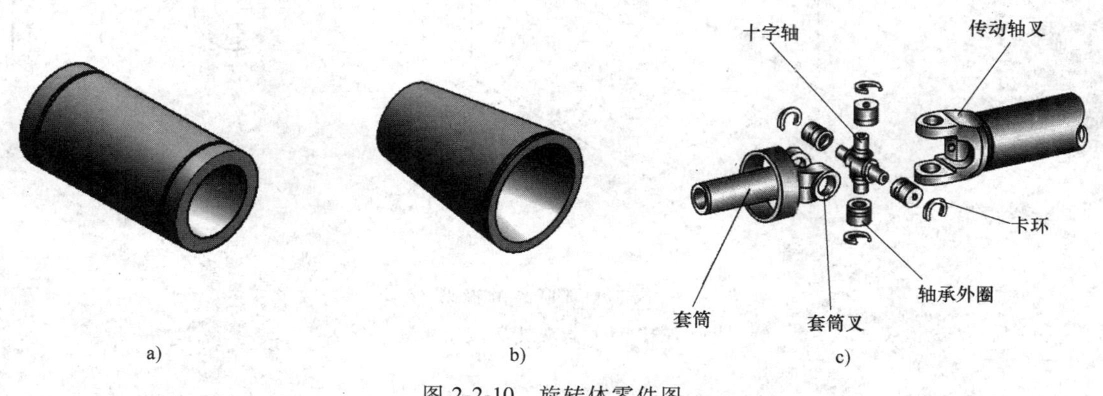

图 2-2-10　旋转体零件图

a）轴承外圈　b）锥套筒　c）万向节结构

任务分析

图 2-2-10a、b 所示两个零件均为回转体零件。由任意直线或曲线绕一固定直线回转一

周后形成的曲面为回转面；由回转面或回转面与平面所围成的立体称为回转体。

相关案例讲解

1. 圆柱的三视图

1）形状特征。圆柱由上、下两个底面（圆平面）和圆柱面围成。圆柱面是由一条直线（母线）绕与其平行的轴线旋转一周而形成的表面，如图 2-2-11a 所示，圆柱面上任何一条平行于轴线的直线称为素线。

2）投影特性。上下两个底面的投影为特征面实形，圆柱面垂直于其中的投影面，如图 2-2-11b、c 所示。

① 圆柱的轴线垂直于 H 面，上、下两个底面投影重合，俯视图为圆。

② 主视图投影为矩形，矩形的上下两边是圆柱上下两底面的投影，反映积聚性；左右两边是圆柱面最左和最右两条轮廓素线的投影，两条轮廓素线将圆柱面分成两半，前半面可见，后半面不可见。这样的素线也称为圆柱面对 V 面的转向轮廓线，如图 2-2-11b 所示。

③ 同理，左视图的投影也为矩形。矩形的左右两边则分别是圆柱面最前和最后的两条轮廓素线的投影。同样，这两条轮廓素线则是圆柱面对 W 面的转向轮廓线。

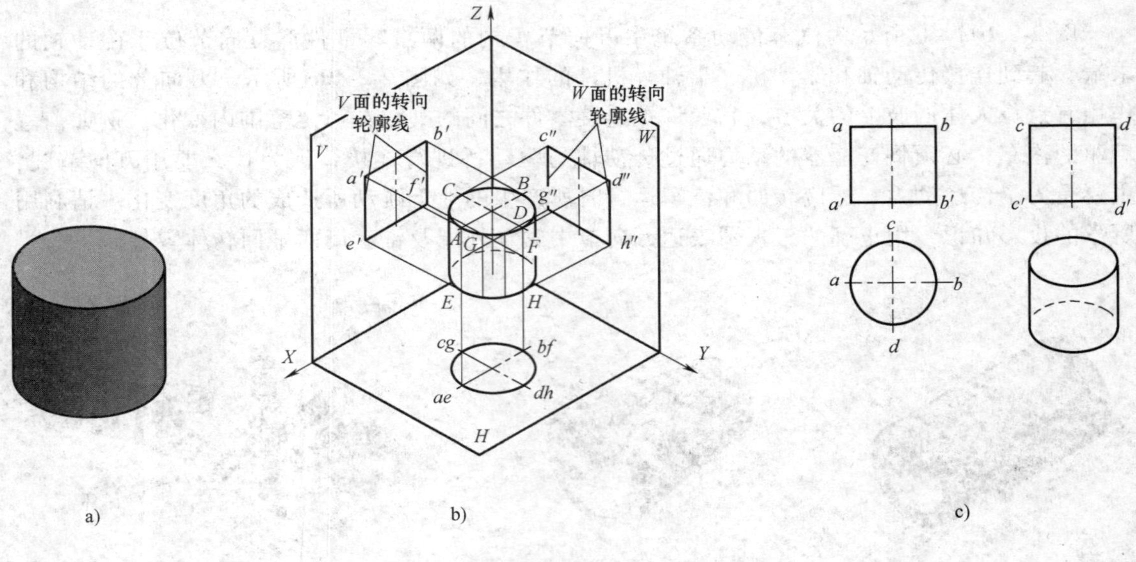

图 2-2-11 圆柱的投影

a）圆柱 b）直观图 c）三视图

3）绘制三视图。

① 布置图面，画轴线和圆的对称中心线，即俯视图的中心线及轴线的正面和侧面投影。

② 绘制圆柱面有积聚性的投影，此时为俯视图的圆。

③ 根据投影关系画出其他两个视图，如图 2-2-11c 所示。

2. 圆锥的三视图

1）形状特征。圆锥由圆锥面和下底面（圆平面）围成。圆锥面是由一条与轴线相交的直线（母线）绕轴线旋转一周而形成的表面，如图 2-2-12a 所示，圆锥面上任何一条过轴线与母线交点的直线称为素线。

2）投影特性。

① 圆锥的俯视图为圆，表示圆锥底面的投影，同时也表示圆锥面的投影。

② 主视图和左视图为等腰三角形，其底边均是圆锥底面的积聚投影。主视图中三角形左右两边分别表示圆锥的最左、最右轮廓素线的投影（反映实长），也是对 V 面的转向轮廓线的投影；左视图中的三角形左右两边分别是表示圆锥的最前、最后轮廓素线的投影（反映实长），是对 W 面的转向轮廓线的投影。

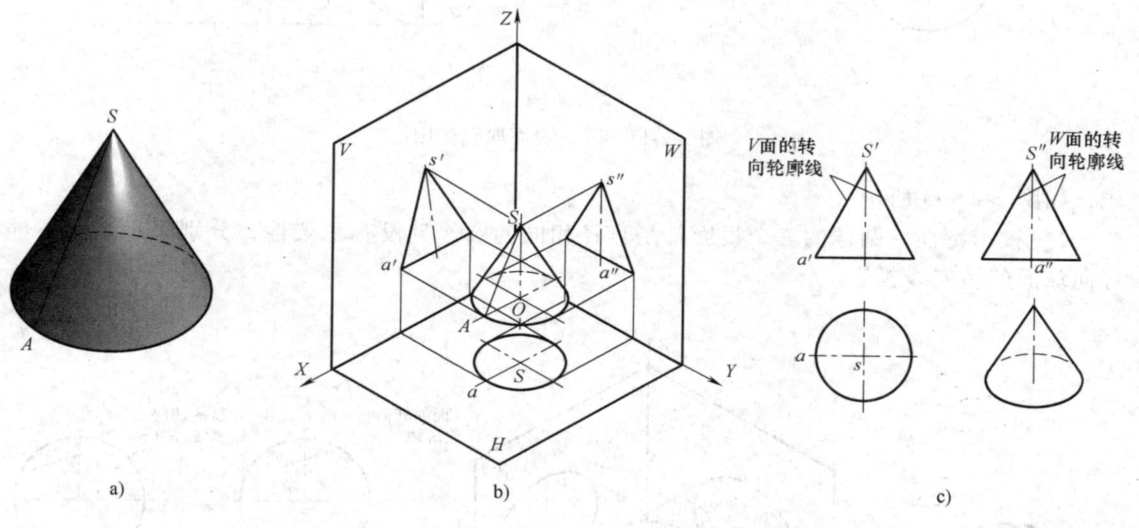

图 2-2-12　圆锥的投影

a）圆锥　b）直观图　c）三视图

3）绘制三视图。

① 布置图面，画轴线和圆的对称中心线，即俯视图的中心线及轴线的正面和侧面投影。

② 绘制俯视图圆的投影，如图 2-2-12b 所示。

③ 画出圆锥顶 S 的三面投影，如图 2-2-12b 所示。

④ 画出转向轮廓线投影，如图 2-2-12c 所示。

3. 圆锥表面取点

如图 2-2-13a 所示，已知圆锥面上 M 点的正面投影 m'，求其另两个投影并判断可见性。

1）分析。由于水平投影均可见，则投影 m 可见；又因正面投影 m'可见，所以可分析出投影点 M 在圆锥左前半部锥面上，三个视图投影点均可见。

2）作图求其他点投影。如图 2-2-13b 所示，过锥顶 s'及 m'作一条辅助线 $s'l'$，求出水平投影面上投射线 sl，可求得点 M 在水平投影面上的投影 m，由已知点 M 正面投影 m'及水平投影 m，可求得侧面投影 m''。

4. 圆球的投影

1）形状特征。圆球由球面围成。球面由半个圆弧（母线）绕其直径（轴线）旋转形

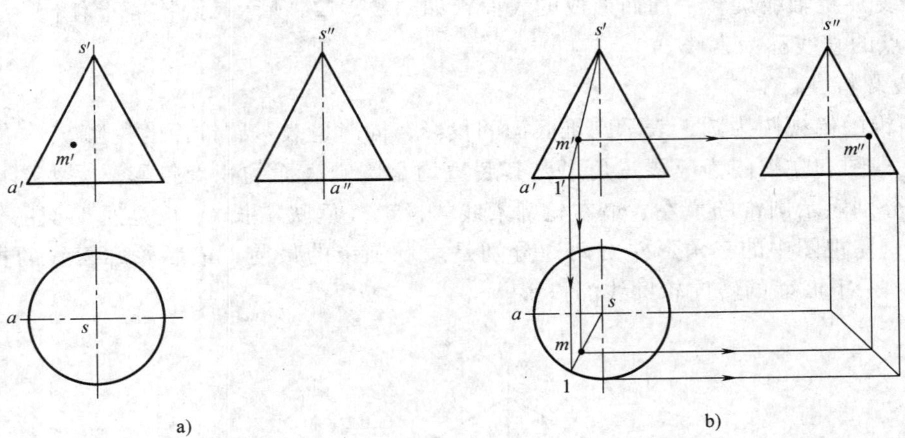

图 2-2-13　圆锥表面取点作图

成，如图 2-2-14a 所示。

2）投影特性。圆球的三个投影都是直径相同的圆，且没有积聚性，分别表示三个不同方向球面的转向线投影。

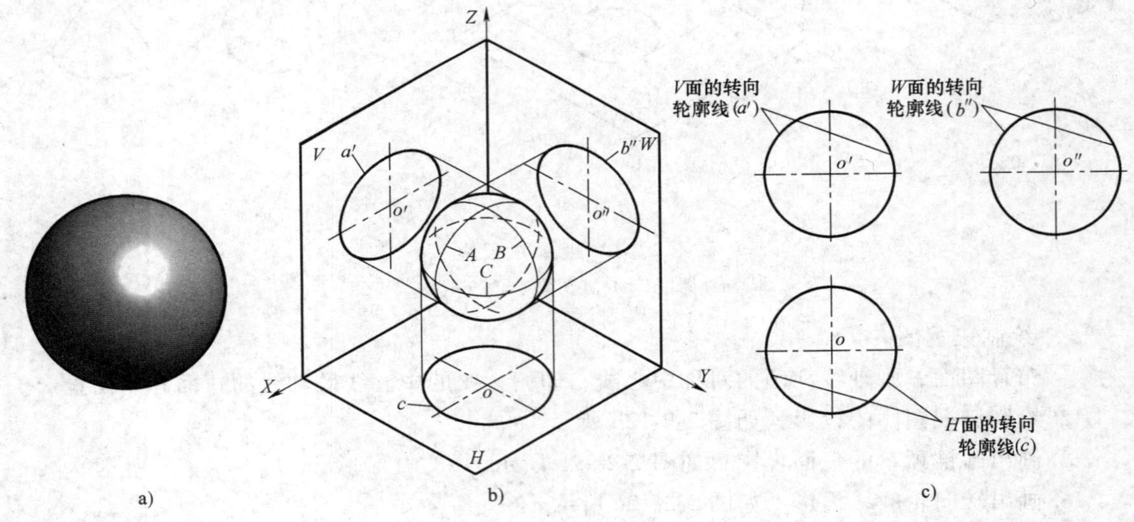

图 2-2-14　圆球的投影

a）圆球　b）直观图　c）三视图

3）绘制三视图。

① 布置图面，画圆的对称中心线。

② 以球心 O 的三个投影为圆心，分别画三个圆，圆直径为圆球直径，如图 2-2-14b、c 所示。

5. 圆环的投影

1）形状特征。圆环是由一个平面圆绕同平面内不通过圆心的轴线 OO' 旋转而成的。所生成的曲面为圆环面，如图 2-2-15a 所示。其中靠近轴线的圆环面称为内圆环面，远离轴线的圆环面称为外圆环面，如图 2-2-15b 所示。

2）投影特性。圆环的水平投影为一大一小两同心圆，是上、下环面转向线的投影，也是环上最大、最小水平圆的投影。正面投影是内、外环面分界线的积聚投影。主视图和左视图中，内圆环面不可见。

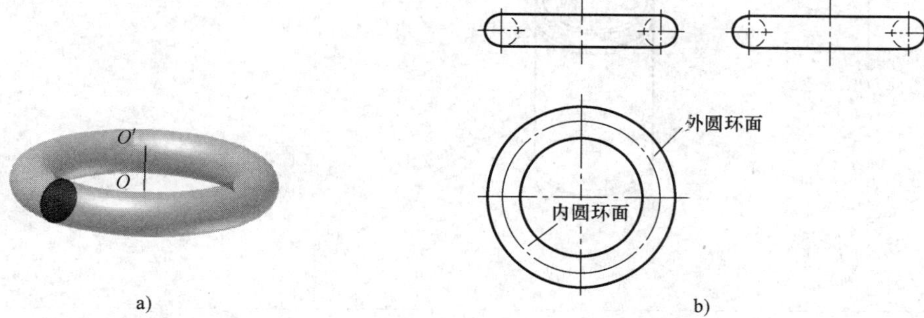

图 2-2-15 圆环的投影

a）圆环 b）三视图

3）绘制三视图。

① 布置图面，画出三个投影的中心线，确定圆环轴线到母线圆心的距离。

② 画出俯视图同心圆。

③ 在主视图和左视图中，以母线圆心为圆心画圆平面。

④ 作主视图和左视图中两转向线圆的公切线，如图 2-2-15b 所示。

任务实施

1. 完成图 2-2-10a 所示轴承外圈的三视图

1）形状特征。图 2-2-10a 所示轴承外圈的基础结构由圆柱组成，其结构是从圆柱上表面钻了一个圆柱孔，轴承外圈的顶面、底面、圆柱面及圆柱孔的投影与圆柱的投影相同，如表图 2-2-4g 所示。

2）投影特性。

① 俯视图的同心圆为轴承外圈上、下底面的实形。

② 主视图和左视图上的矩形框分别是圆柱的转向轮廓线的投影（左右和前后素线），各投影视图中的虚线分别是圆柱孔的转向轮廓线的投影。

3）绘制三视图。

① 确定正确的视图方向，如表图 2-2-4a 所示。

② 布置幅面，画作图基准线，如表图 2-2-4b 所示。

③ 绘制特征视图，即绘制反映上、下底面实形的同心圆，如表图 2-2-4c、d 所示。

④ 利用长对正、高平齐、宽相等原则画出主、左视图，如表图 2-2-4e、f 所示。

⑤ 检查、擦除作图线，按线型要求完成轴承外圈的绘制，如表图 2-2-4g 所示。

表 2-2-4　轴承外圈三视图绘制过程

步骤	三视图绘制过程
确定正确的视图方向，布置图面	 a)　　b)
绘制俯视图	 c)　　d)
绘制其他视图	 e)　　f)
检查	g)

2. 完成图 2-2-10b 所示锥套筒的三视图

1）形状特征。图 2-2-10b 所示锥套筒的基础结构是圆锥，其结构是自圆锥顶部向下一段距离后切割，截面与轴线垂直，并从圆锥底面钻了一个与圆锥锥度相同的圆锥孔，如表图 2-2-5a 所示。

2）投影特性。

① 锥套筒的左、右面在左视图上反映实形，是特征视图，如表图 2-2-5c、d 所示。

② 主视图和俯视图上投射线分别是锥套筒最上最下、最前最后 4 条素线，也是转向轮廓线的投影。虚线分别是锥孔的轮廓线投影，如表图 2-2-5e 所示。

③ 锥套筒的最左、最右两面分别积聚成一条直线投射在主视图和俯视图上，如表图 2-2-5e所示。

3）绘制三视图。

① 确定正确的视图方向，如表图 2-2-5a 所示。

② 布置图面，画中心线、对称线等作图基准线，如表图 2-2-5b 所示。

③ 绘制特征视图，即反映左、右面实形的同心圆，如表图 2-2-5c、d 所示。

④ 运用长对正、高平齐、宽相等原则画出主、俯视图，如表图 2-2-5e 所示。

⑤ 检查，按线型要求完成锥套筒的绘制，如表图 2-2-5f 所示。

表 2-2-5 锥套筒三视图绘制过程

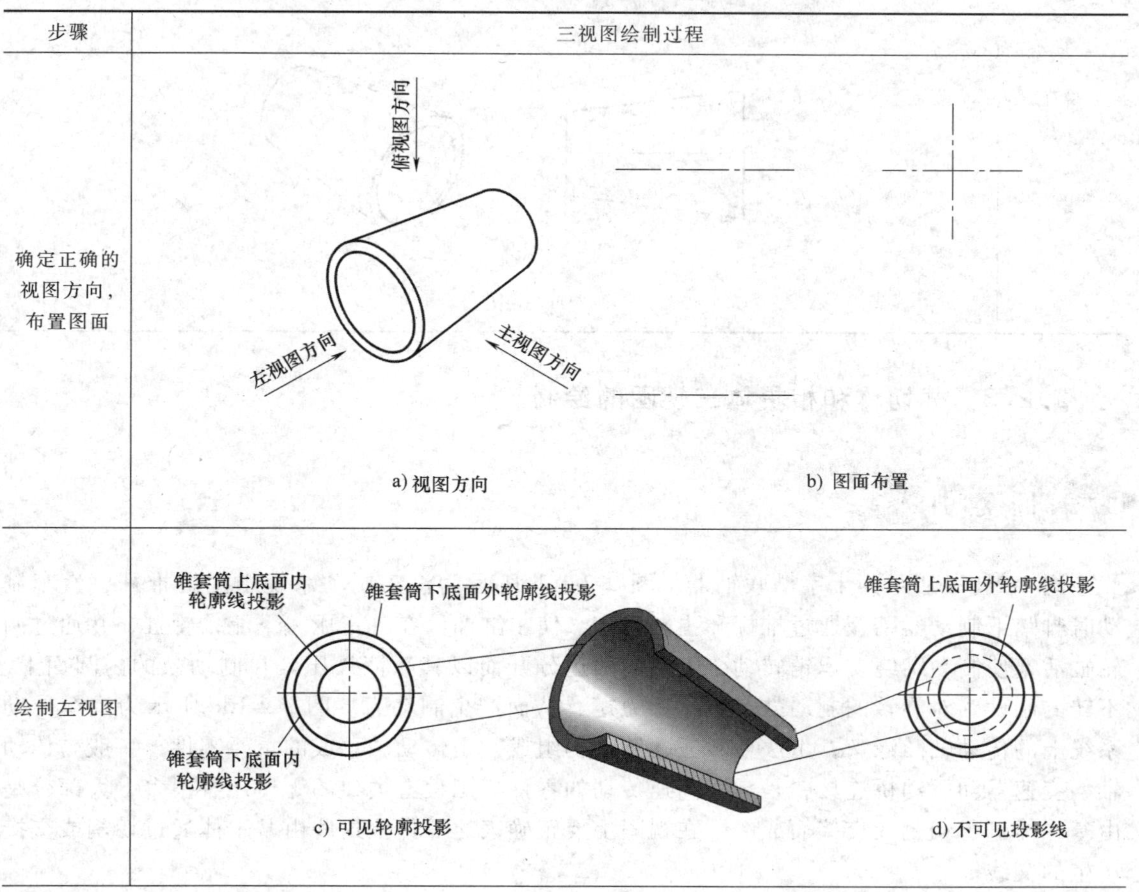

步骤	三视图绘制过程
确定正确的视图方向，布置图面	俯视图方向；左视图方向；主视图方向 a) 视图方向　b) 图面布置
绘制左视图	锥套筒上底面内轮廓线投影；锥套筒下底面外轮廓线投影；锥套筒下底面内轮廓线投影；锥套筒上底面外轮廓线投影 c) 可见轮廓投影　d) 不可见投影线

（续）

步骤	三视图绘制过程
绘制其他视图	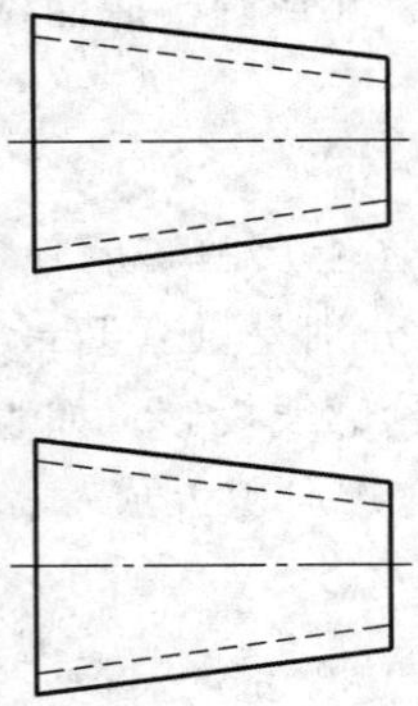 e) 其他视图投影
检查	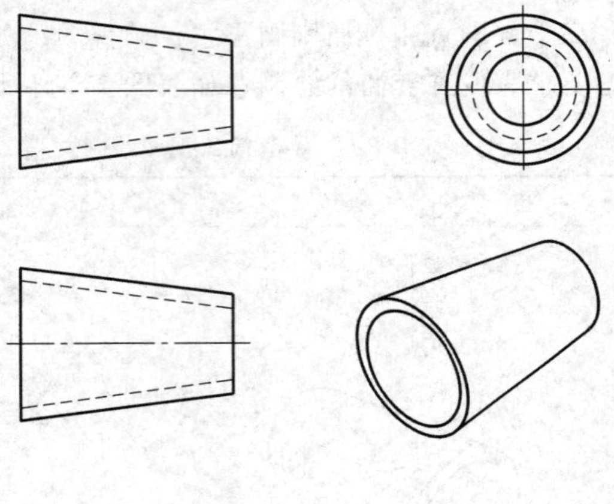 f) 三视图

2.2.3 截切体和相贯体三视图的绘制

任务引入

图 2-2-16a 所示为十字槽联轴器。图 2-2-16b 所示为汽车制动系统中主缸推杆，汽车制动时脚踏下制动器踏板通过推杆和主缸活塞，使主缸油液在一定压力下流入轮缸，并通过两轮缸活塞使制动蹄绕支承销转动，上端向两边分开而以其摩擦片压紧在制动鼓的内圆面上。不转的制动蹄对旋转的制动鼓产生摩擦力矩，从而产生制动力。图 2-2-16c 所示为汽车传动系统上的传动轴凸缘叉，由法兰和通孔等结构组成，是传动轴总成的重要零件，一般与传动轴、变速器和驱动桥连接，是承受高速传动的零件。工程上类似的零件还有很多，大部分是由基本体进行切割或交接而成的。在视图上要正确表达零件上这些由基本体通过切割或交接产生的交线。

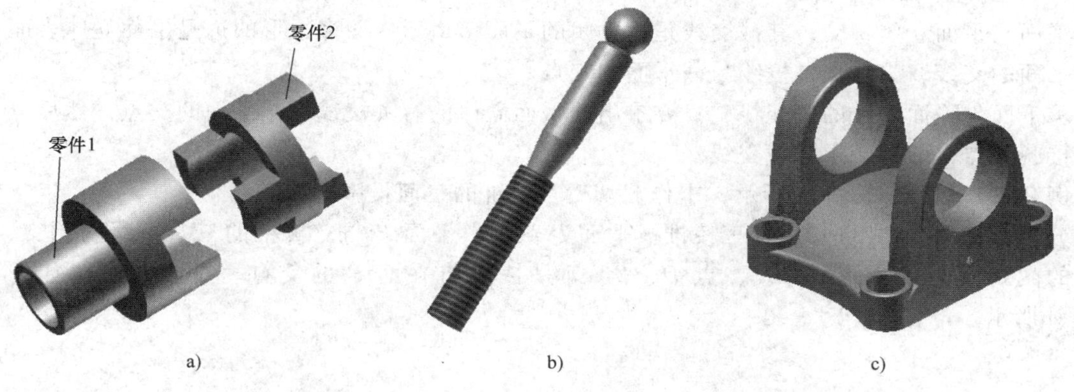

图 2-2-16　表面交线零件

a）十字槽联轴器　b）主缸推杆　c）凸缘叉

任务分析

图 2-2-16 所示三个零件都具有立体被切割或两立体相交而形成表面交线的零件。立体表面交线通常分为两种：一种是平面与立体表面相交形成的截交线，另一种是两立体表面相交形成的相贯线。

相关案例讲解

一、截交线

平面与立体表面的交线，称为截交线。截切立体的平面，称为截平面。截交线围成的平面图形，称为截断面。

截交线的两个基本特性：截交线是一个封闭的平面图形；截交线是截平面与立体表面的共有线，如图 2-2-17 所示。

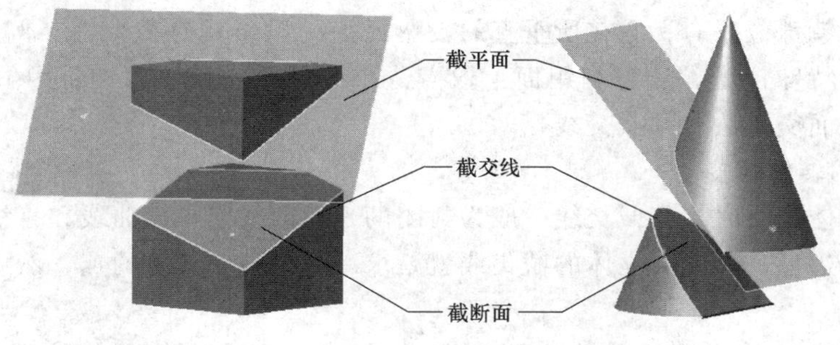

图 2-2-17　截交线

1. 平面与平面立体相交

平面与平面立体相交，其截交线是一封闭的平面多边形。该多边形的边是平面立体表面与截平面的交线，其顶点是棱线与截平面的交点。

求平面与平面立体的截交线，只要求出与平面立体的有关棱线与截平面的交点，然后依次连接各交点，即得所求的截交线。

例 2-2-1 如图 2-2-18a 所示，求作截切后三棱锥的三面投影。

分析：如图 2-2-18a 所示，三棱锥被平面 P 截切，平面 P 与三棱锥的三条棱线均相交，形成的截断面为三角形 $\triangle DEF$，点 D、E、F 是棱线与平面 P 的交点。投影图画法如图 2-2-18b所示。

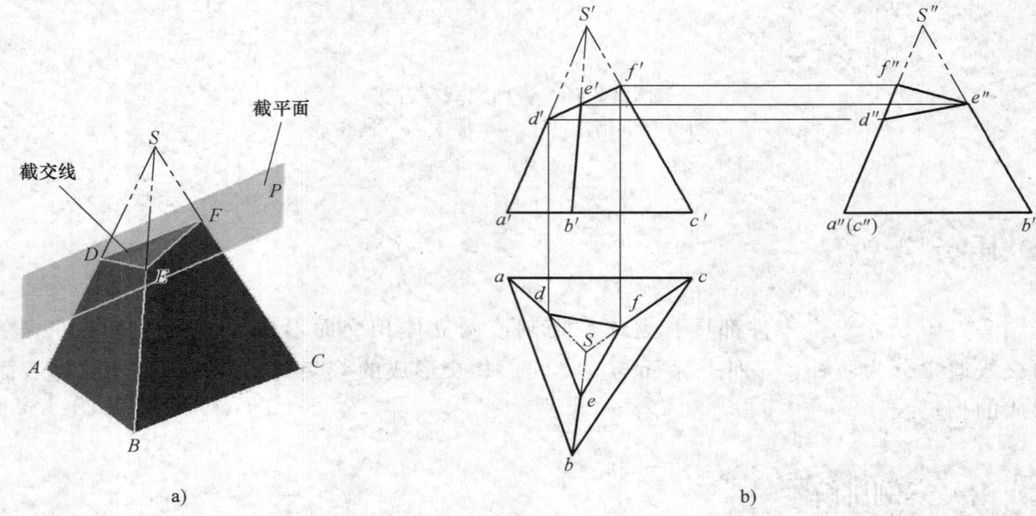

图 2-2-18　平面与三棱锥相交时的截交线

a）截切体　b）三视图

例 2-2-2 求截切后四棱柱的三面投影。

分析：如图 2-2-19a 所示，四棱柱四个侧面及上底面均被平面 P 截切，截交线是五边形，五边形顶点是四棱柱四条棱线与截平面的交点。作图时，利用表面取点，分别求出五个交点的正面投影和水平投影，再根据点的投影规律求出各交点的侧面投影，最后依次连接各点，如图 2-2-19b 所示。

当截平面为特殊位置时，它在所垂直的投影面上的投影具有积聚性。例如正方的棱柱，因各表面都处于特殊位置，故可利用面上取点法求画其截交线。而棱锥因含有一般位置平面，故可采用线面交点法求画截交线。

2. 平面与回转体相交

平面与回转体相交时，其截交线一般为封闭的平面曲线或平面曲线和直线围成的封闭平面图形或平面多边形。求曲面立体的截交线就是求一系列截交线上的点，然后光滑连接各点即可。

（1）平面与圆柱相交　圆柱被截平面截切，根据截平面与圆柱轴线不同的相对位置，平面截切圆柱可得到三种截交线：圆、椭圆及矩形，见表 2-2-6。

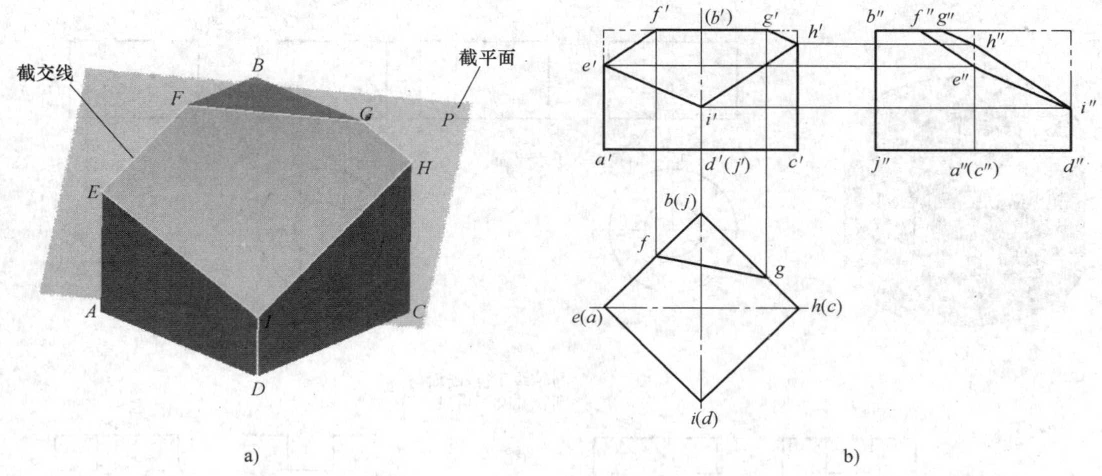

图 2-2-19　平面与四棱柱相交时的截交线

a）截切体　b）三视图

表 2-2-6　平面与圆柱相交

截平面位置	垂直于轴线	平行于轴线	倾斜于轴线
立体图			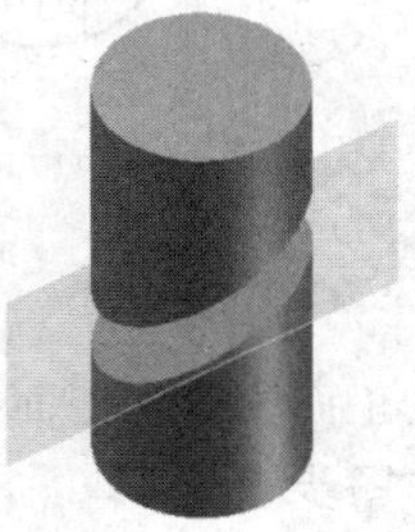
三视图	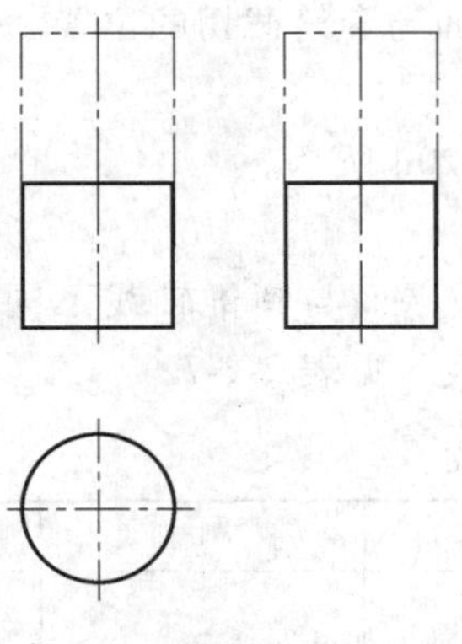	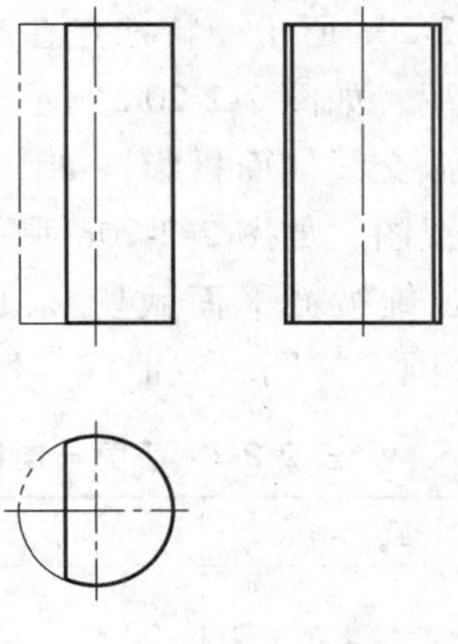	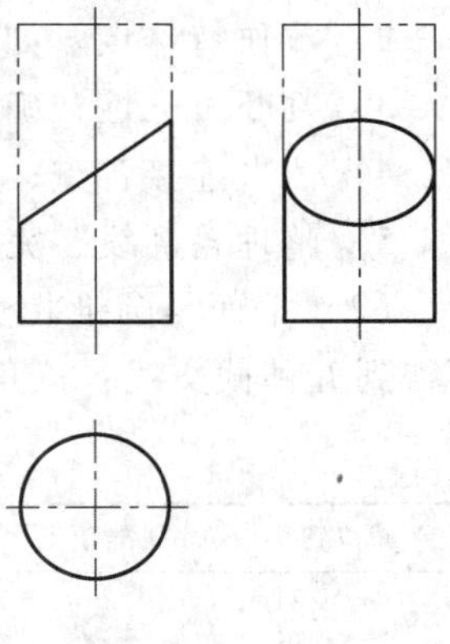
截交线形状	圆	矩形	椭圆

例 2-2-3　求截切后套筒的投影图。

分析：如图 2-2-20a 所示，零件基础体为圆柱，圆柱上有一圆柱通孔，圆柱上部分开一矩形槽，由两个左右对称且平行于轴线的平面和一个垂直于轴线的平面截切而成，截交线为

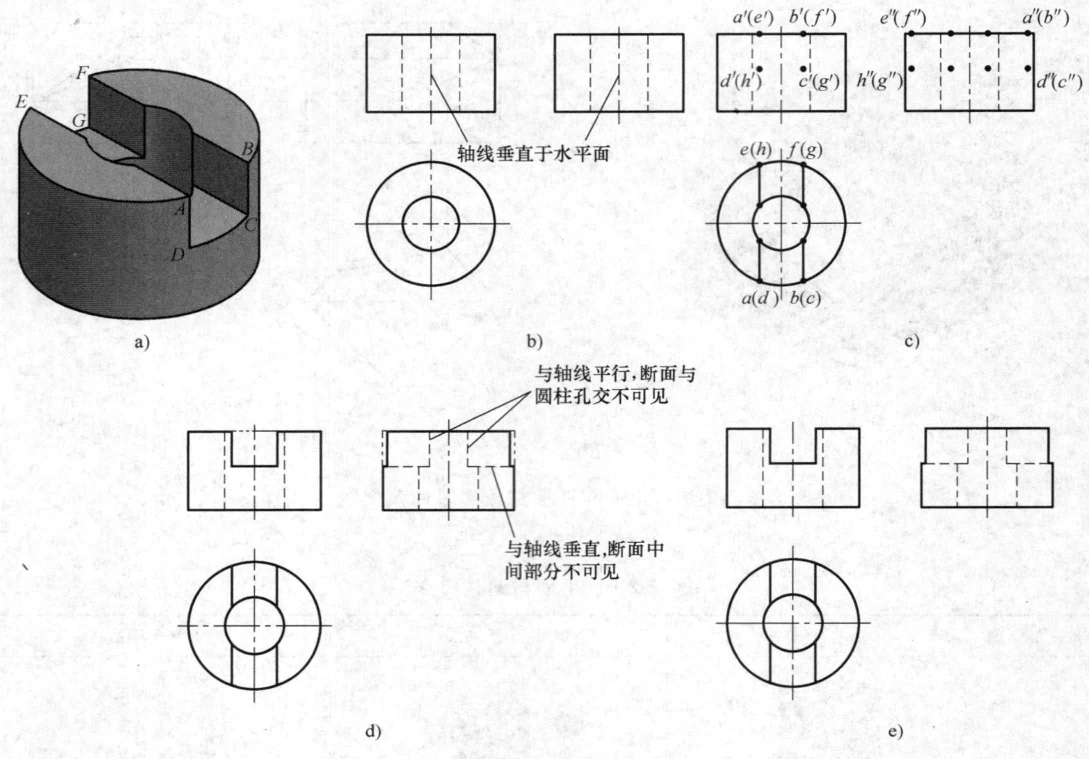

图 2-2-20　截切套筒的投影

a）套筒截切体　b）套筒三视图　c）确定槽位置　d）连接交点　e）按线型要求完成三视图

矩形。正面投影和侧面投影积聚成直线，水平投影反映实形。

作图步骤如下。

1）画套筒三视图，完成零件三视图基本框架，如图 2-2-20b 所示。

2）求作特殊点。如图 2-2-20c 所示，特殊点在截平面与套筒截切的位置。

3）判断可见性，确定线型，如图 2-2-20d 所示。

4）依次连接各点，可得截交线侧面投影，如图 2-2-20d 所示。

5）整理轮廓线，完成三视图，如图 2-2-20e 所示。

（2）平面与圆锥相交　圆锥被截平面截切，根据截平面与圆锥轴线不同的相对位置，可得到五种截交线：三角形、圆、椭圆、双曲线、抛物线，见表 2-2-7。

表 2-2-7　平面与圆锥相交

截平面位置	过圆锥顶点	垂直于轴线	倾斜于轴线	平行于轴线	平行于素线
立体图		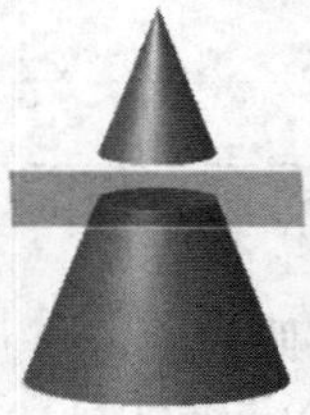		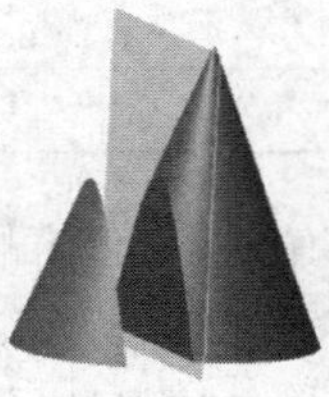	

（续）

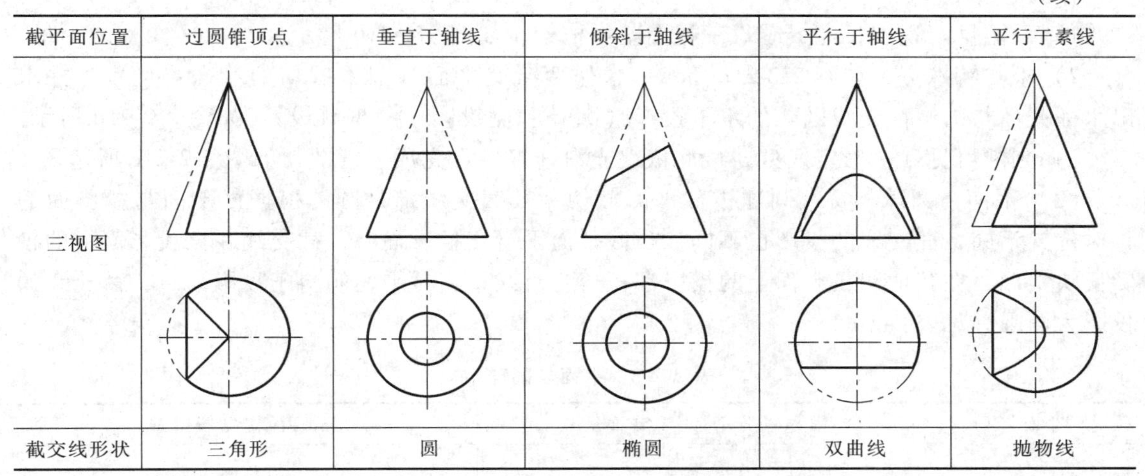

截平面位置	过圆锥顶点	垂直于轴线	倾斜于轴线	平行于轴线	平行于素线
三视图					
截交线形状	三角形	圆	椭圆	双曲线	抛物线

例 2-2-4 求截切后圆锥的投影图。

分析：如图 2-2-21a 所示，零件的基础体为圆锥，圆锥分别被垂直于轴线和平行于素线的两相交平面截切。水平截面与圆锥轴线垂直，交线为圆；平行于素线的截面，截交线为抛物线。

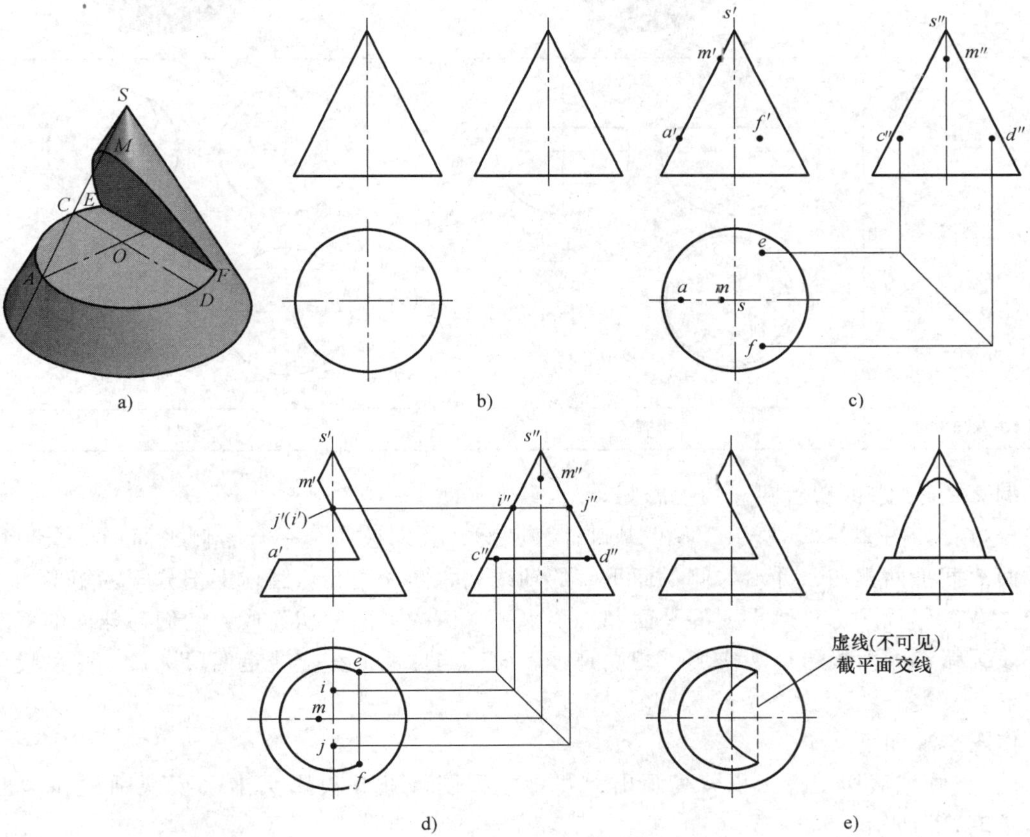

图 2-2-21 截切圆锥的投影

a）圆锥截切体 b）圆锥三视图 c）找特殊点 d）找一般点 e）连线，整理轮廓作图步骤如下。

1）画圆锥三视图，完成零件三视图基本框架，如图 2-2-21b 所示。

2）求作特殊点。如图 2-2-21c 所示，求作两截交平面与圆锥截切的特殊点位置，并求出水平截面与圆锥截交线圆弧的水平投影（圆）和侧投影（积聚直线），如图 2-2-21d 所示。

3）判断可见性，确定线型，最后依次光滑连接各点完成三视图，如图 2-2-21e 所示。

（3）平面与圆球相交　圆球被截平面截切，其截交线都是圆。根据截平面与投影面的相对位置不同，截交线的投影也不同。当截平面平行于投影面时，截交线在该投影面上的投影反映实形，在其他两投影面上的投影都积聚为直线；当截平面倾斜于投影面时，截交线的投影为椭圆，见表 2-2-8。

表 2-2-8　平面与圆球相交

截平面位置	截平面平行于投影面	截平面倾斜于投影面
立体图		
三视图	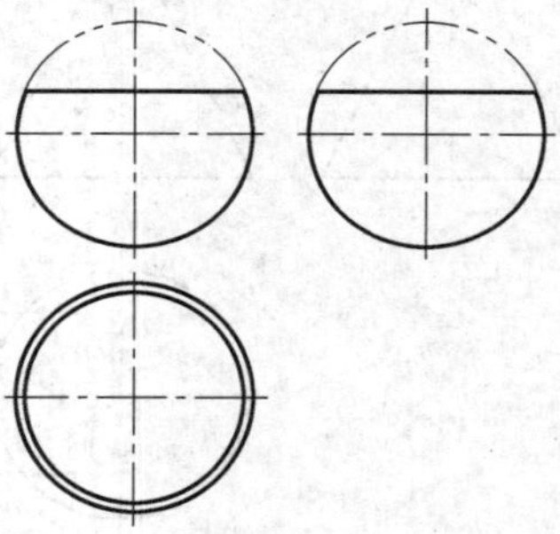	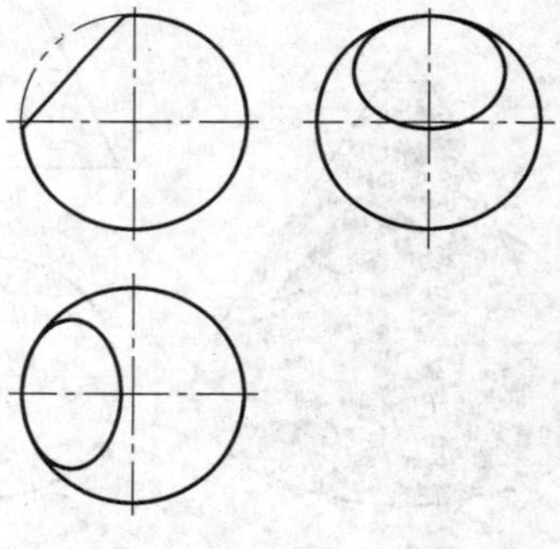
截交线形状	圆	椭圆

例 2-2-5　求截切后圆球的投影图。

分析：如图 2-2-22a 所示，零件基础体为圆球，分别被四个平行于侧平面和一个平行于水平面的截平面截切，并沿与侧平面垂直的轴线钻一圆柱通孔。圆球上部分开一矩形槽，由两个左右对称且平行于侧平面的平面和一个水平平面的平面截切而成，它们与球面的截交线为两段圆弧，侧面投影反映实形。槽底是水平面，与球面的截交线是两段圆弧，水平投影反映实形。

作图步骤如下。

1）将圆球截切正投影积聚线画出，并将左视图圆柱孔投影画出（反映圆柱孔实形），如图 2-2-22b 所示。

2）求作特殊点。如图 2-2-22c 所示，依据正投影图，求作四个平行于侧平面的截平面与圆球截切的特殊点位置，并求出水平截面与圆球截切的特殊点位置，如图 2-2-22d 所示。

3）判断可见性，确定线型，最后依次连接各点完成三视图，如图 2-2-22d 所示。

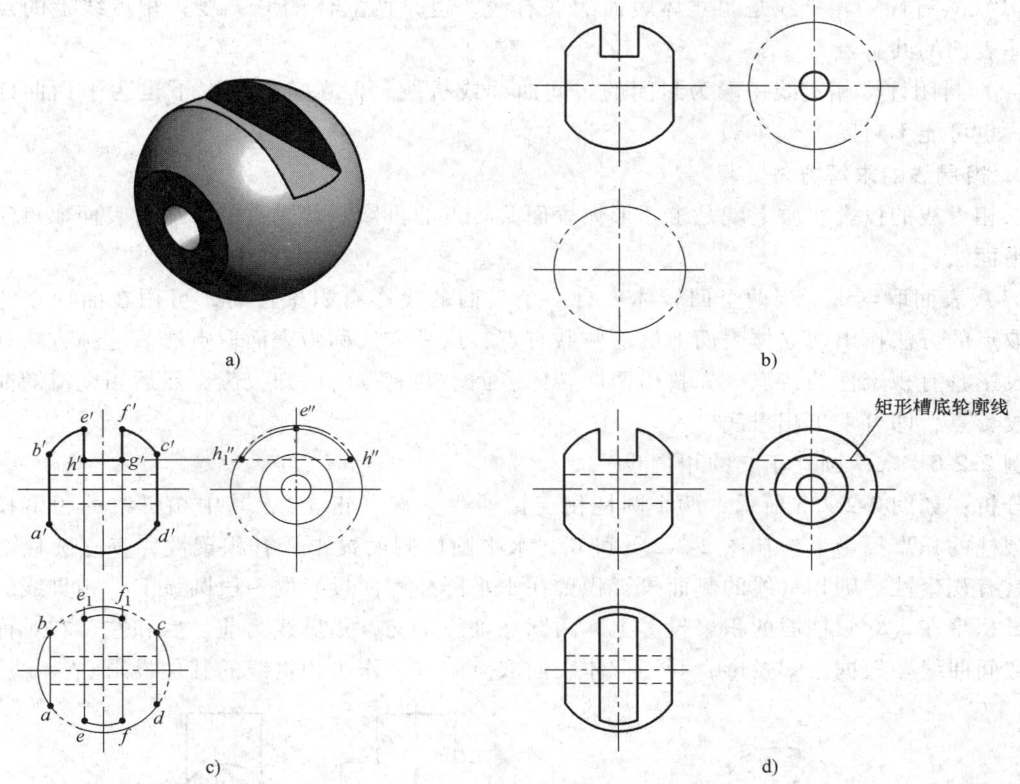

图 2-2-22　截切圆球的投影

a）圆球截切体　b）截切体正投影　c）求解特殊点　d）确定线型，完成视图

二、相贯线

机械零件的形状往往由两个以上的基本立体，通过不同的方式组合而形成。组合时会产生两立体相交的情况，两立体相交称为两立体相贯，它们表面形成的交线称为相贯线。由于立体分为平面立体和曲面（回转）立体，故两立体相交可分为三种情况，见表 2-2-9。

表 2-2-9　两立体相交

立体相交情况	两平面体相交	平面体与曲面体相交	两曲面体相交
立体图			
相贯线形状	封闭的空间折线	若干段平面曲线或直线所围成的空间曲线	封闭的空间曲线

1. 相贯线的性质

（1）共有性　相贯线是两立体表面的共有线，也是两立体的分界线；相贯线上的点是两立体表面的共有点。

（2）封闭性　相贯线一般为封闭的空间曲线或折线，但在特殊情况下也为平面曲线或折线，也可能不封闭。

2. 相贯线的求解方法

求相贯线的投影实质上就是求两形体表面共有点的投影。其取点的方法有表面取点法和辅助平面法。

（1）表面取点法　当两个回转体中有一个表面的投影有积聚性时，可用在曲面立体表面上取点的方法作出两立体表面上的这些共有点，这种方法称为表面取点法。这种方法就是利用投影具有积聚性的特点，先找出两回转体表面上共有点的已知投影，然后用光滑的曲线连接投影点，即可求出相贯线。

例 2-2-6　求两圆柱正交的相贯线。

分析：如图 2-2-23a 所示，两个圆柱相交切轴线垂直（正交），其中相贯线的积聚投影落在圆柱的积聚投影上。从图 2-2-23b 可知，水平圆柱侧面投影具有积聚性，直立圆柱水平投影具有积聚性，则相贯线的侧面投影积聚在水平圆柱侧面投影的一段圆弧上；相贯线的水平投影积聚在直立圆柱面的积聚投影上。两圆柱轴线正交，相贯线为前、后和左、右对称的一条空间曲线。根据已知投影，利用形体表面取点的方法作出相贯线的其他投影。

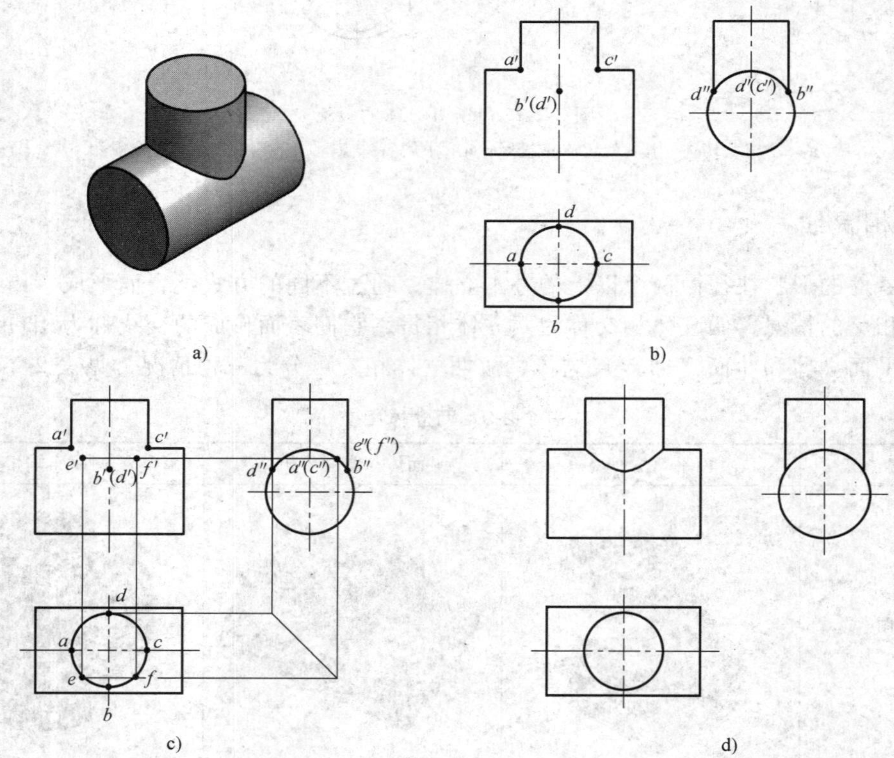

图 2-2-23　圆柱与圆柱正交的相贯线

a）圆柱相贯体　b）求特殊点　c）求一般点　d）连线，完成三视图作图步骤如下。

1）求特殊点。如图 2-2-23b 所示，将两圆柱相贯三视图框架画出，在水平投影上将相贯线最高点及最低点标注出。

2）求一般点。如图 2-2-23c 所示，定出水平投影面的点，找出侧面投影上的对应点，根据水平面和侧面的点找出正面投影的点。

3）判断可见性，确定线型，依次光滑连接各点，完成三视图，如图 2-2-23d 所示。

（2）辅助平面法　作一组辅助平面，利用辅助平面同时截切相贯的两曲面立体，分别求出两曲面立体的截交线的交点，这些点就是相贯线上的点。这种方法称为辅助平面法。为了作图方便，一般选特殊位置平面为辅助平面。

例 2-2-7　用辅助平面法求作圆柱与圆锥台正交的相贯线。

分析：如图 2-2-24a 所示，圆柱和圆锥台正交，为作出其相贯线上的点，选用水平面为辅助平面，水平面与圆柱、圆锥台的交线分别是开口矩形和圆。它们的两个交点是相贯线上的点。运用辅助平面法的关键在于选取合适的辅助平面，辅助平面和两空间形体表面的交线投影应是直线或圆。

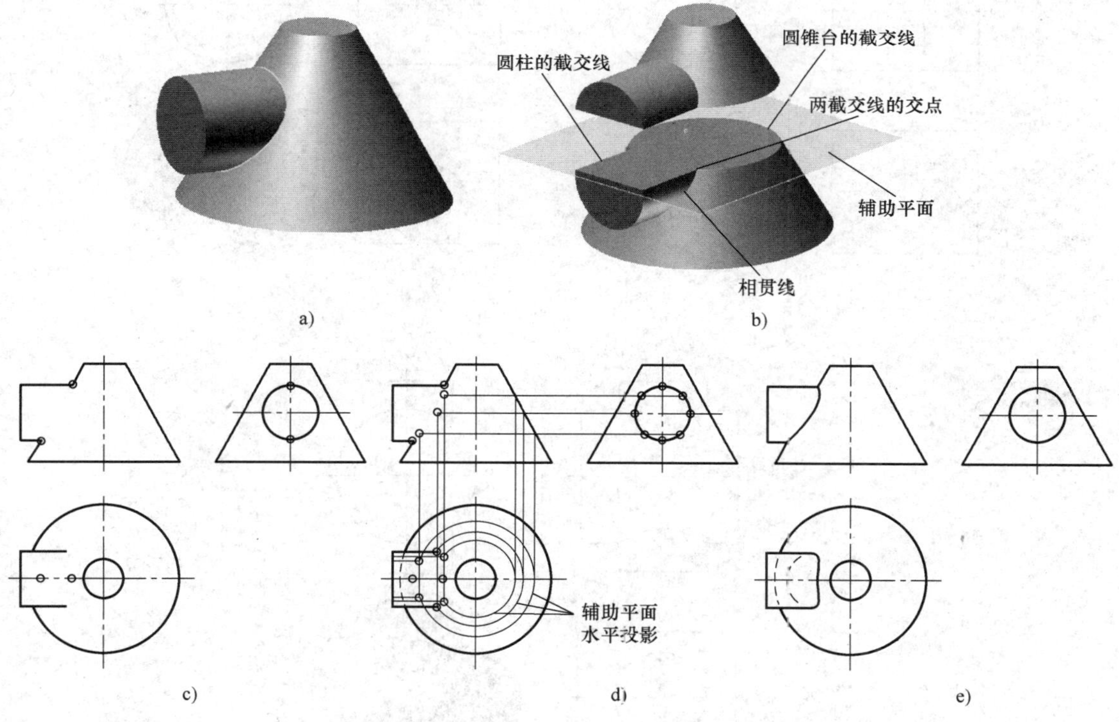

图 2-2-24　圆锥台与圆柱正交的相贯线

a）相贯体　b）辅助平面法　c）特殊点　d）辅助平面法确定一般点　e）确定线型连线

作图步骤如下。

1）将圆锥台与圆柱正交体的侧面投影画出，并在水平投影及正投影中将圆锥台及圆柱的投影分别画出，相交处空出，如图 2-2-24c 所示。

2）求特殊点。在正投影中标出圆锥台与圆柱相交最上、最下两点，并作出其他两视图的投影点，如图 2-2-24c 所示。

3）作辅助平面，分别作出辅助平面与两回转面截交线的交点投影，如图 2-2-24d 所示。

4）判断可见性，依次光滑连接各点，完成三视图，如图 2-2-24e 所示。

（3）相贯线的简化画法　在不致引起误解时，图形中的相贯线可以简化成圆弧或直线。简化画法可分为以下两种。

1）用直线代替非圆曲线。如图 2-2-25a 所示，两圆柱正交，且两圆柱直径相差较大，则相贯线简化为直线；如图 2-2-25b 所示，两圆柱正交，且小直径圆柱轴线偏离中心线，与大圆柱水平投影相切，则相贯线简化为相交直线。

2）用圆弧代替非圆曲线。如图 2-2-25c 所示，两圆柱正交，大圆柱直径与小圆柱直径相差不是很大时，相贯线简化为圆弧，该圆弧的圆心在小圆柱的轴线上，半径为大圆的半径。

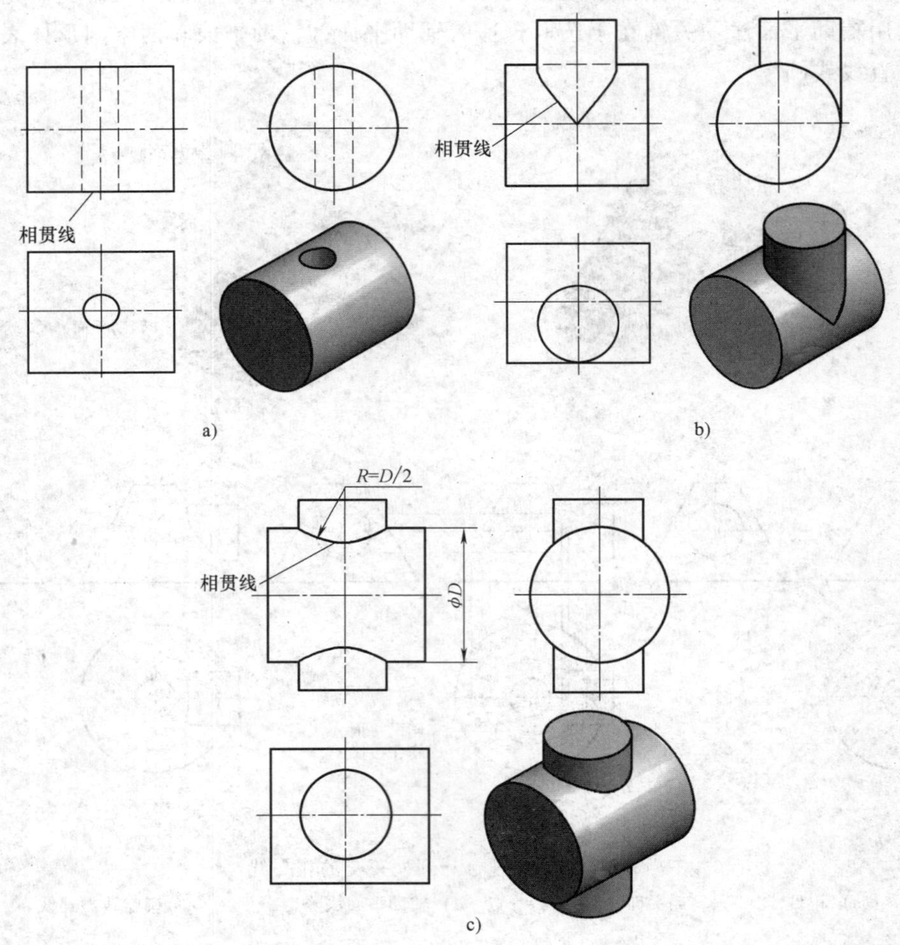

图 2-2-25　相贯线的简化画法

（4）相贯线特殊情况　见表 2-2-10。

表 2-2-10　相贯线特殊情况

立体相贯情况	立体图	相贯线形状
具有公共回转轴线的两回转体相贯		圆（垂直于公共回转轴线）
两圆柱轴线平行或两圆锥共顶相交		直线
两回转体公切于一圆球		椭圆（投影在与轴线平行的投影面上为两条相交直线）

任务实施

1. 完成图 2-2-16a 所示十字槽联轴器的三视图

1）形状特征。从图 2-2-16a 可知，十字槽联轴器一个零件（简称零件 1）由同轴的两个不同直径的圆柱套筒组成，大直径圆柱套筒由两个相互平行且平行于轴线的平面及一个垂直于轴线且与两平行平面相交的三个截平面截切而成，其中具有公共回转轴线的两个回转体相贯，相贯线为圆，平面与圆柱套截切，截交线是直线；另一个零件（简称零件 2）基础体为一个圆柱套，圆柱套上下底面分别被两个平行于轴线的平面与一个垂直于轴线的平面截切，截交线为直线。

2）投影规律。

① 零件 1 的俯视图为同心圆，截交线积聚成直线，零件 2 的俯视图同心圆为圆柱套筒实形投影，上半部截交线积聚成直线，下半部截交线不可见。

② 零件 1 主视图上的矩形框是方槽的实形投影，在左视图投影中，方槽的底部投影为直线，且不可见。

3）绘制视图。

① 确定正确的视图方向，如表 2-2-11 图 a 所示。

② 完成零件基础体三视图的绘制，如表 2-2-11 图 b 所示。

③ 按照投影规律，绘制俯视图，如表 2-2-11 图 c 所示。

④ 找特殊点。选取各段截交线的分界点，如表 2-2-11 图 d 所示。

⑤ 依次连接各点并整理轮廓线，如表 2-2-11 图 e 所示。

⑥ 判断可见性，不可见线条用虚线表示，最后检查、擦除作图线，如表 2-2-11 图 f 所示。

表 2-2-11　十字槽联轴器三视图绘制过程

步骤	三视图绘制过程
确定正确的视图方向，布置图面	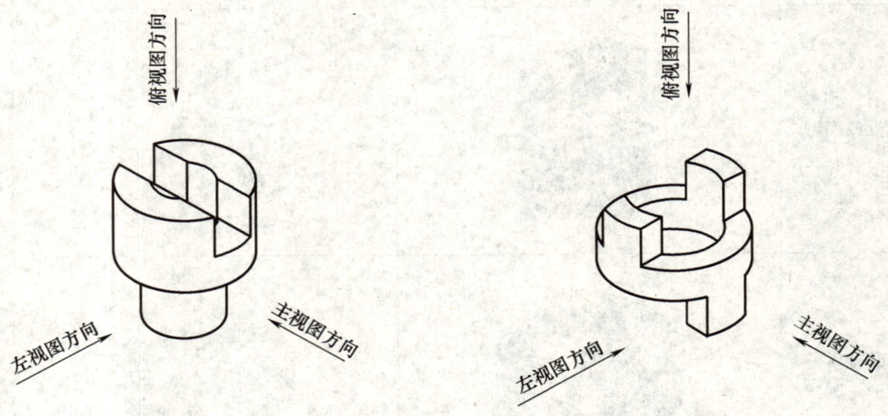 俯视图方向　主视图方向　左视图方向　俯视图方向　主视图方向　左视图方向 a)
绘制基础体三视图	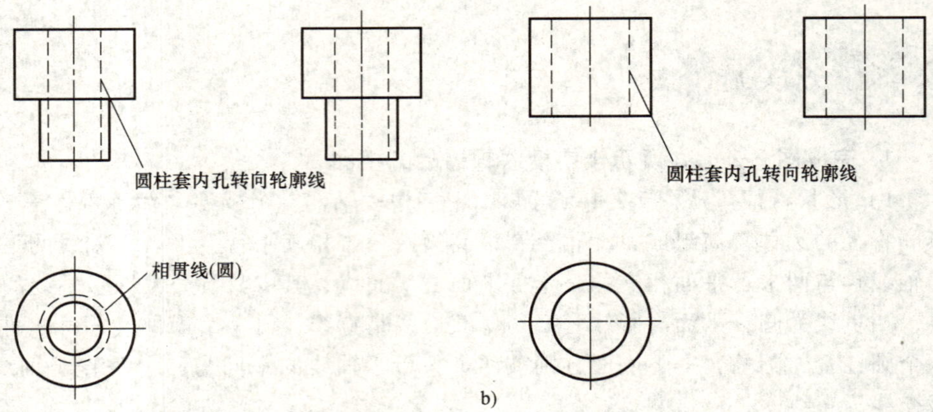 圆柱套内孔转向轮廓线　圆柱套内孔转向轮廓线　相贯线(圆) b)
绘制俯视图	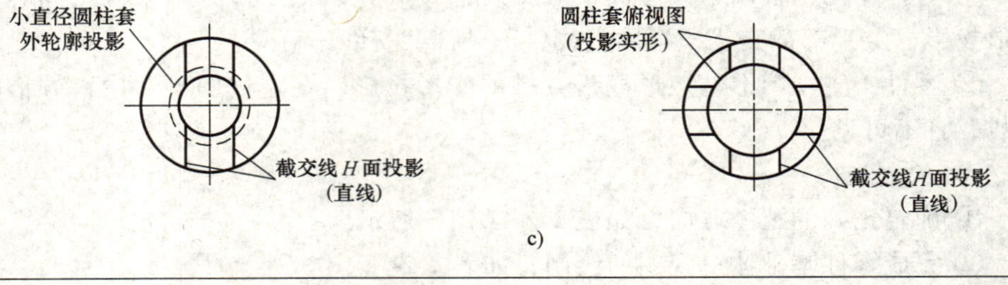 小直径圆柱套外轮廓投影　截交线 H 面投影(直线)　圆柱套俯视图(投影实形)　截交线 H 面投影(直线) c)

（续）

步骤	三视图绘制过程
找特殊点	d)
连线	e)
检查	方槽底(直线) f)

2. 完成图 2-2-16b 所示主缸推杆的三视图

1）形状特征。图 2-2-16b 所示主缸推杆的基础结构由圆球、圆锥台、圆柱等公共回转轴线的回转体组合而成，其结构自上而下依次按圆球、圆锥台、圆柱排列。

2）投影规律。

① 主视图上投射线是主缸推杆的转向轮廓线，两结构相贯线在投影中积聚成直线，如表 2-2-12 图 c 所示。

② 组成主缸推杆的结构体属于具有公共轴线的回转体，回转体两两相贯，相贯线是圆，如表 2-2-12 图 d 所示。

③ 螺纹大径与圆柱直径相同，在左视图中投影重合。

3）绘制视图。

① 确定正确的视图方向，如表 2-2-12 图 a 所示。

② 布置图面，画中心线、对称线等作图基准线，如表 2-2-12 图 b 所示。

③ 绘制主视图，如表 2-2-12 图 c 所示。

④ 完成其他视图，如表 2-2-12 图 d 所示。

⑤ 检查，判断可见性，完成主缸推杆三视图的绘制，如表 2-2-12 图 e 所示。

表 2-2-12　主缸推杆三视图绘制过程

步骤	三视图绘制过程
确定正确的视图方向，布置图面	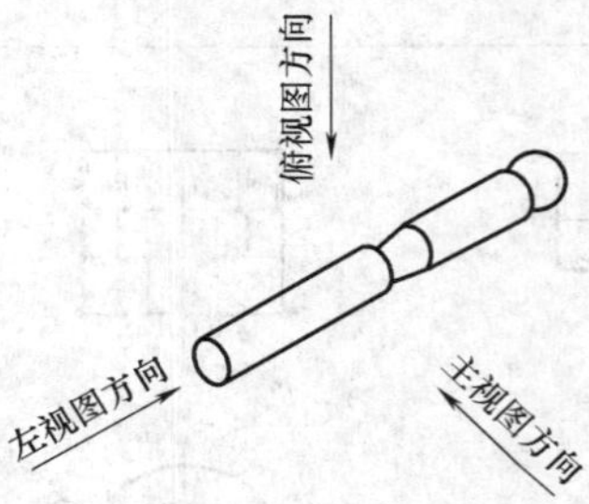 俯视图方向 左视图方向 主视图方向 a) b)
绘制主视图	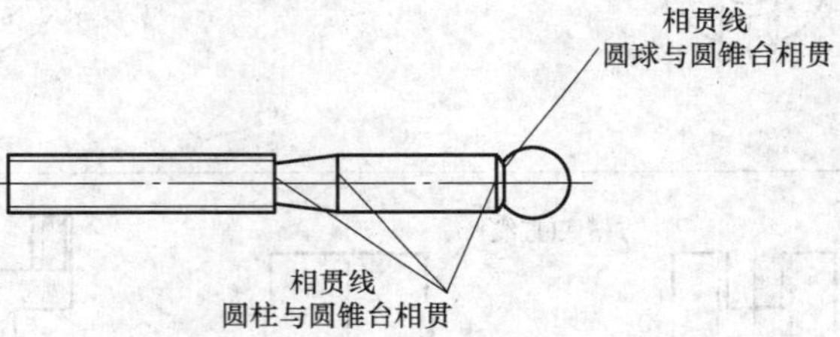 相贯线 圆球与圆锥台相贯 相贯线 圆柱与圆锥台相贯 c)
绘制其他（左）视图	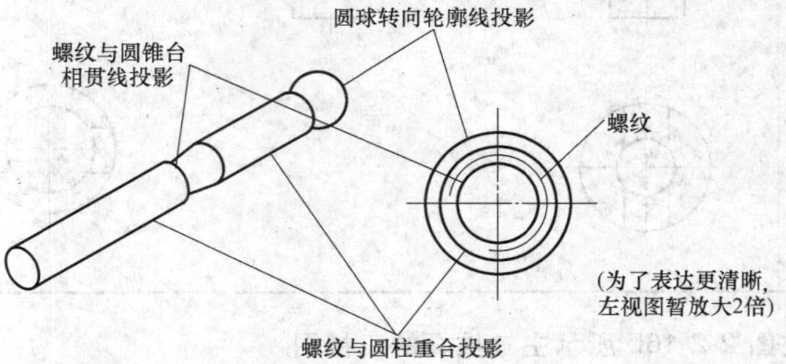 圆球转向轮廓线投影 螺纹与圆锥台 相贯线投影 螺纹 (为了表达更清晰， 左视图暂放大2倍) 螺纹与圆柱重合投影 d)
检查	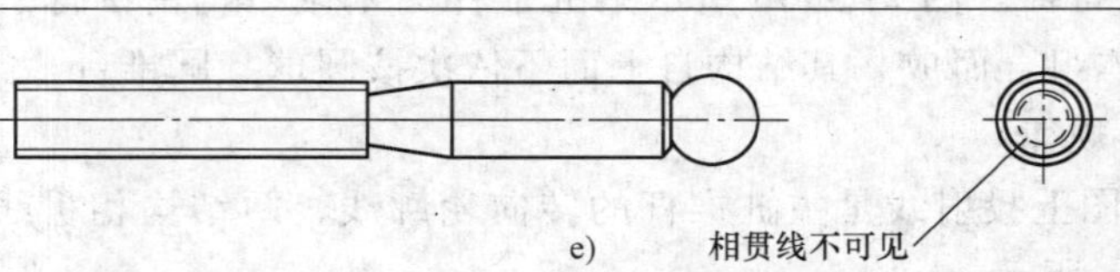 相贯线不可见 e)

3. 完成图 2-2-16c 所示凸缘叉的三视图

1）形状特征。图 2-2-16c 所示凸缘叉是一个形状较为复杂的零件，由法兰和通孔等复杂结构组成。因为通孔所在平面与法兰垂直，所以通孔所在平面与法兰相贯的相贯线形状与法兰曲面投影相同。

2）投影规律。

① 俯视图上投射线为法兰外轮廓线，如表 2-2-13 图 c 所示。

② 主视图上通孔所在平面与法兰相贯，相贯线不可见，如表 2-2-13 图 d 所示。

③ 左视图表达法兰上四个孔与通孔所在平面相贯，相贯线为椭圆的一部分，如表 2-2-13 图 e所示。

3）绘制视图。

① 确定正确的视图方向，布置图面，如表 2-2-13 图 a、b 所示。

② 绘制俯视图，完成法兰外轮廓投影，如表 2-2-13 图 c 所示。

③ 绘制主视图，完成通孔投影实形，如表 2-2-13 图 d 所示。

④ 根据主视图和俯视图，绘制圆柱与平面相贯的投影，完成左视图的绘制，如表 2-2-13 图 e所示。

⑤ 检查，判断可见性，按线型要求完成凸缘叉的绘制，如表 2-2-13 图 f 所示。

表 2-2-13 凸缘叉三视图绘制过程

步骤	三视图绘制过程
确定正确的视图方向，布置图面	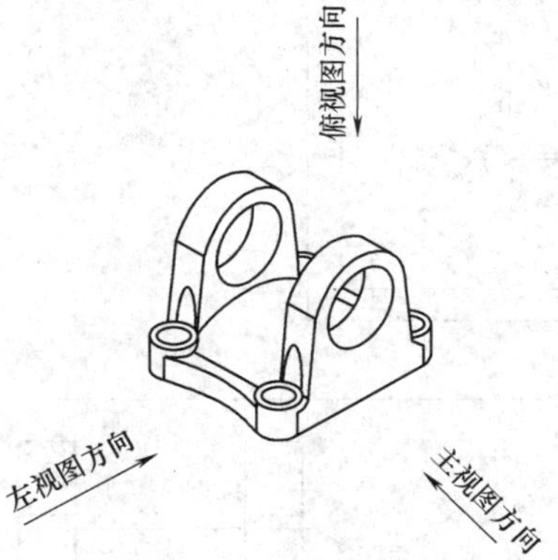 俯视图方向 左视图方向 主视图方向 a) b)
绘制俯视图	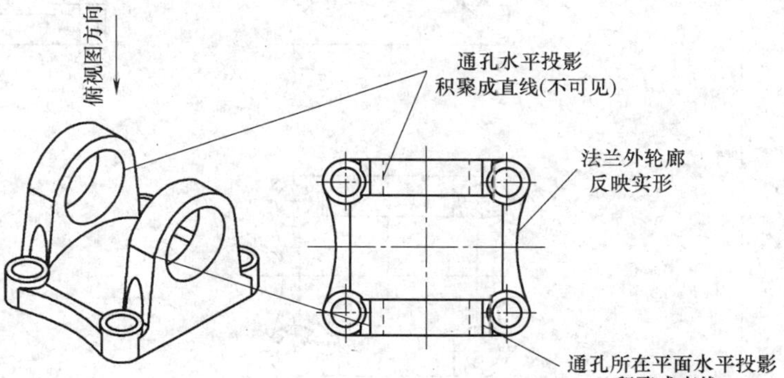 俯视图方向 通孔水平投影积聚成直线(不可见) 法兰外轮廓反映实形 通孔所在平面水平投影积聚成直线 c)

（续）

步骤	三视图绘制过程
绘制主视图	 d)
绘制其他（左）视图	 e)
检查	f）

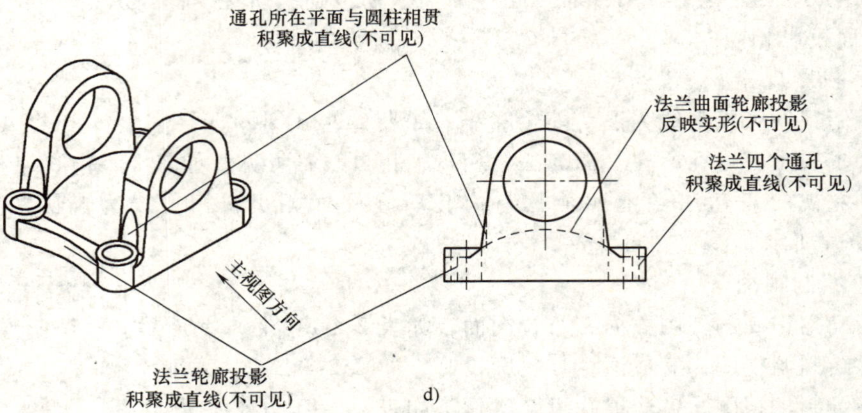

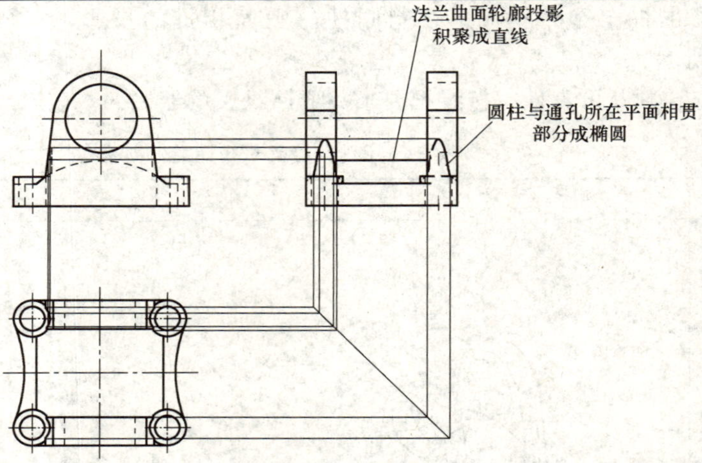

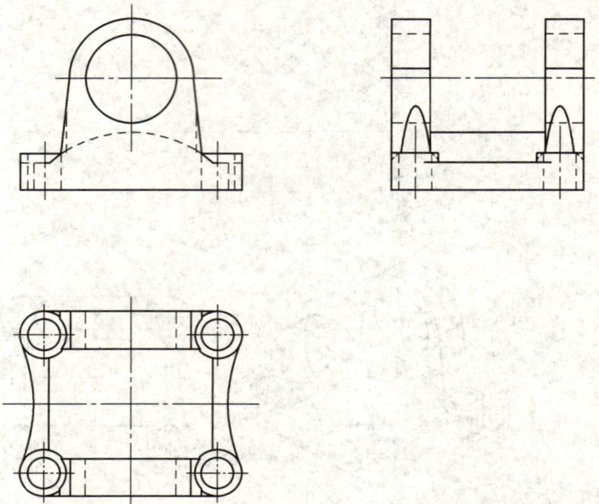

2.2.4 组合体三视图的绘制

图 2-2-26a 所示前桥轮毂与制动鼓装配成制动鼓总成，轮辋、轮胎连接在制动鼓总成上。前桥轮毂通过万向节螺母连接到万向节上，使其通过轴承绕万向节运动，达到车辆行驶的目的。图 2-2-26b 所示为叉架类零件。两个零件在结构上均属于组合体零件，那么该如何正确表达该零件的形状和结构呢？

图 2-2-26 组合体零件

a）前桥轮毂 b）叉架

图 2-2-26 所示两个零件均属于由简单的基本体叠加或切割而成的组合体零件，要想正确地表达组合体零件的形状和结构及大小，就要对组合体进行形体分析，掌握视图与绘图的基本方法与步骤等相关知识。

一、组合体的组合形式

组合体按其结构和组合形式，可分为叠加型、切割型和综合型三类，见表 2-2-14。

表 2-2-14 组合体组合形式

组合体组合形式	立体图形	形体分析
叠加型		由两个或两个以上的基本体按不同形式堆积而成，是实形体与实形体的组合

（续）

组合体组合形式	立体图形	形体分析
切割型		由基本体经过切割或穿孔后形成，从实形体中挖或切去一（多）个实形体
综合型		既有叠加又有切割的组合体

二、形体之间的表面连接关系及画法

组合体中的基本形体经过叠加、切割或穿孔以后，各形体的相邻表面之间的连接关系可分为共面、不共面、相切、相交四种类型，见表 2-2-15。

表 2-2-15　组合体相邻表面间的连接关系及画法

连接关系	画　　法	形体分析
共面	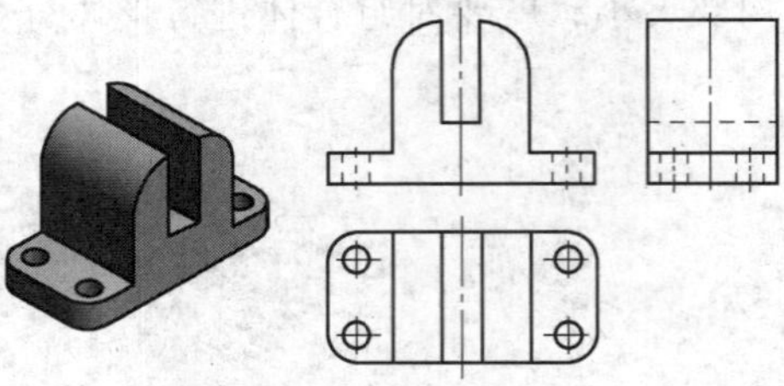	相邻两表面相互平齐而连接成为同一表面
不共面	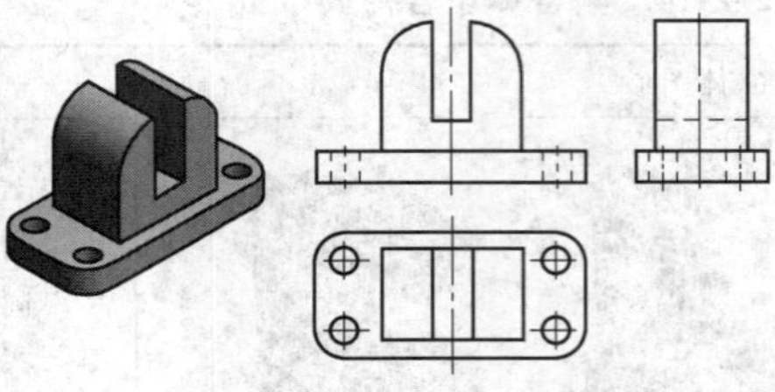	相邻两表面在某方向错开而处在不同位置的平面上

（续）

连接关系	画　法	形体分析
相交	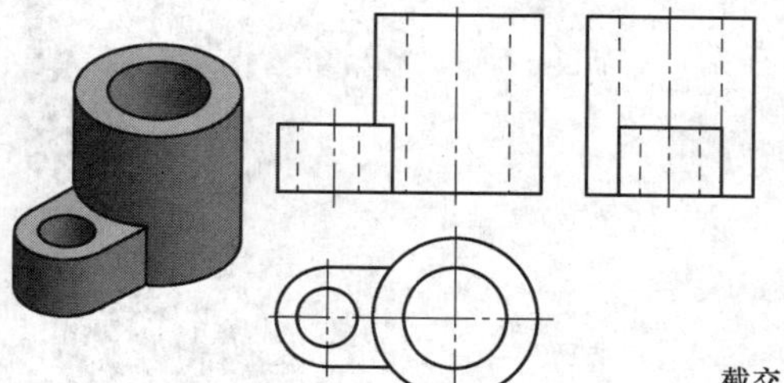 截交 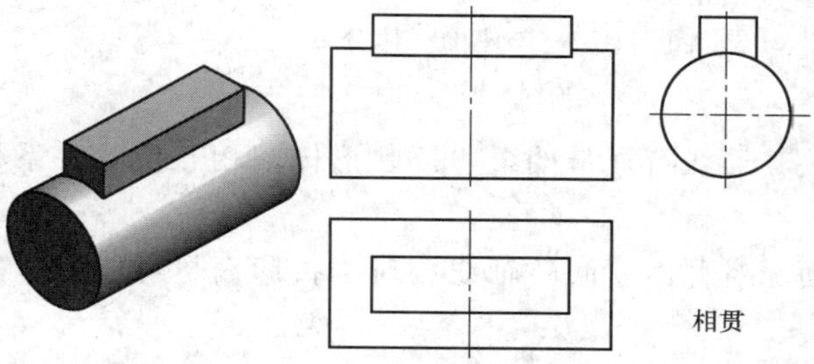 相贯	相邻两表面之间以各种相交的形式结合
相切	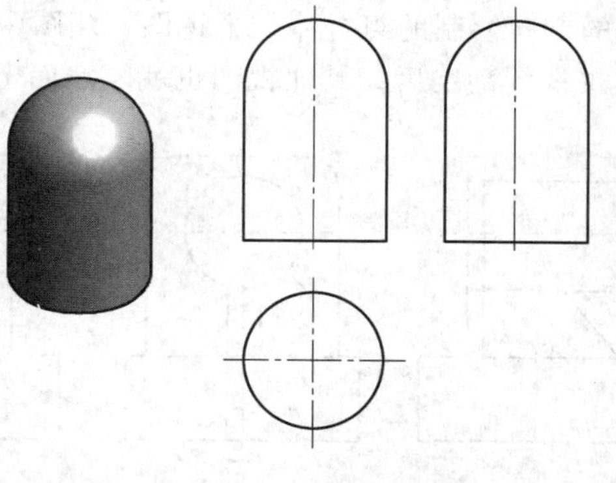	相邻两表面之间光滑过渡

1. 叠加组合体三视图的画法

画组合体视图之前，首先应对组合体进行形体分析，了解组成组合体的各基本形体的形状、组合方式、相对位置及在某一方向是否对称，以便对组合体的整体形状作总体的把握。

例 2-2-8　绘制图 2-2-27 所示支座的三视图。

1）形体分析。图 2-2-27a 所示的支座，是一个由基本形体叠加而成的组合体。可假想将支座分解为四个基本形体，即底座、肋板、圆柱、支承板，如图 2-2-27b 所示。圆柱的外圆柱面与肋板、支承板相交，圆柱与支承板的截交线为圆；肋板两侧面与圆柱的截交线为直线；斜面与圆柱截交，截交线为椭圆弧；肋板与底座和支承板相交，肋板两侧面及斜面截交底座，截交线为直线；肋板与支承板截交，截交线为直线；底座与支承板相交，截交线为直线。

2）主视图选择。三视图中的主视图是最主要的视图，主视图的选择决定了整体表达方案是否清晰与完整。主视图的选择需考虑以下几方面。

a)

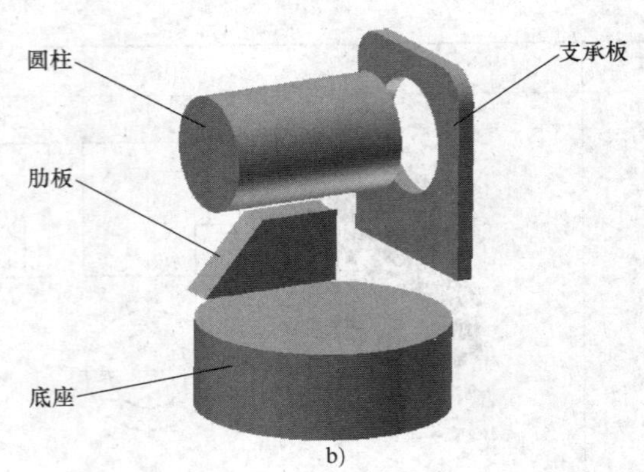

b)

图 2-2-27　支座的形体分析

a）立体图　b）分解图

① 投射方向。选择反映其形状特征最明显、反映形体间相互位置关系最多的投射方向作为主视图的投射方向。

② 安放位置。使其表面、对称面、回转轴线相对于投影面尽可能多地处于平行或垂直位置。

③ 图面清晰。主视图和其他视图上的虚线尽量少。

图 2-2-28a ~ d 是从四个不同的方向绘制的组合体的主视图。从图中可以看出，图2-2-28c 所示视图最符合主视图的要求。主视图确定后，其他视图也就随之而定。

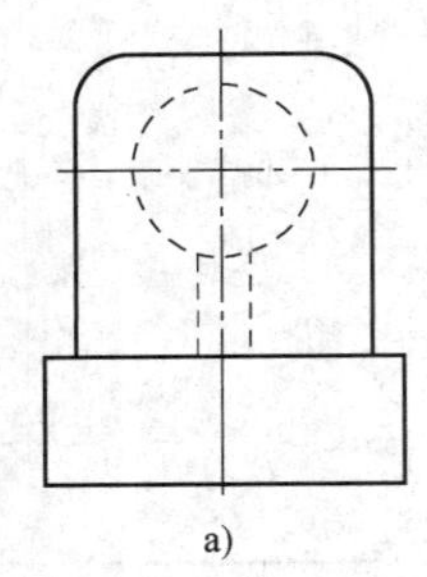
a)

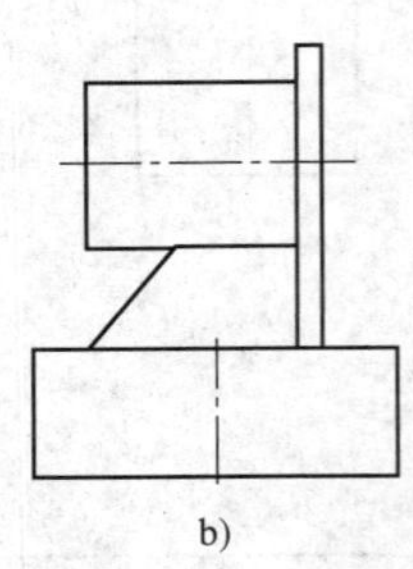
b)

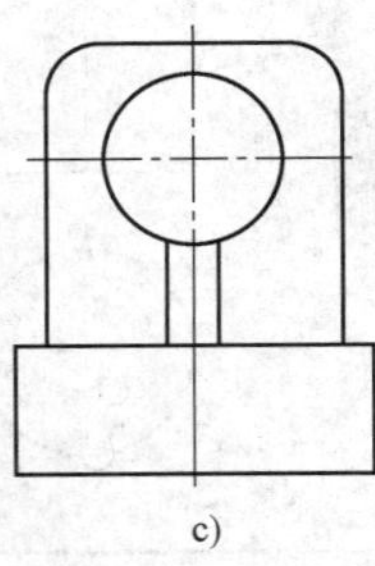
c)

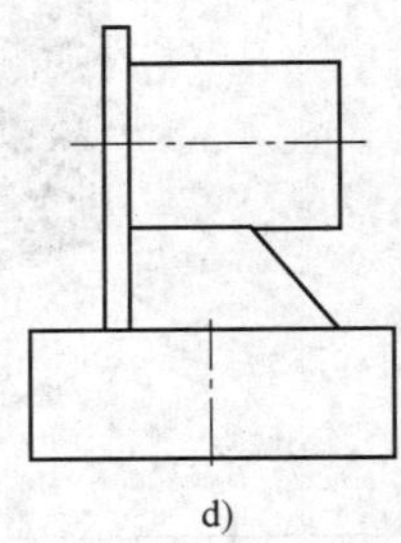
d)

图 2-2-28　主视图投射方向选择比较

3）选比例、定图幅。根据组合体的复杂程度和尺寸大小选择比例、定图幅，图幅大小应考虑有足够的地方画图、标注尺寸和画标题栏。一般情况尽量选用 1∶1 的比例。

4）作图。

① 布图。如图 2-2-29a 所示。画作图基准线，即对称中心线、轴线和较大的平面等。根据组合体的总长、宽、高，以及各视图间应留的空间（用来标注尺寸）均匀布图。

② 画底稿。如图 2-2-29b ~ e 所示。按组合顺序及各形体之间的相对位置逐个画出各基本形体及它们之间的表面交线，综合起来得到完整的组合体的三视图。一般作图顺序：先画整体，后画细节；先画主要部分，后画次要部分；先画大形体，后画小形体。

③ 检查、加深。底稿画完后，逐个检查各基本形体表面的连线、相交、相切等关系的处理是否符合投影原理，经仔细检查确认无误后，擦去多余的图线，按规定的线型加深全图，如图 2-2-29f 所示。

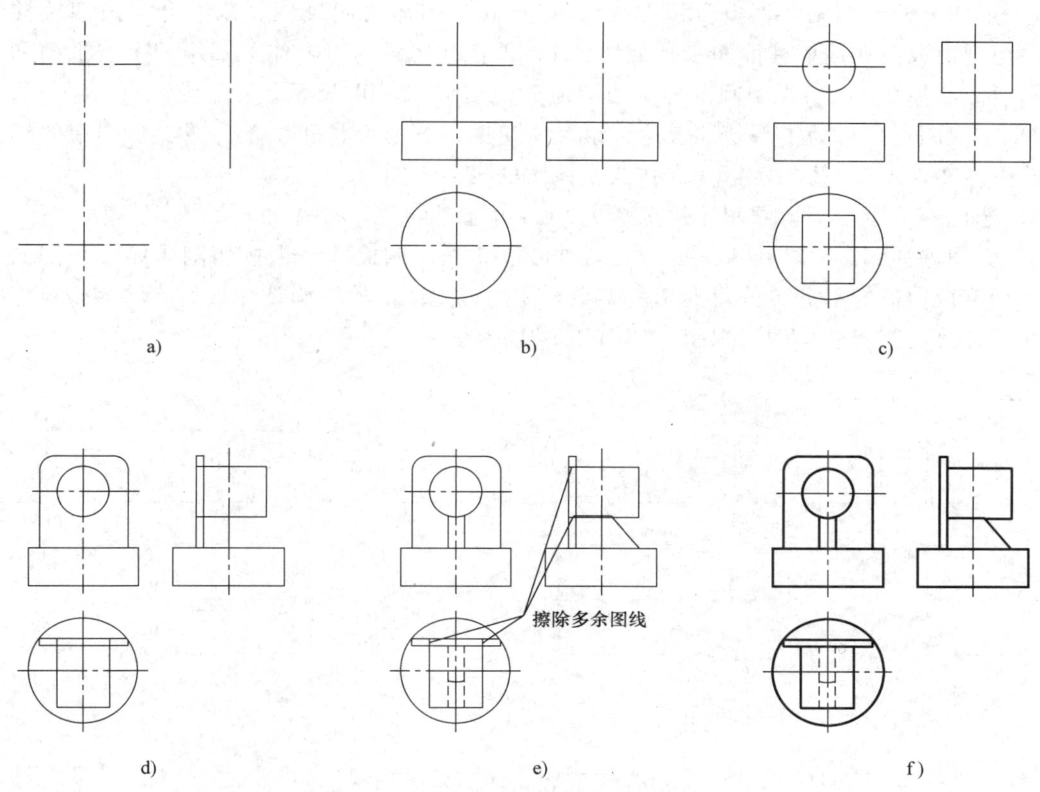

图 2-2-29　叠加组合体三视图的画法

a）画作图基准线　b）画底座　c）画圆柱　d）画支承板　e）画肋板　f）检查、描深

2. 切割组合体三视图的画法

对于复杂的以切割为主的组合体，在画三视图时，除了利用形体分析外，还应结合切平面的位置特点，根据组合体形状，分析其表面的形状和位置特点，以特征形状为突破口，利用投影规律逐一画出切平面的投影。

例 2-2-9　绘制图 2-2-30 所示组合体的三视图。

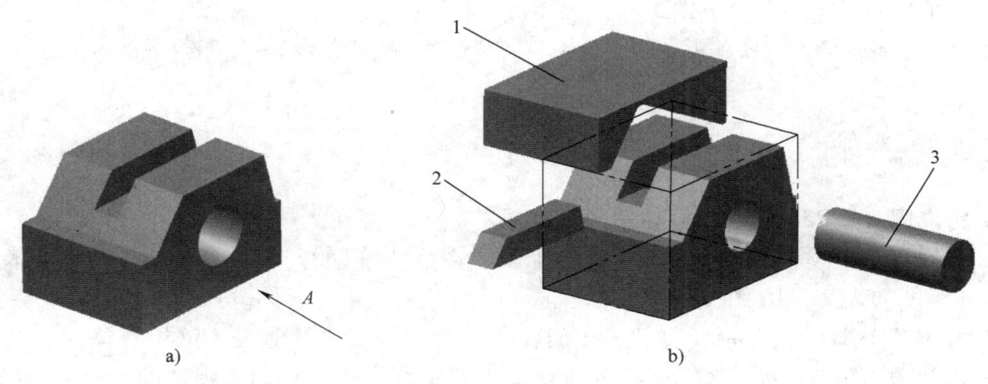

图 2-2-30　切割组合体

a）立体图　b）切割图

1）形体分析。如图 2-2-30a 所示的组合体，其基础体为四棱柱。该组合体由四棱柱经过三次切割形成，在四棱柱前面水平截切掉 1，再在截切后的组合体上部用一个水平面和两个侧平面截切掉 2，最后在中间部分截切圆柱 3，如图 2-2-30b 所示。

2）主视图选择。为了清楚地表达该组合体切掉部分的形状和位置，减少视图中的细虚线，选择图 2-2-30a 中箭头所指 *A* 向作为主视图的投射方向。

3）选比例、定图幅。画图比例选择 1∶1，再选择合适的图幅。

4）作图。如图 2-2-31a~d 所示，画图时可以先画出四棱柱，再按切割顺序及切割的部位依次画出被切掉的部分，就得到切割类组合体的三视图。检查确认无误后，将多余线擦掉并描深，可得切割组合体的三视图，如图 2-2-31e 所示。

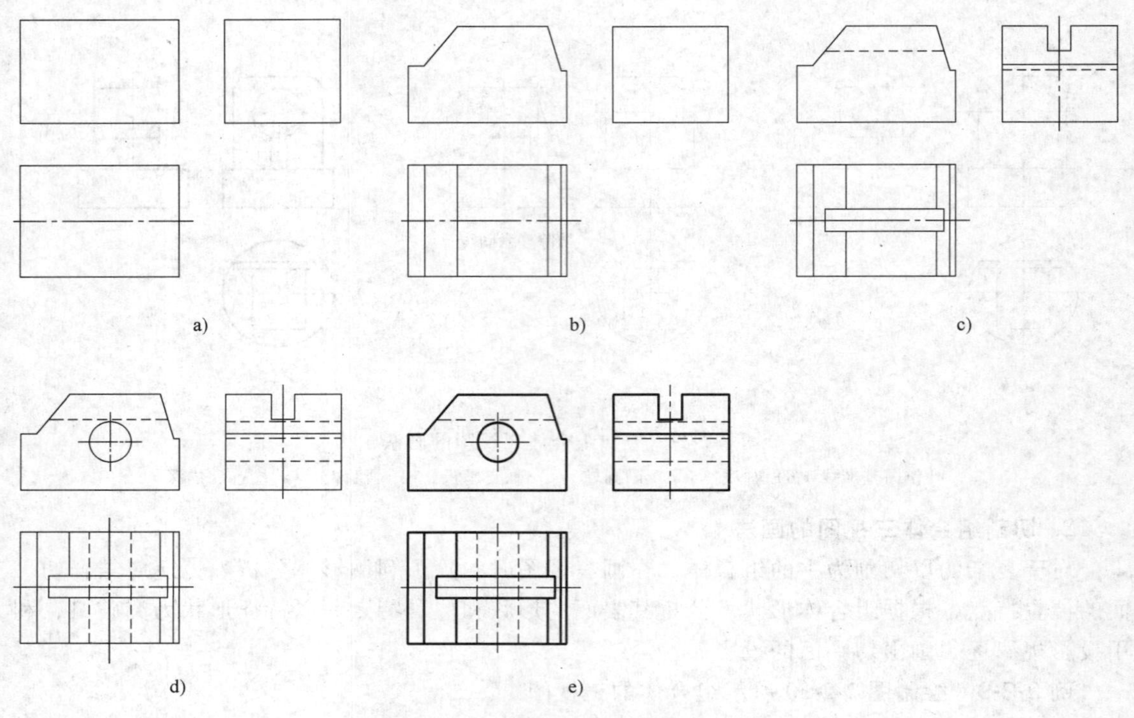

图 2-2-31 切割组合体三视图的画法

a）画四棱柱 b）画切割 1 c）画切割方槽 2 d）画切割圆柱 3 e）检查、描深

任务实施

1. 完成图 2-2-26a 所示前桥轮毂的三视图

1）形体分析。如图 2-2-26a 所示，前桥轮毂由底座、肋板、圆柱套筒三部分基本形体组成，分解图如表 2-2-16 图 b 所示。

2）主视图选择。由于前桥轮毂属于回转体零件，为了清楚地表达该组合体的形状和位置，减少视图中的细虚线，选择表 2-2-16 图 a 中箭头所指 *A* 向作为主视图的投射方向。

3）选比例、定图幅。画图比例选择 1∶1，再选择合适的图幅。

4）作图。

① 布图。如表 2-2-16 图 c 所示，画作图基准线，即对称中心线、轴线和较大的平面等。根据组合体的总长、宽、高，以及各视图间应留的空间（用来标注尺寸）均匀布图。

② 画底稿。如表 2-2-16 图 d~h 所示，按组合顺序及各形体之间的相对位置逐个画出各基本形体及它们之间的表面交线。

③ 检查、加深。经仔细检查确认无误后，擦去多余的图线，按规定的线型加深全图，如表 2-2-16 图 i 所示。

表 2-2-16　前桥轮毂三视图绘制过程

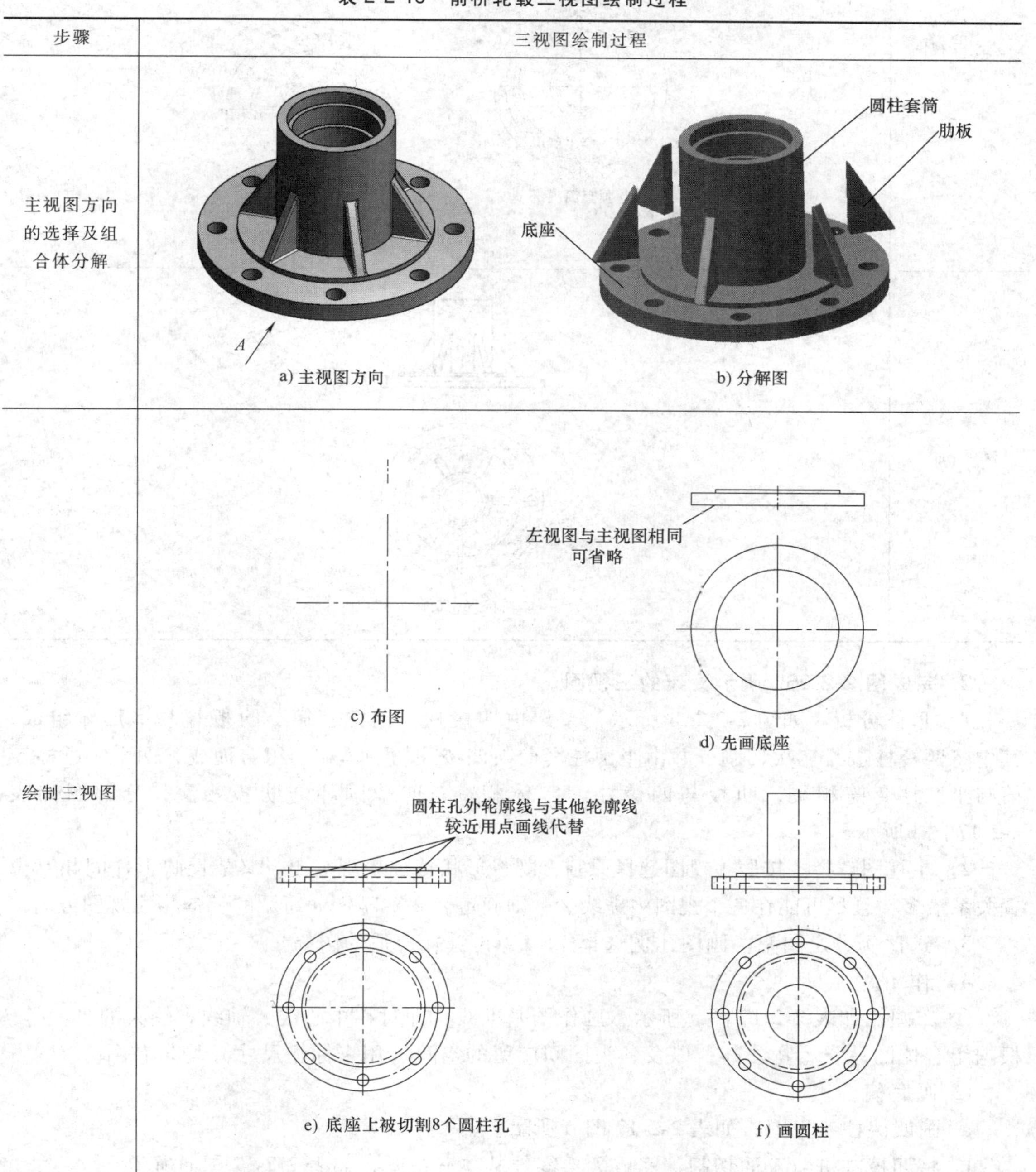

步骤	三视图绘制过程
主视图方向的选择及组合体分解	a) 主视图方向　b) 分解图
绘制三视图	c) 布图　d) 先画底座　e) 底座上被切割8个圆柱孔　f) 画圆柱

（续）

步骤	三视图绘制过程
绘制三视图	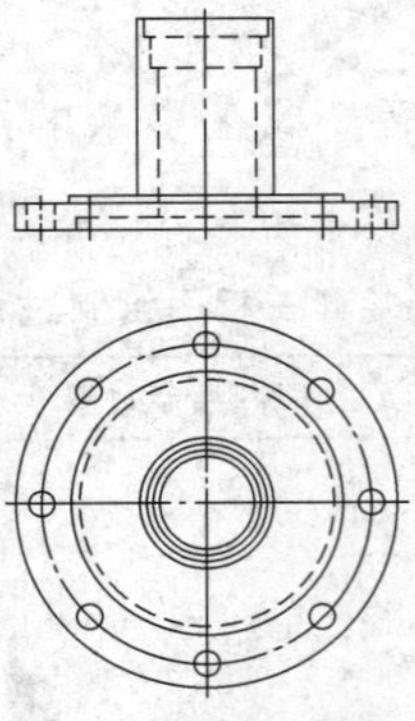 g) 画套筒内部 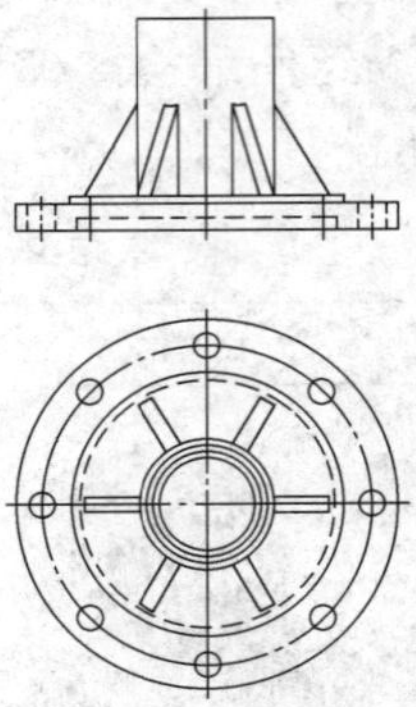　h) 画肋板
检查、加深	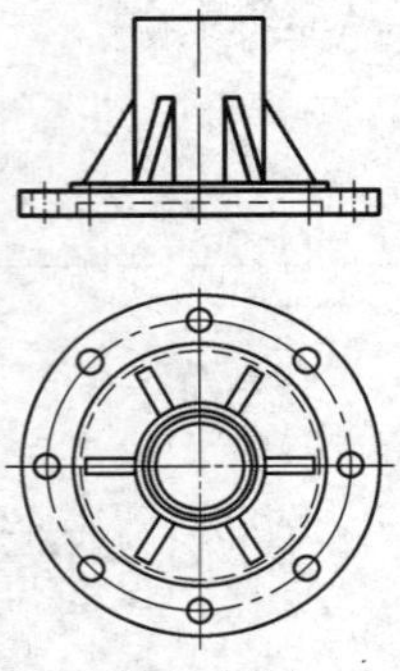 i) 检查、描深

2. 完成图 2-2-26b 所示叉架的三视图

1）形体分析。如图 2-2-26b 所示，叉架由四棱柱、圆柱套筒、肋板等基本形体组成，其中将四棱柱进行三次切割，并由半圆柱套筒与四棱柱切割体相切组合而成，两个小圆柱套筒与半圆柱套筒相贯，肋板与四棱柱切割体相交，四个圆环与肋板相交，分解图如表 2-2-17 图 b所示。

2）主视图选择。按照主视图选择原则，既将形状特征表现突出，又能反映形体间相互位置关系最多，且尽可能在三个视图中虚线少，则确定表 2-2-17 图 a 所示的 *A* 向为主视图方向。

3）选比例、定图幅。画图比例选择 1∶1，再选择合适的图幅。

4）作图。

① 布图。如表 2-2-17 图 c 所示，画作图基准线，即对称中心线、轴线和较大的平面等。根据组合体的总长、宽、高，以及各视图间应留的空间（用来标注尺寸）均匀布图。

② 画底稿。

a. 画四棱柱三视图，如表 2-2-17 图 d 所示。

b. 将四棱柱进行三面切割，完成叉架零件基体三视图，如表 2-2-17 图 e 所示。

c. 画半圆柱套筒，半圆柱套筒与叉架基体以相切的方式组合，如表 2-2-17 图 f 所示。

d. 画四个圆环，如表 2-2-17 图 g 所示。

e. 画两个小圆柱套筒与半圆柱套筒相贯，如表 2-2-17 图 h 所示。

f. 画两个肋板，肋板与基体相交处进行圆弧过渡，如表 2-2-17 图 i 所示。

③ 检查、加深。经仔细检查确认无误后，擦去多余的图线，按规定的线型加深全图，如表 2-2-17 图 j 所示。

表 2-2-17　叉架三视图绘制过程

步骤	三视图绘制过程
主视图方向的选择及组合体分解	 A a) 主视图方向 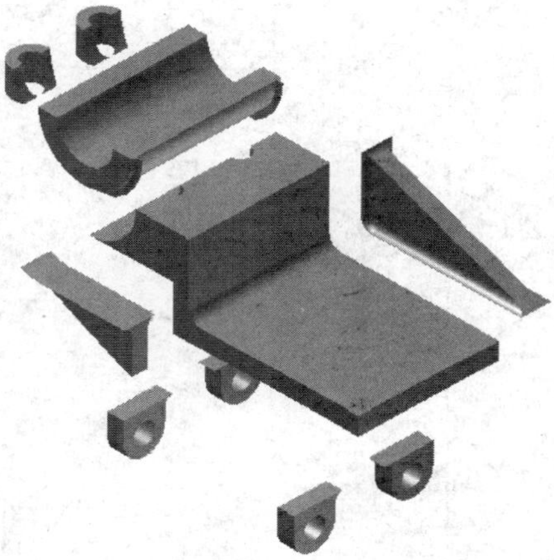 b) 分解图
绘制三视图	 c) 布图 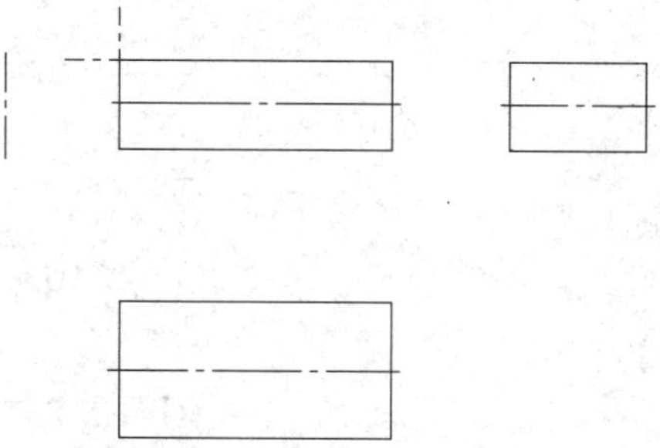 d) 画四棱柱三视图 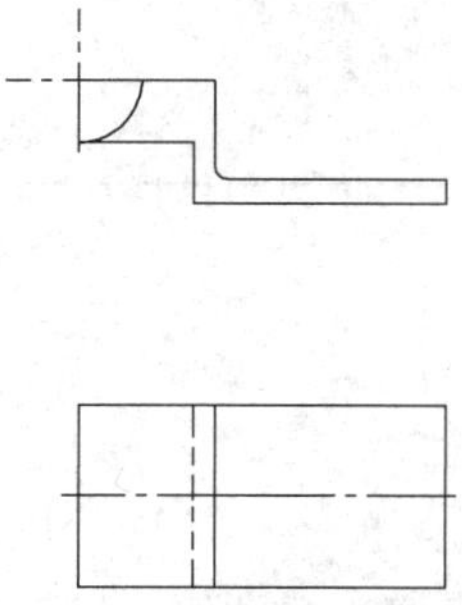 e) 画四棱柱截切三视图 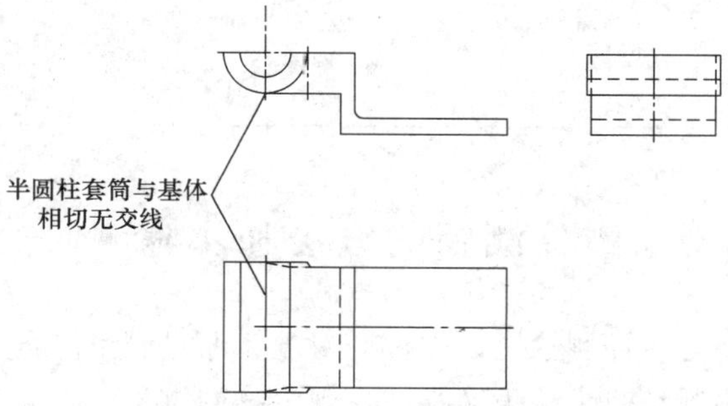 半圆柱套筒与基体相切无交线 f) 画半圆柱套筒

（续）

步骤	三视图绘制过程
绘制三视图	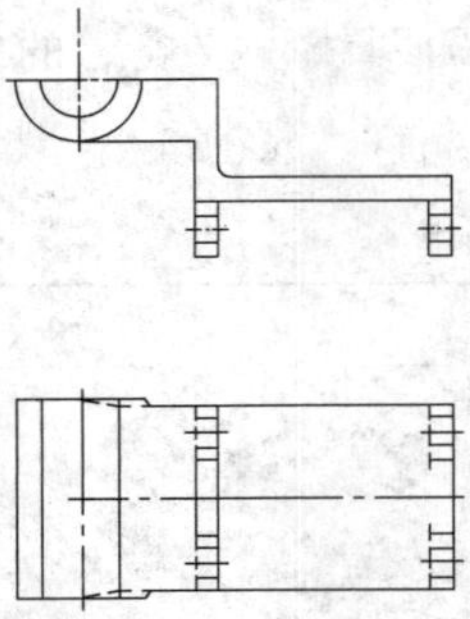 小圆柱套筒与半圆柱套筒相贯 相贯线为曲线 g) 画四个圆环 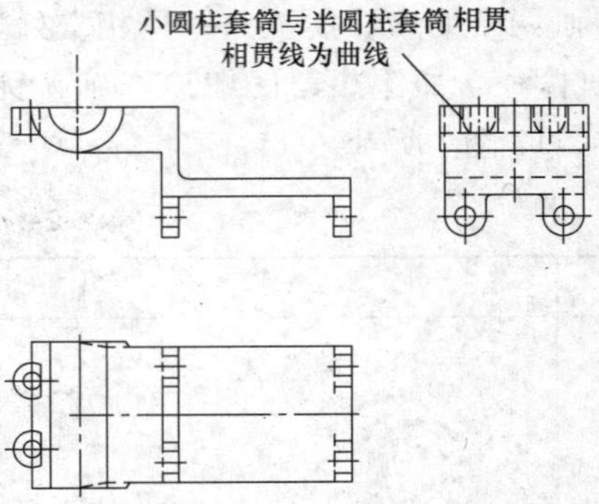　h) 画两个小圆柱套筒与半圆柱套筒相贯 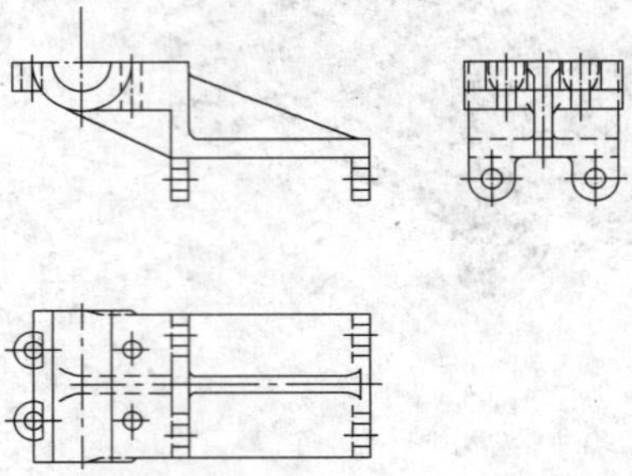 i) 画两圆柱孔
检查、加深	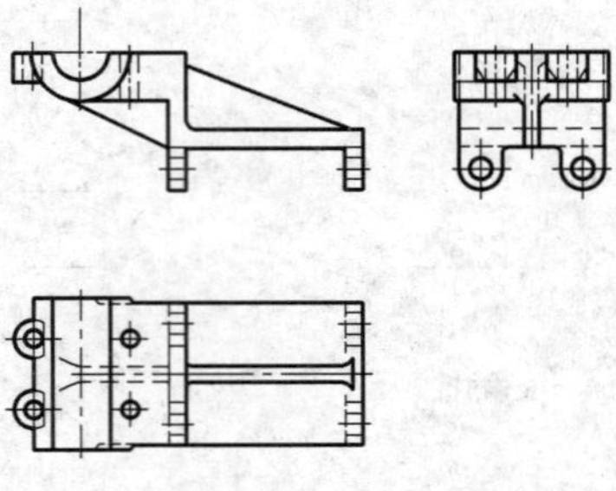 j) 检查、加深

2.3　零件测绘的方法和步骤

零件测绘是以零件为对象，通过测量和分析，并绘制其制造所需的全部零件图的过程。测绘是一个认识实物和再现实物的过程，在反求工程、逆向工程、维修或对部件进行技术改造时，经常要对零件进行测绘。

一、常用测量工具及测量方法

测量尺寸常用的工具有：钢直尺、外卡钳和内卡钳；测量较精密的零件时，要用游标卡尺、千分尺、量块和量规等工具。测量工具及其应用范围见表 2-3-1。在测量尺寸时，应根据对应精度的要求，选用不同的测量工具，常用量具测量方法见表 2-3-2。

表 2-3-1　测量工具及其应用范围

工具名称	工具图示	测量工具的应用
钢直尺		多用于测量线性尺寸，钢直尺上有尺寸刻度，测量零件时可直接从刻度上读出零件的尺寸
内、外卡钳	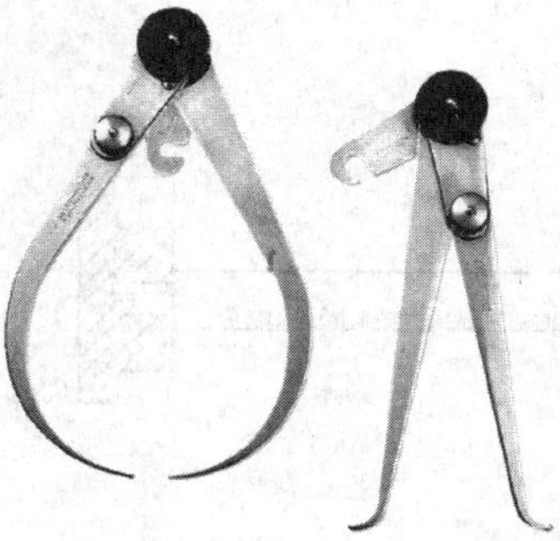 外卡钳　内卡钳	可用于测量回转面的直径、壁厚、中心高等，其中外卡钳是用来测量外径和平面的，内卡钳是用来测量内径和凹槽的。卡钳不能直接读数，需借助钢直尺才能读出零件的尺寸
游标卡尺	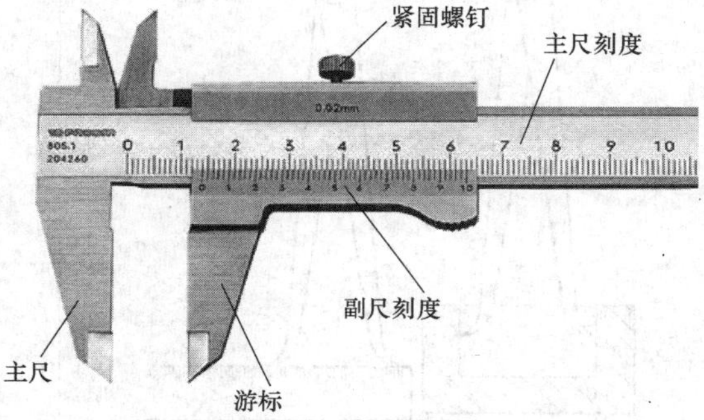 紧固螺钉　主尺刻度　副尺刻度　主尺　游标	可用于测量直线尺寸（长度、深度等）、回转面的直径、壁厚等，可直接从刻度上读出零件尺寸。通用读数精度有 0.05mm、0.02mm 两种

（续）

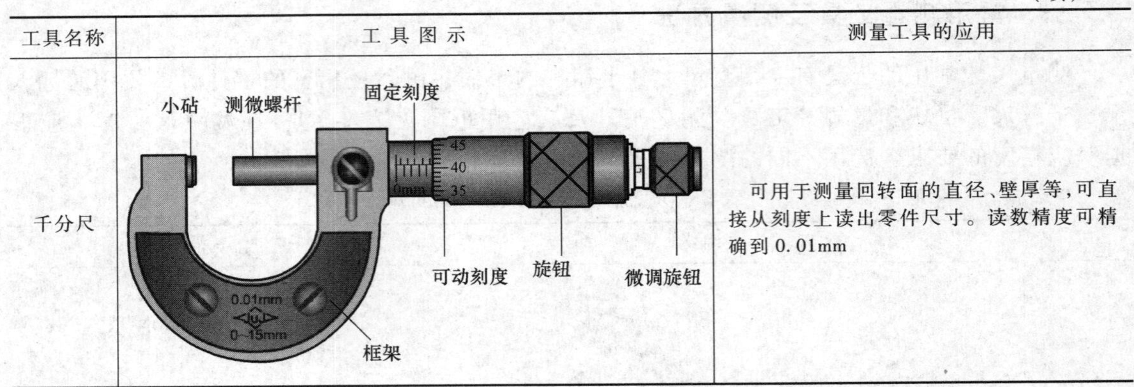

工具名称	工具图示	测量工具的应用
千分尺		可用于测量回转面的直径、壁厚等，可直接从刻度上读出零件尺寸。读数精度可精确到 0.01mm

表 2-3-2 常用量具测量方法

测量内容	测量方法	使用量具
测量线性尺寸	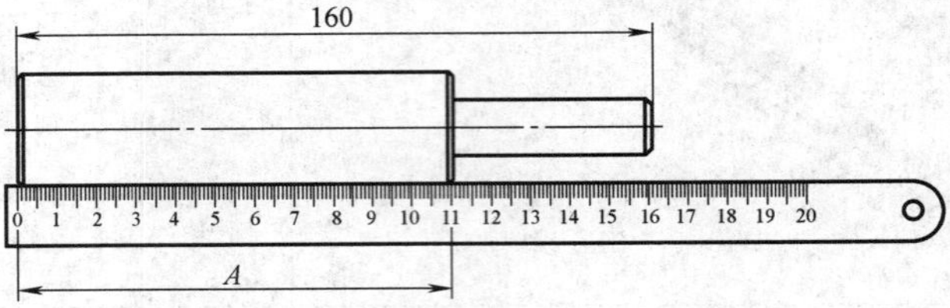 160 A	直尺
测量外径、内径和深度	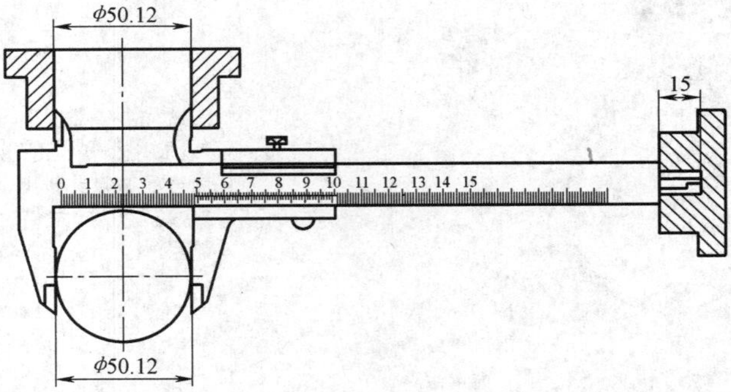 ϕ50.12 15	卡尺
	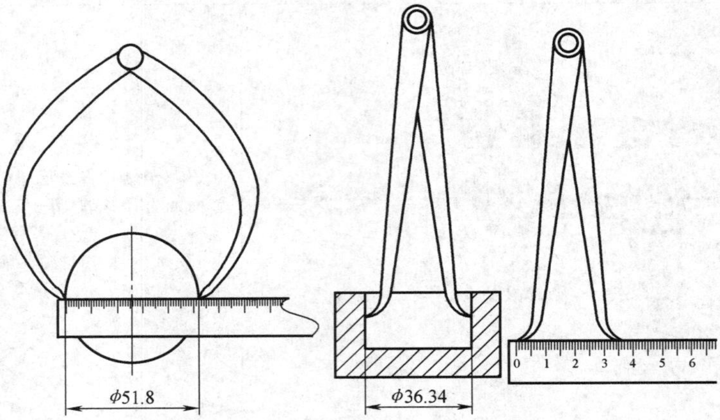 ϕ51.8 ϕ36.34	内、外卡钳

（续）

测量内容	测量方法	使用量具
测量外径、内径和深度	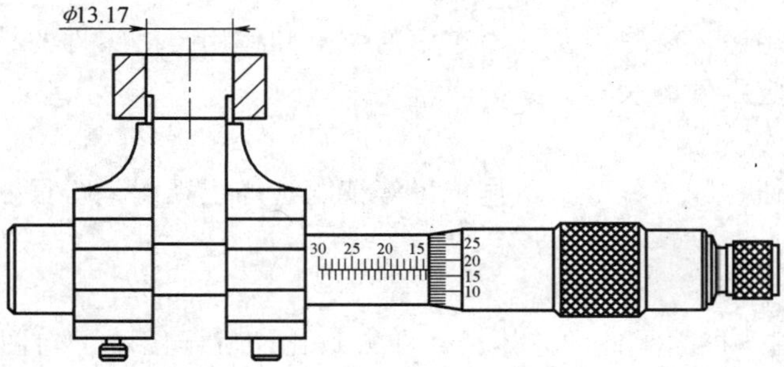	内径千分尺
	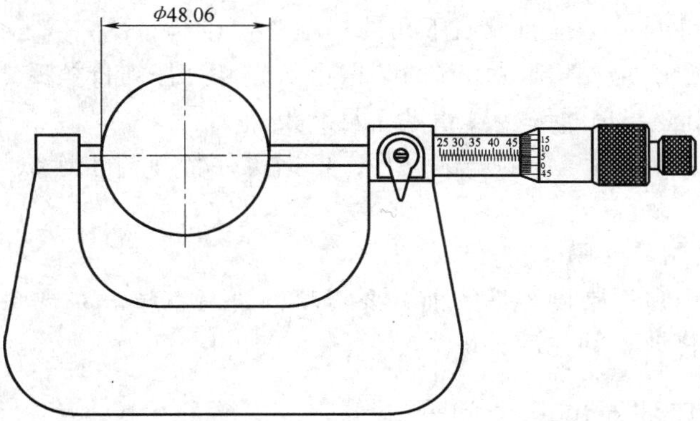	外径千分尺
测量深度	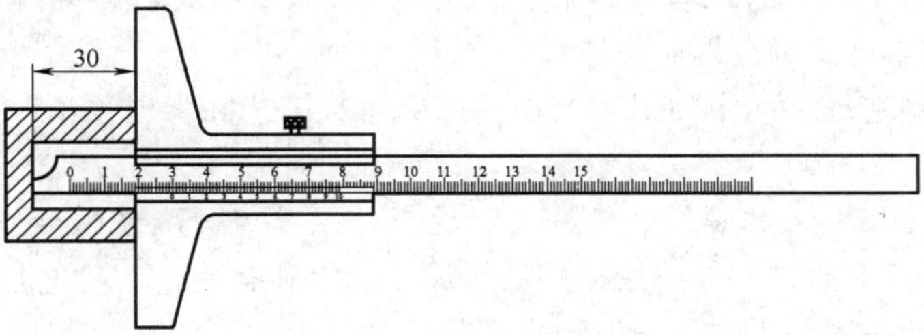	深度尺
测量壁厚	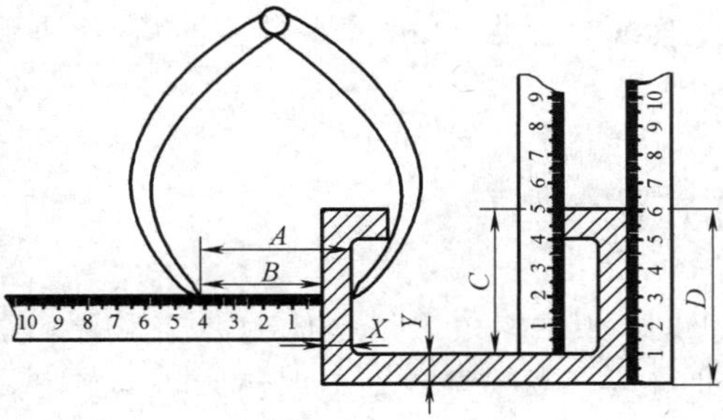	外卡钳

二、零件测绘的方法和步骤

1. 了解和分析测绘零件

了解零件的名称、用途、材料以及在汽车中的位置和作用，对零件的结构形状和制造方法进行分析、了解，确定零件的表达方案。

2. 确定表达方案

根据零件的形状特征、加工位置、工作位置等情况选择主视图，再根据零件的结构特点选择必要的其他视图。

3. 绘制零件草图

1）选比例、定图幅。根据零件的总体尺寸和大致比例确定图幅，在图纸上定出各视图的位置。

2）布图。画出各视图主要轴线、中心线等作图基准线。布置各视图的位置时，要考虑到各视图之间应留有标注尺寸的地方及右下角的标题栏。

3）画图。详细地画出零件外部和内部的结构形状，经过仔细校核后，加深轮廓线。

4）选择基准。画出全部尺寸线、尺寸界线及箭头。

5）标注尺寸。测量、标注零件的全部尺寸，根据零件特性与用途拟订技术要求，填写标题栏，完成草图。

4. 根据零件草图绘制零件图

草图是现场测绘的，所以在画零件图前，要对草图进行审核。对视图表达、尺寸标注、技术要求等进行查对、修改、补充后方可画零件图。

三、零件测绘时应注意的几个问题

1）零件在制造过程产生的缺陷（砂眼、裂纹、气孔及部分形状误差等）和长期使用过程中造成的磨损、变形等，画草图时都应纠正。

2）对于零件在制造或装配中的工艺结构，如倒角、工艺孔、退刀槽、凸台、圆角等必须画出来。

3）对于标准结构尺寸，如螺纹、键槽、齿轮等，以及与标准件配合或相关联的结构，应把测量结构与标准值对照，一般采用标准结构尺寸，以利制造。

4）对于存在配合关系的零件，一般测出它的公称尺寸就可以了，其配合关系和相应的公差值在分析后查阅有关资料确定。

5）要严格检查尺寸是否遗漏或重复，相关零件尺寸是否协调，应保证零件图顺利绘制。

2.4 读组合体视图的方法

读图是根据投影规律由已知的视图想象出组合体的空间形状和结构，从视图构思物体，是“由图到物”与画图相反的过程。读图过程是根据物体的三视图（或两视图），用形体分析法逐个分析投影的特点，并确定它们的相互位置，综合想象出物体的结构和形状。要迅速、正确地读懂视图，必须掌握读图的基本方法和步骤培养空间想象能力，通过不断实践逐步提高读图的能力。

一、读图的基本要领

1. 掌握基本体的投影规律

基本体的投影规律见表 2-4-1。要确定基本体的形状，除对照表 2-4-1 中的投影规律外，还要分析其他视图。

表 2-4-1　基本体的投影规律

视图投影形状	矩形	圆	三角形	梯形
矩形	柱	圆柱		
圆	圆柱	球	圆锥	圆台
三角形		圆锥	棱锥	
梯形		圆台		棱台

2. 搞清视图中图线和线框的含义

物体表面（图 2-4-1a）与视图中的图线及线框有着一一对应的关系，搞清楚图线及线框的含义对识图十分重要。

1）视图中的图线有粗实线、虚线和细点画线，视图中每条线的含义如图 2-4-1b、c 所示。

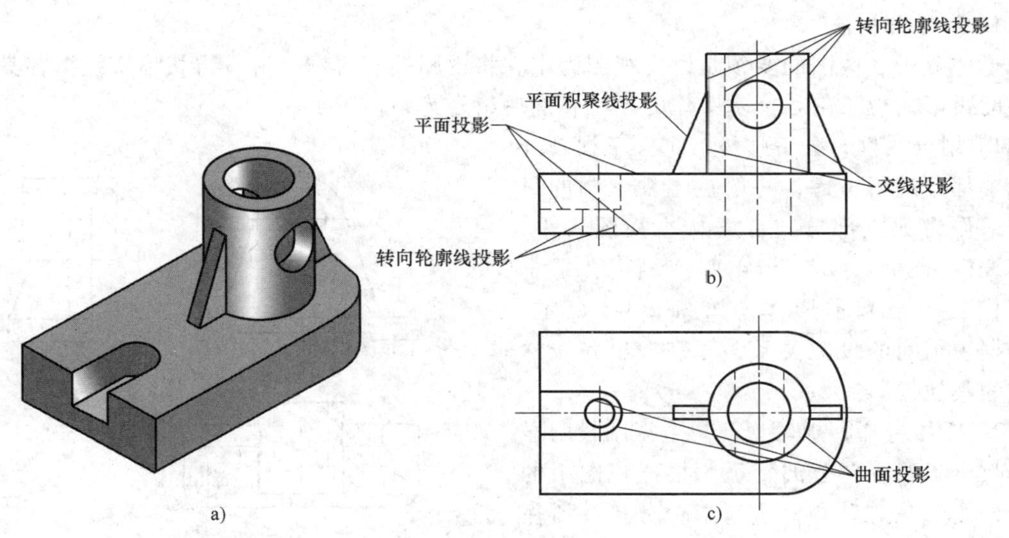

图 2-4-1　视图中图线和线框的含义

2）视图中的一个封闭的线框表示物体的一个表面（平面或曲面），如图 2-4-1c 所示。

3）两相邻的封闭线框，表示物体上两个相交面或同向错位的两个面的投影。

4）视图中一个大线框套着小线框则表示在大形体上有凸起或凹下的小形体，如图 2-4-1c所示。

3. 以特征视图为切入点，将几个视图连起来分析

特征视图是把物体的形状及相对位置反映得最充分的那个视图，识图时善于抓特征视

图，再配合其他视图，将几个视图综合起来分析，就能较准确地认清零件。特征视图反映形状特征、位置特征、整体和局部特征等，图 2-4-2 中，俯视图和左视图反映了形状特征，主视图中可以看出圆柱和倒圆矩形的凸凹，反映了位置特征。

图 2-4-2a、b 与图 2-4-2c、d 投影视图中，俯视图均相同，但它们的主视图和左视图略有差异，因此它们分别表示了不同的零件体。由此可见，读图时必须将已知的几个视图联系起来互相对照分析，才能正确地想象出组合体的形状。

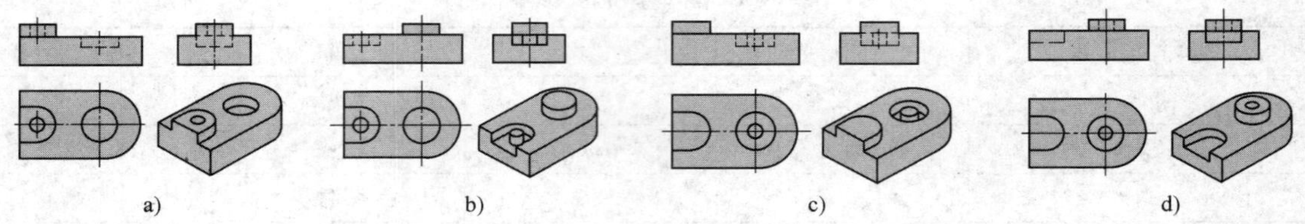

图 2-4-2　抓住特征，几个视图综合起来分析物体形状

二、读图基本方法及步骤

组合体读图的基本方法有两种：形体分析法和线面分析法。形体分析法多用于叠加式组合体，线面分析法多用于切割式组合体。其读图步骤以图 2-4-3 所示的轴承座为例进行分析。

1. 形体分析法

形体分析法读图的要领是以主视图为主，将视图按实线框分解，再找出实线框在其他视图中的投影，想象出各个基本体的形状，然后组合为整体的形状。

1）划分线框，分解形体。把一个视图分为几个部分进行考虑，一般把主视图中的封闭线框作为独立部分。首先从主视图入手，将其线框分为 1、2、3、4 四个线框，每个线框代表一个基本形体，如图 2-4-3 所示，再根据视图间的投影关系，分别找出各线框对应的其他投影。

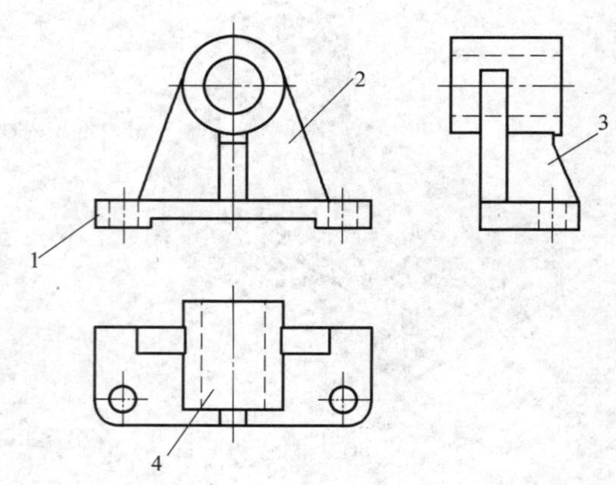

图 2-4-3　轴承座

2）抓住特征，想象形状。主视图较明显地反映出了四个部分的特征。根据视图中的线框，按“三等”规律进行形体分析，抓住每一部分的特征视图，分别想象出各简单基本体的形状。其中图 2-4-4a 中主视图和俯视图较明显地反映了形体 1 的形状特征，形体 1 为长方体，前段倒两个圆角，靠近倒圆角处挖出两个圆柱孔；图 2-4-4b 中的主视图和左视图较明显地反映了形体 2 的形状特征，形体 2 为薄三棱柱被圆柱截切；图 2-4-4c 中的主视图和左视图较明显地反映了形体 3 的形状特征，形体 3 为肋板，上表面被圆柱截切，侧面被一个角度面和一个平行于侧边的两截面截切；图 2-4-4d 中的主视图和俯视图较明显地反映了形体 4 的形状特征，形体 4 为圆柱套筒。

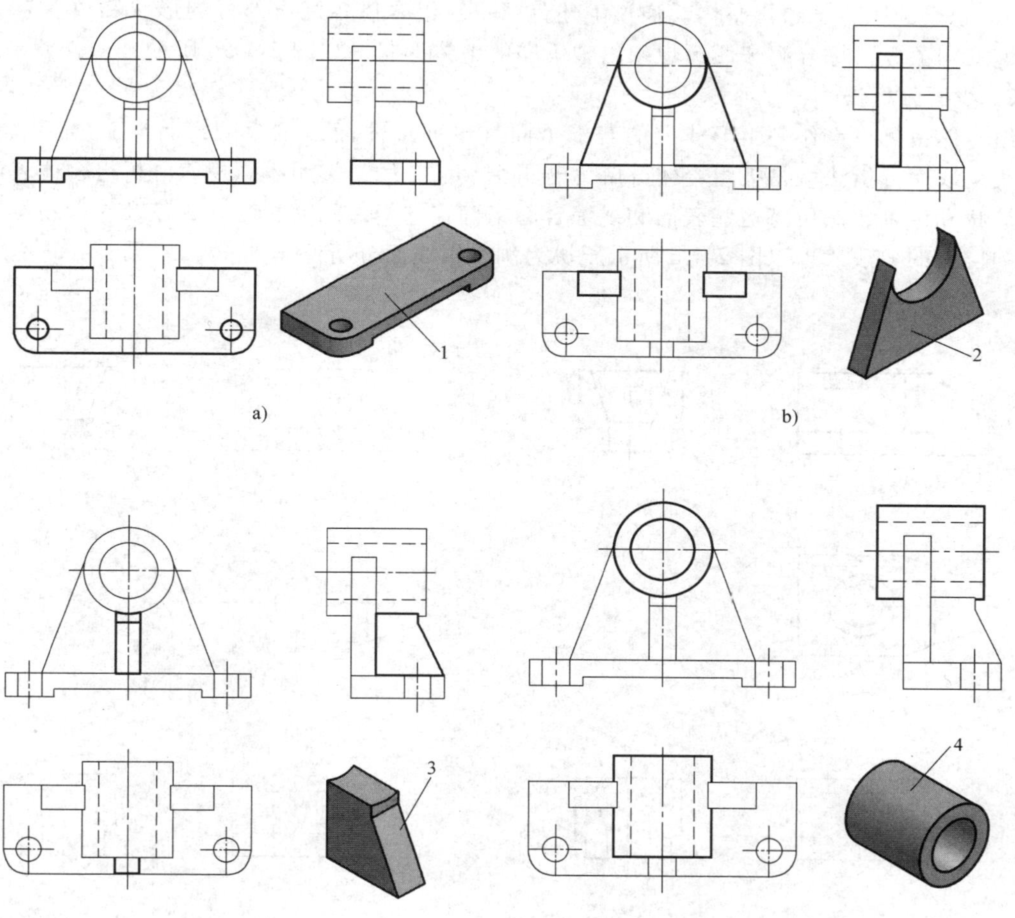

a) b)

c) d)

图 2-4-4 轴承座的形体分析

3）对照投影，明确位置。在想象出各部分的形状以后，按照投影关系可进一步分析并明确各部分之间的相对位置关系。以底板为基准，形体 2 和形体 3 在形体 1 上，形体 2 与底板侧面平齐，且形体 2 与形体 3 相互垂直；形体 4 在形体 2 与形体 3 上，且形体 4 与形体 2、3 分别相切，如图 2-4-5a 所示。

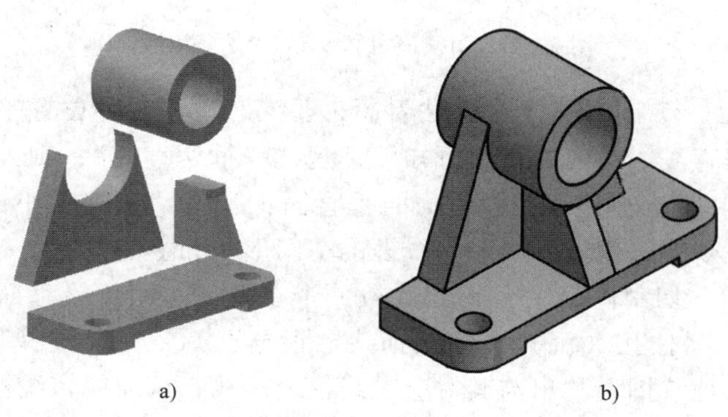

a) b)

图 2-4-5 轴承座的立体图

4）综合起来，想象出整体。通过上述分析，对组合体各组成部分的形状和位置有了一个完整的印象，再综合起来便可想象出轴承座的整体形状，如图 2-4-5b 所示。

2. 线面分析法

组合体也可以看作是由形体上的若干个面（平面或曲面）围成的，面与面之间常存在着交线，线面分析法就是把组合体分解为若干个表面和线，按照投影规律分析组合体表面及线的形状和位置，然后将这些表面和线综合起来确定它们之间的相对位置以及它们相对于投影面的位置的方法。现以图 2-4-6 所示压块为例，用线面分析法读图。

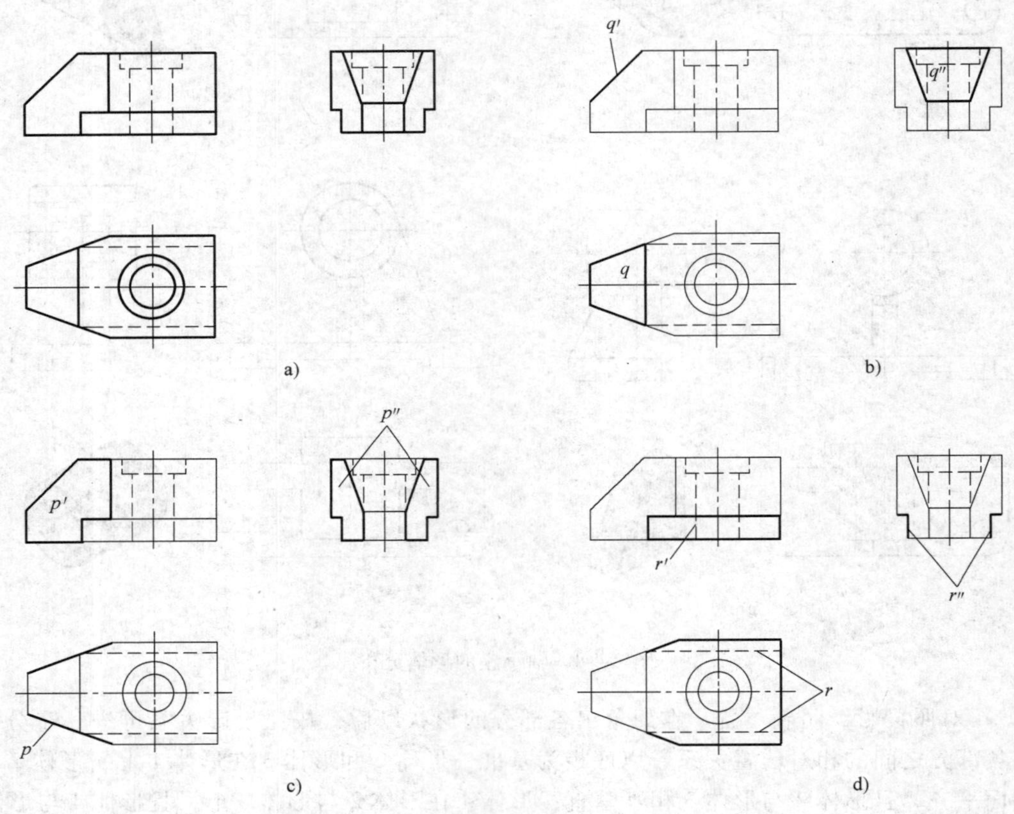

图 2-4-6　用线面分析法读压块的视图

1）分线框，识面形。利用线面分析法看图，要熟练运用各种位置平面和直线的投影特性来分析问题。根据直线、平面的投影可知：凡是“一框两直线”，则表示为投影面的平行面；凡是“两框一斜线”，则表示为投影面的垂直面；凡是“三框三小面”，则表示为一般位置平面。掌握这一规律，就能弄清每一线框的空间形状和空间位置。

如图 2-4-6a 所示，切割体由一个长方体被一个正垂面、两个铅垂面、两个水平面和两个正平面再加上两个圆柱孔（沉孔）切割而成。根据已知视图，选择某一视图划分线框，根据投影规律，从其他视图上找出与其对应的线框或图线，从而得知线框所表示面的空间形状及相对位置。

2）细读线面，明确结构。如图 2-4-6b 所示，从俯视图中的梯形线框 q 出发，在主视图中找出与其对应的斜线 q'，在左视图中找出与其对应的可见的等腰梯形 q''，符合类似形规律，根据“两框一斜线”表示投影面的垂直面，可知平面 Q 为正垂面。

如图 2-4-6c 所示，从主视图的七边形 p'出发，在俯视图中找出与其对应的斜线 p，在左视图中找出与其对应的可见的朝向相同的七边形线框 p''，符合类似形规律，根据“两框一斜线”表示投影面的垂直面，可知平面 P 为铅垂面，同理可知后方与其对称的斜线，在主视图上是与其对应且不可见的七边形线框，也是铅垂面。

如图 2-4-6d 所示，从主视图长方形线框 r'入手，俯、左视图上与其对应的分别为一横向直线 r（虚线）及一条竖向直线 r''，根据“一框两直线”表示投影面的平行面，所以它是正平面。

3）识交线，想形位。分析面与面相交的交线，有助于识别各个面的空间形状和空间位置。

4）综合起来，想象整体。通过上面的分析可知，压块左上角的缺口被正垂面 Q 截切，左边前后对称的缺角被两个铅垂面 P 截切，前后下方的缺块分别被两个正平面 R 截切。在弄清了压块各表面的形状与空间位置后，便可以想象出压块的整体形状，如图 2-4-7 所示。

图 2-4-7　压块立体图

例 2-4-1　已知图 2-4-8 所示缺线视图，想象组合体的形状，补画图中所缺的图线。

分析：根据已知的缺线视图，可以看出该组合体为一切割体，切割前基础形体为一圆锥与一圆柱叠加，被一与轴线平行的平面水平截切，截切面上应有截交线。

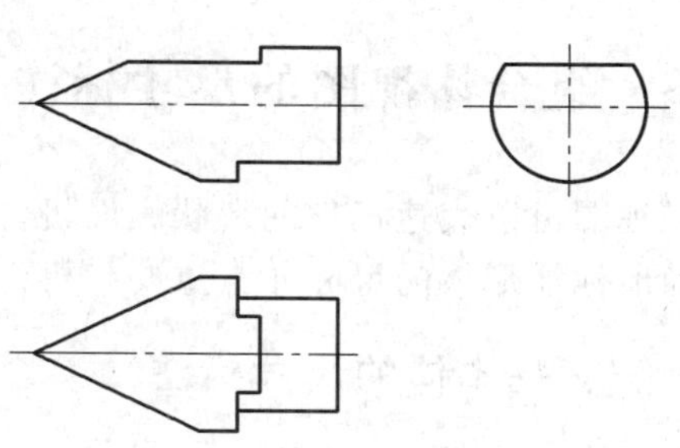

图 2-4-8　缺线视图

作图步骤如下。

1）从图 2-4-8 所示俯视图为“等腰三角形”，左视图为“圆形”，可以判断零件左端为一圆锥与一等直径圆柱叠加，根据主视图和左视图可以判断圆锥被平行于轴线的水平面截切，如图 2-4-9a 所示，根据圆柱面被平行面截切的规律及“三等”原则，可以补画俯视图圆柱面上的截交线。

2）零件左端为圆锥与等直径圆柱叠加，则在俯视图中需要补画圆柱轮廓线，由于不可见，故为虚线，如图 2-4-9b 所示。

3）根据圆锥被平行于轴线的水平面截切的规律，在俯视图中画出圆锥与水平面的截交线（双曲线），如图 2-4-9c 所示。

4）从图 2-4-9 所示主、俯视图主要形状是矩形，可以推断零件右端有可能是圆柱或四棱柱，但根据俯视图中水平面与零件右端截交线的形状可以判断零件右端为圆柱，在左视图中补画出圆柱左视图投影，如图 2-4-9d 所示。

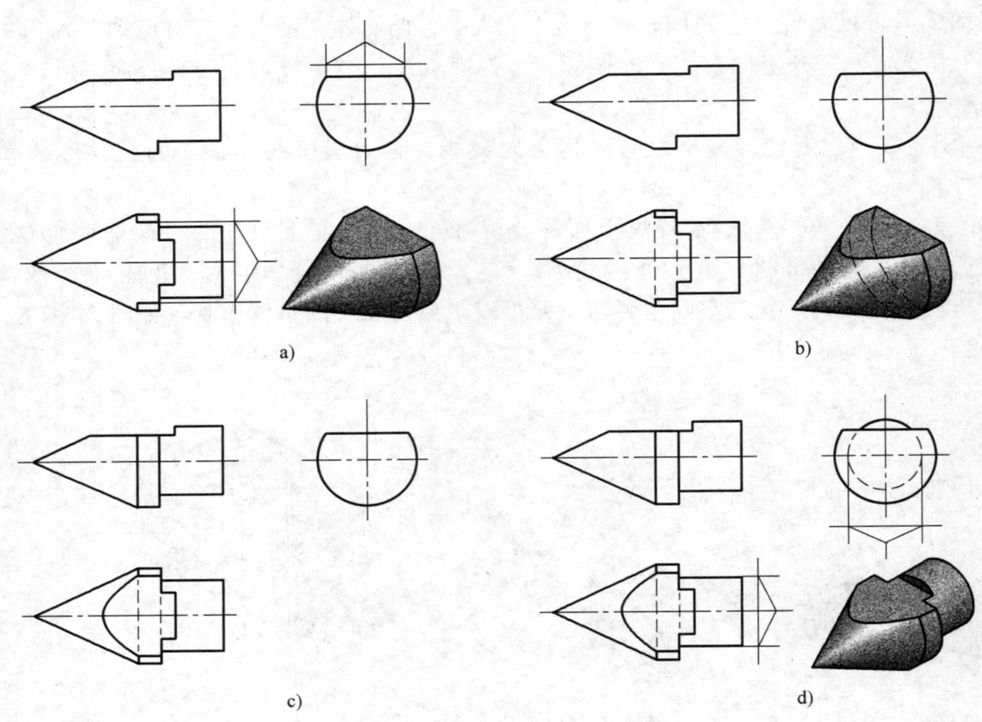

图 2-4-9　补画视图中的漏线

2.5　组合体视图的尺寸标注

视图可以表达机件的形状，而机件的大小则应根据视图中所标注的尺寸来确定，因此，正确地标注形体的尺寸非常重要。机件的大小通常由长、宽、高三个方向的尺寸来确定。

一、基本体的尺寸标注

基本几何体是构成机件的基本元素，可分为平面体（长方体、三棱柱、六棱柱、棱台等）和回转体（圆柱、圆台、球等）两类。

1. 平面体的尺寸标注

平面体的尺寸根据其具体形状进行标注。一般应注出其长、宽、高三个方向的尺寸。平面体尺寸标注见表 2-5-1。

表 2-5-1　平面体尺寸标注

平面体	图　　例
棱柱	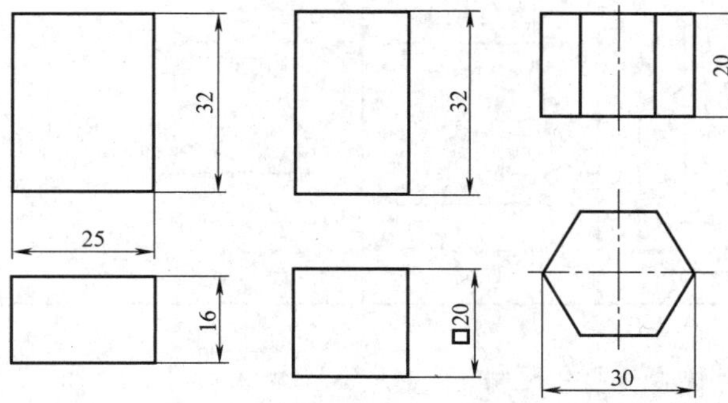 32　25　16　32　□20　20　30
棱台	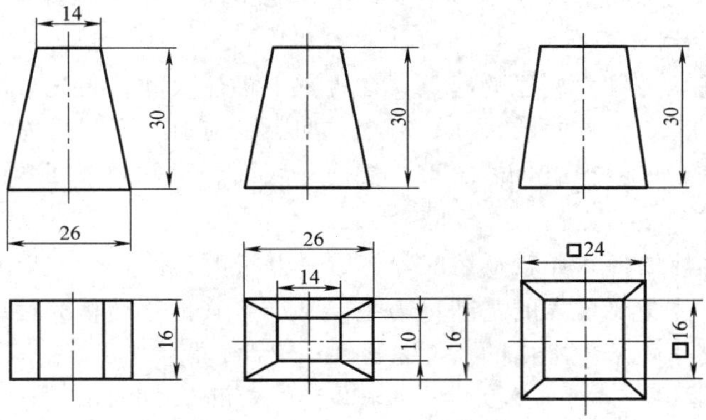 14　30　26　16　30　26　14　10　16　30　□24　□16
棱锥	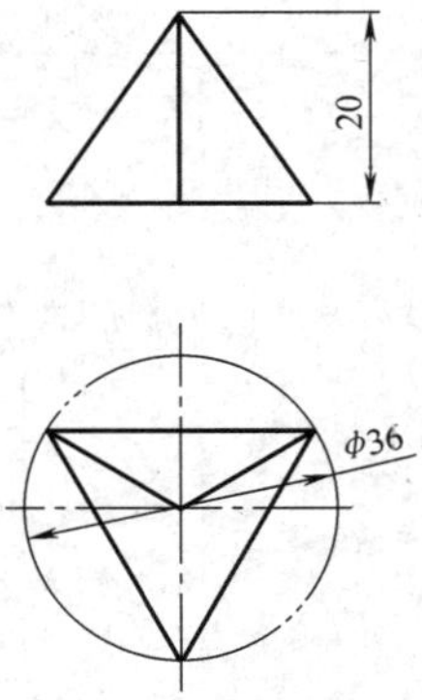 20　$\phi 36$

2. 回转体的尺寸注法

圆柱和圆锥（或圆台）应标注出高和底圆直径，圆台应加注顶圆直径。标注直径尺寸时应在数字前加注“ϕ”；球只有一个方向尺寸，在直径数字前加注“$S\phi$”；对于其他回转体，除径向和轴向尺寸外，还应注出素线的尺寸。回转体尺寸标注见表 2-5-2。

表 2-5-2 回转体尺寸标注

回转体	圆柱	圆台	圆锥	球	其他回转体
图例	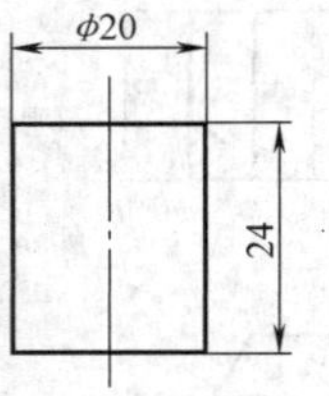 $\phi20$；24	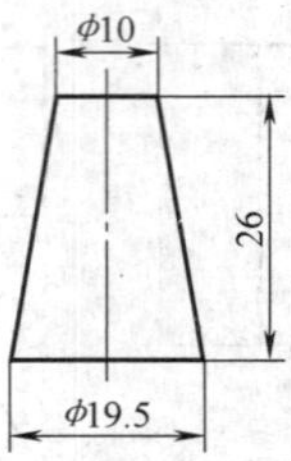 $\phi10$；26；$\phi19.5$	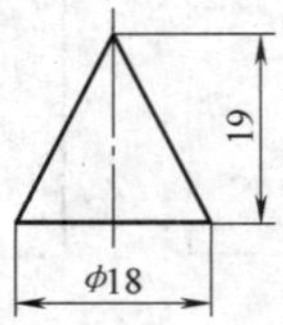 19；$\phi18$	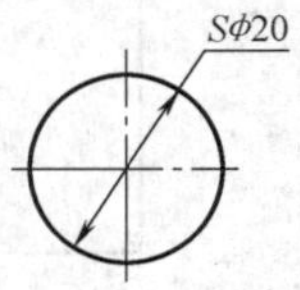 $S\phi20$	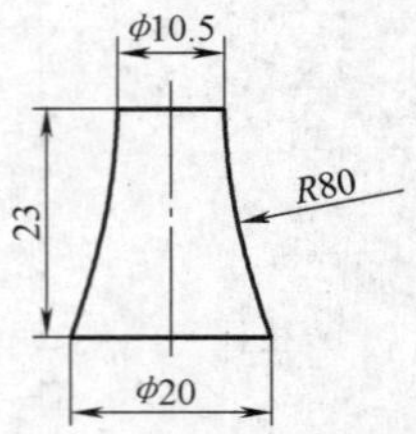 $\phi10.5$；23；R80；$\phi20$

二、组合体视图的尺寸标注

标注组合体尺寸的基本要求：正确、完整、清晰。正确是指尺寸标注符合国家标准规定；完整是指标注的尺寸不多不少；清晰是指尺寸标注在明显部位，排列整齐。

1. 确定尺寸基准

尺寸基准为尺寸标注的起点。在视图上标注尺寸，首先要确定尺寸基准。由于组合体具有长、宽、高三个方向的尺寸，每个方向至少应有一个尺寸基准。基准的确定应体现组合体的结构特点，一般把组合体的重要端面、底面、对称面、回转体的轴线等作为尺寸基准，同时还应考虑测量的方便。

当组合体的形状比较复杂时，在选择基准时，除一个主要基准外，还可以有几个辅助基准。常把标注主要尺寸的基准称为主要基准，其他基准称为辅助基准，主要基准与辅助基准之间应有尺寸联系。常用的尺寸基准见表 2-5-3。

表 2-5-3 常用的尺寸基准

说明	对称面为长度和宽度方向基准，以底面为高度方向主要基准，顶面为高度方向辅助基准	以轴线为径向基准，以右端面为轴向的主要基准，左端面为轴向的辅助基准	以圆心为径向基准，以后端面为宽度方向的基准
图例	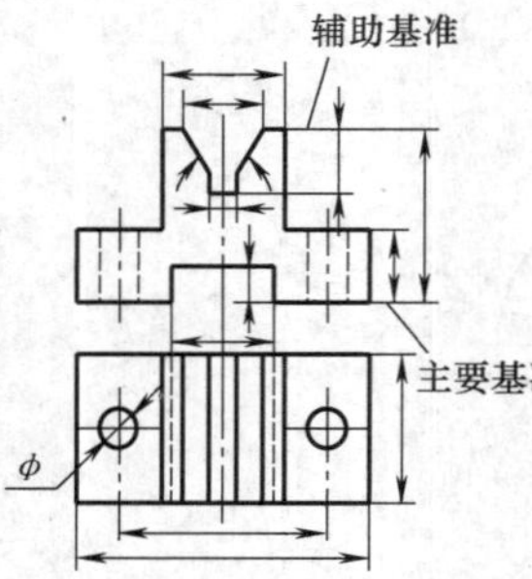 辅助基准；主要基准；ϕ	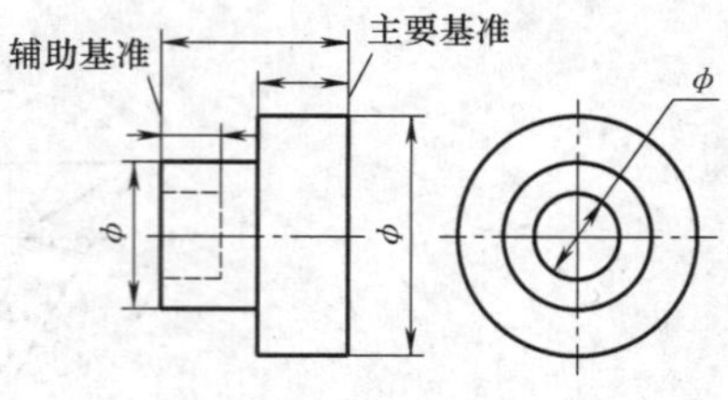 辅助基准；主要基准；ϕ；ϕ；ϕ	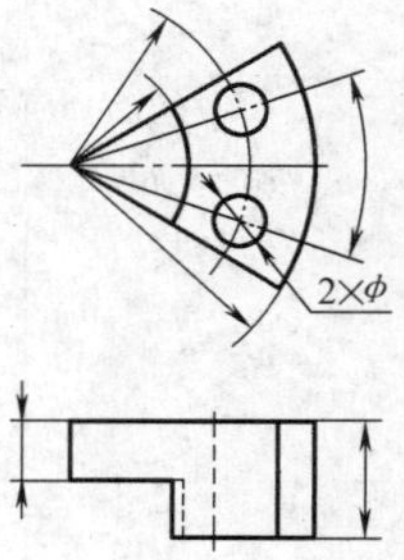 $2\times\phi$

2. 组合体视图的尺寸分类

（1）定形尺寸　确定组合体各组成部分大小的尺寸，称为定形尺寸。如图 2-5-1a 中标注的尺寸。

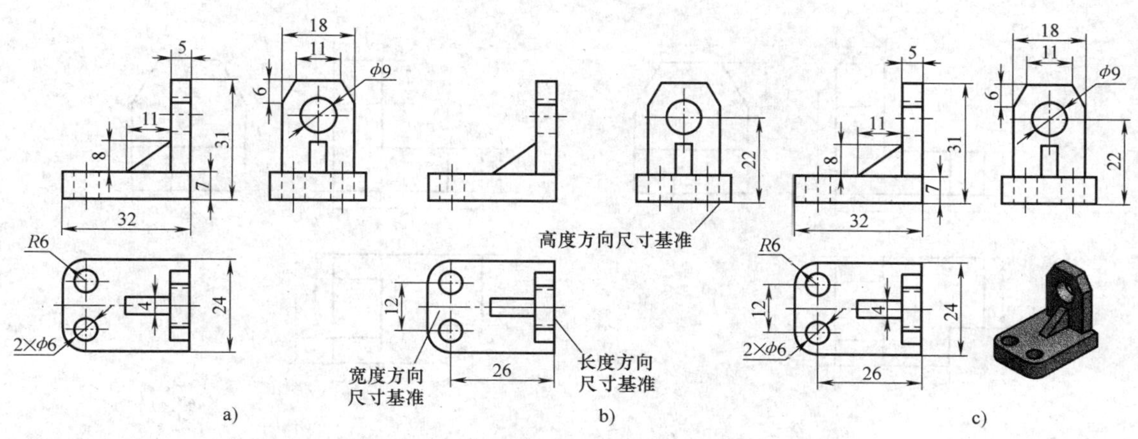

图 2-5-1　轴承座的尺寸分析

（2）定位尺寸　确定组合体各组成部分之间相对位置的尺寸，称为定位尺寸，如图 2-5-1b中标注的尺寸。标注定位尺寸时，应确定尺寸基准。

（3）总体尺寸　确定组合体外形大小总长、总宽、总高的尺寸，称为总体尺寸，如图 2-5-1c 中尺寸 32mm、24mm、31mm。

3. 组合体尺寸标注注意事项

1）尺寸尽量注在视图外面，与两视图有关的尺寸最好注在两视图之间，如图 2-5-2 所示。

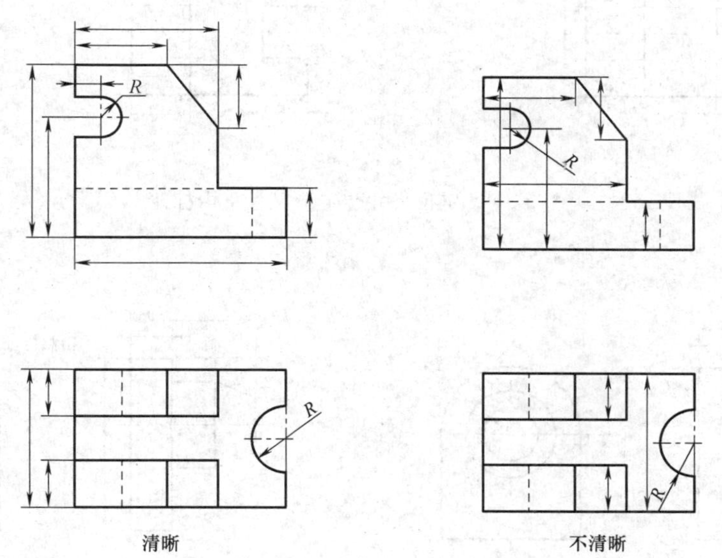

图 2-5-2　尺寸的布局

2）定形尺寸应尽量注在反映形体特征的视图上，如图 2-5-3 所示。

3）定位尺寸尽量注在反映形体间位置明显的视图上，并尽量与定形尺寸集中标注，如图 2-5-4 所示。

4）圆柱、圆锥的直径尺寸最好注在非圆视图上；圆弧半径应注在反映圆弧的视图上，

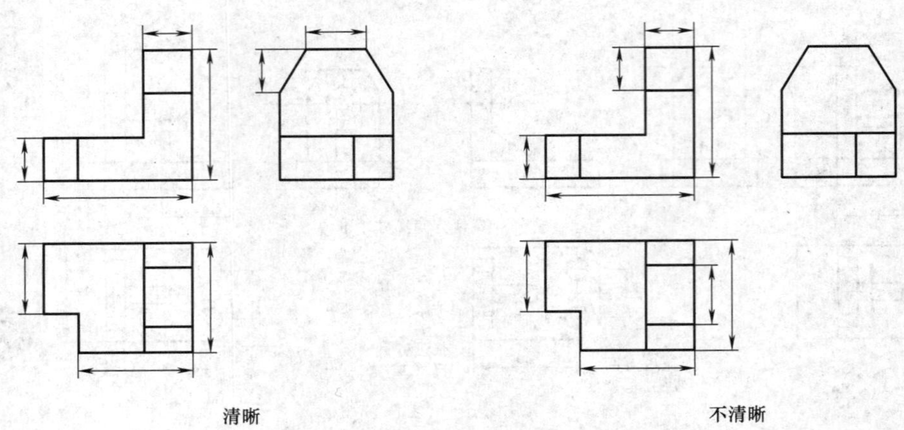

图 2-5-3　定形尺寸应尽量注在反映形体特征的视图上

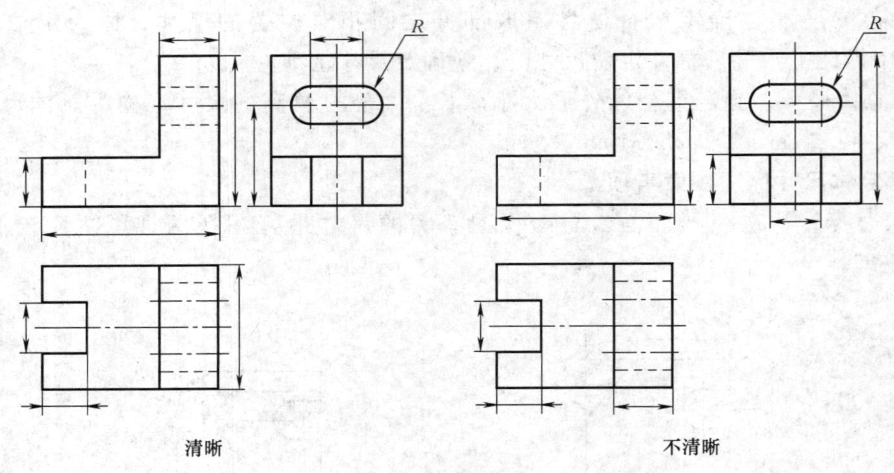

图 2-5-4　定位尺寸与定形尺寸集中标注

如图 2-5-5 所示。

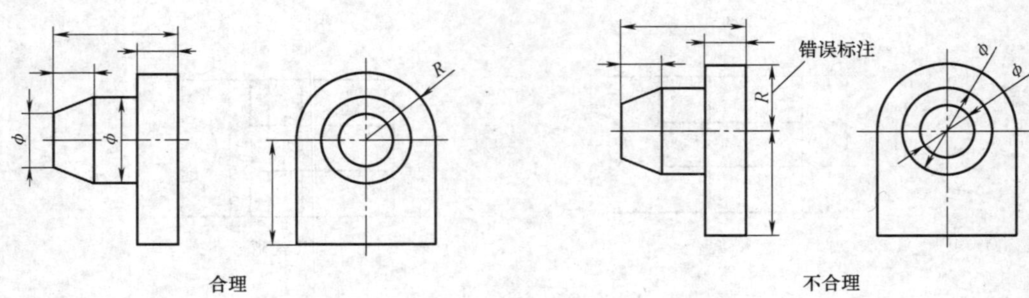

图 2-5-5　圆柱、圆锥的尺寸标注

5）同一方向的并联尺寸，小尺寸在内（靠近视图），大尺寸在外，间隔要均匀，避免尺寸线与尺寸界线相交；同一方向的串联尺寸，箭头应互相对齐，排在一条直线上。

6）切割体与相贯体的尺寸标注如图 2-5-6 所示。

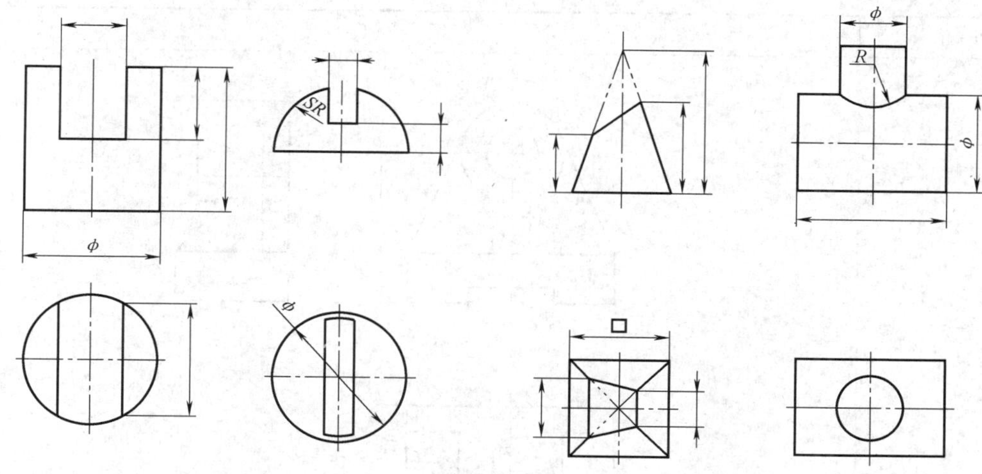

图 2-5-6　切割体与相贯体的尺寸标注

三、组合体尺寸标注的举例

标注组合体尺寸时，应先进行形体分析，选择基准，依次注出定形尺寸、定位尺寸及总体尺寸，最后进行核对、调整，使所注的尺寸正确、完整、清晰，具体步骤见表 2-5-4。

表 2-5-4　轴承座尺寸标注步骤

步骤	图　例
形体分析， 选择尺寸基准	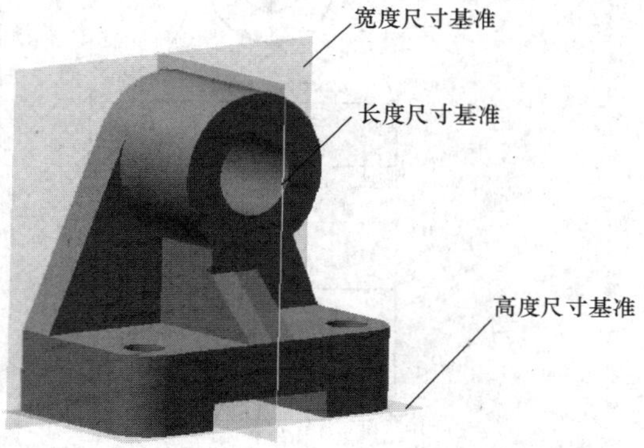 宽度尺寸基准 长度尺寸基准 高度尺寸基准
标注每个形体的 定形尺寸	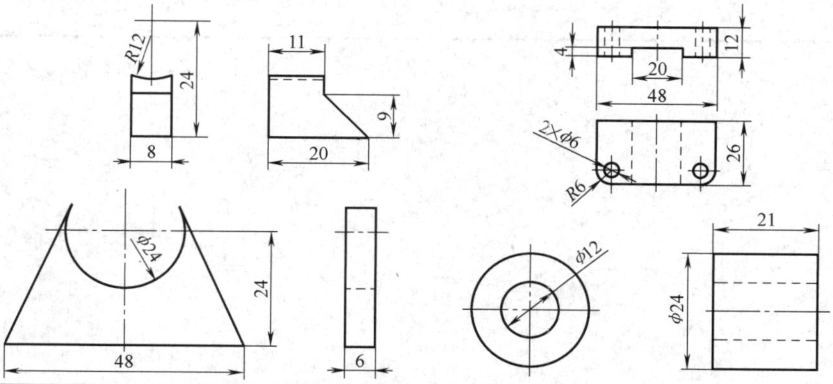 R12　24　8 11　9　20 4　12　20　48 2×φ6　R6　26 φ24　24　48 6 φ12 21　φ24

（续）

步骤	图例
标注定位尺寸	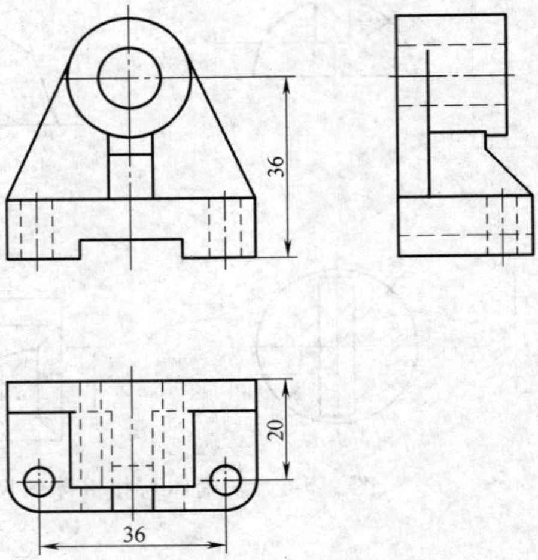 36 20 36
标注总体尺寸并核对、调整	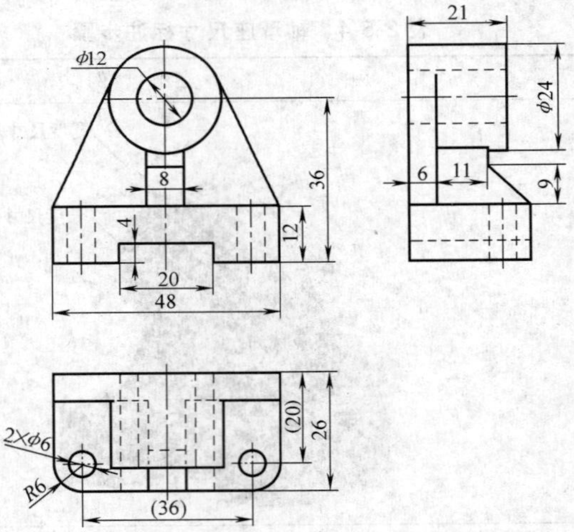 φ12 8 36 4 12 20 48 21 φ24 6 11 9 2×φ6 R6 (20) 26 (36)

第二部分

综 合 应 用

模块三

典型零部件的剖析

3.1 轴套类零件的绘制与识读

项目引入

汽车变速器是用于协调发动机的转速和车轮的实际行驶速度的变速装置，用于发挥发动机的最佳性能。变速器可以在汽车行驶过程中，在发动机和车轮之间产生不同的变速比，通过换档可以使发动机工作在其最佳的动力性能状态下。变速器三维剖视图如图 3-1-1 所示，其二维图如图 3-1-2 所示。

本项目主要研究手动变速器中的输入轴（第二轴）及第二轴凸缘两零件的机械图样的画法。

图 3-1-1　变速器三维剖视图

项目目标

1）掌握汽车零部件轴套类零件的结构特征。

2）掌握汽车零部件轴套类零件图的表面结构与几何公差的意义。

3）学会汽车零部件轴类零件的测绘方法、步骤及视图的绘制。

4）掌握剖视图、断面图的概念、种类和画法。

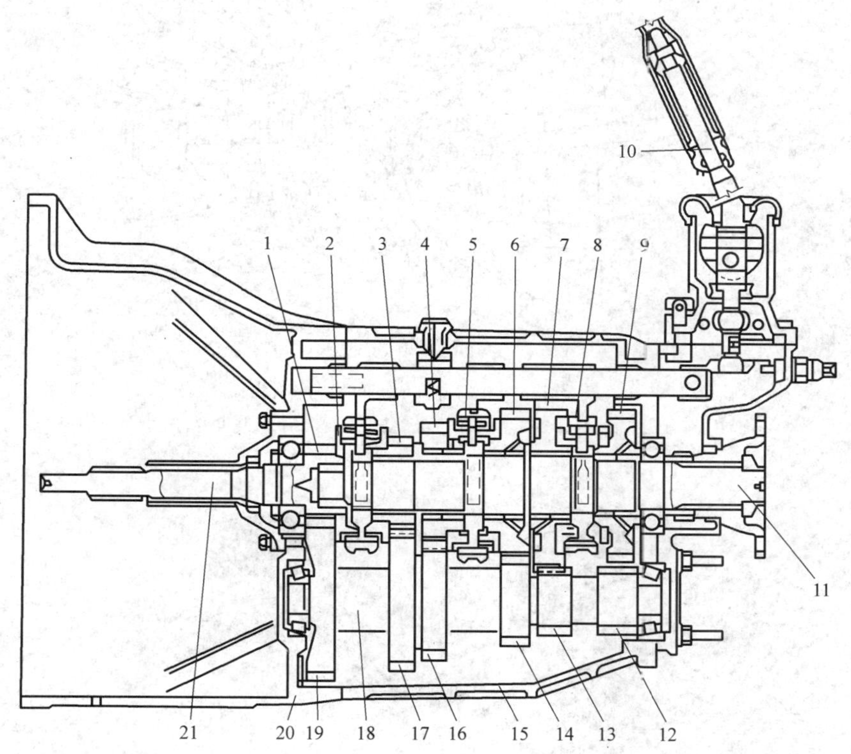

图 3-1-2　变速器二维图

1—第一轴常啮合齿轮　2、5、8—同步器　3、4、6、7、9—第二轴齿轮　10—换档机构
11—第二轴　12、13、14、16、17、19—中间轴齿轮　15、20—变速器壳体　18—中间轴　21—第一轴

3.1.1　套类零件图的绘制与识读

第二轴凸缘垂直安装在第二轴上，其垂直度误差在平面最外点不得超过 0.1mm。变速器第二轴凸缘锁紧螺母如果安装不当致使螺母松动（图 3-1-3），将导致车速里程表主动齿轮打滑，里程表的车速指示和行驶公里数间产生误差。同时，会使第二轴产生前后窜动而导致第三档发生掉档等现象。图 3-1-4 所示为 CA1091 型第二轴凸缘，该零件的机械图样应如何绘制呢？

套类零件主要以回转体为主，零件的主要表面为同轴度要求较高的内外回转面。该类零

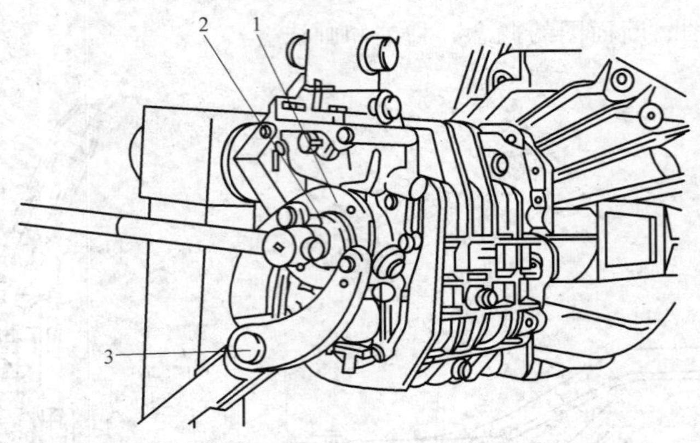

图 3-1-3　第二轴凸缘拆装分解图

1—第二轴凸缘　2—第二轴凸缘固定螺母　3—拆装专用工具

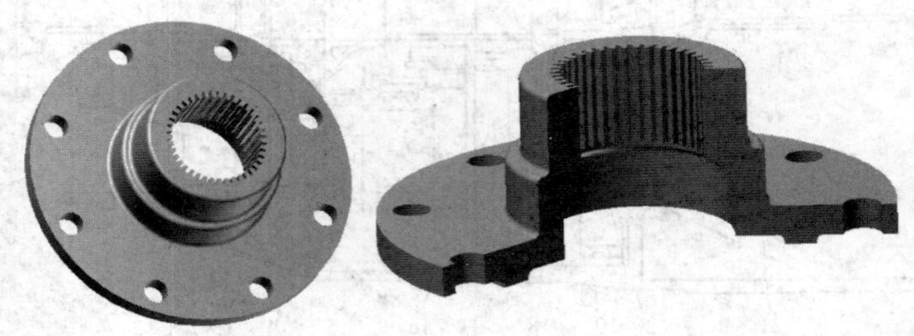

图 3-1-4　CA1091 型第二轴凸缘

件通常起支承和导向作用。要正确地表达其结构，关键在于正确表达其中的特征面形状。要完成以上任务，就要掌握剖视图的绘制方法，键、花键的绘制方法，轴套类零件的尺寸标注，零件的表面粗糙度及几何公差等相关知识。

相关知识

一、剖视图

国家标准规定，机件可见轮廓线用粗实线表达，不可见轮廓线用虚线表达。当机件的内部形状比较复杂时，在视图中就会出现许多虚线，影响视图的清晰，且不便于绘图、标注尺寸和读图。为了清晰地表达零件的内部结构，GB/T 17452—1998、GB/T 4458.6—2002 中规定可采用剖视图。

剖视图主要用于表达机件内部的结构形状，它是假想用一剖切面（平面或曲面）剖开机件，将处在观察者和剖切面之间的部分移去，而将其余部分向投影面上投射，这样得到的图形称为剖视图（简称剖视），如图 3-1-5 所示。

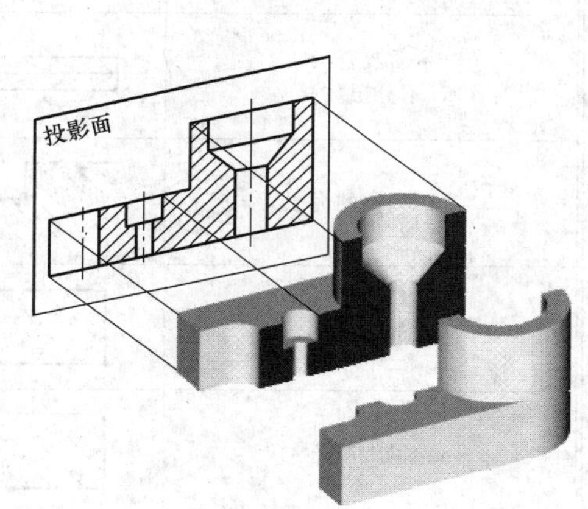

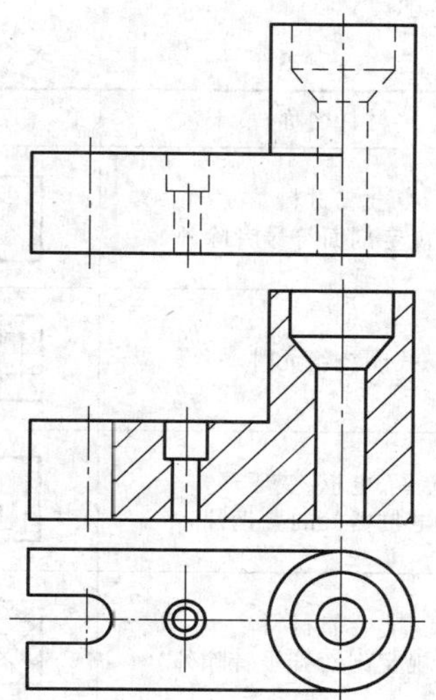

图 3-1-5　剖视图的形成

1. 剖视图的基本画法

1）选择剖切面的位置要恰当。剖视图的目的是表达机件的内部结构，剖切时尽量使剖切平面通过较多内部结构的轴线或对称平面，并平行（或垂直）于选定的投影面，如图 3-1-5所示。

2）剖视图的画法。

① 当剖切面剖开物体，移去被剖开的前半部分后，剖切区域的轮廓线要用粗实线画出。当物体被剖开后，其内部一些原本不可见的结构均成为可见结构。同时要画出处于剖切面位置之后的其他可见部分投影的轮廓线。

② 由于剖切是假想的，因此，除做剖视的视图外，其他视图仍应完整地画出。在剖视图上，对已经表达清楚的结构，其虚线应省略。

3）剖面符号的画法。在剖面区域内应画剖面符号。在同一图样中，图一物体的所有剖视图的剖面符号应相同。表 3-1-1 列出了各种常见材料的剖面符号。

通用的剖面线为间隔相等的平行细实线，一般应画成与主要轮廓或剖面区域的对称线成45°方向。当剖视图中的主要轮廓线与水平方向成 45°或接近 45°时，剖面线与水平方向成30°或 60°，如图 3-1-6 所示。

4）剖视图的标注及配置。

① 剖视图通常按投影关系或基本视图的规定配置，如图 3-1-5 所示，必要时可以配置在其他适当的位置。

② 剖切符号为粗实线，线宽（1~1.5）d、长 5~10mm，箭头线为细实线。剖切符号在剖切面的起止处和转折处均应画出，且尽可能不与图形轮廓线相交。箭头线应与剖切符号垂直，如图 3-1-7b 所示。

③ 剖切线指示剖切面的位置，用细点画线表示，如图 3-1-7a 所示。剖切线在剖视图中可省略不画。

④ 标注字母。一般在剖视图的上方用大写拉丁字母标出剖视图的名称“×—×”，如图

3-1-7c所示。

表 3-1-1 各种常见材料的剖面符号

材料名称		剖面符号	材料名称	剖面符号
金属材料 （已有规定剖面符号者除外）			木质胶合板 （不分层数）	
线圈绕组元件			基础周围的泥土	
转子、电枢、变压器和电抗器等的叠钢片			混凝土	
非金属材料 （已有规定剖面符号者除外）			钢筋混凝土	
型砂、填砂、粉末冶金、砂轮、陶瓷刀片、硬质合金刀片等			砖	
玻璃及供观察用的其他透明材料			格网 （筛网、过滤网等）	
木材	纵剖面		液体	
	横剖面			

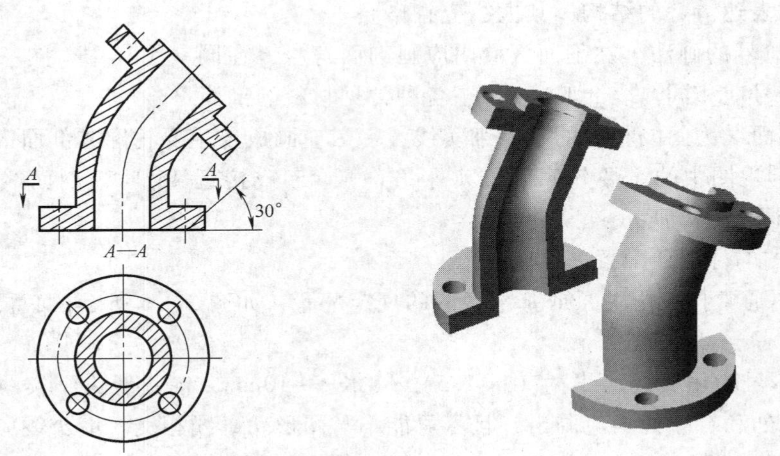

图 3-1-6 特殊情况剖面线的画法

⑤ 在相应视图上用剖切符号表示剖切位置，用箭头表示投射方向，并注上同样的字母，

如图 3-1-7c 所示。

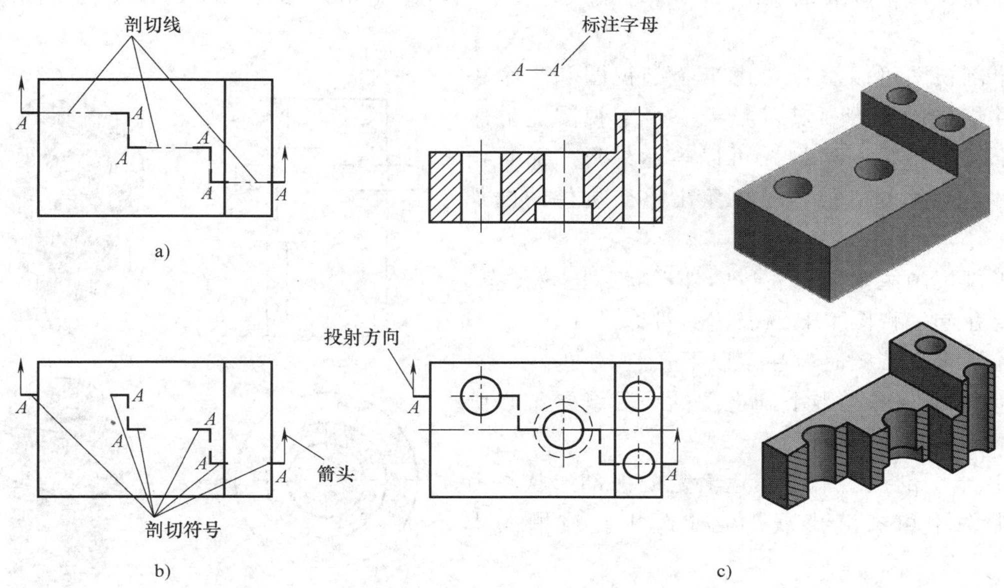

图 3-1-7　剖切符号标注

剖视图标注时应注意以下几点。

a. 当剖视图按投影关系配置，中间又没有其他图形隔开时，可以省略箭头。

b. 当单一剖切平面通过机件的对称平面或基本对称的平面，且剖视图按投影关系配置，而中间又没有其他图形隔开时，可省略标注，如图 3-1-5 所示。

c. 当采用单一剖切平面且位置明显时，局部剖视图的标注可以省略。

2. 剖视图的分类

1）全剖视图。用剖切面完全地剖开物体所得的剖视图，称为全剖视图。全剖视图是为了表达机件完整的内部结构，通常用于表达外部结构简单、内部结构较为复杂的不对称机件，如图 3-1-8 所示。

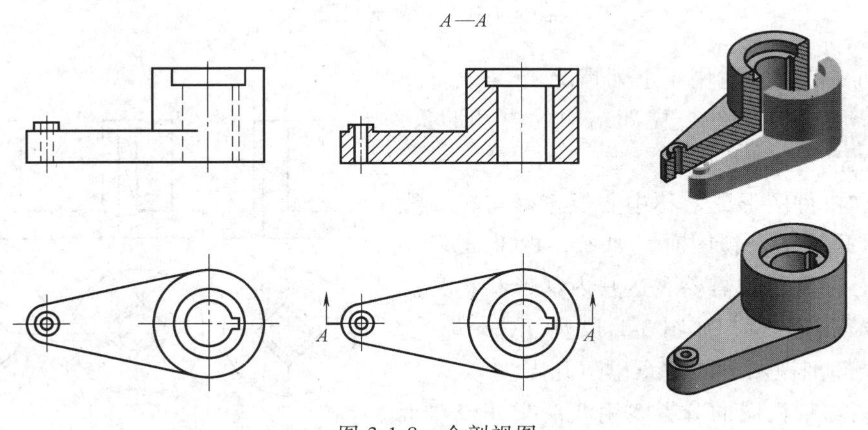

图 3-1-8　全剖视图

2）半剖视图。当机件具有对称平面时，向垂直于对称平面的投影面上投射，以对称中心线为界，一半画成剖视图，另一半画成视图，这种组合的图形称为半剖视图，如图 3-1-9 所示。

半剖视图可以看作是由半个剖视图和半个视图合并组成的图形，其优点：一半剖视图能够表达内部结构，另一半视图可以表达外形，而且由于机件是对称的，很容易想象出整个机件的内外形状。

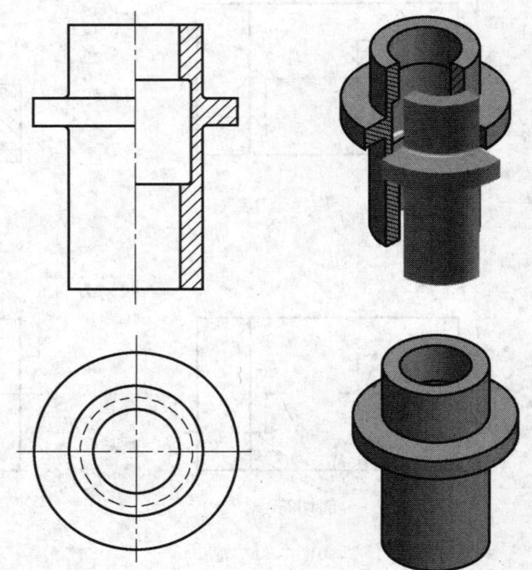

图 3-1-9　半剖视图

半剖视图主要用于表达内外形状都比较复杂，且需要在同一视图上兼顾表达的对称机件。

绘制半剖视图时应注意以下几点。

① 半个视图与半个剖视图的分界线是细点画线，不能是其他任何图线。

② 半个剖视图中已表达清楚的内部形状在另半个视图中可省略虚线，但应画出孔或槽的中心线。

③ 半剖视图的标注与全剖视图相同。

3）局部剖视图。用剖切面局部地剖开机件所得的剖视图称为局部剖视图，如图 3-1-10 所示。

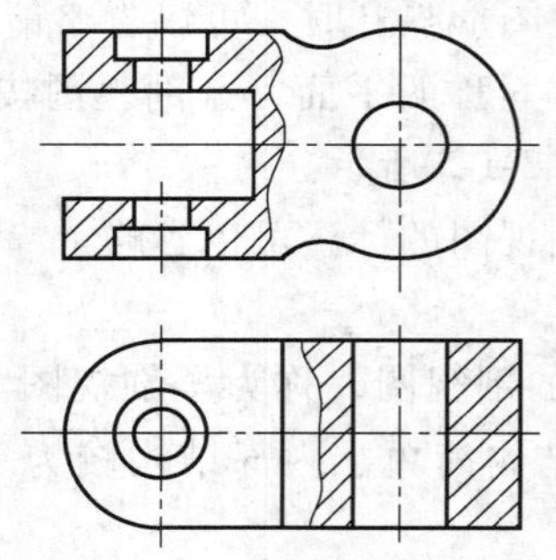

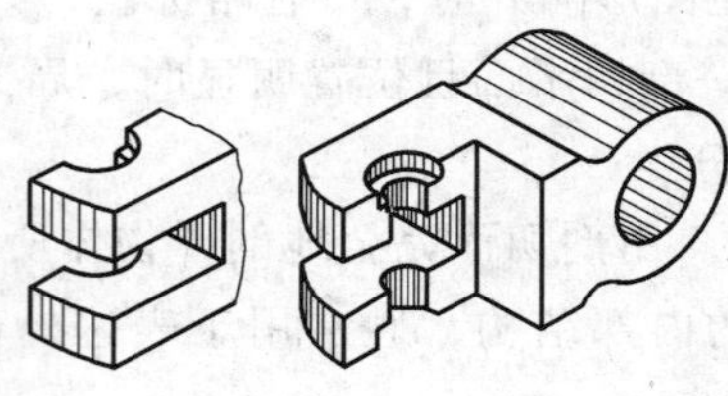

图 3-1-10　局部剖视图

局部剖视图一般适用于下列情况。

① 只需要表达机件上局部结构的内部形状，不必或不宜采用全剖视图时。

② 对称机件图形的对称中心线正好与轮廓线重合而不宜采用半剖视图时，如图 3-1-11 所示。

③ 不对称机件既需要表达其内部形状，又需要保留其局部外形时，如图 3-1-12 所示。

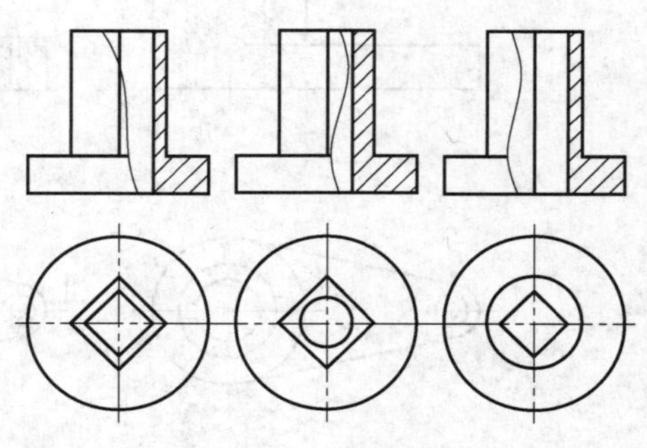

图 3-1-11　局部剖视图的应用（一）

绘制局部剖视图时应注意以下几点。

① 视图与剖视图的分界线用波浪线（或双折线）表示。波浪线不应与其他图线重合，若遇到

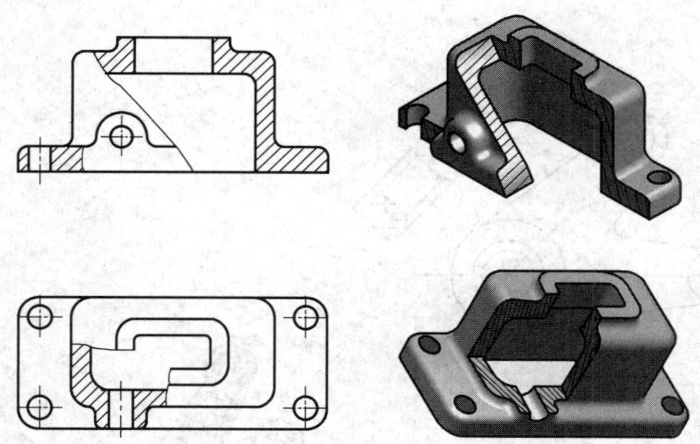

图 3-1-12 局部剖视图的应用（二）

可见的孔、槽等结构，则波浪线应断开，不能穿空而过，也不允许画到外轮廓线外。

② 局部剖视图不标注尺寸。

③ 当被剖切的结构为回转体时，允许将该结构的中心线作为局部剖视图与视图的分界线。

3. 剖切面的选用

1）单一剖切面。单一剖切面通常指用一个平面剖切机件。单一剖切面可以是平行于基本投影面的剖切面，也可以是不平行于基本投影面的剖切平面。

① 单一剖切平面。单一剖切平面（平行于基本投影面）是画剖视图时最常用的一种剖切面，前面所讲图例，均是采用单一剖切平面获得的。

② 单一斜剖切平面。单一斜剖切平面用不平行于任何基本投影面的平面剖切，用于表达机件倾斜部分的内部结构形状，如图 3-1-13，图 3-1-14a 所示。必要时，允许将斜剖视旋转配置，但须在剖视图上方标注出旋转符号，剖视图的字母标注应靠近旋转符号的箭头，如图 3-1-14b 所示。

图 3-1-13 单一斜剖切视图（一）

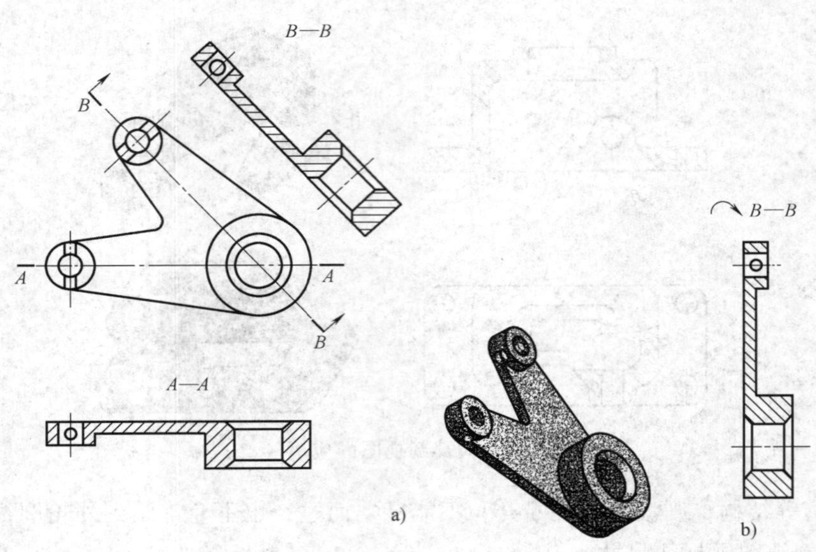

图 3-1-14　单一斜剖切视图（二）

③ 单一剖切柱面。采用单一剖切柱面剖切时，机件的剖视图按展开方式绘制，如图 3-1-15所示。

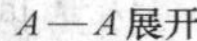

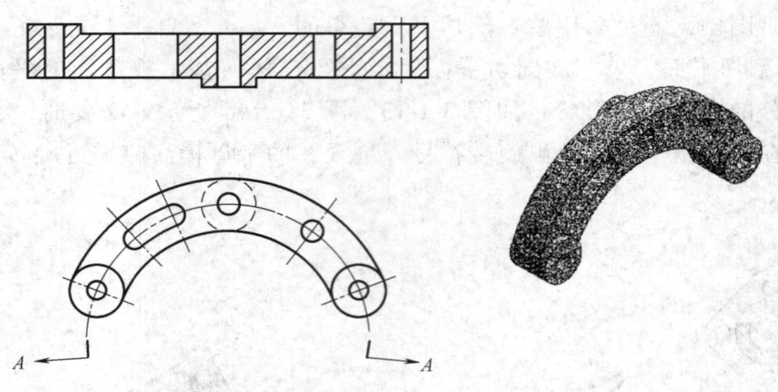

图 3-1-15　采用单一剖切柱面的剖视图

2）两个相交的剖切平面。用两个相交的剖切平面（交线垂直于某一基本投影面）剖开机件的方法如图 3-1-16 所示。

几个相交的剖切平面主要用于表达机件内部的结构具有公共回转轴线，用单一的剖切面不能完整表达的机件。

3）几个平行的剖切平面。如图 3-1-17 所示，用几个平行的剖切平面剖开机件的方法，标注方法为“×—×”。几个平行的剖切平面主要用于表达机件内部结构位于相互平行的平面内的情况。

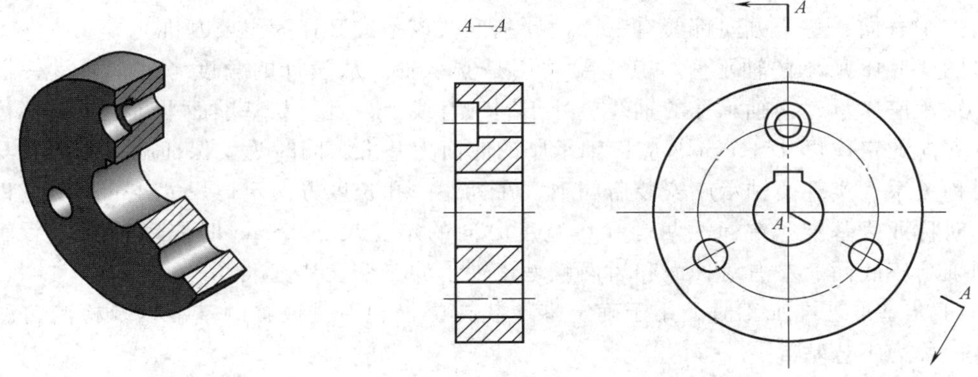

图 3-1-16　采用两个相交的剖切平面的剖视图

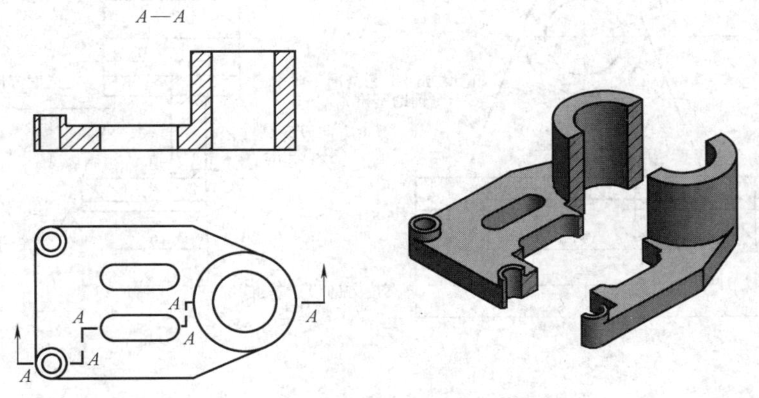

图 3-1-17　采用几个平行的剖切平面的剖视图

二、套类零件图上的尺寸标注与技术要求

零件图中的尺寸是加工、检验零件的依据，是零件图的重要内容之一。标注零件图尺寸的基本要求是完整、正确、清晰、合理。为了合理地标注尺寸，必须对零件进行结构分析、形体分析和工艺分析，根据分析先确定尺寸基准，然后选择合理的标注形式，结合零件的具体情况标注尺寸。

1. 尺寸基准

零件图尺寸标注既要保证设计要求又要满足工艺要求，首先应当正确选择尺寸基准。所谓尺寸基准，就是指零件装配到机器上或在加工测量时，用以确定其位置的一些面、线或点。它可以是零件上的对称平面、安装底平面、端面、零件的结合面、主要孔和轴的轴线等。

1）尺寸基准的选择。一是为了确定零件在机器中的位置或零件上几何元素的位置，以符合设计要求；二是为了在制作零件时确定测量尺寸的起点位置，便于加工和测量，以符合工艺要求。

2）尺寸基准的分类。根据基准作用不同，一般将基准分为设计基准和工艺基准两类。

① 设计基准。根据零件结构特点和设计要求而选定的基准，称为设计基准。零件有长、宽、高三个方向，每个方向都要有一个设计基准，该基准又称为主要基准。

如图 3-1-18 所示的轴承座，其主要功用是支承轴。从设计的角度考虑，通常一根轴需要两个轴承座支承，两轴承孔的轴线应处于同一直线上，且应与基准面平行。则在标注轴承孔高度方向的定位尺寸 32mm 时应以轴承座的底面为基准。同时为了保证底板两螺孔与轴承孔的对称关系，实现两轴承座安装后同轴，在标注两孔长度方向定位尺寸 48mm 时应以轴承座左右对称面为基准，在标注两螺孔在宽度方向的定位尺寸 16mm 时应以轴承座后面为基准。则轴承座底面、左右对称面和后面就是该轴承的三个设计基准。

② 工艺基准。在加工时，用于确定零件装夹位置和刀具位置的基准以及检测时所使用的基准，称为工艺基准。

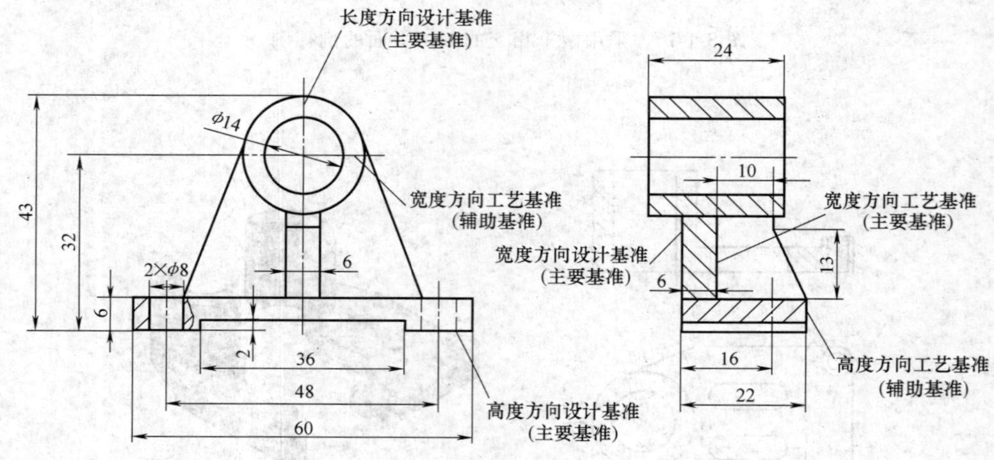

图 3-1-18 轴承座的基准

对于轴套类零件和轮盘类零件，实际设计中经常采用的是轴向基准和径向基准，而不用长、宽、高基准，如图 3-1-19 所示。工艺基准有时可能与设计基准重合，当工艺基准不与设计基准重合时又称为辅助基准。零件同一方向有多个尺寸基准时，主要基准只有一个，其余均为辅助基准，辅助基准必有一个尺寸与主要基准相联系。

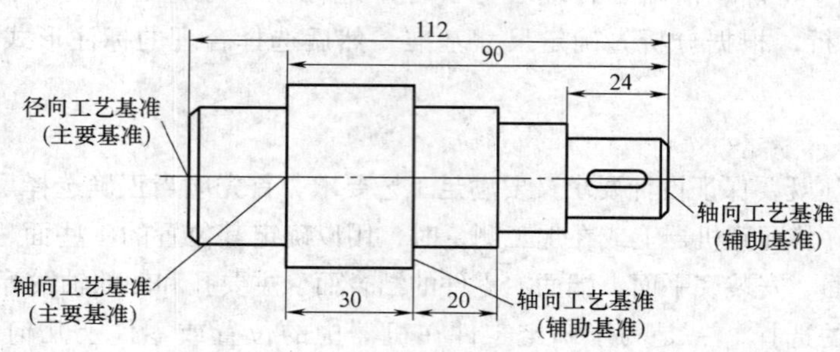

图 3-1-19 轴类零件的尺寸基准

如图 3-1-20a 所示的阶梯轴，在车床上加工时，车刀每一次车削的最终位置都是以右端面为基准来定位的，如图 3-1-20b 所示。因此，右端面即为轴向尺寸的工艺基准。

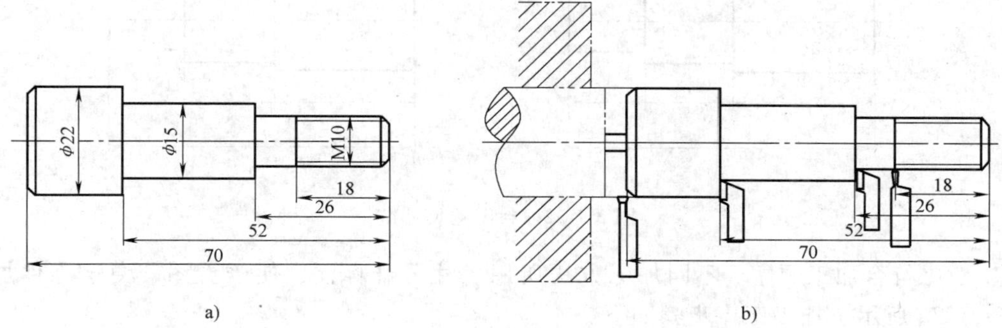

图 3-1-20 阶梯轴的工艺基准与设计基准

a）阶梯轴 b）阶梯轴加工情况

3）选择基准的原则。在标注时，尽可能使设计基准与工艺基准一致，以减少两个基准不重合而引起的尺寸误差。当设计基准与工艺基准不一致时，应以保证设计要求为主，将重要尺寸从设计基准注出，辅助基准从工艺基准注出，以便加工和测量。

2. 合理标注尺寸的一些原则

1）结构上的重要尺寸必须直接注出。重要尺寸是指零件上对机器的使用性能和装配质量有要求的尺寸，这类尺寸应从设计基准直接注出，如图 3-1-21 中的高度尺寸（32±0.08）mm。

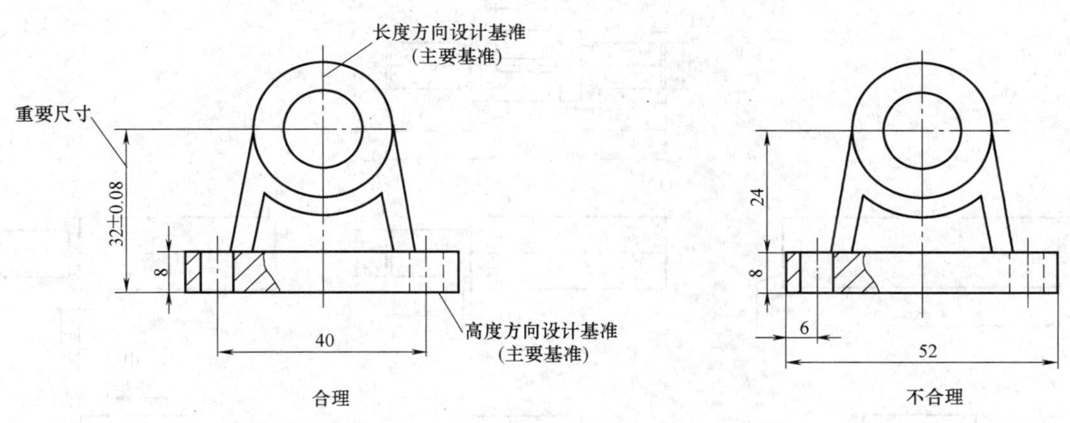

图 3-1-21 重要尺寸从设计基准直接注出

2）避免出现封闭的尺寸链。如图 3-1-22a 所示，除了注出全长尺寸外，对各轴段的长度也进行了标注，各分段尺寸与总体尺寸间形成封闭的尺寸链。如按这种方式标注尺寸，轴上各段尺寸可以得到保证，而总长尺寸则可能得不到保证。因为各段尺寸加工不可能绝对准确，总有一定尺寸误差，而各段尺寸误差之和不可能正好等于总体尺寸的误差。标注尺寸时将次要的轴段尺寸空出不注，这样各段加工的误差都积累至这个不要求检验的尺寸上，而全长及主要轴段的尺寸则得到保证，如图 3-1-22b 所示。

3）考虑零件加工、测量和制造的要求。

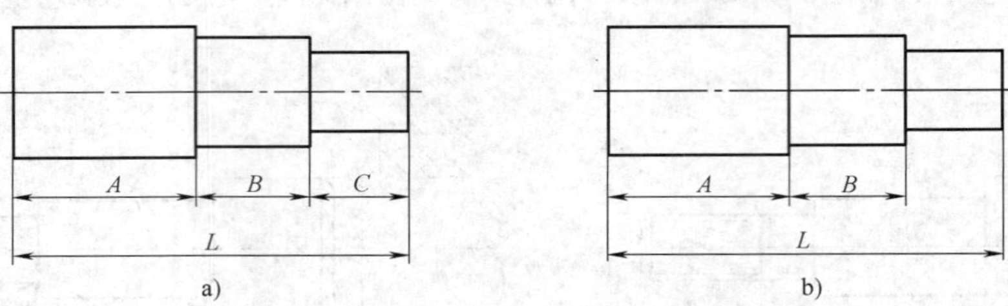

图 3-1-22　封闭的尺寸链

① 考虑符合加工顺序。不同加工方法所用尺寸分开标注，便于看图、便于零件加工，如图 3-1-23a 所示。加工工序步骤如下。

a. 车削毛坯，保证径向尺寸 46mm，车削两端面，保证轴向总长 180mm，如图 3-1-23b 所示。

b. 车削右端外圆及台阶，保证径向尺寸 30mm 及轴向尺寸 52mm，如图 3-1-23c 所示。

c. 车削右端退刀槽，保证径向尺寸 26mm（30mm－2×2mm）及退刀槽宽 6mm，如图 3-1-23d所示。

d. 车削左端外圆及台阶，保证径向尺寸 30mm 及轴向尺寸 52mm，如图 3-1-23e 所示。

e. 车削左端退刀槽，保证径向尺寸 26mm（30mm－2×2mm）及退刀槽宽 6mm，如图 3-1-23f所示。

f. 铣削轴中间键槽，保证键槽总长 38mm，如图 3-1-23g 所示。

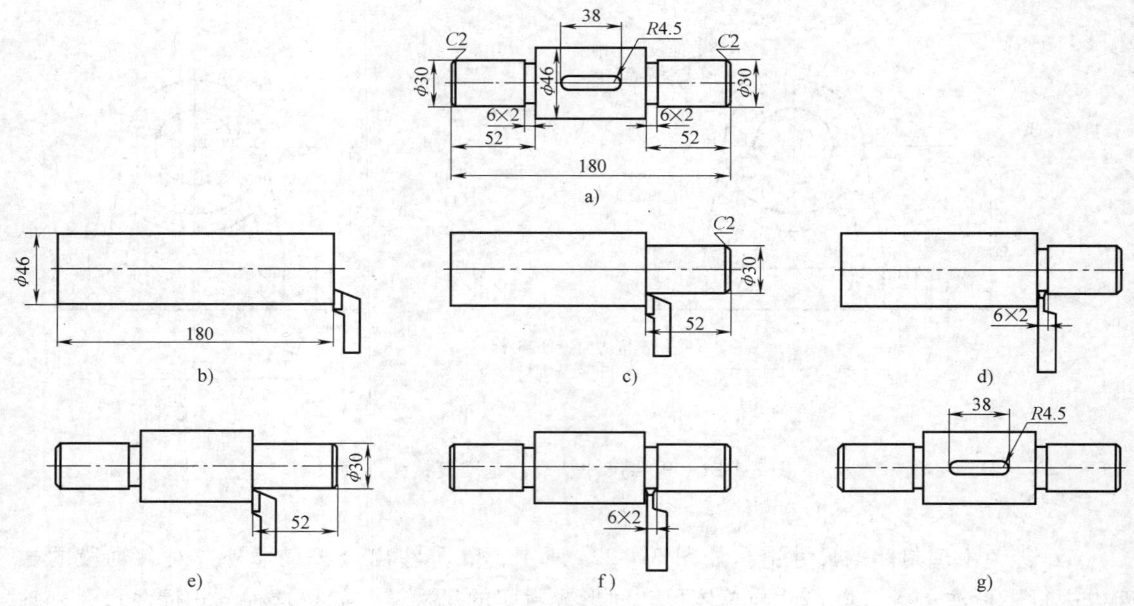

图 3-1-23　按加工方法标注尺寸

② 考虑尺寸测量方便。尺寸标注有多种方案，但要注意所注尺寸是否便于测量，如图 3-1-24 所示。

4）加工面与非加工面。非加工面是指毛坯的表面，即始终不进行加工的表面。对于铸造或锻造类毛坯，同一方向上的加工面和非加工面应各选择一个基准分别标注，即毛坯表面之间为一个尺寸系统，加工表面之间为另一个尺寸系统。两个系统之间有且只有一个尺寸联系。如图 3-1-25 所示，零件的非加工面的一组尺寸是 M_1、M_2，加工面由另一组尺寸 L_1、L_2、L_3、L_4 确定。加工基准面与非加工基准面之间只用一个尺寸 A 联系。

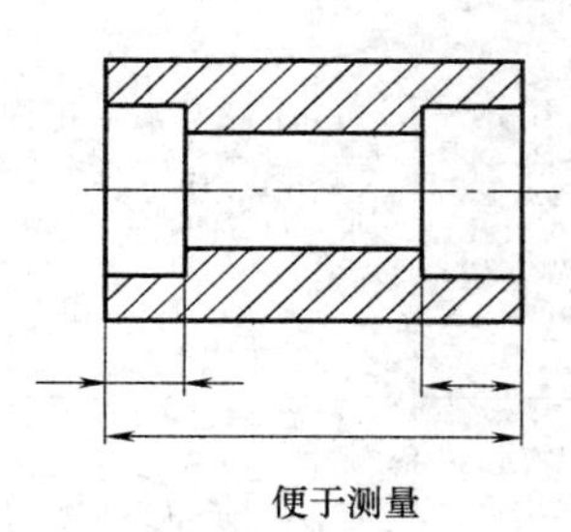

便于测量

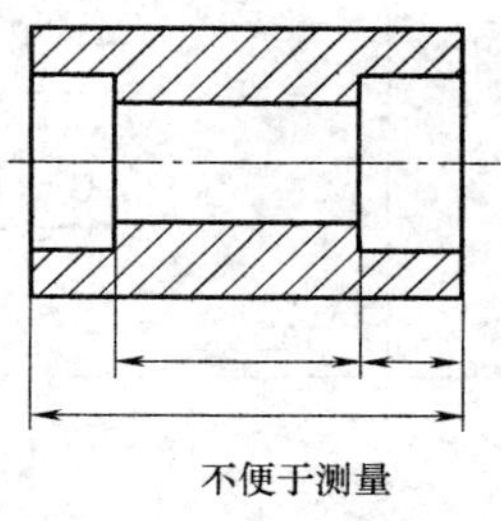

不便于测量

图 3-1-24 考虑尺寸测量方便

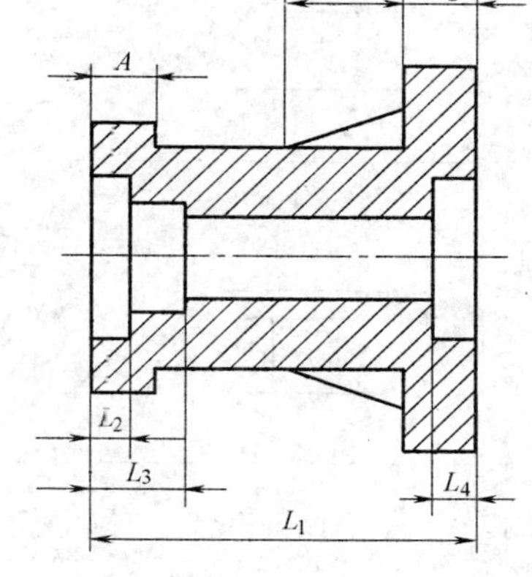

图 3-1-25 加工面与非加工面的尺寸标注

3. 常见孔及常见结构要素的尺寸标注

1）孔的尺寸标注。常见孔的尺寸标注见表 3-1-2。

2）中心孔。中心孔是轴类零件常见的结构要素。当零件必须以中心孔作为测量或维修中的工艺基准时，则该中心孔既是工艺结构要素，又是零件上必须具备的结构要素。

表 3-1-2 常见孔的尺寸标注

零件结构类型		简化注法	一般注法	说明
光孔	一般孔	$4\times\phi5$↧10 $4\times\phi5$↧10	$4\times\phi5$ 10	↧深度符号 $4\times\phi5$mm 表示直径为 5mm 均布的四个光孔，孔深可与孔径连注，也可分注
	精加工孔	$4\times\phi5^{+0.012}_{0}$↧10 孔↧12 $4\times\phi5^{+0.012}_{0}$↧10 孔↧12	$4\times\phi5^{+0.012}_{0}$ 10 12	光孔深为 12mm。钻孔后需精加工到 $\phi5$mm，深度为 10mm
	锥孔	锥销孔$\phi5$ 配作 锥销孔$\phi5$ 配作	锥销孔$\phi5$ 配作	$\phi5$mm 为与锥销孔相配的圆锥销小头直径（公称直径）。锥销孔通常是两零件装在一起后加工的

（续）

零件结构类型		简化注法	一般注法	说明
沉孔	锥形沉孔	4×ϕ7 ⌵ϕ13×90°；4×ϕ7 ⌵ϕ13×90°	90°；ϕ13；4×ϕ7	⌵埋头孔符号 4×ϕ7mm 表示直径为7mm均匀分布的四个孔。锥形沉孔可以旁注，也可直接注出
	柱形沉孔	4×ϕ7 ⌴ϕ13↧3；4×ϕ7 ⌴ϕ13↧3	ϕ13；3；4×ϕ7	⌴沉孔及锪平孔符号柱形沉孔的直径为ϕ13mm，深度为3mm，均需标注
	锪平沉孔	4×ϕ7 ⌴ϕ13；4×ϕ7 ⌴ϕ13	ϕ13；锪平；4×ϕ7	锪平面ϕ13mm的深度不必标注，一般锪平到不出现毛面为止
螺孔	通孔	2×M8；2×M8	2×M8	2×M8 表示公称直径为 8mm 的两螺孔（中径和顶径的公差带代号 6H 不注），可以旁注，也可直接注出
	不通孔	2×M8↧10 孔↧12；2×M8↧10 孔↧12	2×M8；10；12	一般应分别注出螺纹和钻孔的深度尺寸（中径和顶径的公差带代号 6H 不注）

① 中心孔形式。GB/T 145—2001 规定，中心孔分为 R、A、B 和 C 四种形式，表 3-1-3 用剖视图表示其结构形式，并注出部分尺寸。

表 3-1-3 中心孔形式及尺寸 （单位：mm）

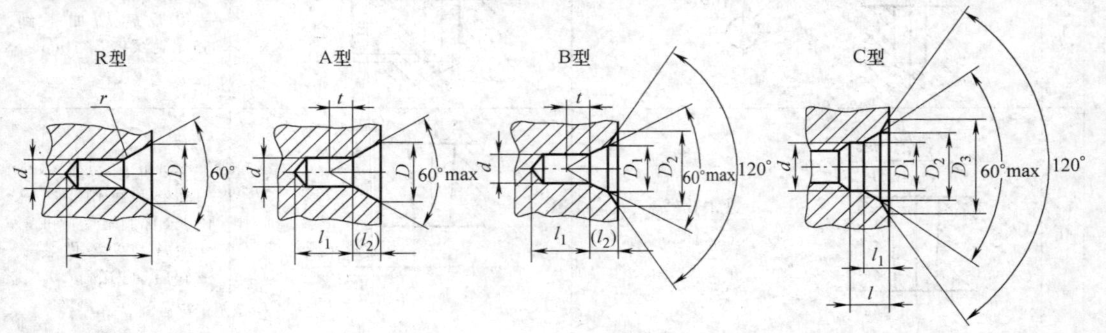

（续）

d	形式							选择中心孔的参考数据（非标准内容）		
	R	A		B		C				
	D	D	l_2	D_2	l_2	d	D_3	D_{min}	D_{max}	G
1.6	3.35	3.35	1.52	5.0	1.99	—	—	6	>8~10	0.1
2.0	4.25	4.25	1.95	6.3	2.54	—	—	8	>10~18	0.12
2.5	5.3	5.3	2.42	8.0	3.20	—	—	10	>18~30	0.2
3.15	6.7	6.7	3.07	10.0	4.03	M3	5.8	12	>30~50	0.5
4.0	8.5	8.5	3.90	12.5	5.05	M4	7.4	15	>50~80	0.8
(5.0)	10.6	10.6	4.85	16.0	6.41	M5	8.8	20	>80~120	1.0
6.3	13.2	13.2	5.98	18.0	7.36	M6	10.5	25	>120~180	1.5
(8.0)	17.0	17.0	7.79	22.4	9.36	M8	13.2	30	>180~220	2.0
(10.0)	21.2	21.2	9.70	28.0	11.66	M10	16.3	42	>220~260	3.0

② 中心孔的符号及标记。中心孔符号画成张开60°的两条线段，符号的图线宽度等于相应图样上所标注尺寸数字字高的1/10，表3-1-4中列举了中心孔符号及标记。

表 3-1-4　中心孔符号及标记

要求	符号	表示法示例	说明
在零件上要求保留中心孔		GB/T 4459.5-B2.5/8	采用B型中心孔 d = 2.5mm，D_1 = 8mm，在零件上要求保留中心孔
在零件上可以保留中心孔		GB/T 4459.5-A4/8.5	采用A型中心孔 d = 4mm、D = 8.5mm，在零件上是否保留中心孔无要求
在零件上不允许保留中心孔		GB/T 4459.5-CM10L30/16.3	采用C型中心孔 螺纹代号M10，螺纹长度 L = 30mm，锥形孔端面直径 D_3 = 16.3mm 在零件上不允许保留中心孔

3）常见结构要素的尺寸。零件上常见结构要素的尺寸，可以采用表3-1-5中的标注方法。

4. 套类零件的技术要求

1）在绘制套类零件视图时，对有配合要求的表面，其表面粗糙度要求较高。通常支承轴颈 Ra 为0.2~1.6μm，传动件配合轴颈 Ra 为0.4~3.2μm。

2）有配合要求的轴颈和一些重要端面有几何公差的要求。几何形状精度主要指轴颈表面、外圆锥面、锥孔等重要表面的圆度、圆柱度，其误差一般应限制在尺寸公差范围内，对于精密轴，需在零件图上另行规定其几何形状精度。相互位置精度包括内外表面、重要轴面的同轴度、圆的径向圆跳动、重要端面对轴线的垂直度、端面间的平行度等。

表 3-1-5　常见结构要素的尺寸注法

零件结构类型	简化注法	说明
倒角	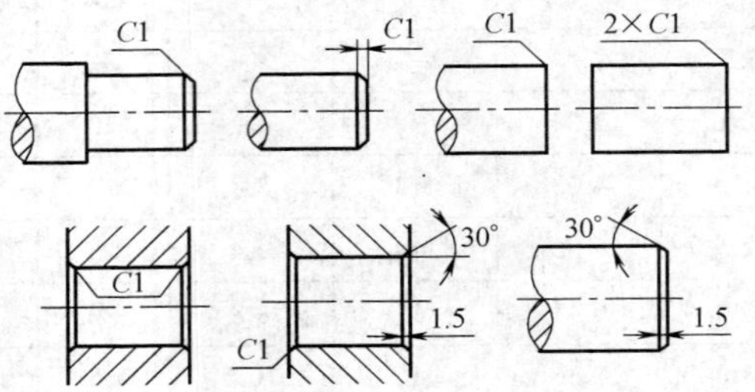 C1　C1　C1　2×C1　C1　C1　30°　1.5　30°　1.5	倒角 1×45°，可注成 C1；倒角不是 45°时，要分开标注
退刀槽及越程槽	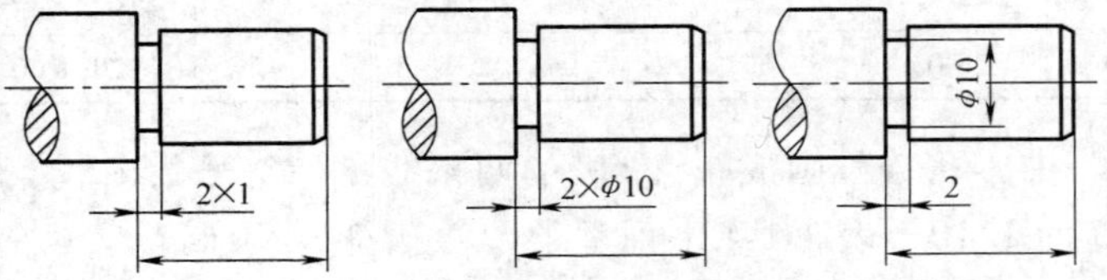 2×1　2×ϕ10　ϕ10　2	标注形式可按“槽宽×直径”或“槽宽×槽深”，也可以将槽宽和直径分别标注
板厚	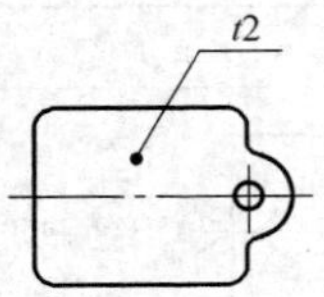 t2	板状零件的厚度，可在尺寸数字前面加注符号“t”
均布孔及同心圆、同轴台阶孔	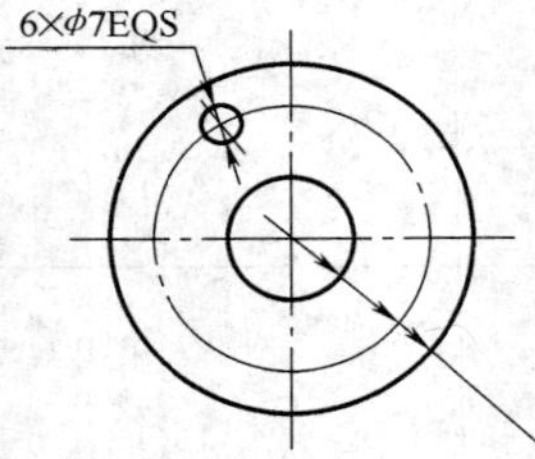 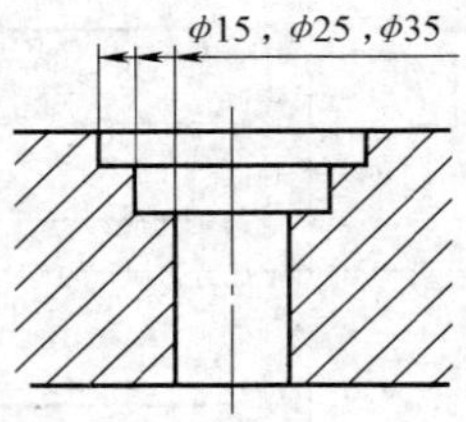 6×ϕ7EQS　ϕ20，ϕ50，ϕ70　ϕ15，ϕ25，ϕ35	在同一图形中，对于尺寸相同的成组孔，除需注出尺寸和数量，还应在其后注出“均布”的缩写词“EQS” 一组同心圆或尺寸较多的台阶孔，可采用共同的尺寸线，按顺序依次标注出不同的直径
同心或不同心圆弧	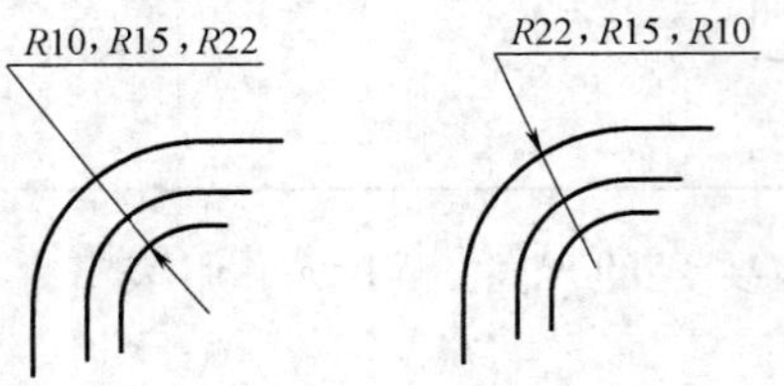 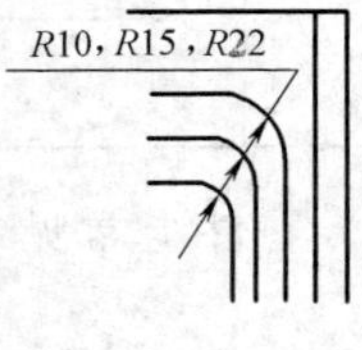 R10，R15，R22　R22，R15，R10　同心 R10，R15，R22　不同心	一组同心圆弧或圆心位于一条直线上的多个不同心圆弧的半径尺寸，可采用共同的尺寸线依次注出

3）有配合要求的轴颈尺寸公差等级要求高，无配合要求的轴颈尺寸公差等级要求低。例如与轴承的内圈配合的轴颈，即支承轴颈，用于确定轴的位置并支承轴，尺寸公差等级要求较高，通常为 IT5～IT7；又如各类与传动件配合的轴颈，即配合的轴颈，其公差等级要求

较低，常为IT6~IT9。

4）套类零件需要较高的强度和韧性，需要进行调质处理。一些具有相对运动功能的轴类零件，为了增强其耐磨性，需要进行表面淬火、渗碳、渗氮等热处理。

5）热处理、倒角、倒棱及外观修饰等要求。

5. 套类零件的材料、毛坯及热处理

1）套类零件材料常用45钢，精度要求较高的轴可选用40Cr、轴承钢GCr15、弹簧钢65Mn，也可选用球墨铸铁；工况为高速、重载时，可选用20CrMnTi、20Cr等低碳合金钢或38CrMoAl渗氮钢。

2）毛坯常用圆棒料和锻件；大型轴或结构复杂的轴采用铸件。毛坯经过加热锻造后，可使金属内部纤维组织沿表面均匀分布，获得较高的抗拉、抗弯及抗扭强度。

锻造毛坯在加工前均需安排正火或退火处理，使钢材内部晶粒细化，消除锻造应力，降低材料硬度，改善切削加工性能。

3）调质一般安排在粗车之后、半精车之前，以获得良好的力学性能。表面淬火一般安排在精加工之前，这样精加工可以纠正因淬火引起的局部变形。

三、零件的表面结构及几何公差

零件图上除了图形和尺寸外，还必须有制造和检验该零件时应该达到的一些质量要求，即技术要求。技术要求主要包括表面粗糙度、极限与配合、几何公差等。

1. 表面粗糙度

1）基本概念。零件在加工过程中，受刀具的形状和刀具与工件之间的摩擦、机床的振动及零件金属表面的塑性变形等因素的影响，零件表面上会留下加工痕迹，由零件表面上存在的较小间距和峰谷所组成的微观几何特性就称为表面粗糙度，如图3-1-26所示。表面粗糙度与加工方法、切削刃形状等多种因素有关。

表面粗糙度是评定零件质量的一项重要技术指标，对于零件的配合、耐磨性、耐蚀性、疲劳强度、接触刚度、密封性和外观都有影响。

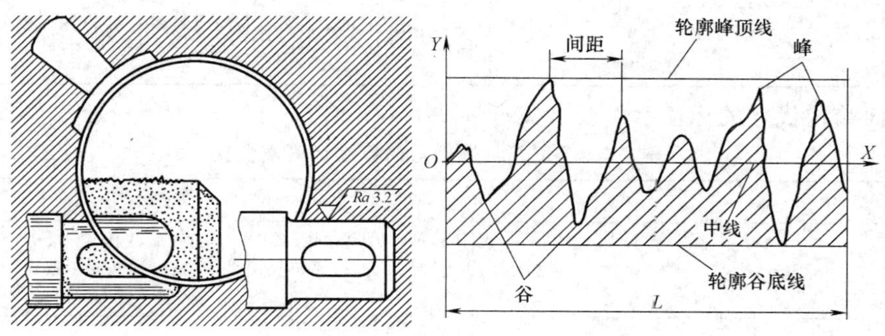

图3-1-26 表面粗糙度

2）表面粗糙度的评定参数及数值。表面粗糙度的评定参数分别是轮廓算术平均偏差 Ra、微观不平度十点高度 Rz。其中 Ra 最为常用，其值越小，零件表面越光滑，加工成本越高。因此，在满足使用要求的前提下，应选用较大的 Ra 值。常用的 Ra 值见表3-1-6。

表 3-1-6　常用的 *Ra* 值　（单位：μm）

	第一系列	第二系列	第一系列	第二系列	第一系列	第二系列	第一系列	第二系列
Ra 值		0.008						
		0.010						
	0.012			0.125		1.25	12.5	
		0.016		0.160	1.60			16.0
		0.020	0.20			2.0		20
	0.025			0.25		2.5	25	
		0.032		0.32	3.2			32
		0.040	0.40			4.0		40
	0.050			0.50		5.0	50	
		0.063		0.63	6.3			63
		0.080	0.80			8.0		80
	0.100			1.00		10.0	100	

注：优先采用第一系列。

3）表面结构图形符号与代号。

① 表面结构的图形符号见表 3-1-7。

表 3-1-7　表面结构的图形符号

符号名称	符　号	含　义
基本图形符号	d′　H_1　60°　60°　H_2	未指定工艺方法的表面，当通过一个注释解释时可以单独使用
扩展图形符号		用去除材料的方法获得的表面，仅当其含义为“被加工表面”时可单独使用
		用不去除材料的方法获得的表面，也可用于保持上道工序形成的表面
完整图形符号		对基本符号和扩展符号的扩充，用于对表面结构有补充要求的标注
		表示在图样某个视图上构成封闭轮廓的各种表面有相同的表面结构要求

② 表面结构代号的标注示例及含义见表 3-1-8。

表 3-1-8　表面结构代号的标注示例及含义

序号	代　号	含　义
1	*Rz* 1.6	表示不允许去除材料，单向上限值，默认传输带，*R* 轮廓，粗糙度的最大高度为 1.6μm，评定长度为 5 个取样长度（默认），“16% 规则”（默认）
2	−0.8/*Ra*3 3.2	表示去除材料，单向上限值，传输带：根据 GB/T 6062，取样长度为 0.8μm，*R* 轮廓，算术平均偏差为 3.2μm，评定长度包含 3 个取样长度，“16% 规则”（默认）
3	U *Ra* max 3.2 L *Ra* 0.8	表示不允许去除材料，双向极限值，两极限值均使用默认传输带，*R* 轮廓，上限值：算术平均偏差 3.2μm，评定长度为 5 个取样长度（默认），“最大规则”，下限值，算术平均偏差 0.8μm，评定长度为 5 个取样长度（默认），“16% 规则”（默认）

4）表面粗糙度在图样上的标注见表 3-1-9。

表 3-1-9　表面粗糙度在图样上的标注

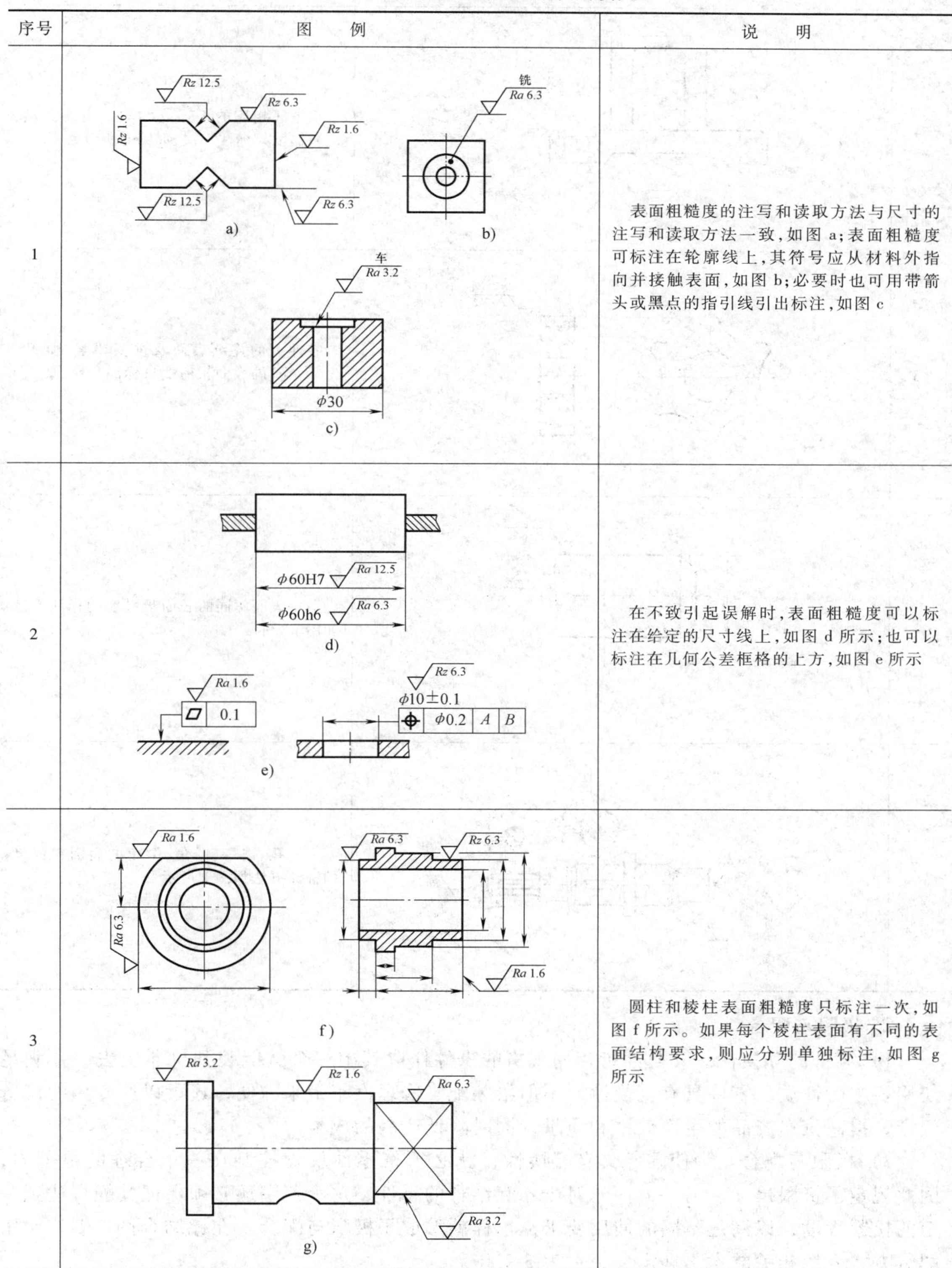

序号	图　例	说　明
1	a)　b)　c)	表面粗糙度的注写和读取方法与尺寸的注写和读取方法一致，如图 a；表面粗糙度可标注在轮廓线上，其符号应从材料外指向并接触表面，如图 b；必要时也可用带箭头或黑点的指引线引出标注，如图 c
2	d)　e)	在不致引起误解时，表面粗糙度可以标注在给定的尺寸线上，如图 d 所示；也可以标注在几何公差框格的上方，如图 e 所示
3	f)　g)	圆柱和棱柱表面粗糙度只标注一次，如图 f 所示。如果每个棱柱表面有不同的表面结构要求，则应分别单独标注，如图 g 所示

（续）

序号	图　例	说　明
4	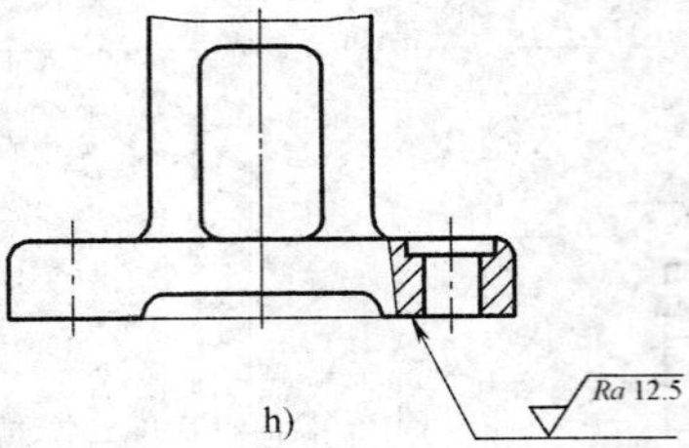 Ra 12.5 h)	用细线相连的不连续的同一表面，其表面粗糙度只标注一次，如图 h 所示
5	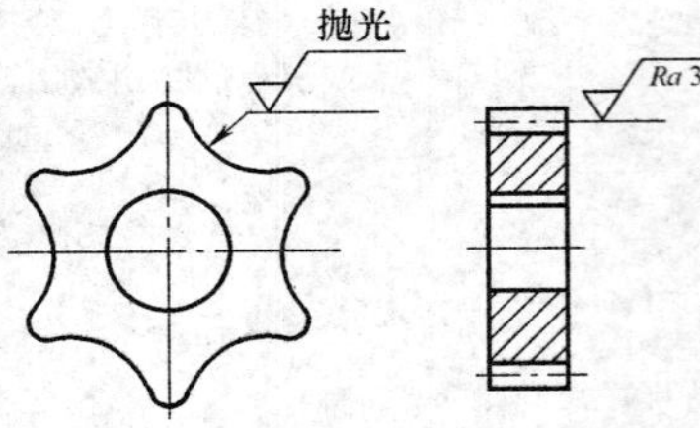 抛光　Ra 3.2 i)	零件上的连续表面及重复要素（如孔、槽、齿等）的表面粗糙度只标注一次，如图 i 所示
6	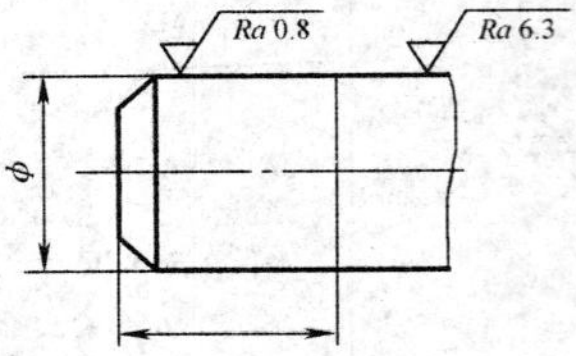 Ra 0.8　Ra 6.3　φ j)	同一表面不同的表面粗糙度的标注方法如图 j 所示
7	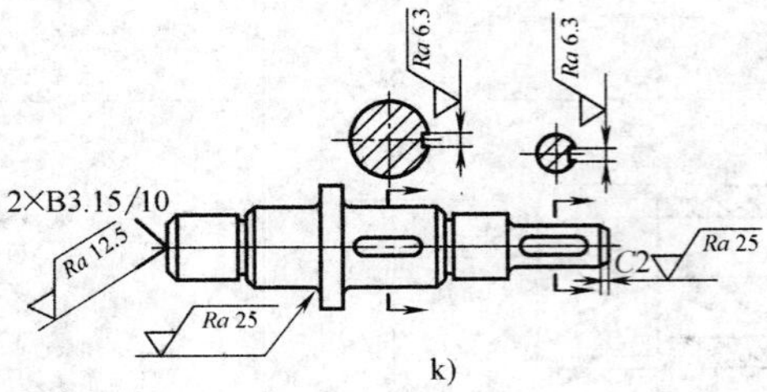 Ra 6.3　Ra 6.3　2×B3.15/10　Ra 12.5　Ra 25　C2　Ra 25 k)	中心孔、键槽、圆角、倒角的表面粗糙度的标注方法如图 k 所示

2. 极限与配合

1）零件的互换性。互换性指相同规格的零件任取其中一个就能装到机器上去，并满足使用要求的性质。零件具有互换性，不但给装配、修理汽车带来方便，还可以用专用的设备生产，提高汽车产品的生产效率和质量，同时降低产品的成本。

2）极限与配合。为使零件具有互换性，就必须将零件尺寸控制在一个合理的范围内，因此规定了极限尺寸。另一方面，对于相互结合的零件，这个范围还必须保证其配合达到一定的松紧程度，以满足不同的使用要求，这样就形成了极限与配合。在此结合图 3-1-27，用图解方式介绍相关的术语和定义，见表 3-1-10。

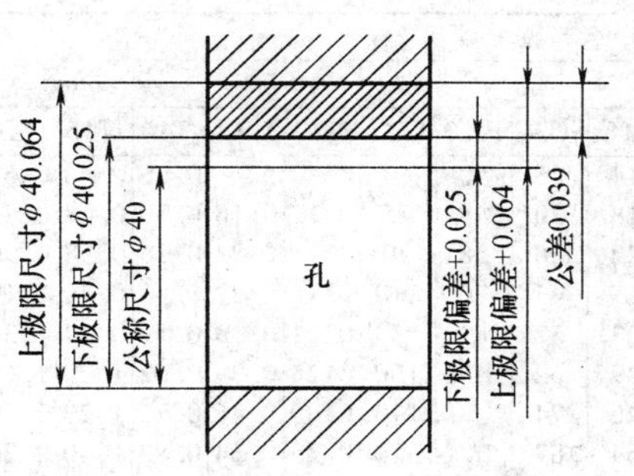

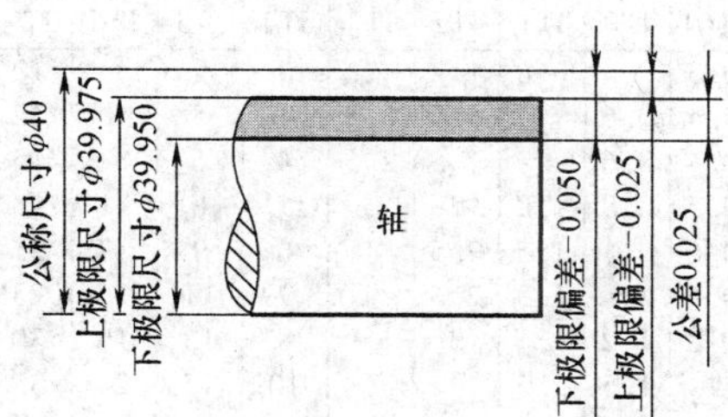

图 3-1-27 尺寸公差术语图解

表 3-1-10 极限与配合基本术语和定义 （单位：mm）

术语名称	含　义	计算示例说明（孔）	计算示例说明（轴）
公称尺寸	设计时确定的尺寸。它可以是一个整数值或一个小数值	$D=\phi40$	$d=\phi40$
实际尺寸	通过测量获得的某一孔或轴的尺寸		
极限尺寸	一个孔或轴允许的尺寸的两个极端	上极限尺寸 D_{max} = 40. 064，下极限尺寸 D_{min} = 40. 025	上极限尺寸 d_{max} = 39. 975，下极限尺寸 d_{min} = 39. 950
极限偏差	极限尺寸减其公称尺寸所得的代数差。分为上极限偏差和下极限偏差。极限偏差可以是正值、负值或零	上极限偏差 ES = 40. 064−40 = +0. 064，下极限偏差 EI = 40. 023 −40 = +0. 025	上极限偏差 es = 39. 975 −40 = −0. 025，下极限偏差 ei = 39. 950−40 = −0. 050
尺寸公差	上极限尺寸减下极限尺寸之差，或者上极限偏差减下极限偏差之差，称为公差。它是允许尺寸的变动量，是一个没有符号的绝对值	公差 Th = 上极限尺寸−下极限尺寸 = 40. 064−40. 025 = 0. 039；公差 Th = 上极限偏差−下极限偏差 = 0. 064−0. 025 = 0. 039	公差 Ts = 上极限尺寸−下极限尺寸 = 39. 975−39. 950 = 0. 025；公差 Ts = 上极限偏差−下极限偏差 = −0. 025−(−0. 050) = 0. 025
零线	表示公称尺寸的一条直线，确定正、负偏差		
公差带	在公差带图解中，由代表上、下极限偏差的两条直线所限定的一个区域，如图 3-1-28 所示		

3）标准公差与基本偏差。

① 标准公差（IT）。在极限与配合制中，标准公差是国家标准规定的确定公差带大小的任一公差。“IT”是标准公差代号，标准公差共分 20 个等级，即 IT01，IT0，IT1～IT18。从 IT01～IT18 等级依次降低，而相应的标准公差数值依次增大。标准公差值见表 3-1-11。

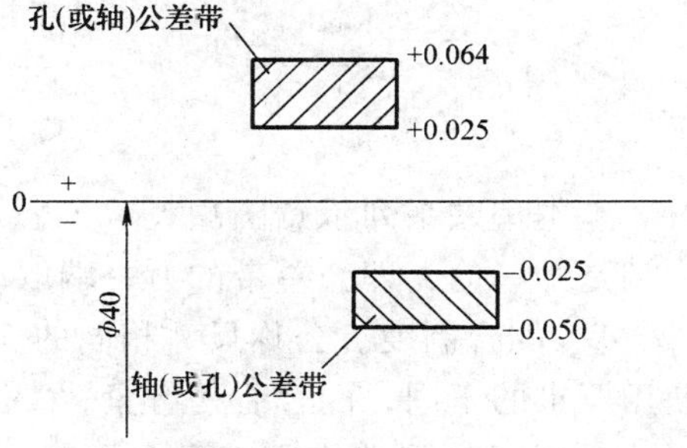

图 3-1-28 公差带图

② 基本偏差。基本偏差是确定公差带相对零线位置的那个极限偏差。它可以是上极限偏差或下极限偏差，一般为靠近零线的那个偏差。基本偏差系列中，孔与轴各 28 种，每种基本偏差都用拉丁字母做代号，称为基本偏差代号。孔的基本偏差代号用大写字母表示；轴的基本偏差代号用小写字母表示，如图 3-1-29 所示。

表 3-1-11　标准公差值（GB/T 1800.2—2009）

公称尺寸/mm	公差等级																			
	/μm											/mm							
	IT01	IT0	IT1	IT2	IT3	IT4	IT5	IT6	IT7	IT8	IT9	IT10	IT11	IT12	IT13	IT14	IT15	IT16	IT17	IT18
≤3	0.3	0.5	0.8	1.2	2	3	4	6	10	14	25	40	60	0.10	0.14	0.25	0.40	0.60	1.0	1.4
>3~6	0.4	0.6	1	1.5	2.5	4	5	8	12	18	30	48	75	0.12	0.18	0.30	0.48	0.75	1.2	1.8
>6~10	0.4	0.6	1	1.5	2.5	4	6	9	15	22	36	58	90	0.15	0.22	0.36	0.58	0.90	1.5	2.2
>10~18	0.5	0.8	1.2	2	3	5	8	11	18	27	43	70	110	0.18	0.27	0.43	0.70	1.10	1.8	2.7
>18~30	0.6	1	1.5	2.5	4	6	9	13	21	33	52	84	130	0.21	0.33	0.52	0.84	1.30	2.1	3.3
>30~50	0.6	1	1.5	2.5	4	7	11	16	25	39	62	100	160	0.25	0.39	0.62	1.00	1.60	2.5	3.9
>50~80	0.8	1.2	2	3	5	8	13	19	30	46	74	120	190	0.30	0.46	0.74	1.20	1.90	3.0	4.6
>80~120	1	1.5	2.5	4	6	10	15	22	35	54	87	140	220	0.35	0.54	0.87	1.40	2.20	3.5	5.4
>120~180	1.2	2	3.5	5	8	12	18	25	40	63	100	160	250	0.40	0.63	1.00	1.60	2.50	4.0	6.3
>180~250	2	3	4.5	7	10	14	20	29	46	72	115	185	290	0.46	0.72	1.15	1.85	2.90	4.6	7.2
>250~315	2.5	4	6	8	12	16	23	32	52	81	130	210	320	0.52	0.81	1.30	2.10	3.20	5.2	8.1
>315~400	3	5	7	9	13	18	25	36	57	89	140	230	360	0.57	0.89	1.40	2.30	3.60	5.7	8.9
>400~500	4	6	8	10	15	20	27	40	63	97	155	250	400	0.63	0.97	1.55	2.50	4.00	6.3	9.7

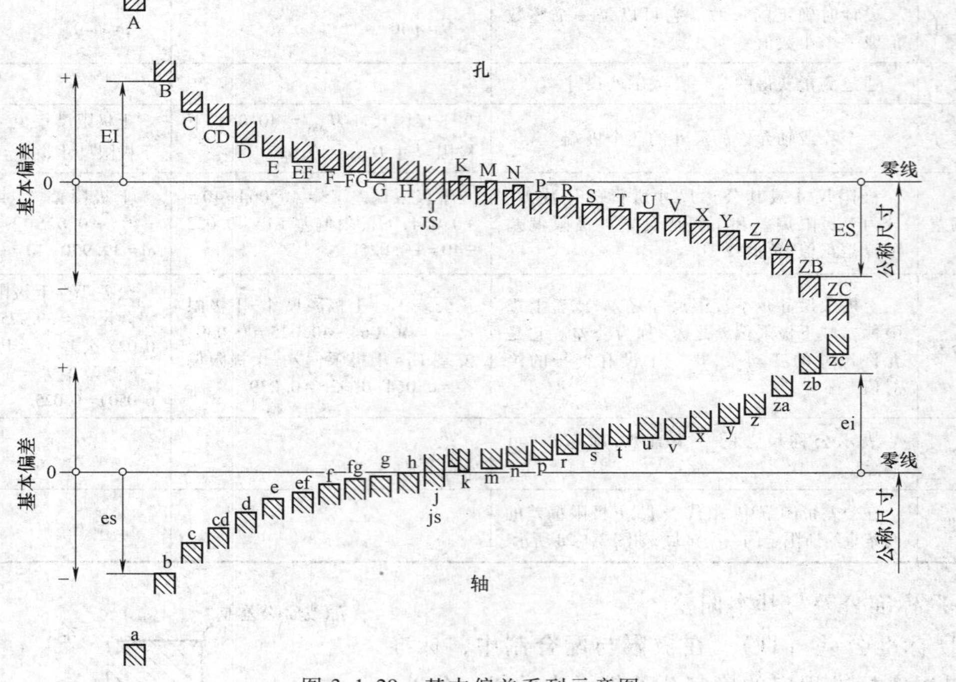

图 3-1-29　基本偏差系列示意图

基本偏差系列示意图只表示了公差带的各种位置。所以只画出属于基本偏差的一端，另一端是开口的，即公差带的另一端取决于标准公差（IT）的大小。

4）配合制度。公称尺寸相同的、相互结合的孔和轴公差带之间的关系称为配合。根据使用要求的不同，配合有松有紧，“松”则出现间隙，“紧”则出现过盈。

① 配合的种类有间隙配合、过盈配合、过渡配合，见表 3-1-12。

② 配合的基准制规定有基孔制和基轴制两种配合制度。

基孔制配合：基本偏差为一定的孔的公差带与不同基本偏差的轴的公差带形成各种配合的制度称为基孔制配合，如图 3-1-30 所示，此时孔的下极限偏差为零，其基本偏差代号为 H。采用基孔制配合的孔也称基准孔。

表 3-1-12 配合的种类

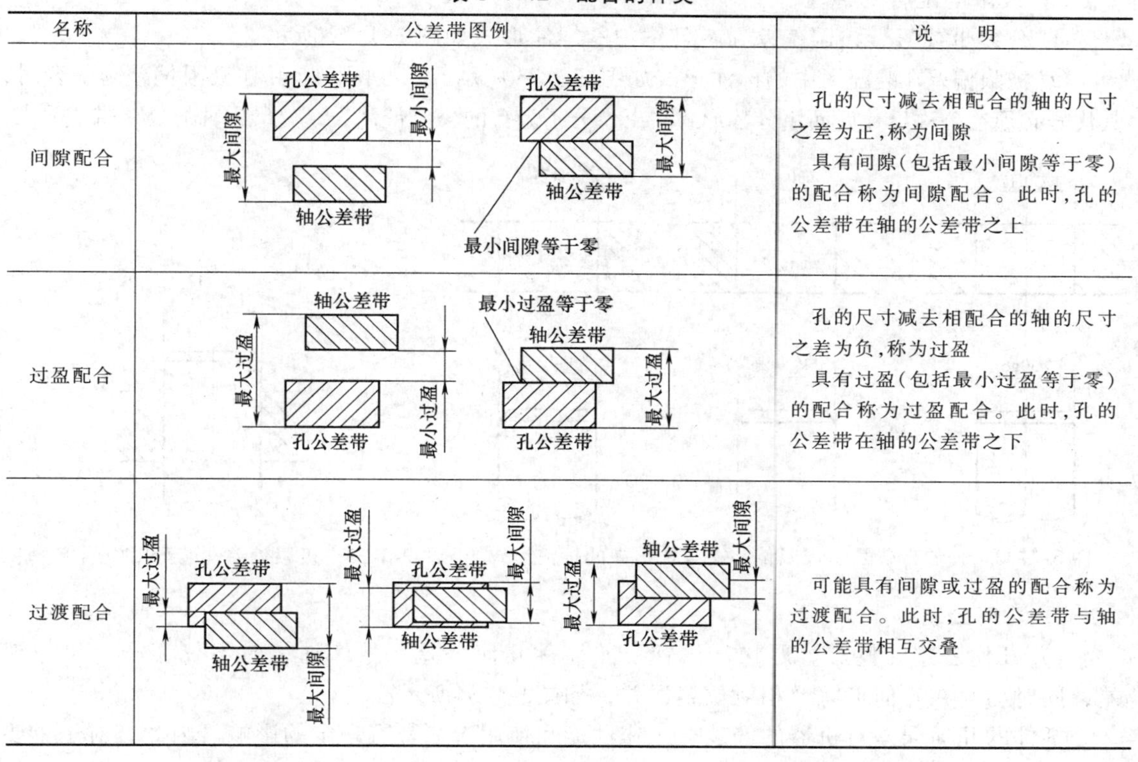

名称	公差带图例	说　明
间隙配合		孔的尺寸减去相配合的轴的尺寸之差为正，称为间隙 具有间隙（包括最小间隙等于零）的配合称为间隙配合。此时，孔的公差带在轴的公差带之上
过盈配合		孔的尺寸减去相配合的轴的尺寸之差为负，称为过盈 具有过盈（包括最小过盈等于零）的配合称为过盈配合。此时，孔的公差带在轴的公差带之下
过渡配合		可能具有间隙或过盈的配合称为过渡配合。此时，孔的公差带与轴的公差带相互交叠

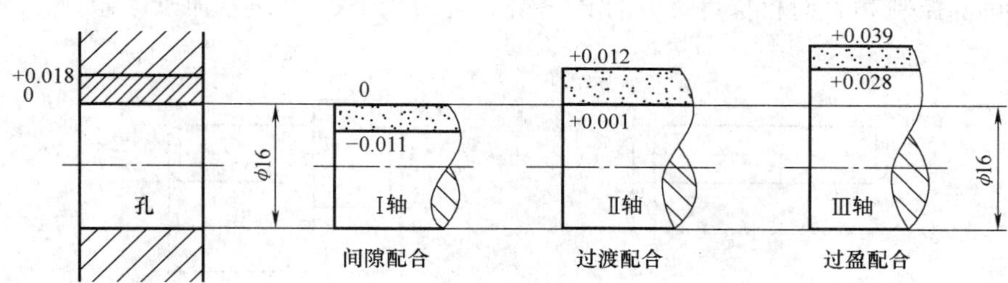

图 3-1-30 基孔制配合

基轴制配合：基本偏差为一定的轴的公差带与不同基本偏差的孔的公差带形成各种配合的制度称为基轴制配合，如图 3-1-31 所示。

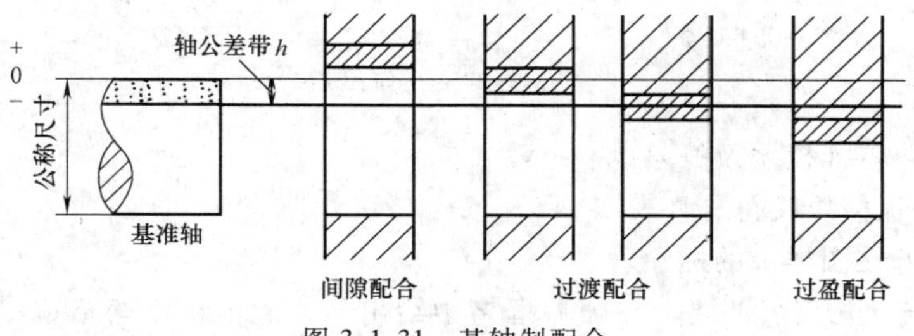

图 3-1-31 基轴制配合

在一般情况下，优先选用基孔制配合。因为加工孔要比加工轴困难。采用基孔制配合可以减少备用定值刀具及量具的品种和数量，降低成本，提高加工的经济性。

5）极限与配合的标注。

① 公差带代号、极限偏差在零件图中的标注形式如图 3-1-32 所示。

② 极限偏差在装配图中的标注形式如图 3-1-33 所示。在装配图上标注极限偏差与配合时，其代号必须在公称尺寸后面用分数形式注出，分子为孔的公差带代号，分母为轴的公差带代号。

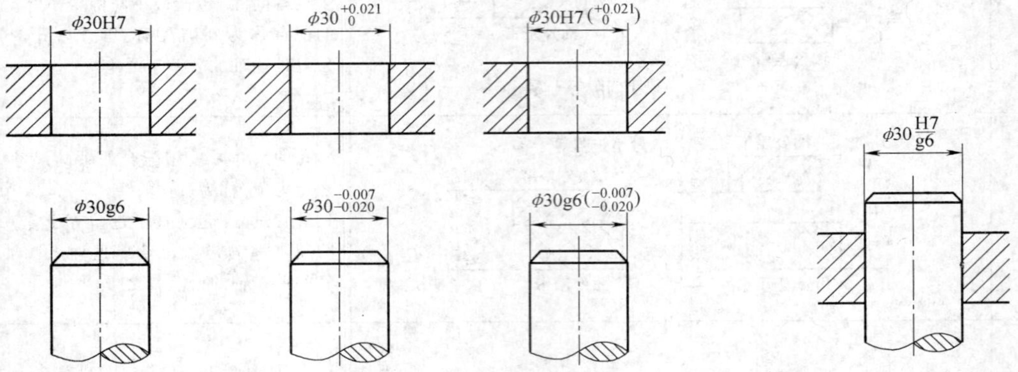

图 3-1-32　公差带代号、极限偏差在零件图中的标注形式　　图 3-1-33　极限偏差在装配图中的标注形式

3. 几何公差

1）几何公差的概念。形状与位置公差简称几何公差。零件加工时不仅会产生尺寸误差，同时会存在几何形状及相对位置误差，如图3-1-34所示。

零件的几何误差对机器的安装、工作性能和使用寿命都有一定的影响。因此，对于重要的零件，除了控制其表面粗糙度、尺寸误差外，还要对其几何误差加以限制。

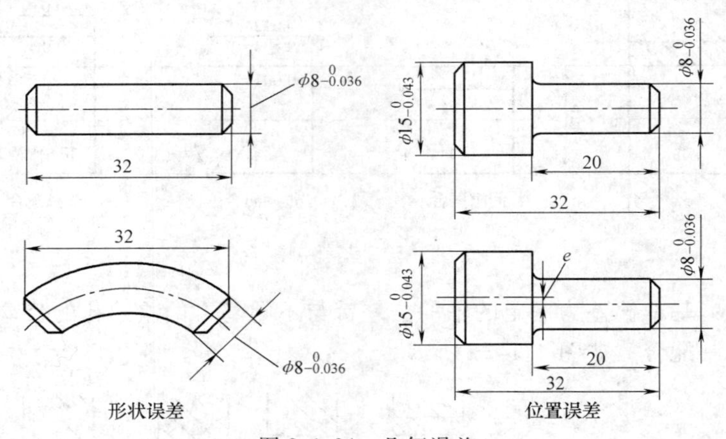

图 3-1-34　几何误差

2）几何公差特征模块及符号。

几何公差特征模块及符号见表 3-1-13。

3）几何公差在图样上的标注。

① 公差框格。几何公差要求在公差框格中给出。公差框格由两格或多格组成。公差框格中所填写的内容如图 3-1-35 所示。

② 被测要素的标注。被测要素是指零件上给出形状或位置公差的要素（要素是指零件上的特征部分——点、线、面等）。标注时，用带箭头的指引线将公差框格与被测要素相

连，按以下方式标注。

表 3-1-13　几何公差特征模块及符号

公差		特征项目	符号	有或无基准要求
形状	形状	直线度	—	无
		平面度	▱	无
		圆度	○	无
		圆柱度	⌭	无
形状或位置	轮廓	线轮廓度	⌒	有或无
		面轮廓度	⌓	有或无
位置	定向	平行度	//	有
		垂直度	⊥	有
		倾斜度	∠	有
	定位	位置度	⌖	有或无
		同轴（同心）度	◎	有
		对称度	⌯	有
	跳动	圆跳动	↗	有
		全跳动	⌰	有

a. 当被测要素是轮廓线或表面时，指引线的箭头应置于要素的轮廓线或其延长线上，同时必须与尺寸线明显错开，如图 3-1-36 所示。

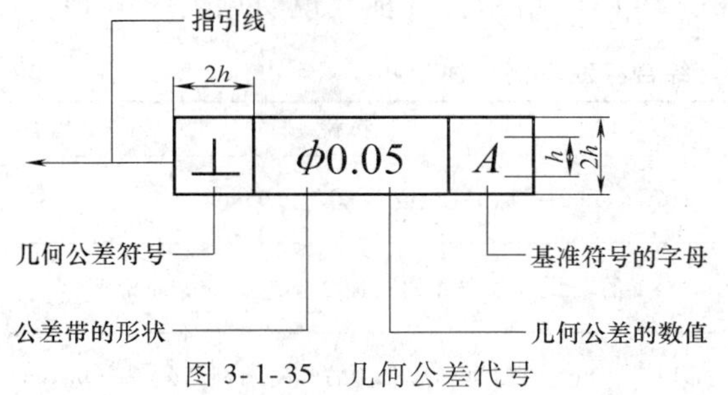

图 3-1-35　几何公差代号

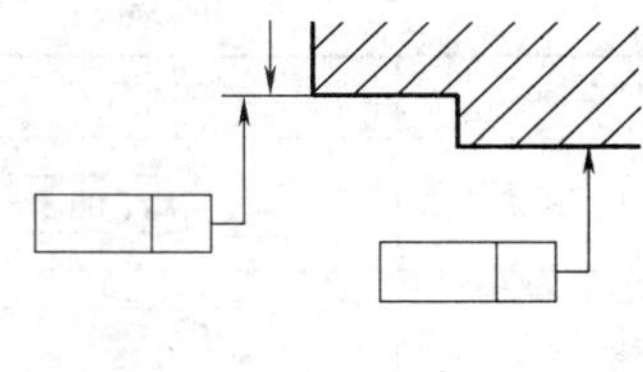

图 3-1-36　被测要素为轮廓要素时的标注

b. 当被测要素为轴线、中心平面时，带箭头的指引线与尺寸线的延长线重合，如图3-1-37所示。

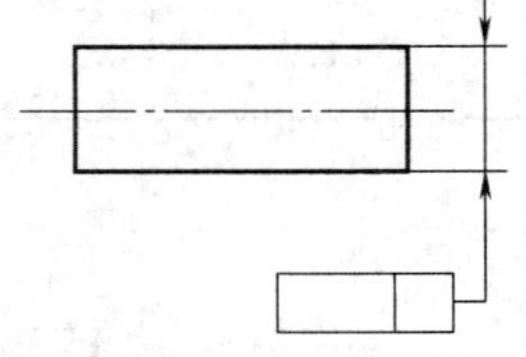

图 3-1-37　被测要素为轴线或中心平面时的标注

③ 基准要素的标注。

a. 基准符号。如图 3-1-38 所示，其用一个大写字母表示。字母标注在基准方格内与一个涂黑或空白的三角形相连以表示基准。涂黑或空白的基准三角形含义相同。

b. 当基准要素是轮廓线或表面时，基准三角形应放置在要素的外轮廓线或其延长线上，但应与尺寸线明显错开，如图 3-1-39 所示。另外基准符号还可以放置在该轮廓面引出线的水平线上，如图 3-1-40 所示。

图 3-1-38　基准代号的画法

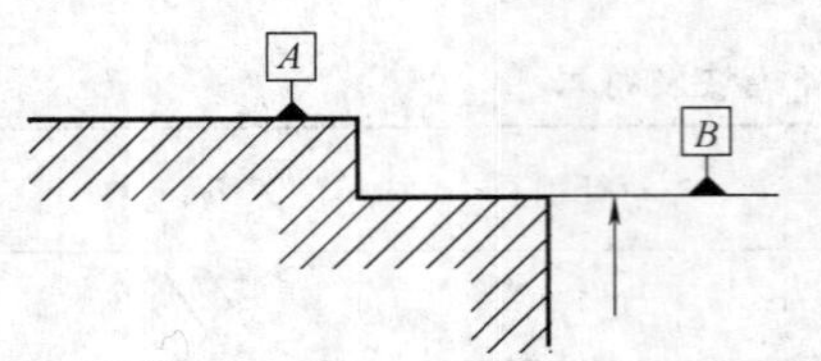

图 3-1-39　基准要素为表面时的标注（一）　　图 3-1-40　基准要素为表面时的标注（二）

c. 当基准要素是轴线或中心平面时，则基准三角形应放置在该尺寸线的延长线上，如图 3-1-41a 所示。如尺寸线处安排不下两个箭头时，则另一箭头可用基准三角形代替，如图 3-1-41b 所示。

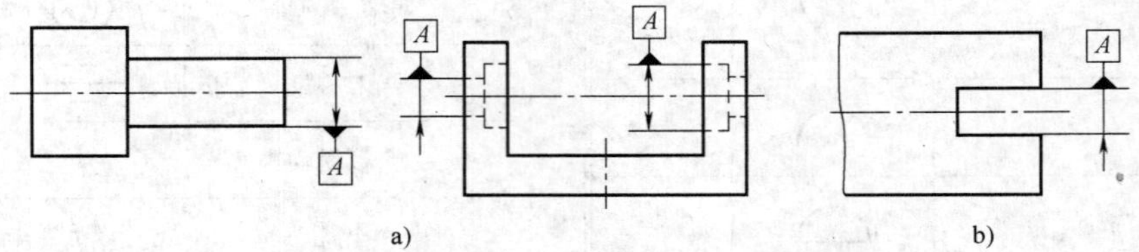

图 3-1-41　基准要素为轴线或中心平面时的标注

a）基准要素是轴线　b）基准要素是中心平面

d. 标注示例。几何公差综合标注示例如图 3-1-42 所示。其标注说明见表 3-1-14。

表 3-1-14　几何公差综合标注示例标注说明

项目名称	项目符号	识读说明
圆柱度公差	⌭ 0.05	ϕ16f7mm 圆柱面的圆柱度公差为 0.05mm
同轴度公差	◎ ϕ0.1 A	M8×1 的轴线对基准 A 的同轴度公差为 ϕ0.1mm
轴向圆跳动公差	↗ 0.1 A	$\phi14_{-0.240}^{0}$mm 的端面对基准 A 的轴向圆跳动公差为 0.1mm
垂直度公差	⊥ 0.025 A	$\phi36_{-0.340}^{0}$mm 的右端面对基准 A 的垂直度公差为 0.025mm

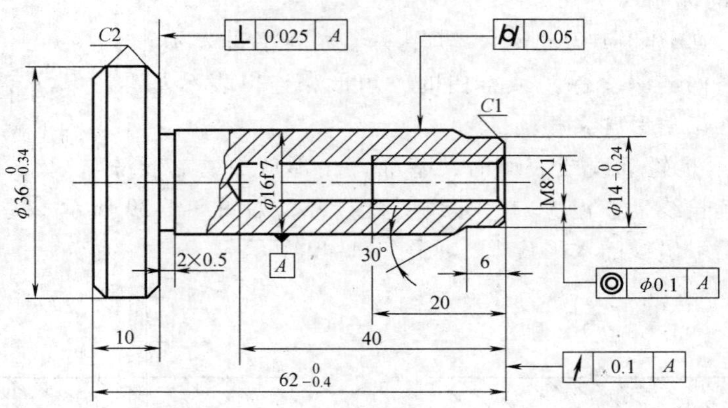

图 3-1-42　几何公差综合标注示例

根据以上所学的内容，完成图 3-1-4 所示 CA1091 型第二轴凸缘（以下简称第二轴凸缘）的机械图样绘制，方法及步骤如下。

一、绘制零件草图

1）根据零件的总体尺寸和大致比例确定图幅，在图纸上定出各视图的位置。画主要轴线、中心线等作图基准线，如表 3-1-15 图 a 所示。布置各视图的位置时，要考虑到各视图之间应留有标注尺寸的地方，右下角有标题栏的位置。

2）详细地画出零件外部和内部的结构形状，如表 3-1-15 图 b 所示。根据实际需要，以目测比例徒手画出各视图、剖视图等。

表 3-1-15　CA1091 型第二轴凸缘草图绘制

草图绘制步骤	
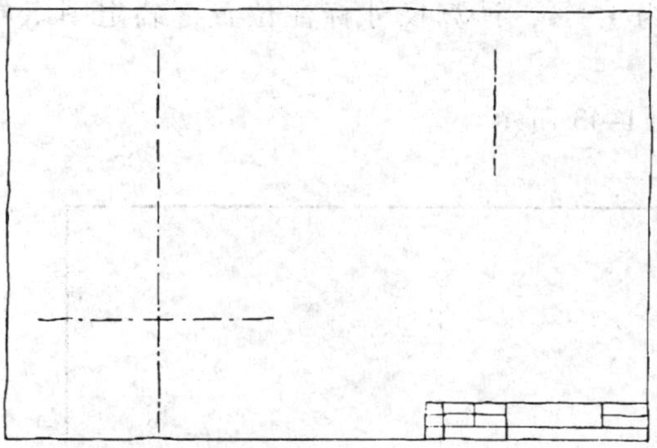 a)	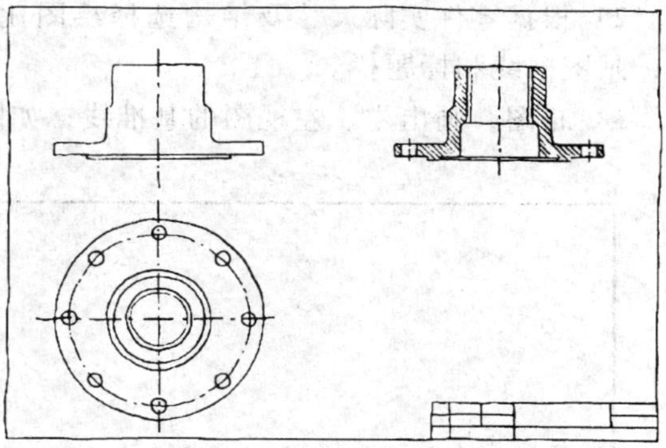 b)
画基准	画视图
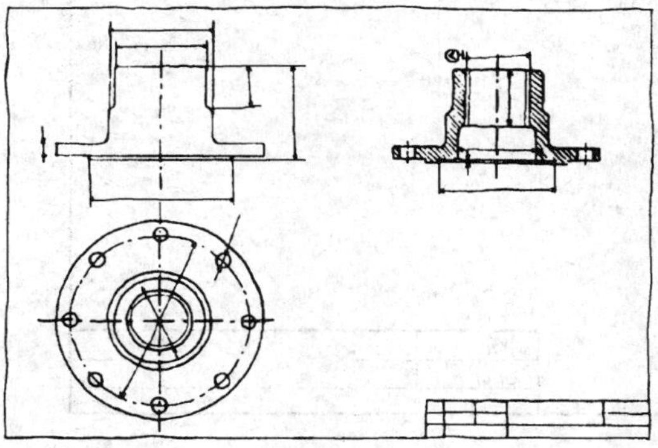 c)	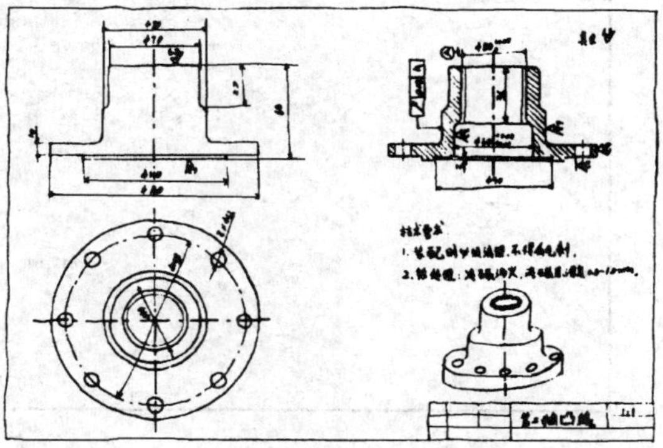 d)
画尺寸界线、尺寸线、箭头	测量并填写尺寸，注写技术要求和标题栏

3）选择基准，画出全部尺寸的尺寸线、尺寸界线及箭头，如表 3-1-15 图 c 所示。

4）逐个测量尺寸，填写尺寸数值，画剖面线，标注表面粗糙度、几何公差等必要的技术要求，填写标题栏中的相关内容，完成零件草图的全部工作，如表 3-1-15 图 d 所示。

二、根据零件草图绘制零件图

零件草图是在现场测绘的，所以考虑问题不一定完善。因此在画零件图时需要对草图进行审核。例如该零件在表达方案的选择上是否达到最优？草图表达是否有重复之处？审核后进行必要的调整。

1）零件结构分析，确定表达方案。

① 结构分析。第二轴凸缘属于轴套类零件，是同轴回转体，由通孔、阶梯孔、倒圆角、外花键等结构组成。该零件适合在车床上加工完成。

② 视图选择。该零件结构为回转体，且结构简单，内部结构通过全剖视图可完全表达，而草图用了三个视图表达零件结构，经分析选用主视图+左视图的方式表达即可。

③ 摆放位置。根据零件的加工位置选择主视图，一般按水平位置放置。

2）根据零件实际尺寸及结构选择绘图比例为 1∶1，计算尺寸标注位置，确定图纸幅面，画图框线和标题栏。

3）布图，画出主、左视图的基准线，如图 3-1-43 所示。

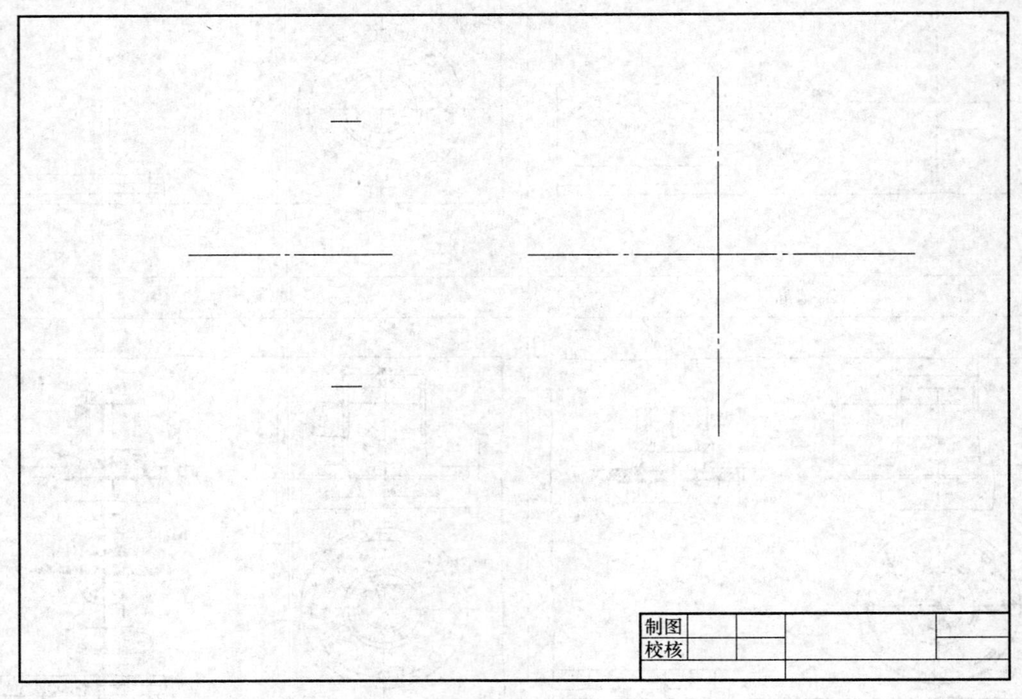

图 3-1-43　确定基准

4）按照投影关系绘制底稿，如图 3-1-44 所示。

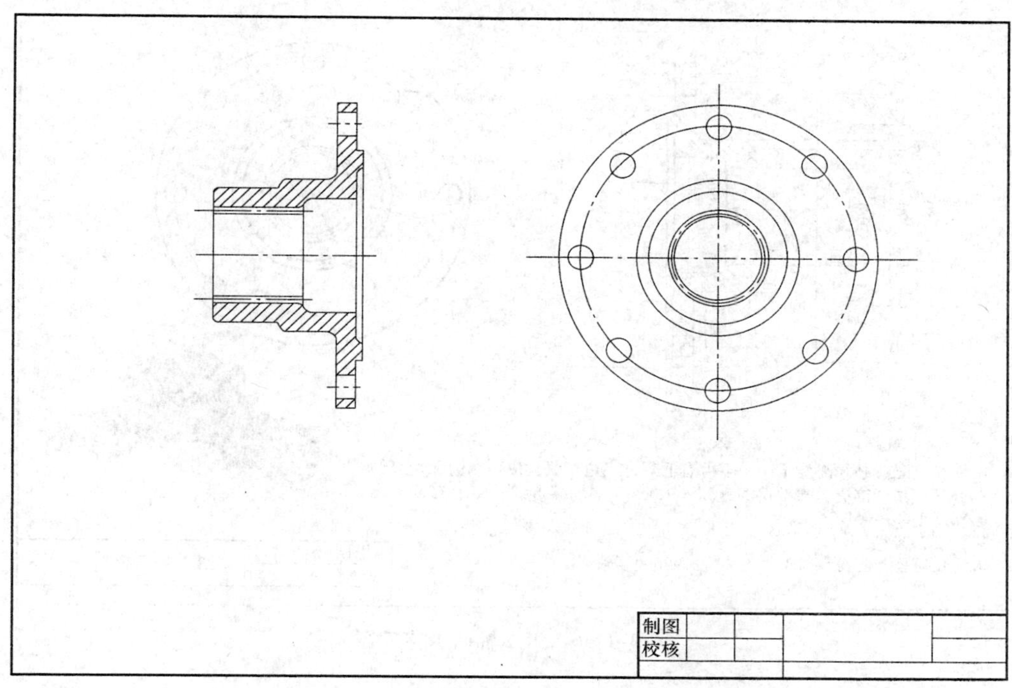

图 3-1-44 绘制底稿

5）检查底稿，标注尺寸及注写技术要求，如图 3-1-45 所示。

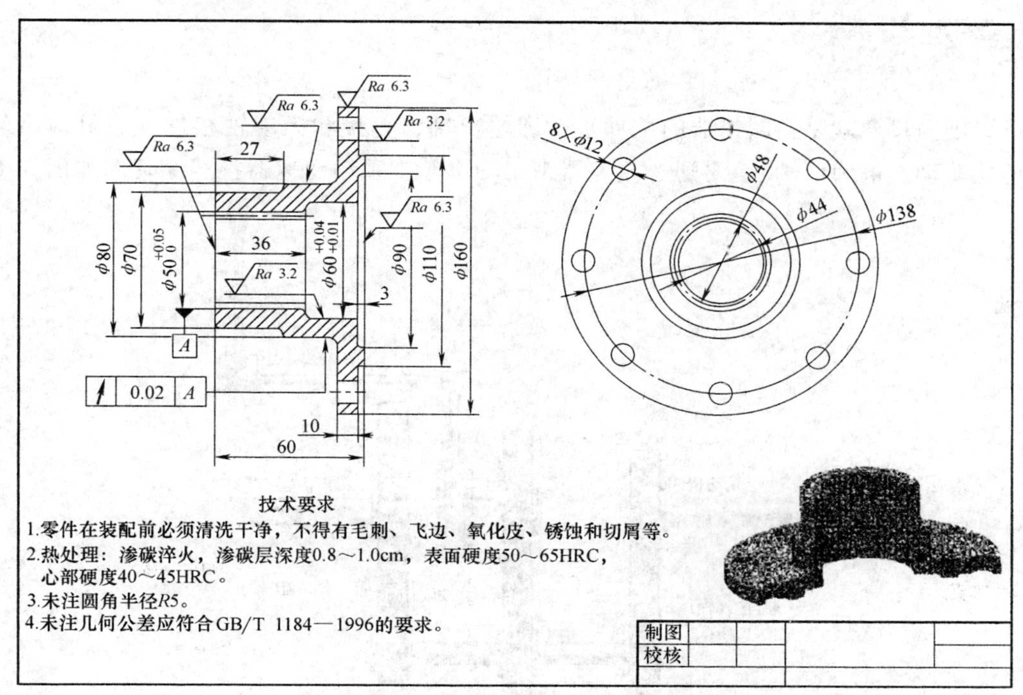

图 3-1-45 标注尺寸及注写技术要求

6）检查、校核。加深粗实线，填写标题栏，完成零件图的绘制，如图 3-1-46 所示。

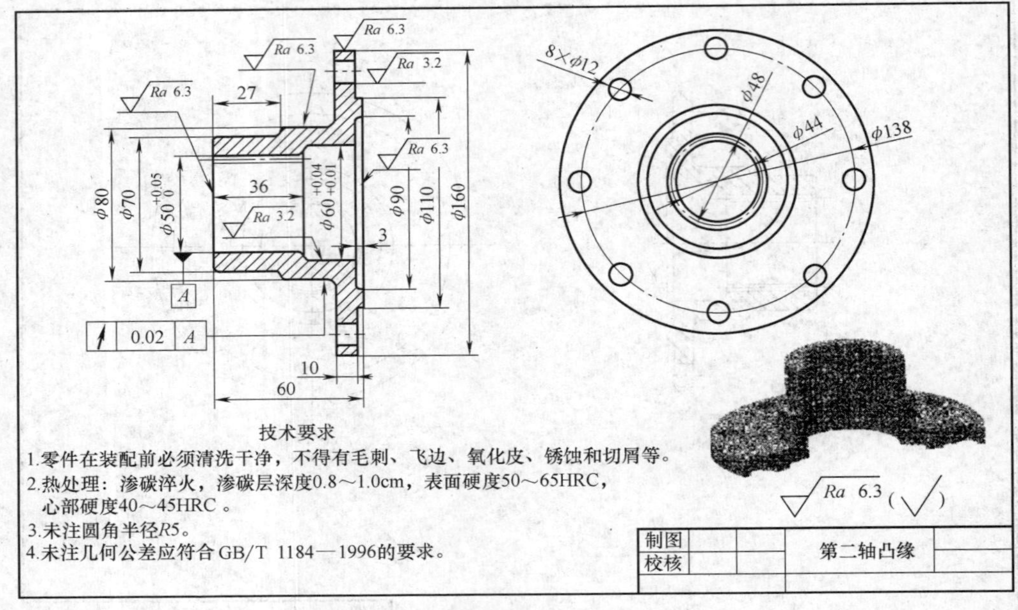

图 3-1-46　第二轴凸缘零件图

3.1.2　轴类零件图的绘制与识读

任务引入

第二轴简单说就是主减速器的主动轴，即输出轴，直接和驱动轴相连（只针对后轮驱动，前轮驱动一般为两轴），再通过差速器来驱动汽车。手动变速器换档原理图如图 3-1-47

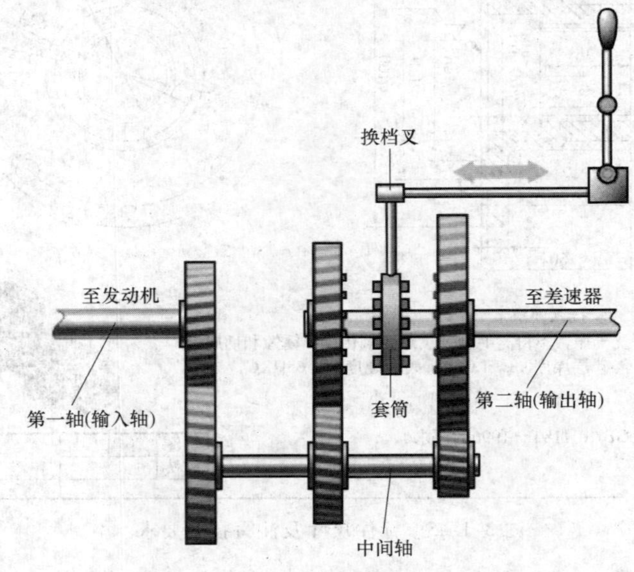

图 3-1-47　手动变速器换档原理图

所示。图 3-1-48 所示为第二轴零件三维造型，怎样表达该零件的正确机械图样呢？

图 3-1-48　第二轴零件三维造型

任务分析

常见的轴类零件有阶梯轴、锥度心轴、光轴、空心轴、曲轴、凸轮轴、偏心轴、各种丝杠等，其中阶梯轴应用较广。轴类零件主要用于支承齿轮、带轮、凸轮及连杆等传动件和传递转矩。要完成以上任务，需掌握断面图、局部放大图等相关知识。

相关知识

一、断面图

假想用剖切面将机件的某处切断，仅画出该剖切面与机件接触部分的图形，称为断面图，如图 3-1-49 所示。断面图主要用来配合视图表达肋板、轮辐、型材及带有孔、洞、槽的轴等某一局部断面形状的图形。GB/T 17452—1998 和 GB/T 4458.6—2002 对断面图的画法、标注做了规定。

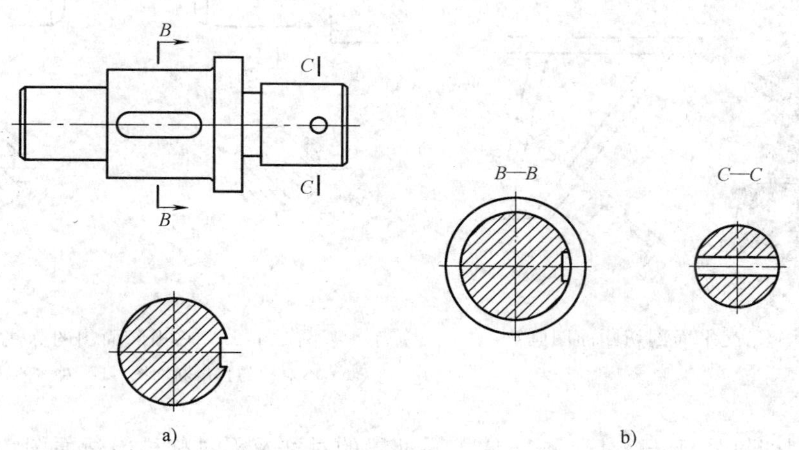

图 3-1-49　断面图

a）断面图　b）通过圆孔等回转面的轴线时断面图的画法

断面图主要用于表达形体或构件的断面形状，根据其安放位置不同，一般可分为移出断

面图和重合断面图。

1. 移出断面图

画在视图轮廓线外面的断面图形，称为移出断面图。图 3-1-49a 所示即为移出断面图。当一个物体有多个断面图时，应将各断面图按顺序依次整齐地排列在投影图的附近。根据需要，断面图可用较大的比例画出。移出断面图的轮廓线用粗实线画出，并尽量画在剖切符号或剖切面迹线的延长线上，必要时可将移出断面图配置在其他适当的位置。

1）移出断面图的画法要点。

① 移出断面图通常配置在剖切符号或剖切平面迹线上，如图 3-1-50b 所示。

② 当剖切平面通过由回转面形成的孔或凹坑的轴线时，则这些结构均按剖视图绘制，即断面图画成封闭的图形，如图 3-1-49b、图3-1-50a、d 所示。

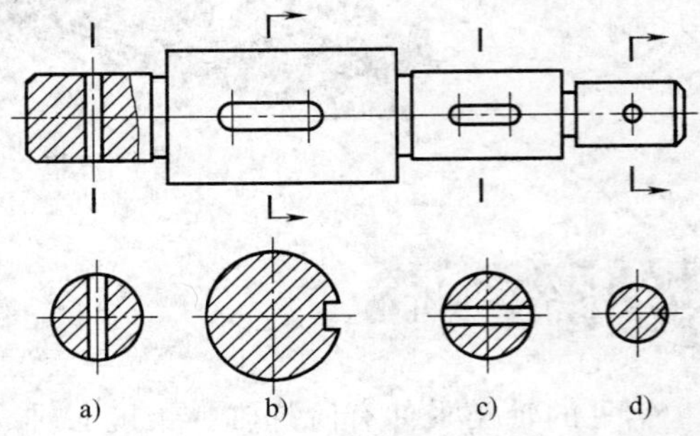

图 3-1-50 移出断面图的画法

③ 当剖切平面通过非圆孔导致出现完全分离的两个断面时，则这些结构应按剖视图绘制，如图 3-1-50c 所示。

④ 由两个或多个相交平面剖切所得的移出断面图，中间一般应断开，如图 3-1-51 所示。

2）移出断面图的标注。

① 配置在剖切符号延长线上的不对称移出断面图，可省略字母，如图 3-1-52a 所示；对称移出断面图，可省略标注，如图 3-1-52b 所示。

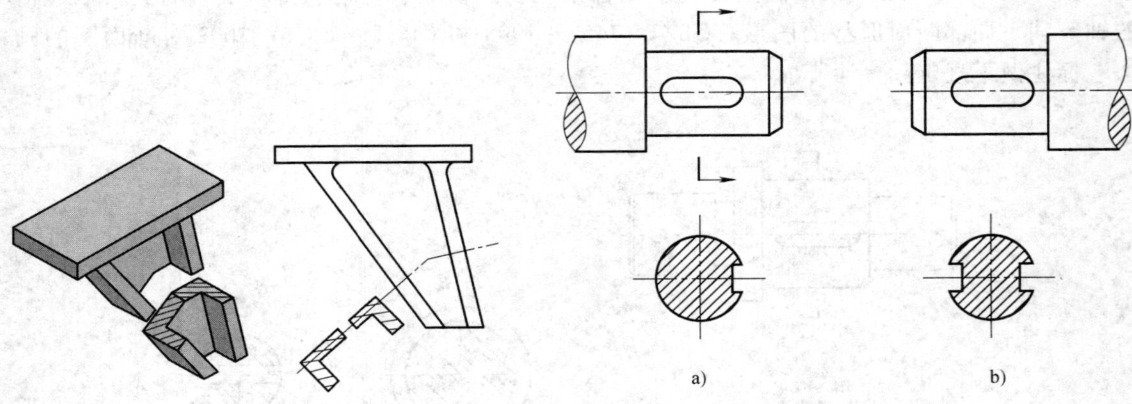

图 3-1-51 两个相交平面剖切断面图画法

图 3-1-52 移出断面图的标注（一）

a）不对称的移出断面图 b）对称的移出断面图

② 不在剖切符号延长线上，按投影关系配置的对称及不对称移出断面图，可省略箭头，如图 3-1-53a 所示；不按投影关系配置的不对称移出断面图，需标注符号、箭头和字母，如图 3-1-53b 所示。

③ 配置在视图中断处的移出断面图的标注应全部省略，如图 3-1-54 所示。

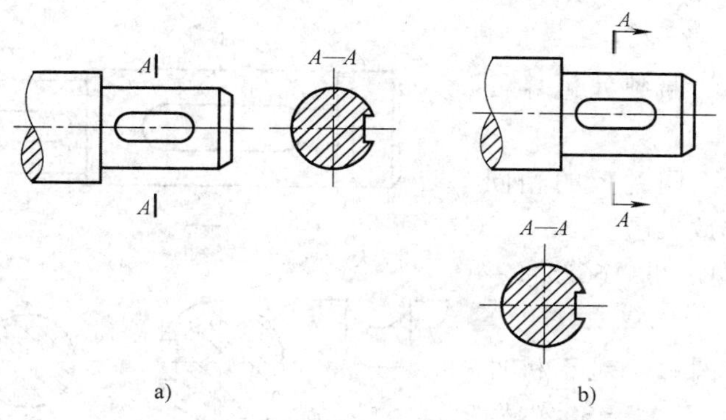

图 3-1-53　移出断面图的标注（二）
a）按投影关系配置的移出断面图　b）不按投影关系配置的移出断面图

2. 重合断面图

剖切后将断面图形重叠在视图上得到的断面图称为重合断面图，如图 3-1-55 所示。画重合断面图，轮廓线为细实线，当视图轮廓线与重合断面的图形重叠时，视图中轮廓线仍应连续画出、不可间断。

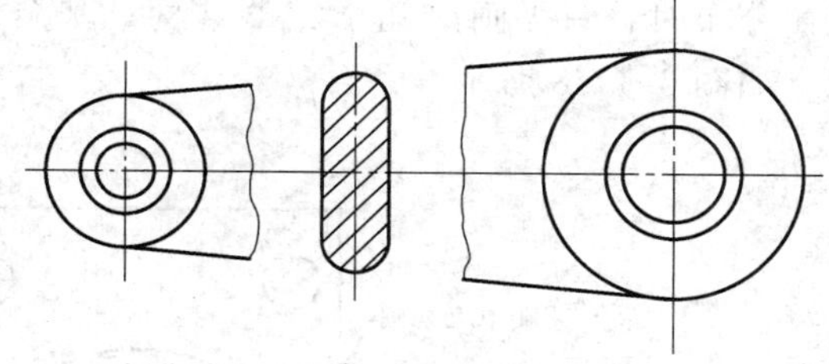

图 3-1-54　移出断面图的标注（三）

二、其他表达方法

机件除了视图、剖视图、断面图等表达方法外，对机件上的一些特殊结构，还可以采用一些规定画法和简化画法来表示。

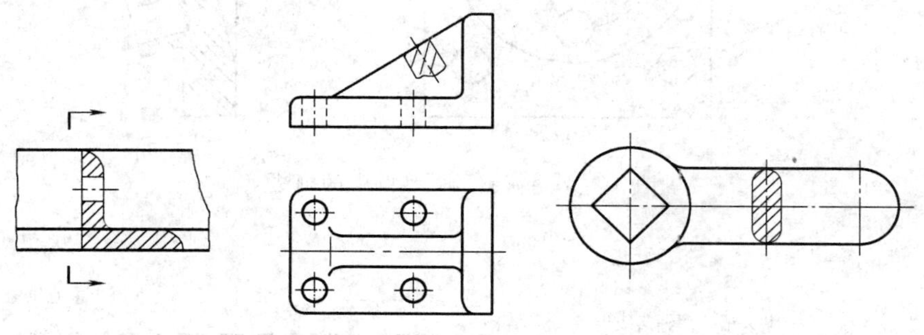

图 3-1-55　重合断面图

1. 局部放大图

将图样中表示的物体部分结构，用大于原图形的比例画出的图形称为局部放大图，如图 3-1-56 所示。

1）在原图上用细实线圆或细实线长圆将需要放大的部位圈起来，当被放大的部位有两处以上时，必须用罗马数字依次编号。

2）局部放大图应尽量配置在被放大部位的附近，其图形可画成视图、剖视图、断面图

等，与被放大部位的原表达方法无关。

3）局部放大图的断裂处边界线用波浪线表示。

4）同一机件上不同部位的相同结构，只画一处局部放大图。

2. 简化画法（GB/T 16675.1—2012）

1）倾斜的圆和圆弧。对于机件中与投影面倾斜角度不大于30°的圆和圆弧，其投影可用圆和圆弧画出，如图3-1-57所示。

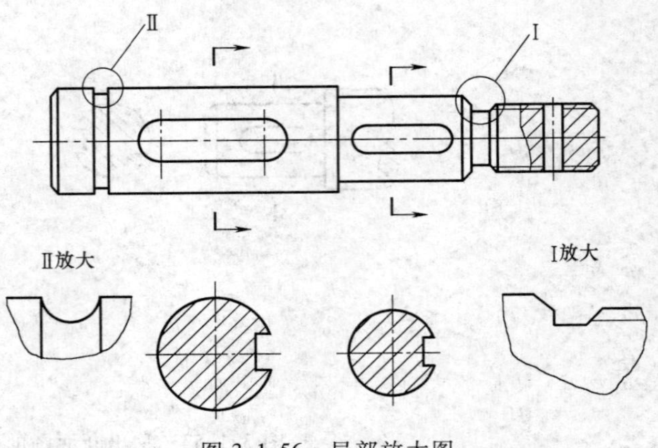

图3-1-56 局部放大图

2）相同结构的简化画法。当机件上具有若干相同的结构（齿、槽、孔等），并按一定规律分布时，只需画出几个完整结构，其余用细实线相连或标明中心位置，并注出总数即可，如图3-1-58所示。

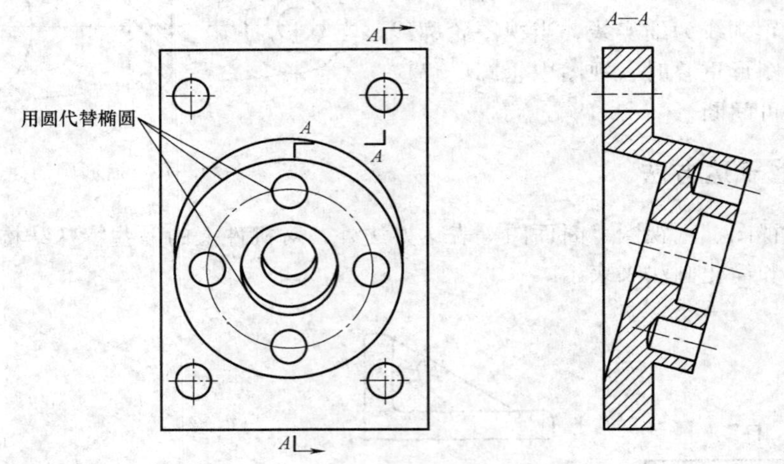

图3-1-57 倾斜的圆和圆弧的画法

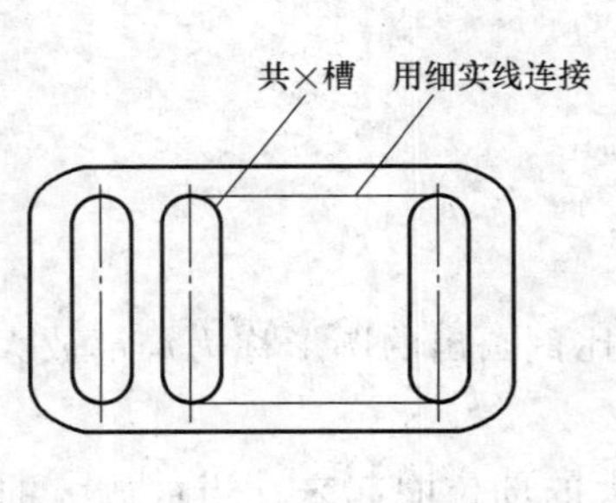

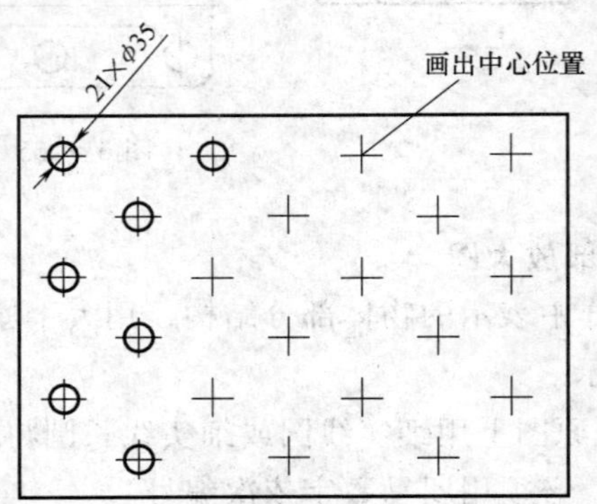

图3-1-58 相同结构的简化画法

3）肋板、轮辐及薄壁等结构的画法。机件上肋板、轮辐及薄壁等结构的剖切画法，如按纵向剖切，肋板不画剖面符号，而用粗实线将它与其邻接部分分开，如图 3-1-59 所示。

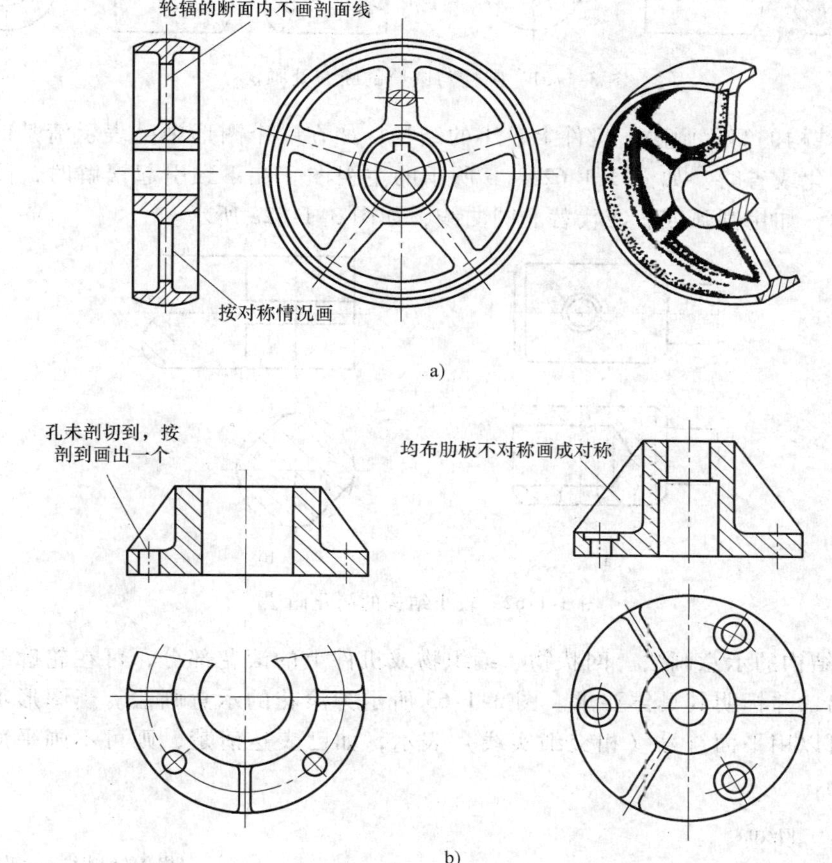

图 3-1-59　肋板、轮辐及薄壁等结构的画法

a）机件上肋板、轮辐等的剖切画法　b）机件上肋、轮辐等的剖切画法

4）较长机件的折断画法。较长的机件（轴、杆、型材等），沿长度方向的形状一致或按一定规律变化时，可断开缩短绘制，但必须按原来实长标注尺寸。一般机件的断裂边缘常用波浪线画出，如图 3-1-60 所示，圆柱与圆筒的断裂边缘常用花瓣形画出，如图 3-1-61 所示。

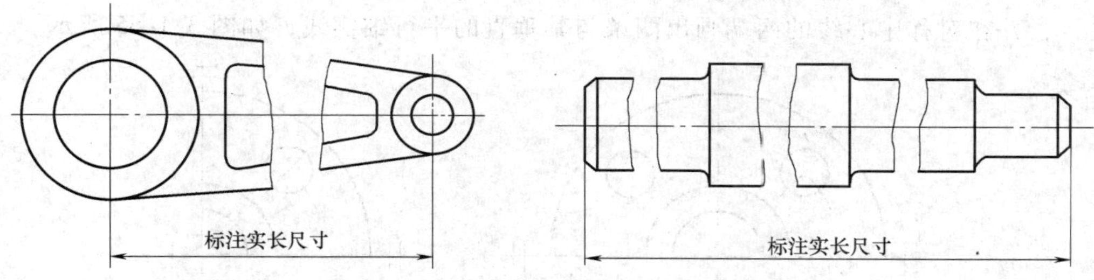

图 3-1-60　较长机件的折断画法

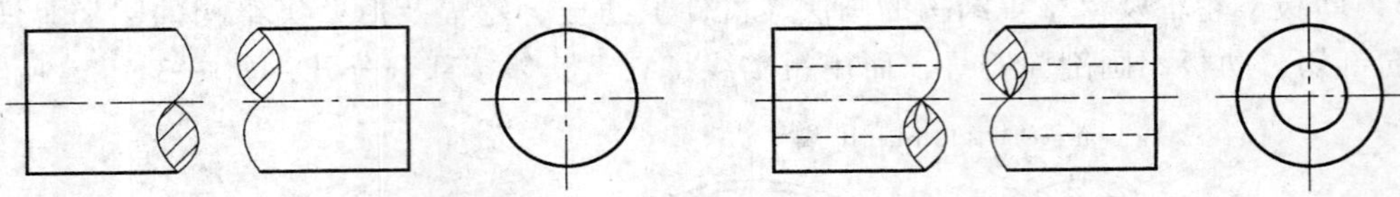
图 3-1-61　圆柱与圆筒的断裂处画法

5）较小结构的简化画法。机件上较小的结构，如在一个图形中已表示清楚时，在其他图形中可以简化或省略，如图 3-1-62a、b 所示的主视图。在不致引起误解时，图形中的相贯线允许简化，如用圆弧或直线代替非圆曲线，如图 3-1-62a 所示。

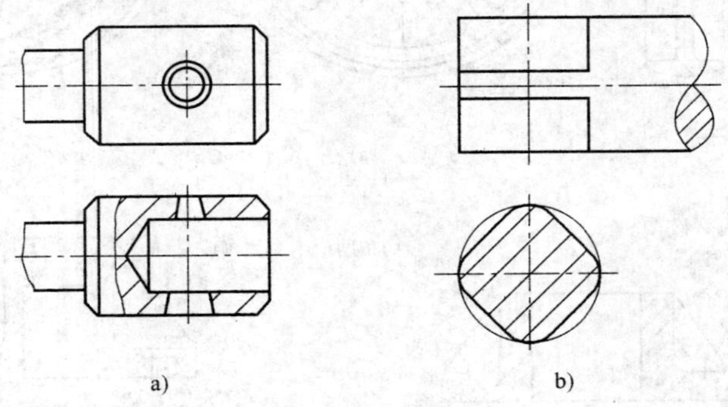

图 3-1-62　较小结构的简化画法

6）某些结构的示意画法。网状物、编织物或机件上的滚花部分，可在轮廓线附近用粗实线示意画出，并标明其具体要求。图 3-1-63 所示为滚花的示意画法。当图形不能充分表达平面时，可以用平面符号（相交细实线）表示，如已表达清楚，则可不画平面符号，如图 3-1-64 所示。

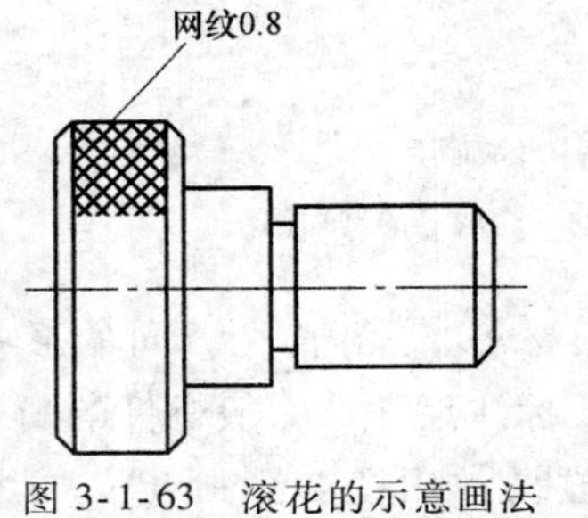

图 3-1-63　滚花的示意画法

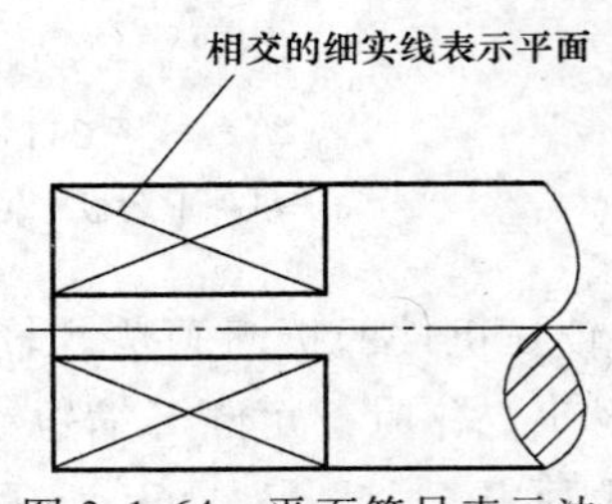

图 3-1-64　平面符号表示法

7）对称机件的简化画法。在不致引起误解时，对于对称机件的视图可以只画一半或四分之一，并在对称中心线的两端画出两条与其垂直的平行细实线，如图 3-1-65 所示。

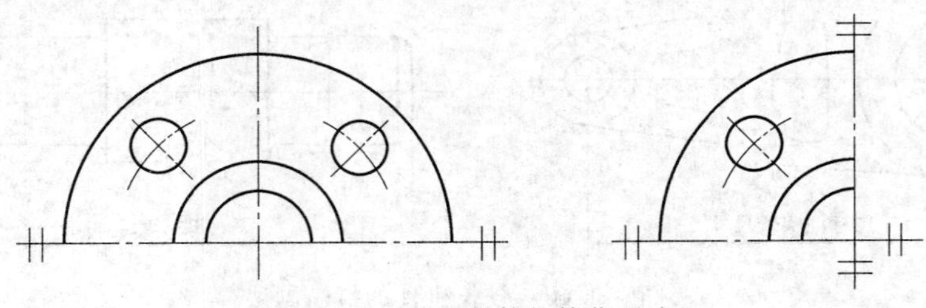
图 3-1-65　对称机件的简化画法

任务实施

根据以上所学的内容，完成图 3-1-48 所示的汽车变速器上“第二轴”零件的机械图样绘制，方法及步骤如下。

一、绘制零件草图

1）了解、分析零件，确定表达方案。该零件属于较长的轴类零件，零件无特殊结构，选择以主视图为主来表达。根据零件的总体尺寸和大致比例确定图幅，在图纸上定出各视图的位置，如表 3-1-16 图 a 所示。

2）目测徒手绘图。详细地画出零件外部和内部的结构形状，如表 3-1-16 图 b 所示。

3）选择基准，画出全部尺寸的尺寸线、尺寸界线及局部放大图，如表 3-1-16 图 c 所示。

4）逐个测量尺寸，填写尺寸数值，画剖面线，根据各表面的工作情况，标注表面粗糙度、几何公差等必要的技术要求，填写标题栏中的相关内容，完成零件草图的全部绘制，如表 3-1-16 图 d 所示。

表 3-1-16　第二轴草图绘制

草图绘制步骤	
画基准	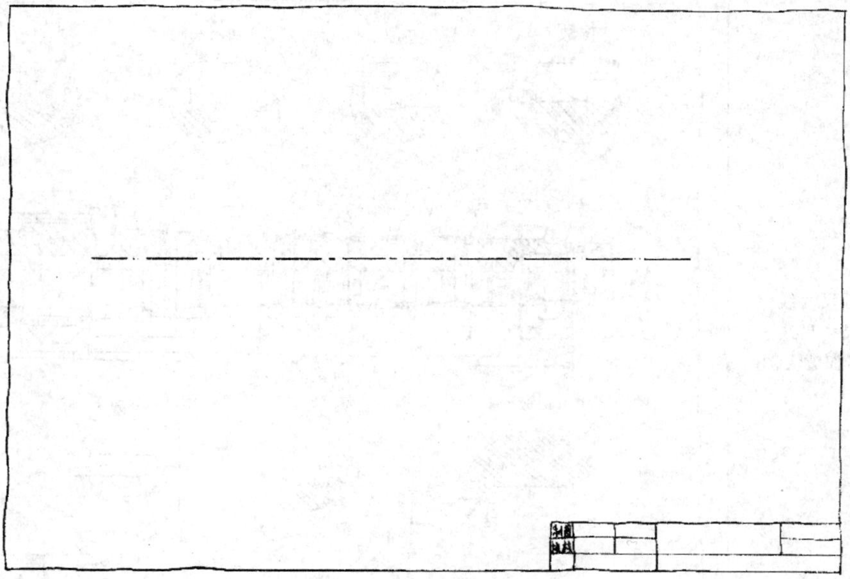 a)

（续）

草图绘制步骤	
画视图	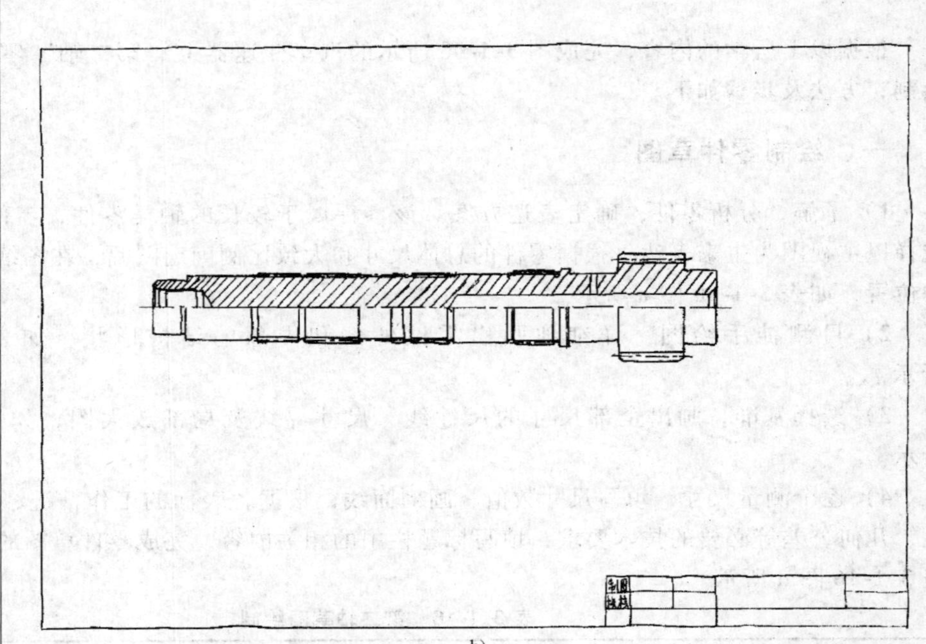 b)
画尺寸线、尺寸界线、局部放大图	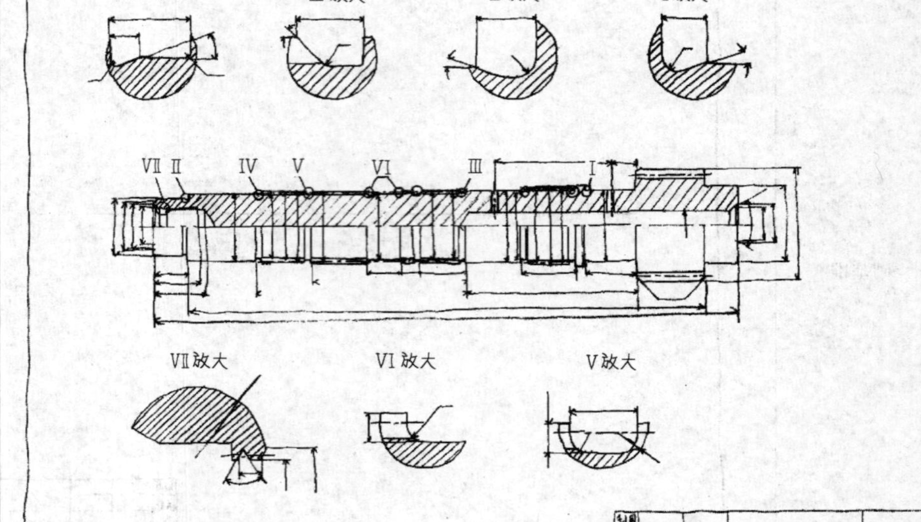 c)

（续）

草图绘制步骤	
测量并填写尺寸,注写技术要求和标题栏	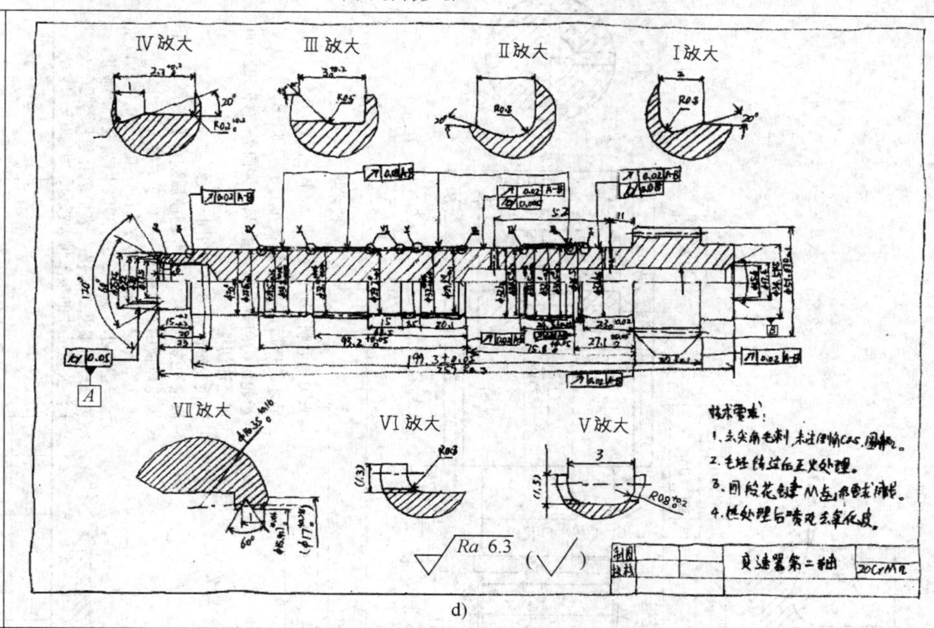 d)

二、根据零件草图绘制零件图

零件草图是在现场测绘的，所以考虑问题不一定完善。因此在画零件图时，需要对草图进行审核。例如该零件在表达方案的选择上是否达到最优？草图表达是否有重复之处？审核后进行必要的调整。

1）零件结构分析，确定表达方案。

① 结构分析。第二轴属于轴类零件，其基本形状是同轴回转体。在轴上有孔、沉头孔、退刀槽、倒圆等结构。此类零件主要在车床或磨床上加工。

② 视图选择。该零件的主视图按其加工位置选择，一般按水平位置放置，这样既可把各段形体的相对位置表示清楚，同时又能反映出轴上孔、轴肩、退刀槽等结构。

③ 其他视图选择。该零件以主视图为主，对于轴两端沉头孔用局部剖视图表示，对于轴上径向孔，可用断面图表示，轴上部分倒圆角等结构在主视图上表达不是很清晰，可选用局部放大图表示。

2）根据零件实际尺寸及结构选择绘图比例为 1∶1，留出尺寸标注位置，确定图纸幅面，画图框线和标题栏。

3）审核零件草图。

① 视图表达方案是否完整、清晰、合理，是否需要调整。

② 尺寸标注是否合理。

③ 技术要求是否符合性能要求和加工要求。

④ 是否符合国家标准。

4）绘制零件图。根据零件草图将部分内容进行调整后完成零件图的绘制，如图 3-1-66 所示。

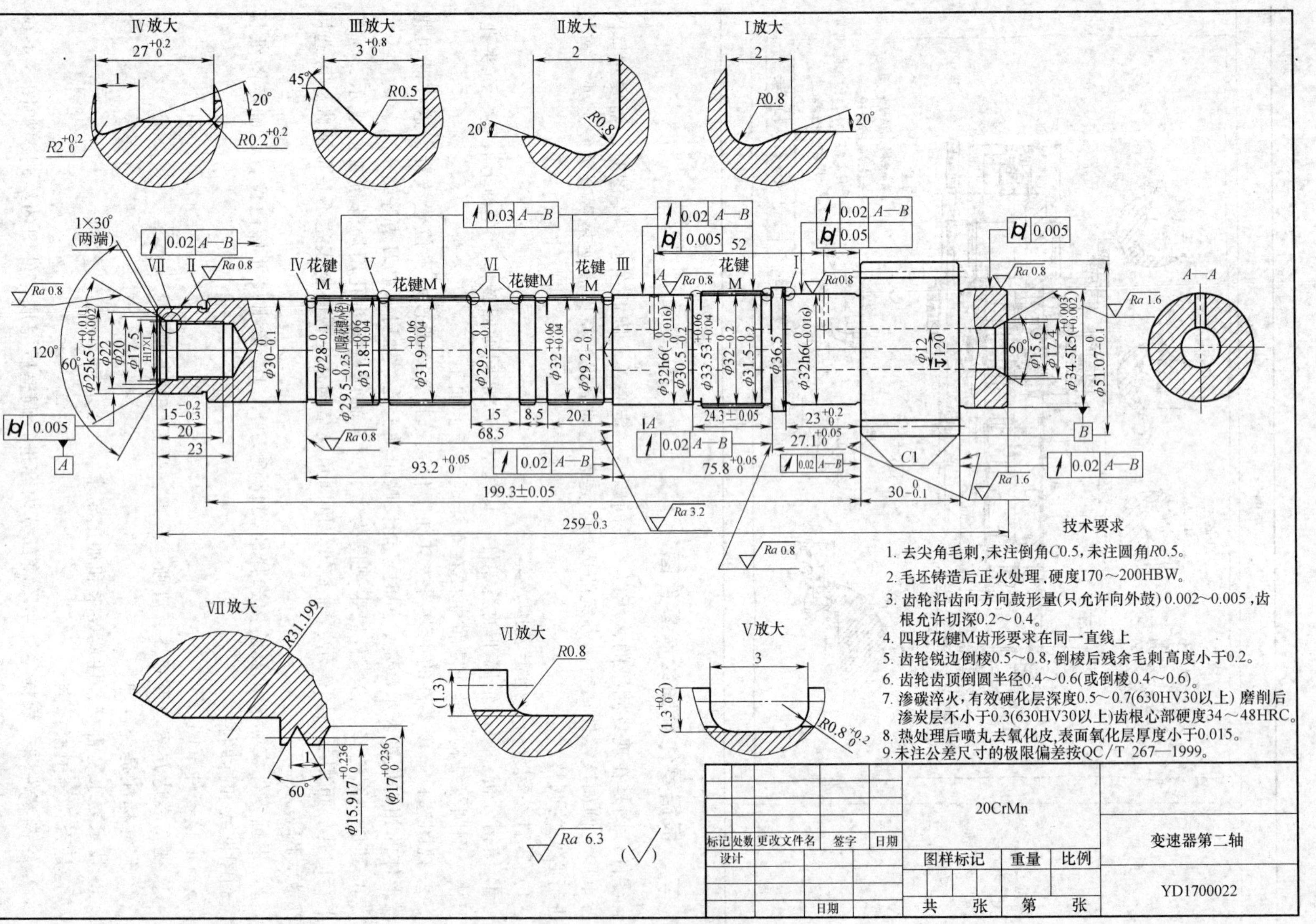

图 3-1-66 变速器第二轴零件图

3.2 盘盖类零件图的测绘与识读

项目引入

汽车发电机是汽车的主要电源，其功用是在发动机正常运转时（怠速以上），向所有用电设备（起动机除外）供电，同时向蓄电池充电，如图 3-2-1 所示。汽车发动机从静止进入运转状态，需要外力使发动机曲轴转动起来并达到起动所需要的最低要求转速，即起动转速，发动机气缸内才能着火并进入工作循环而运转起来。汽车发电机（起动机）的作用就是起动发动机，起动机上的齿轮工作时和发动机曲轴相连的飞轮咬合，驱动飞轮，带动发动机实现汽车正常工作。

本项目主要研究汽车发电机中的盘盖类零件——端盖的测绘及法兰盘机械图样的识读。

图 3-2-1 汽车发电机三维剖视图

项目目标

1）学会视图的规定画法及简化画法。

2）掌握轴测图的概念、分类及其画法。

3）掌握盘盖类零件的结构特征。

4）掌握盘盖类零件图的表达方案，学会标注尺寸及技术要求。

5）学会端盖零件的测绘方法和步骤。

6）学会盘盖类零件的读图方法。

3.2.1 端盖零件的测绘

任务引入

端盖的作用是支承转子组件，通过止口和轴承的配合关系，使转子组件装在定子组件内，并稳定、可靠地工作。同时要求定、转子之间的气隙、轴向间隙有一定的数值。因此端盖是保证定、转子之间同轴度、气隙均匀度和轴向间隙的关键零件之一。就一台电动机而言，其有前端盖和后端盖之分。前端盖是指轴伸端的端盖，另一端则为后端盖。由于在微电动机中有相当多的种类利用前端盖上的安装止口定位、安装，因此前端盖形式较多，有圆盘形、碗形、方形、棱形、三角形等。后端盖则多数为圆盘形，在直流电动机中，换向器常常在非轴伸端，后端盖内需安装刷盒，故也常常采用碗形后端盖。

随着电动机通风和防护形式的不同，端盖结构有着明显的差别。对要求有冷却空气流通的电动机，端盖上开有各种形状的通风孔，形状似花篮。有的电动机则希望密封性好，这时需采用封闭式端盖。

图 3-2-2 所示为端盖零件，那么该零件如何正确表达呢？

图 3-2-2　端盖零件

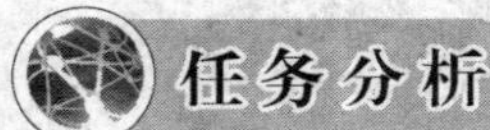

任务分析

盘盖类零件包括手轮、带轮、齿轮、端盖和盘座等。轮一般用来传递转矩，盘主要起支承、轴向定位及密封等作用。

盘盖类零件的主要结构以回转体为主，零件的主要表面为同轴度要求较高的内、外回转面。但与轴类零件相比，该类零件轴向尺寸较小，而径向尺寸较大。这类零件通常还有退刀槽、沟槽、油孔、凸台、凹坑、倒角、圆角和螺孔等结构，并存在键槽和作为连接或定位的孔等结构特征。

要正确地表达其结构特征，除了要正确选择表达方案外，还需要掌握盘盖类零件视图的绘制方法，以及盘盖类零件的尺寸标注、技术要求等相关知识。

相关知识

一、盘盖类零件的视图表达

1. 盘盖类零件的主要特征

盘盖类零件一般起支承、导向、密封等作用，包括端盖、阀盖、泵盖等，该类零件基本形状通常以回转体为主，有时也有其他几何形状的扁平的盘状体结构，该类零件轴向尺寸小而径向尺寸较大，一般这类零件还有退刀槽、沟槽、油孔、凸台、凹坑、倒角、圆角、螺孔、键槽和作为连接或定位的孔等特征。

2. 基本视图表达

如图 3-2-3 所示，常用的基本视图有 6 个，分别为主视图、左视图、右视图、后视图、俯视图、仰视图。一般在制造时，盘盖类零件的毛坯为基本成形的铸造件或锻造件，然后针对主要表

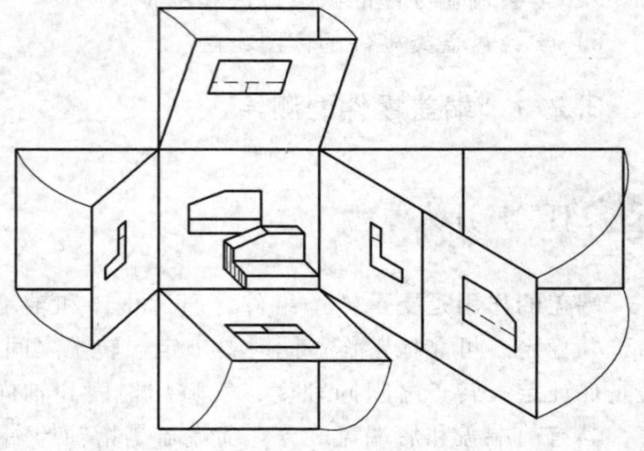

图 3-2-3　基本视图

面，放到车床上进行加工，部分位置的特殊形状或孔再放到铣床或镗铣床上进行加工，所以针对机械加工图样而言，该类零件的主视图一般要方便工人比照看图，并且要按照加工位置摆放，主视图在该类零件的视图表达中常用，而且在选择主视图的时候，还应该注意以下几点。

1）选择垂直于轴线的方向作为主视图的投射方向，主视图轴线侧垂放置。

2）如有内部结构，主视图常采用半剖、全剖或局部剖视来表达。

3. 盘盖类零件的其他视图表达

盘盖类零件用一个视图是很难表达完整的。例如零件断面上均布的孔、槽、台等可能无法表达清楚，所以除了主视图外，一般还需要采用左视图或右视图等来表达盘盖上这些特征的数目和分布情况。

选择上述两个视图后，如果仍然有未表达清楚的局部或细小结构，可采用局部视图、局部剖视图、局部放大图、各种断面图等来进行表达。

4. 盘盖类零件的视图表达常用剖切面

为了将盘盖类零件的结构特征表达清楚，在该类零件视图中常用的表达方式是用不同的剖切面对主体件进行切割。根据剖切面数量、位置和形状的不同，剖切面可分为单一剖切面、几个平行的剖切面、几个相交的剖切面。关于剖视图的相关知识见项目一中的相关知识介绍。

一般针对端盖类零件，如图 3-2-4 所示，常用两个相交的剖切平面（交线垂直于某一基本投影面）剖开机件的方法来进行其视图的表达。

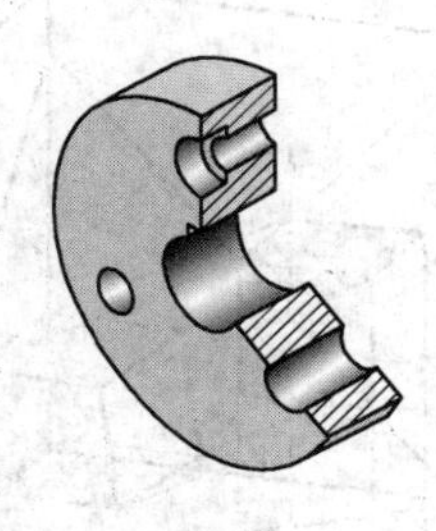

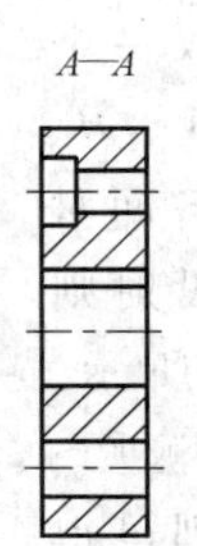

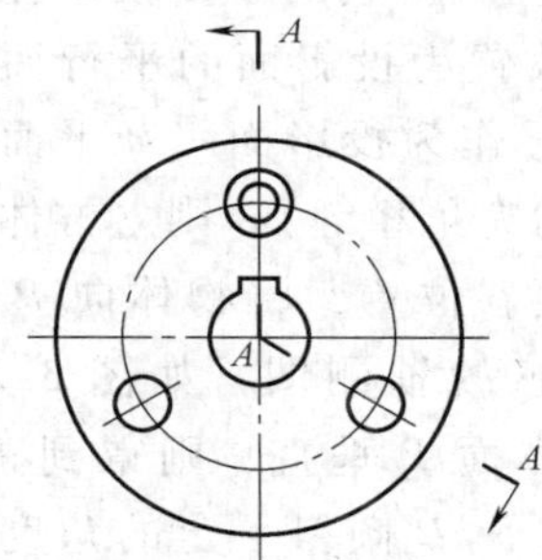

图 3-2-4　两个相交的剖切平面

5. 盘盖类零件的视图表达简化画法

1）当机件上具有若干相同的结构（如齿、槽等），并按一定的规律分布时，只需画出几个完整的结构，其余用细实线连接，并在图上注明该结构的总数，如图 3-2-5 所示。

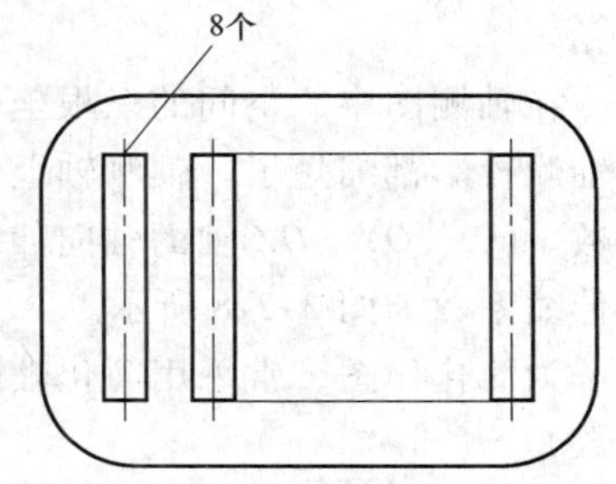

图 3-2-5　简化画法（一）

2）当零件上有若干形状相同且有规律分布的孔时，可以仅画出一个或几个孔，其余只需用细点画线表示其中心位置即可，如图 3-2-6a 所示。

3）在不致引起误解的情况下，对于对称结构的视图可以只画出一半或四分之一，并在对称中心线的两端画出两条与其垂直的平行细实线即可，如图 3-2-6b 所示。

4）当机件回转体上均匀分布的孔等结构不处于剖切平

面上时，可将这些结构旋转到剖切平面上按剖视绘制，如图 3-2-6c 所示。

5）移出断面一般要画出剖面符号，但当不致引起误解时，允许省略剖面符号。

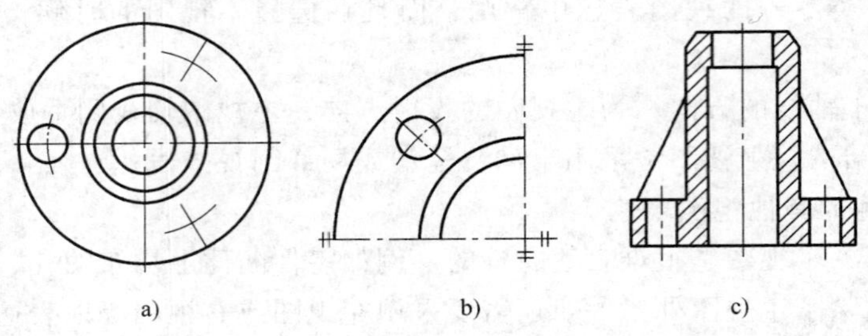

图 3-2-6　简化画法（二）

6. 轴测图

三视图已经能够准确、完整地表达出物体的形状和大小了，但是三视图缺乏立体感、直观性差、看图费事，为了弥补这些不足，工程上常采用带有立体感的轴测图来对零件进行辅助表达，从而帮助读图人员快速识读图样。

（1）轴测图的基本知识

1）轴测图的形成。轴测图是单面投影，得到轴测图只需一个投影面，但物体对于投影面必须处于倾斜位置，这样物体的长、宽、高三个方向的尺寸在投影图上均有所反映，进而可以得到一个具有立体感的图形，这个图形称为轴测图。

在由 *V*、*H*、*W* 组成的三面投影体系中，将立方体的各面放置为投影面的平行面，取一个一般位置平面 *P* 作为投影面（*P* 平面与 *V*、*H*、*W* 三个投影面的夹角相等），则立方体的各面对 *P* 平面均处于倾斜位置，将物体向 *P* 面投射则得到具有立体感的轴测图，如图 3-2-7 所示，若投射线与投影面 *P* 垂直，则得到正轴测图；若投射线与投影面 *P* 倾斜一定的角度，则可得到斜轴测图。

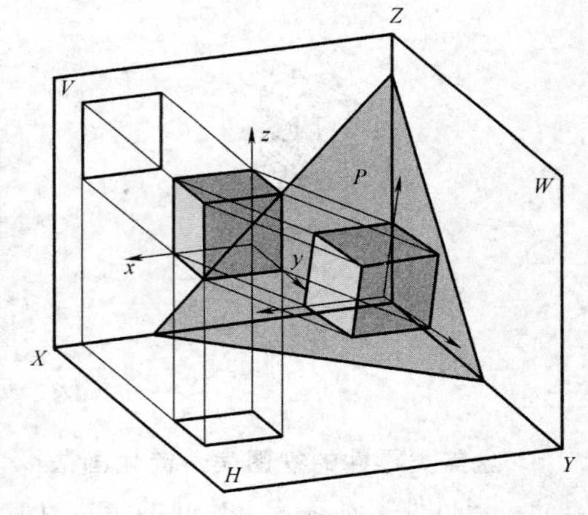

图 3-2-7　轴测图的形成

2）轴间角和轴向伸缩系数。空间直角坐标系的 *OX*、*OY*、*OZ* 轴在轴测投影面上的投影称为轴测轴。两个轴测轴之间的夹角称为轴间角。

在轴测图中，空间的三根坐标轴都倾斜于轴测投影面，所以物体上与坐标轴平行的线段的轴测投影都缩短了。轴测轴上的线段与空间坐标轴上的对应线段的长度比，称为轴向伸缩系数。*OX*、*OY*、*OZ* 轴的轴向伸缩系数分别用 p、q、r 表示。两种常用轴测图的轴间角和轴向伸缩系数如图 3-2-8 所示。

为简化作图，常采用简化轴向伸缩系数。简化的轴向伸缩系数如图 3-2-8 所示（括号内的数）。

3）轴测图的基本特性。由于轴测图是用平行投影法进行绘制的，所以具有平行投影的

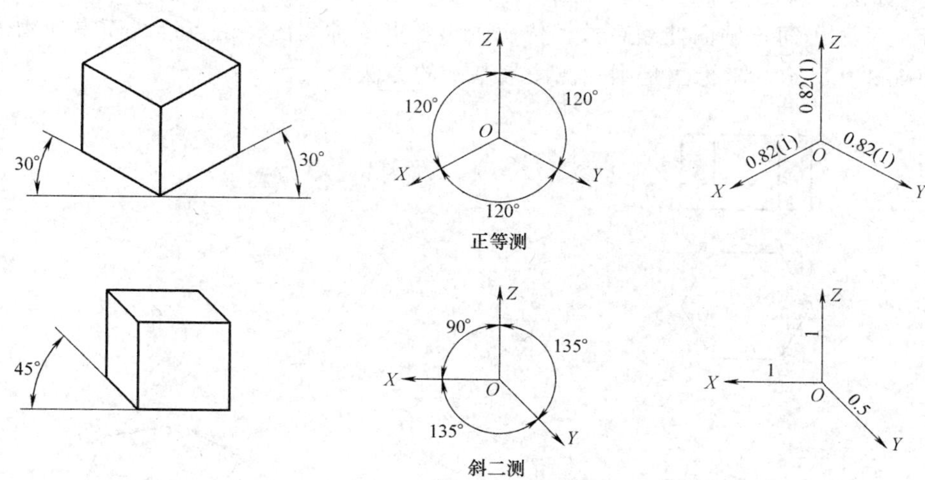

图 3-2-8　两种常用轴测图的轴间角和轴向伸缩系数

特性。

① 物体上互相平行的线段，在轴测图中仍然互相平行。

② 物体上平行于坐标轴的线段，在轴测图中仍然平行于相应的轴测轴，且同一轴向所有线段的轴向伸缩系数相同。

③ 物体上不平行于轴测投影面的平面图形，在轴测图中变成原形的类似形。例如长方形变成了平行四边形，圆变为椭圆等。

4）轴测图的种类及特性。根据不同的分类方法，得到的轴测图分类也不同，简述如下。

① 按照投射方向的不同，轴测图可分为 2 类，即正轴测图、斜轴测图。当投射方向与投影面垂直时得到的轴测图为正轴测图，当投射方向与投影面倾斜时得到的轴测图为斜轴测图。

② 按轴向伸缩系数是否相等，上述的每类轴测图可细分为如下三种。

a. 正（斜）等测。$p=q=r$。

b. 正（斜）二测。$p=q\neq r$。

c. 正（斜）三测。$p\neq q\neq r$。

在 GB/T 14692—2008 中推荐使用正等测、正二测和斜二测。但是正二测、斜二测作图过程比较麻烦，在这里简单介绍正等测的概念和画法及斜二测的概念。

（2）正等测的概念和画法　正等测的参数在图 3-2-8 中已经描述过，即三个轴间角均为 120°，三个轴向伸缩系数均相等，经计算得知，$p=q=r=0.82$，但是为了作图方便，实际在画正等测的时候常采用 $p=q=r=1$ 的简化轴向伸缩系数，即沿各轴向的所有尺寸都按物体的实际长度量取。这样画出的轴测图比实际物体放大了约 1.22 倍，但形状没有改变。一般在作图时，将 OZ 轴画成垂直位置，其他两个轴画成与水平线成 30°方向。在这里以平面立体进行正等测画法的讲解，常用的方法有坐标法和切割法，下面分别进行讲解。

1）坐标法。画轴测图时，先在物体三视图中确定坐标原点和坐标轴，然后按物体上各点的坐标关系采用简化轴向伸缩系数，依次画出各点的轴测图，由点连线而得到物体的正等测，如图 3-2-9 所示。坐标法是画轴测图最基本的方法。

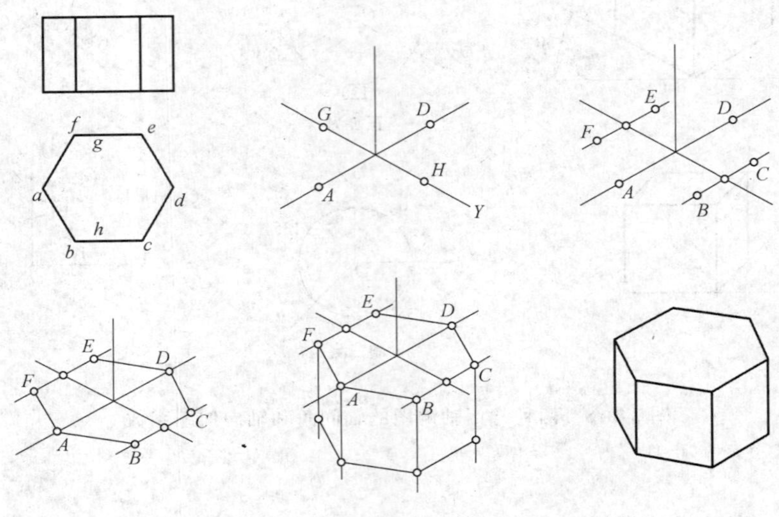

图 3-2-9　坐标法

2）切割法。在平面立体的轴测图上，图形由直线组成，作图比较简单，且能反映各种轴测图的基本绘图方法，因此，在学习轴测图时，一般先从平面立体的轴测图入手。当平面立体上的平面多数和坐标平面平行时，可采用切割的方法绘制，画图时，可先画出基本形体的轴测图，然后再用切割法逐步完成作图。画图时，可先确定轴测轴的位置，然后沿与轴测轴平行的方向，按轴向伸缩系数直接量取尺寸。特别值得注意的是，在画和坐标平面不平行的平面时，不能沿与坐标轴倾斜的方向测量尺寸，如图 3-2-10 所示。

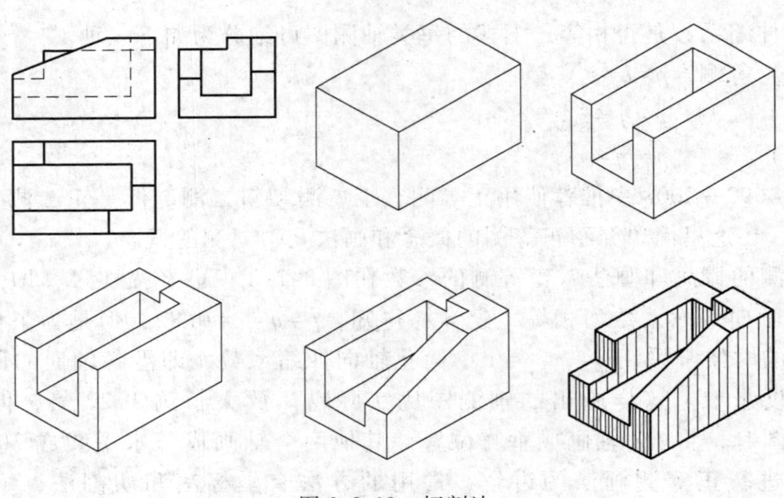

图 3-2-10　切割法

(3) 斜二测的概念　斜二测是用斜投影法得到的一种轴测图。当空间物体上的坐标面 XOZ 平行于轴测投影面，而投射方向与轴测投影面倾斜时，所得到的投影图就是斜二测。在国家标准推荐中，轴向伸缩系数 $p=r=1$，$q=0.5$，轴间角 $\angle XOZ=90°$，$\angle XOY=\angle YOZ=135°$。在斜二测中，由于 XOZ 平面（或其平行面）的轴测投影反映实形，因此 XOZ 平面上的圆的轴测投影仍为圆，其他两个坐标平面上圆的投影为椭圆。当物体在平行于正面 XOZ 方向有圆或形状较复杂时，采用斜二测方法来表达较简单。

二、盘盖类零件图的尺寸标注与技术要求

零件图中的尺寸是加工、检验零件的依据，是零件图的重要内容之一。标注零件图尺寸的基本要求是完整、正确、清晰。为了合理地标注尺寸，必须对零件进行结构分析、形体分析和工艺分析，根据分析先确定尺寸基准，然后选择合理的标注形式，结合零件的具体情况标注尺寸，如图 3-2-11 所示。

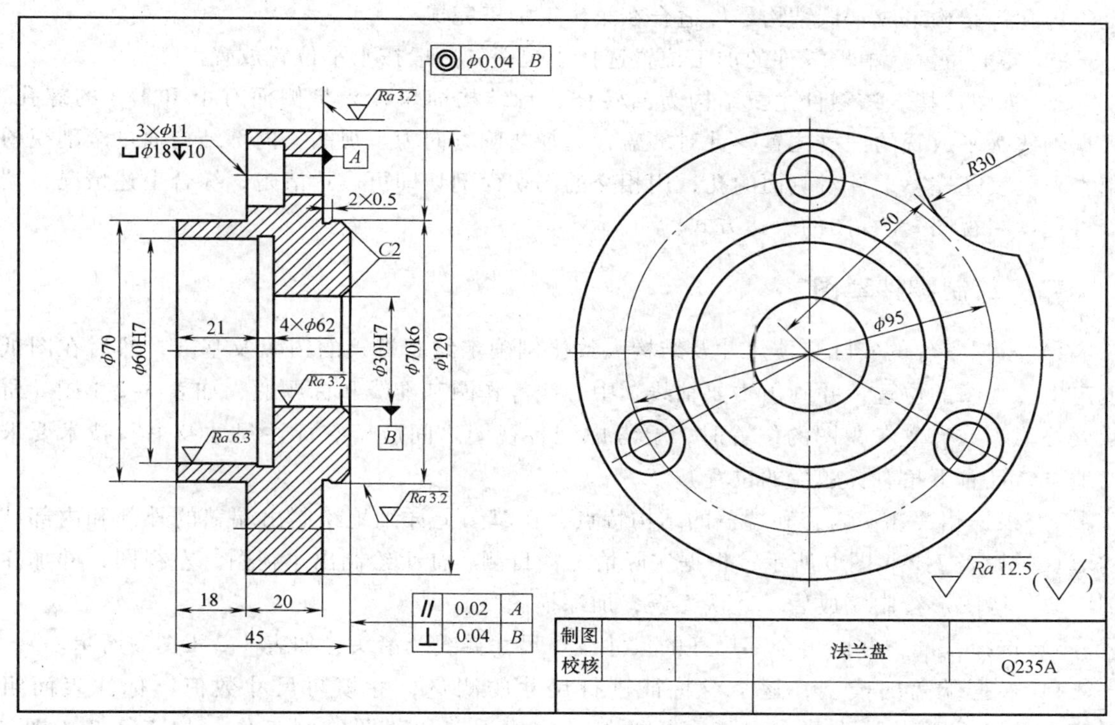

图 3-2-11　法兰盘零件图

1. 盘盖类零件的机械图样的尺寸标注

1) 宽度和高度方向的主要基准是回转轴线，长度方向的主要基准是经过加工的大端面(左端面)。

2) 零件上各圆柱的直径及较大的孔径，其尺寸多标注在非圆视图上。而位于盘上多个小孔的定位圆直径尺寸标注在投影为圆的视图上则较为清晰。

3）内外结构形状应分开标注。

2. 盘盖类零件的机械图样的技术要求

1）有配合的内外表面及用于轴向定位的端面，其表面粗糙度值较小。

2）有配合的孔和轴的尺寸公差较小，与其他运动零件相接触的表面应有平行度及垂直度的要求。

根据以上所学的内容，完成图 3-2-2 所示端盖零件的测绘及机械图样绘制，方法及步骤如下。

一、认识与分析端盖，确定机械图样表达方案

1）结构分析。端盖属于盘盖类零件，是同轴回转体。该零件由盘、凸台、孔、沉头孔、螺孔等结构组成。该结构零件适合在车床上加工完成。

2）摆放位置。根据零件的加工位置选择主视图，一般按水平位置放置。

3）视图选择。该零件主要结构为回转体，且结构简单，只是侧面有个 $R_c1/4$ 的螺孔，根据轴线水平放置的摆放位置，针对端盖，选择非圆方向为主视图，内部结构通过全剖视图基本上可表达完整，针对侧面的孔，用相交的剖切面剖切即可表达清楚，综合上述情况，端盖可选用主视图+左视图的表达方式。

二、绘制零件草图

1）根据零件的实际总体尺寸及结构大致比例确定绘制端盖的图幅及基准，然后在图纸上定出各视图的位置，并画出主要轴线、中心线等作图基准线和标题栏，如表 3-2-1 图 a 所示（注意，在布置各视图的位置时，要考虑到各视图之间应留有标注尺寸及书写技术要求的地方，且右下角有标题栏的位置）。

2）根据相关知识内容和端盖的结构特点，在草图上详细地绘制出端盖的外部和内部结构形状，如表 3-2-1 图 b 所示，根据实际情况，目测、徒手绘制出主视图、左视图，并加注剖面线，待图形绘制完成后，确认无误，加深描图。

3）选择基准，并画出全部尺寸的尺寸线、尺寸界线及箭头，如表 3-2-1 图 c 所示。

4）根据端盖的模型，逐个对特征进行尺寸的测量，并填写尺寸数值，标注表面粗糙度、几何公差及技术要求，填写标题栏，完成端盖的草图绘制工作，如表 3-2-1 图 d 所示。

具体要求提示如下。

① 零件草图要符合零件图的全部内容要求，视图表达、尺寸标注要完整，零件的材料可参考有关资料。

② 标准件不用测绘，根据有关数据，查出结构、尺寸和规定标记。

③ 注意配合尺寸的一致。齿轮孔与轴颈的配合；轴承内孔与轴颈的配合，轴承外径与机座、机盖孔的配合；各可通端盖、端盖孔与轴颈的配合等。

表 3-2-1 端盖草图绘制

	草图绘制步骤
画基准	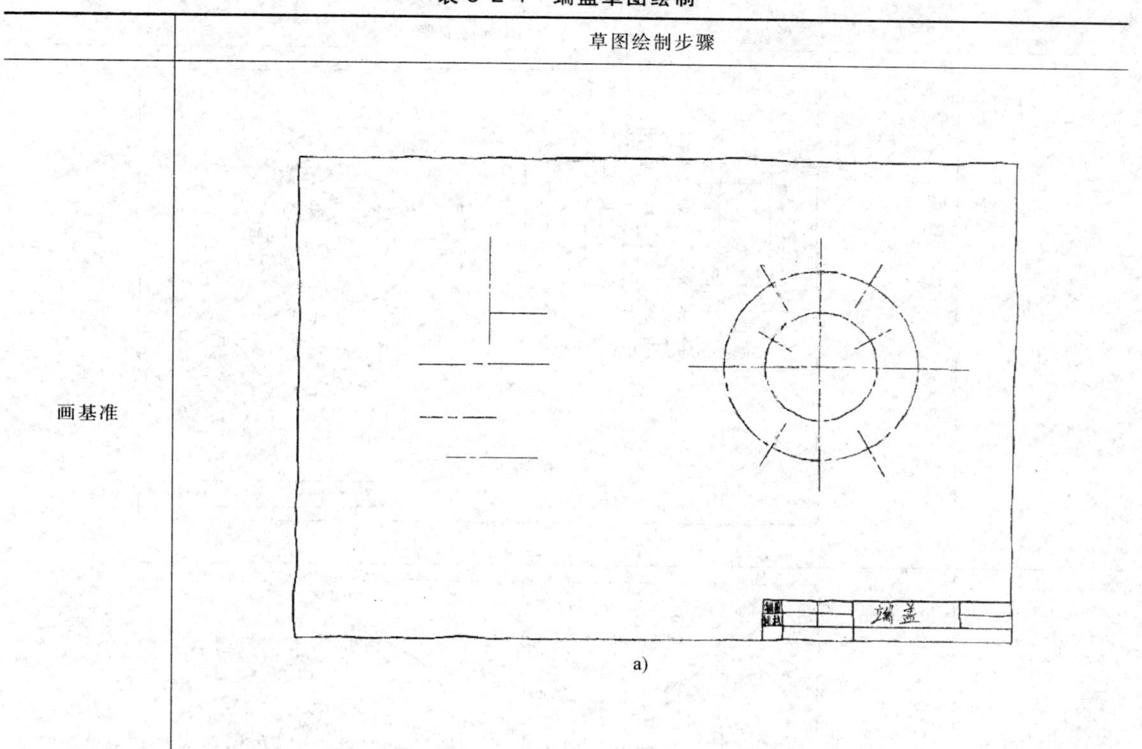a)
画视图	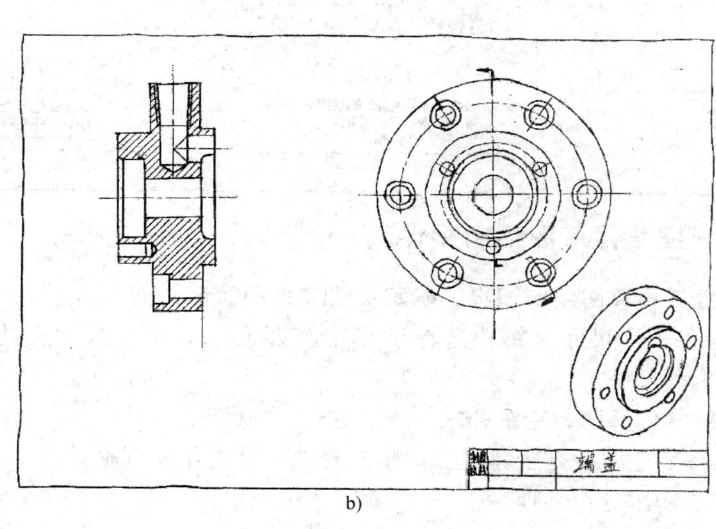b)

（续）

	草图绘制步骤
画尺寸界线、尺寸线	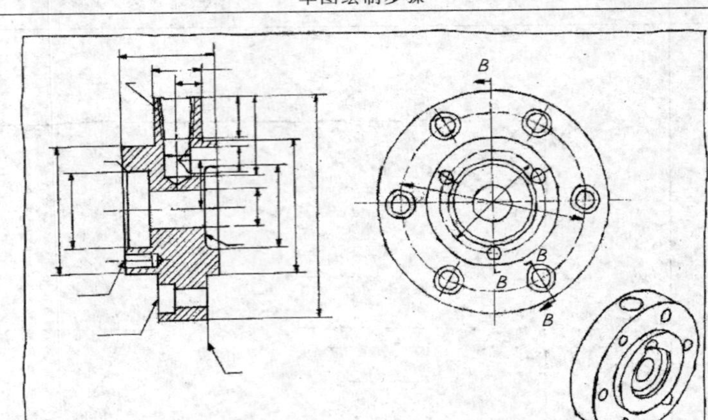 c)
测量并填写尺寸，注写技术要求和标题栏	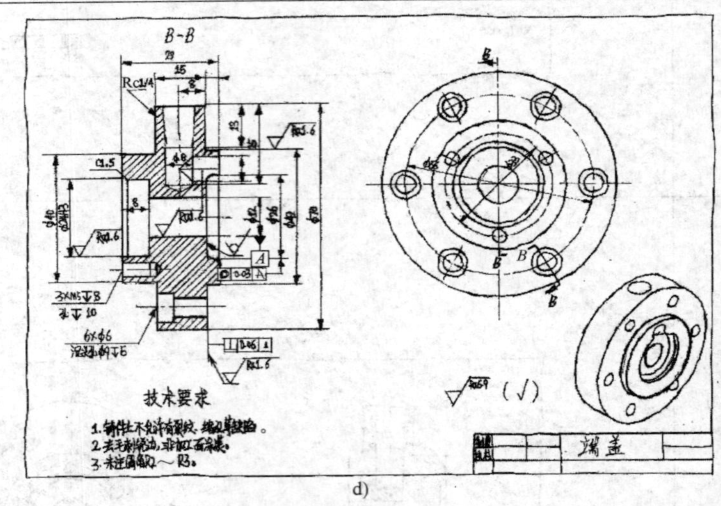 d)

三、根据零件草图绘制零件图

1. 根据零件草图绘制情况，确定正式零件图绘制比例

根据零件实际尺寸及结构选择绘图比例为 1∶1，留出尺寸标注位置，确定图纸幅面，画图框线和标题栏。

2. 审核零件草图，查漏补缺

1）审核表达方案是否完整、清晰、合理，是否需要调整。

2）尺寸标注是否合理。

3）技术要求是否符合性能要求和加工要求。

4）各部分表达方式、标注方式等是否符合国家标准。

3. 绘制零件图

根据零件草图，完成端盖零件图的绘制，如图 3-2-12 所示。

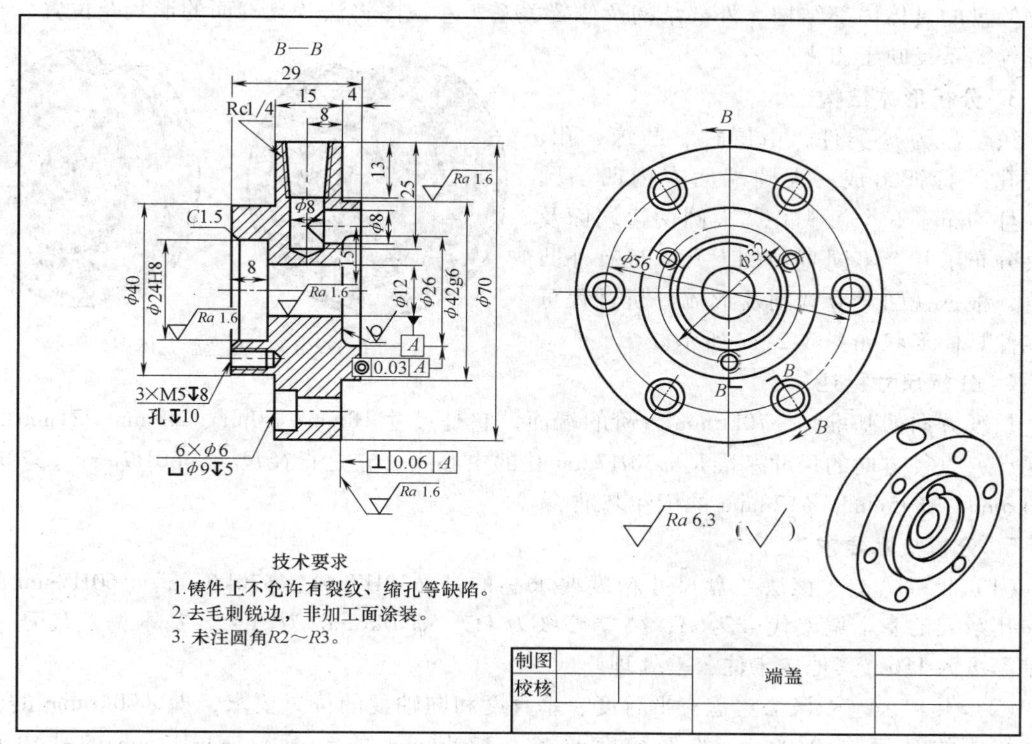

图 3-2-12　端盖零件图

3.2.2　法兰盘机械图样的识读

如何才能正确识读图 3-2-11 所示法兰盘零件图?

从法兰盘零件图可知，该零件属于典型的盘盖类零件，通过识读零件图想象出法兰盘的空间结构。使用形体分析法，根据各个基本形体的投影关系，读懂法兰盘零件的形状，找出尺寸基准，读懂技术要求。

任务实施

1. 看标题栏

从标题栏可知，该零件为法兰盘，属于盘盖类零件，材料为 Q235A。

2. 分析视图表达

图 3-2-11 采用了主、左两个基本视图。主视图采用全剖视图，通过这样的表达反映出

了法兰盘的具体内部结构、外部结构及位置关系。左视图将法兰盘端面的形状及位置、孔的位置等关系反映了出来。

3. 分析形体结构

法兰盘为盘类件，由圆柱、凸缘、孔、沉头孔等特征组成。大圆端面有内凹陷圆弧，且均布了3个沉头孔，大圆两边端面及中央分布了几个不同直径的大孔，且有外凸台阶，根据视图对应规则及形体分析过程可知零件具体形状如图3-2-13所示。

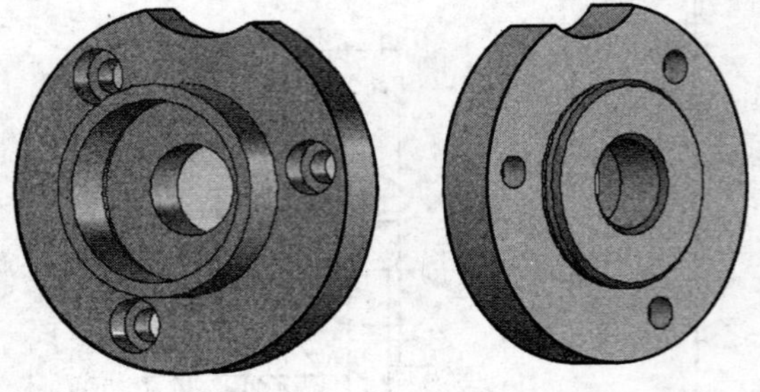

图3-2-13　法兰盘立体图

4. 分析尺寸标注

长度方向的基准是ϕ70k6mm台阶的端面，它是尺寸18mm、20mm、45mm、21mm的标注起点；直径方向的尺寸基准是ϕ30H7mm孔的中心线，它是直径尺寸ϕ60H7mm、ϕ70mm、ϕ70k6mm、ϕ95mm、ϕ120mm的标注基准。

5. 分析技术要求

(1) 尺寸公差　该法兰盘尺寸精度要求高的是ϕ30H7mm、ϕ70k6mm、ϕ60H7mm的尺寸，孔系列的基本偏差代号为H，公差等级为IT7，ϕ70k6mm为凸台，基本偏差代号为k，公差等级为IT6，其他按未注公差处理。

(2) 几何公差　该法兰盘有平行度、垂直度和同轴度的位置要求，即ϕ70k6mm的台面与其相邻的台面有0.02mm的平行度要求，ϕ70k6mm的台面与ϕ30H7mm的孔中心有0.04mm的垂直度要求，ϕ70k6mm的台面与ϕ30H7mm的孔有0.04mm的同轴度要求。

(3) 表面粗糙度　该法兰盘有3种表面粗糙度要求，分别是*Ra*3.2μm、*Ra*6.3μm、*Ra*12.5μm，可以看出法兰盘的ϕ30H7mm、ϕ60H7mm孔的内圆面、ϕ70k6mm台阶的外圆面及ϕ120mm台面的端面表面粗糙度要求较高，均为配合面，其余表面粗糙度要求不高，保持*Ra*12.5mm即可。

3.3　箱体类零件图的绘制与识读

项目引入

汽车转向系统是用来改变或保持汽车行驶方向的一系列装置。转向助力系统已成为大部分汽车的标准装配，通常根据汽车配置需要分别在“液压助力转向”“电动助力转向”“主动转向”三种转向系统中选用。转向助力系统结构示意图如图3-3-1所示。

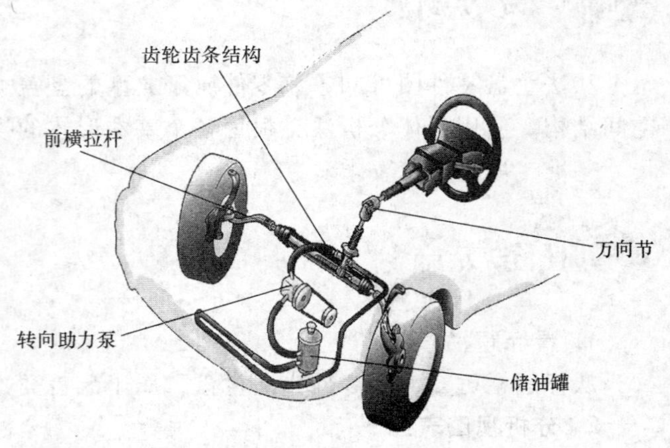

图3-3-1　转向助力系统结构示意图

助力转向借助外力，使驾驶人用

较少的力就能完成转向。起初应用于一些大型车上，现在已经广泛应用于各种车型上，使得驾驶更加轻松、敏捷，在一定程度上提高了驾驶安全性。图 3-3-2 所示为转向系统结构示意图。

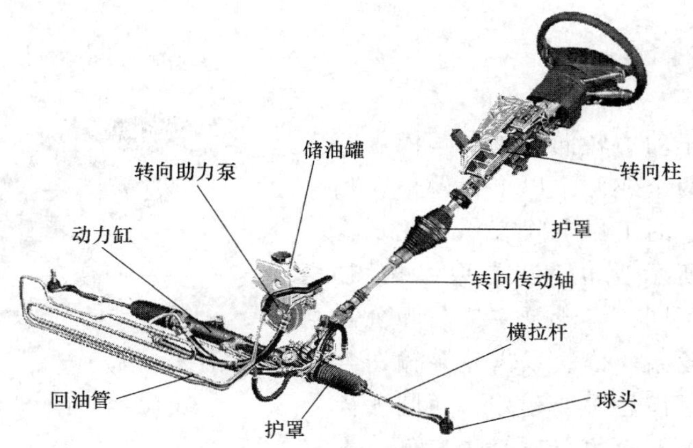

图 3-3-2　转向系统结构示意图

助力转向按动力的来源可分为液压助力和电动助力两种。这里主要研究机械式液压助力系统，机械式液压助力系统主要包括齿轮齿条转向结构和液压系统（液压助力泵、液压缸、活塞等）两部分。工作原理是通过液压泵（即齿轮泵，由发动机通过传动带带动）提供油压、推动活塞，进而产生辅助力推动转向拉杆，辅助车轮转向。图 3-3-3 所示为液压助力转向系统构造图。

本项目主要研究齿轮泵壳体的机械图样的画法。

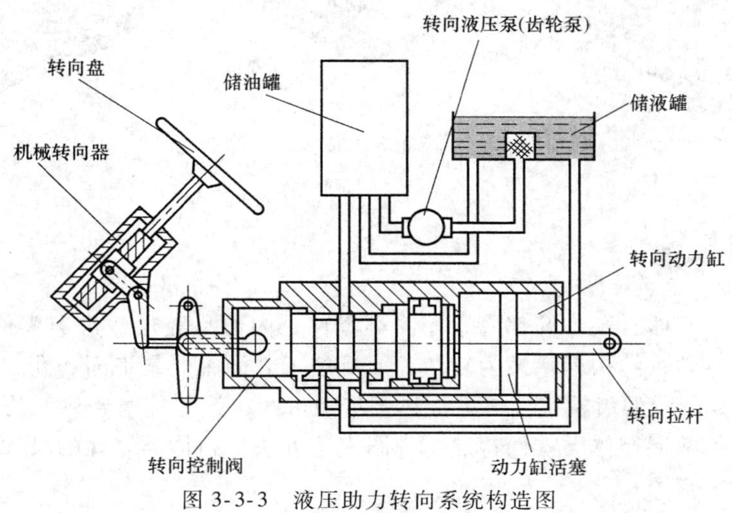

图 3-3-3　液压助力转向系统构造图

项目目标

1）掌握汽车零部件中箱体类零件的结构特征。

2）掌握汽车零部件中箱体类零件图的尺寸标注及技术要求。

3）学会齿轮泵壳体的测绘方法、步骤及视图的绘制。

3.3.1 齿轮泵壳体零件图测绘与绘制

任务引入

齿轮泵用于汽车动力转向装置，其依靠密封在一个壳体中的两个或两个以上齿轮，在相互啮合过程中所产生的工作空间容积变化来输送液体。图 3-3-4 所示为电动齿轮泵结构图。根据所采用齿轮的不同，齿轮泵主要分为公法线齿轮泵和圆弧齿轮泵。公法线齿轮泵输送含杂质的介质时比圆弧齿轮泵要耐用，而圆弧齿轮泵结构特殊，输送干净的介质时噪声低、寿命长。图 3-3-5 所示为齿轮泵壳体零件三维造型，那么怎样表达该零件的正确机械图样呢？

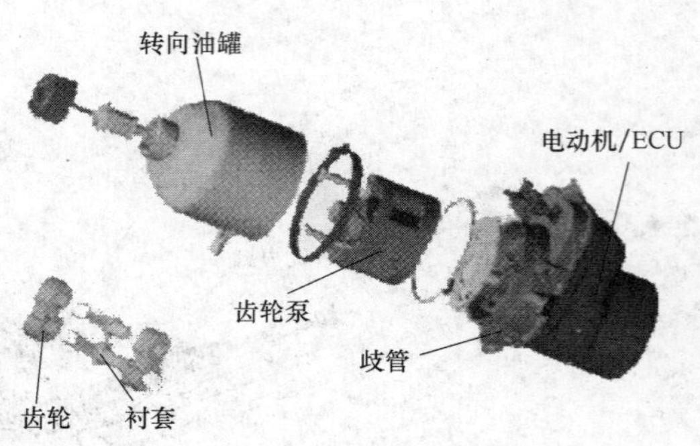

图 3-3-4 电动齿轮泵结构图

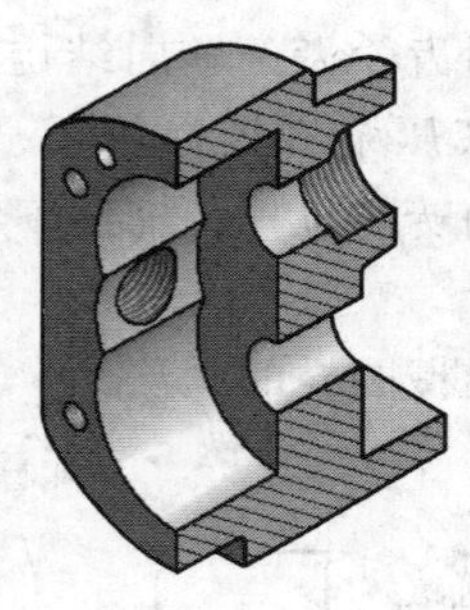

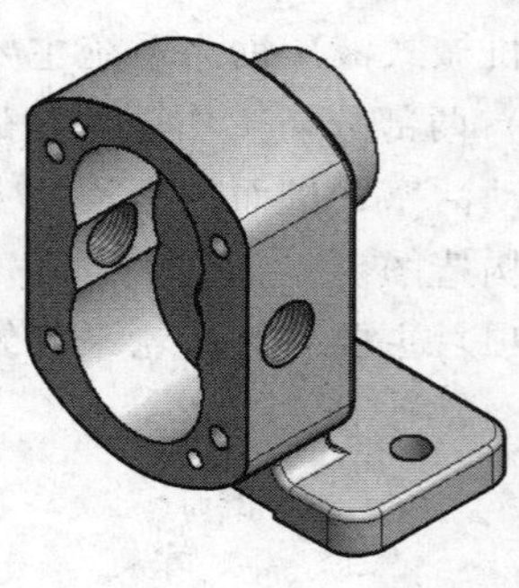

图 3-3-5 齿轮泵壳体零件三维造型

任务分析

减速器箱体、阀体、泵体等都属于箱体类零件，内部呈腔形，这类零件主要用来支承、包容、保护其他零件，结构形状最为复杂，而且加工表面主要是平面和孔，加工位置变化也最多。从图 3-3-5 所示的齿轮泵壳体零件三维造型可知，该零件属于典型的箱体类零件，要画其零件图，必须掌握箱体类零件特点、视图表达方法、箱体类零件的尺寸标注、技术要求及加工工艺等相关知识。

相关知识

一、箱体类零件视图表达方案的选择

1. 结构分析

箱体类零件大多为铸件，主要结构是由均匀的薄壁围成不同形状的空腔，空腔壁上还有多方向的孔，以达到容纳和支承的作用；具有加强筋、铸造圆角、起模斜度等常见结构。为使其他零件装在箱体上以及箱体再装在机座上，常有安装底板、安装孔、螺孔等结构。为防止灰尘进入箱体以及保证箱体内运动零件的润滑，箱壁部分常有安装箱盖、游标、油塞等零件的凸台、凹坑、螺孔等结构。

2. 视图选择

1）主视图的选择。箱体类零件加工位置多变，一般经多种工序加工而成，选择主视图时，主要考虑形状特征或工作位置，按照主要加工位置进行安放。一般这类零件都是在符合“形状特征性原则”的前提下，按其主要加工位置安放主视图，且在一般情况下，这种安放位置也与其工作位置吻合。

2）其他视图的选择。由于零件结构较复杂，常需三个以上的视图，并广泛地应用各种方法来表达。

3）表达方法的选用。通常采用通过主要支承孔轴线的剖视图表达其内部形状，对零件的外形也要采用相应的视图表达清楚。箱体上的一些细小的结构常用局部视图、局部剖视图、断面图等表示。

二、箱体类零件图的尺寸标注及技术要求

1. 箱体类零件图的尺寸标注

1）确定尺寸基准。箱体类零件通常以主要孔的轴线、对称面、较大的加工平面或结合面作为长、宽、高方向的主要基准，长度方向尺寸基准为左右对称面，宽度方向尺寸基准为前后对称面，高度方向尺寸基准为箱体的底面。

2）尺寸标注。

① 直接标注箱体类零件的重要尺寸，如中心高、配合尺寸和与安装有关的尺寸等。

② 根据尺寸基准，按照形体分析法标注定形尺寸、定位尺寸及总体尺寸。箱体类零件主要是铸件，标注必须满足铸模制造的要求且便于加工。

2. 箱体类零件图的技术要求

1）极限与配合及表面粗糙度。箱体类零件中轴承孔、结合面、销孔等表面粗糙度要求较高，其余加工面要求较低。轴承孔的中心距、孔径以及一些有配合要求的表面、定位端面一般有尺寸精度的要求，轴承孔为工作孔，表面粗糙度要求为 $Ra1.6\mu m$，要求最高。

2）孔系的技术要求。箱体上有孔间距和同轴度要求的一系列孔，称为孔系。为保证箱体孔与轴承外圈配合及轴的回转精度，孔的尺寸精度为 IT7，孔的几何形状误差控制在尺寸公差范围之内。为保证齿轮啮合精度，孔轴线间的尺寸精度、孔轴线间的平行度、同一轴线上各孔的同轴度误差和孔端面对轴线的垂直度误差，均应有较高的要求。

3）几何公差要求。同轴的轴、孔之间一般有同轴度要求；不同轴的轴和孔之间、轴和孔与底面之间一般有平行度要求。

4）其他技术要求。箱体类零件的非加工表面一般在图样的右下角标注表面粗糙度要求；零件图的文字技术要求中常注明箱体需要人工时效处理、铸造圆角要求等。

根据以上所学的内容，完成图 3-3-5 所示齿轮泵壳体零件的机械图样绘制，方法及步骤

如下。

一、绘制零件草图

1）根据零件的总体尺寸和大致比例确定图幅，在图纸上定出各视图的位置。画主要轴线、中心线等作图基准线，如表 3-3-1 图 a 所示。布置各视图的位置时，要考虑到各视图之间应留有标注尺寸的地方，右下角应留有标题栏的位置。

2）详细地画出零件外部和内部的结构形状，如表 3-3-1 图 b 所示。根据实际需要，以目测比例徒手画出各视图、剖视图和断面图等。

3）选择基准，画出全部尺寸的尺寸线、尺寸界线及箭头，如表 3-3-1 图 c 所示。

4）逐个测量尺寸，填写尺寸数值，画剖面线，标注表面粗糙度、几何公差等必要的技术要求，填写标题栏中的相关内容，完成零件草图的全部绘制工作，如表 3-3-1 图 d 所示。

具体要求提示如下。

① 零件草图要符合零件图的全部内容要求，视图表达、尺寸标注要完整，零件的材料可参考有关资料。

② 标准件不用测绘，根据有关数据，查出结构、尺寸和规定标记。

③ 注意配合尺寸的一致。齿轮孔与轴颈的配合；轴承内孔与轴颈的配合，轴承外径与机座、机盖孔的配合；各可通端盖、端盖孔与轴颈的配合等。

表 3-3-1　齿轮泵草图绘制

	草图绘制步骤
画基准	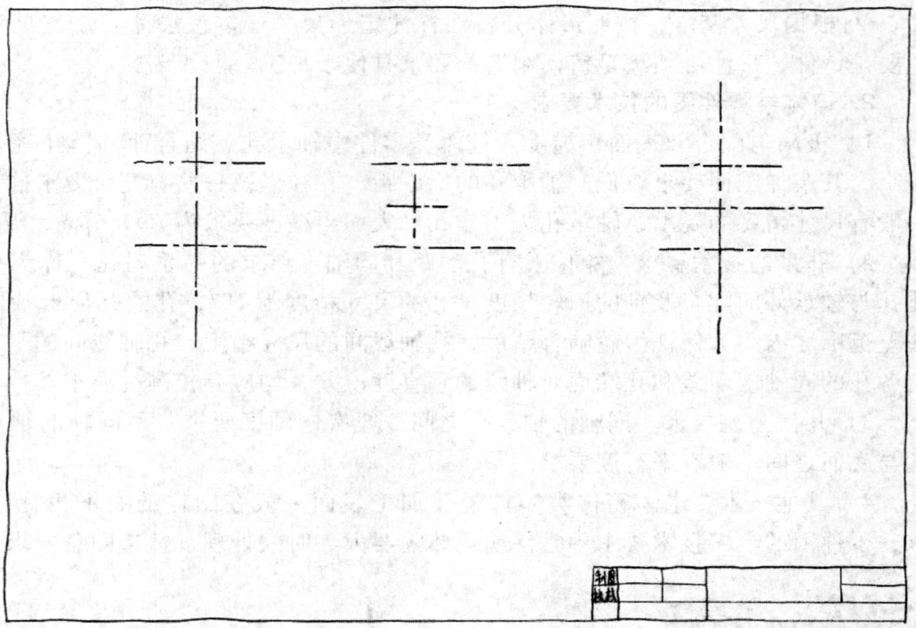 a)

（续）

	草图绘制步骤
画视图	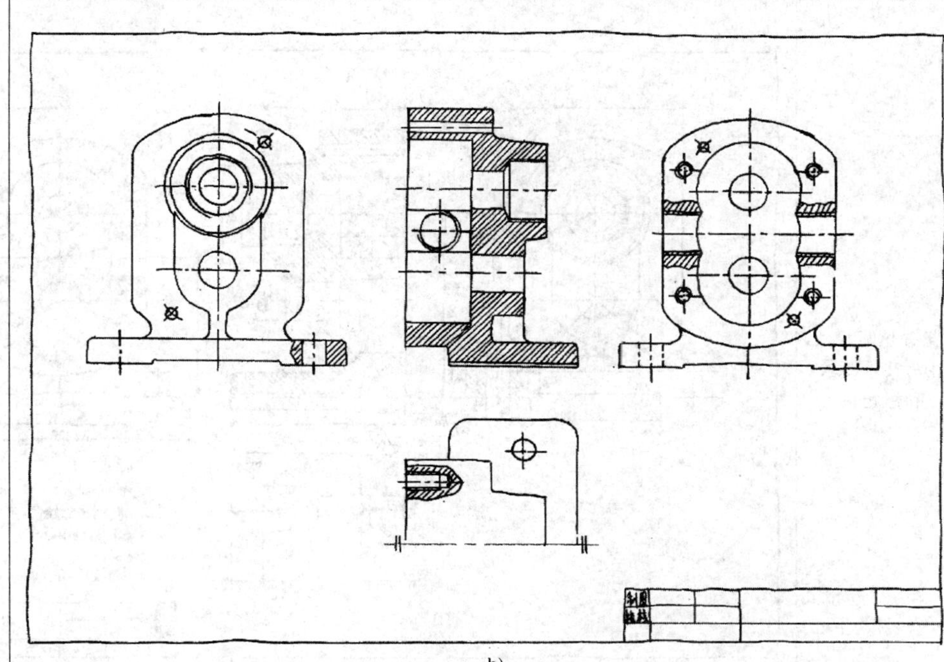 b)
画尺寸线、尺寸界线、	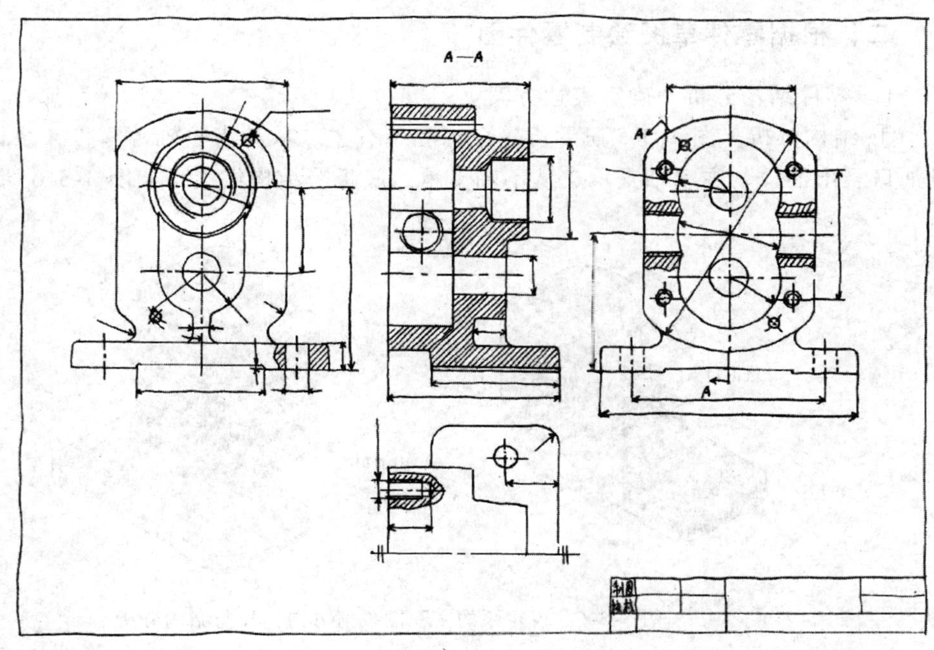 c)

（续）

	草图绘制步骤
测量并填写尺寸，注写技术要求和标题栏	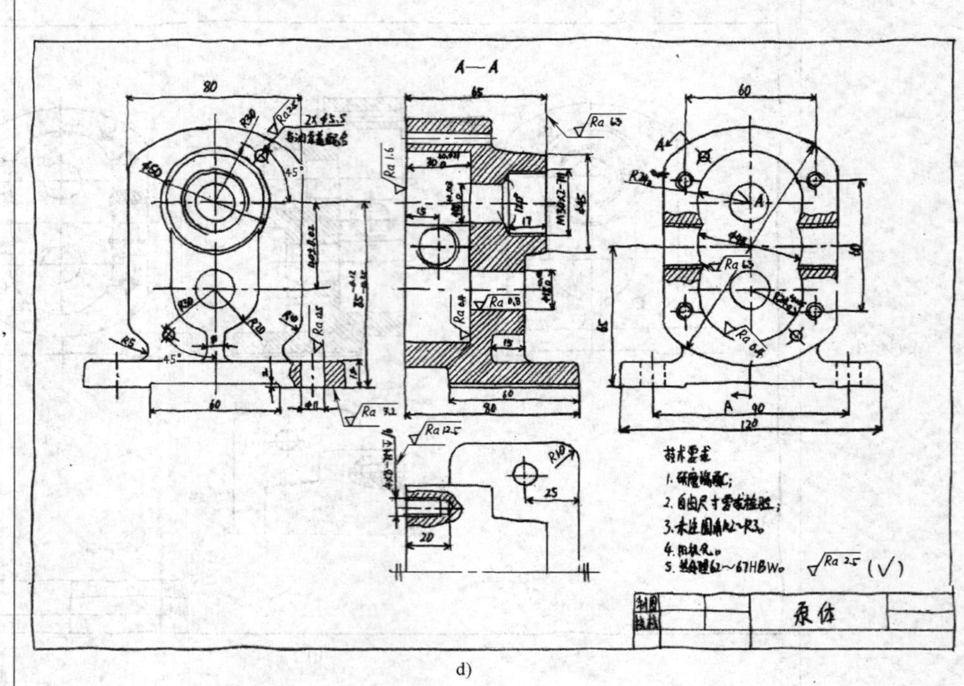 d)

二、根据零件草图绘制零件图

1）零件结构分析，确定表达方案。

① 结构分析。图 3-3-5 所示齿轮泵内腔装有主、从动齿轮轴等零件，泵体结构由主体、进油口、出油口、主动轴支承、从动轴支承、底板等结构组成，如图 3-3-6 所示。

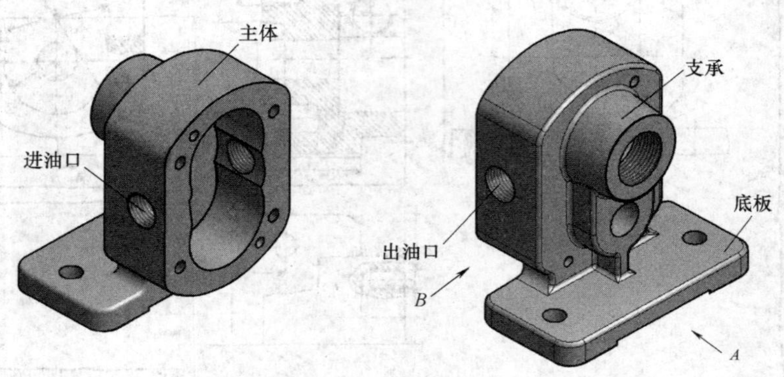

图 3-3-6　齿轮泵的主视图投射方向选择与结构分析

② 视图选择。从图 3-3-6 中可以看出，齿轮泵主视图的投射方向选 *A* 向所反映的形状特征明显，并按工作位置安放主视图。

③ 摆放位置。根据零件的加工位置选择主视图，一般按水平位置放置。

2）根据零件实际尺寸及结构选择绘图比例为 1∶1.5，留出尺寸标注位置，确定图纸幅面，画图框线和标题栏。

3）审核零件草图。

① 审核表达方案是否完整、清晰、合理，是否需要调整。

② 尺寸标注是否合理。

③ 技术要求是否符合性能要求和加工要求。

④ 是否符合国家标准。

4）绘制零件图。根据零件草图，将不合理处进行调整，完成零件图绘制，如图 3-3-7 所示。

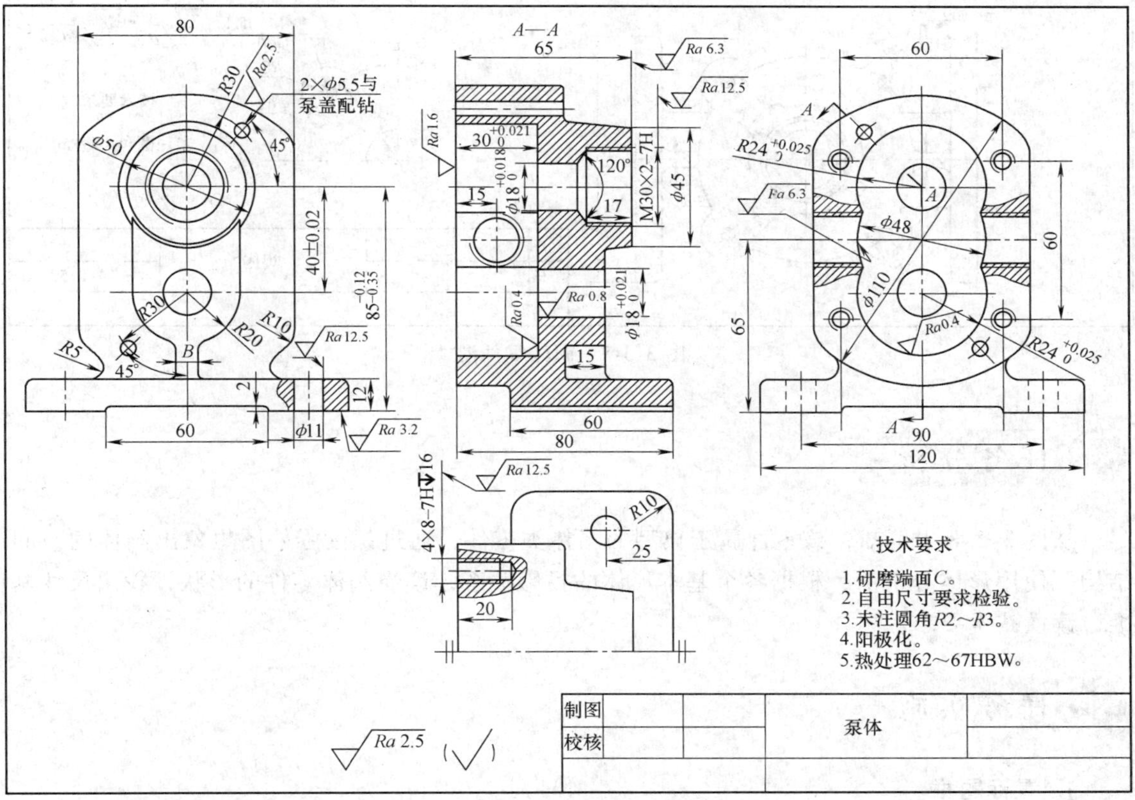
A—A
2×φ5.5与
泵盖配钻
M30×2-7H
4×8-7H↧16
技术要求
1.研磨端面C。
2.自由尺寸要求检验。
3.未注圆角R2～R3。
4.阳极化。
5.热处理62～67HBW。
制图
校核
泵体
Ra 2.5 (√)

图 3-3-7　齿轮泵零件图

3.3.2　阀体零件图的识读

任务引入

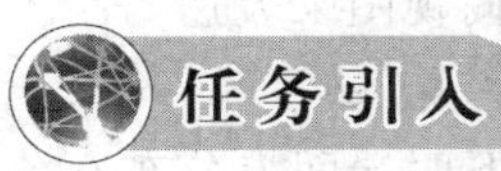

如何正确识读图 3-3-8 所示阀体零件图？

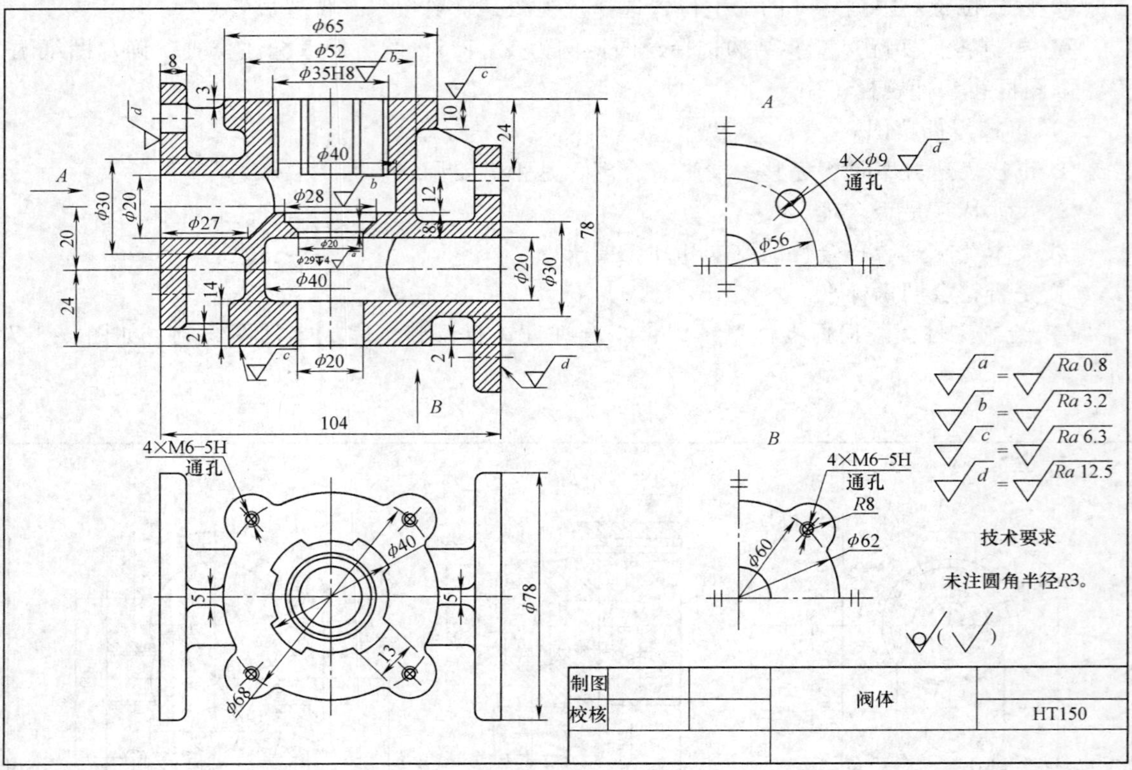

技术要求

未注圆角半径R3。

图 3-3-8　阀体零件图

任务分析

从图 3-3-8 中可知，该零件属于典型的箱体类零件，通过识读零件图想象出阀体的空间结构。使用形体分析法，根据各个基本形体的投影关系，读懂阀体零件的形状，找出尺寸基准，读懂技术要求。

任务实施

1. 看标题栏

从标题栏可知，该零件为阀体，属于箱体类零件，材料为 HT150。

2. 分析视图表达

图 3-3-8 中采用了主、俯两个基本视图。主视图采用全剖视图，反映了零件腔体内部结构及位置关系。俯视图将阀体上下端面形状及位置关系反映出来。阀体左右侧面端面形状及孔的尺寸利用了 *A* 向向视图表达。阀体下端面孔的位置及尺寸采用 *B* 向向视图来表达。

3. 分析形体结构

阀体零件为壳体，由上下左右四个端面、连接部分、型腔组成。上下两端面上分布有 4 个螺孔，上下端面通孔位置不同，左右两端面上分布 4 个通孔。端面与阀体主体连接部分有加强筋连接，增强连接处的强度及刚度。

4. 分析尺寸标注

长度方向的尺寸基准是 ϕ35H8mm 的中心线，它是尺寸 ϕ52mm、ϕ35H8mm、ϕ65mm、ϕ20mm 的标注起点；高度方向的尺寸基准是阀体下端面，它是尺寸 24mm、78mm、14mm、2mm 的标注起点，其中两个 ϕ20mm 的中心线、阀体上端面为辅助基准；宽度方向的尺寸基准是阀体前后方向的对称平面，它是尺寸 ϕ40mm、ϕ68mm、5mm 的标注起点。

5. 分析技术要求

1）尺寸公差。尺寸精度要求高的是 ϕ35H8mm 的孔，基本偏差代号 H，采用基孔制配合，公差等级为 IT8，其他未标注。

2）表面粗糙度。阀体有五种表面粗糙度要求，分别是 *Ra*0.8μm、*Ra*3.2μm、*Ra*6.3μm、*Ra*12.5μm、和 ◯✓（✓），可以看出阀体主体内部型腔的表面粗糙度要求较高，壳体外部表面粗糙度要求不高，◯✓（✓）表示未注表面为不加工表面，保持铸造原状。

3.4 叉架类零件图的绘制与识读

汽车的制动系统对行车安全非常重要，行车中如出现制动失灵等故障，后果将不堪设想。制动系统的工作原理就是将汽车的动能通过摩擦转换成热能。汽车制动系统主要由供能装置、控制装置、传动装置和制动器等部分组成，如图 3-4-1 所示。常见的制动器主要有鼓式制动器和盘式制动器。

本项目主要研究汽车制动系统中制动支架零件的机械图样的画法。

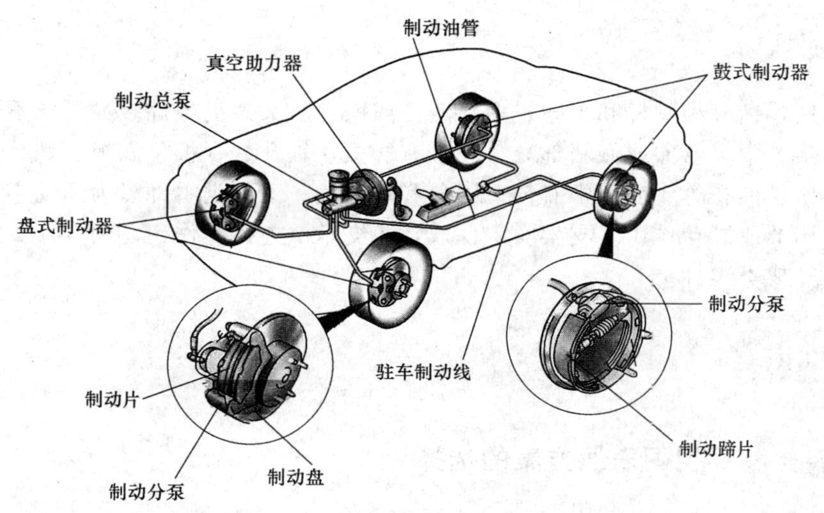

图 3-4-1　汽车制动系统结构示意图

项目目标

1）掌握汽车零部件叉架类零件的结构特征。
2）掌握汽车零部件叉架类零件的视图表达方法。
3）掌握汽车零部件叉架类零件图的尺寸标注及技术要求。
4）学会汽车零部件叉架类零件的测绘方法、步骤及视图的绘制。

3.4.1 制动支架零件图测绘与绘制

任务引入

制动支架是用于汽车的制动装置，其主要起到连接、固定、支承作用，图 3-4-2 所示为制动支架零件三维造型，那么怎样表达该零件的机械图样呢？

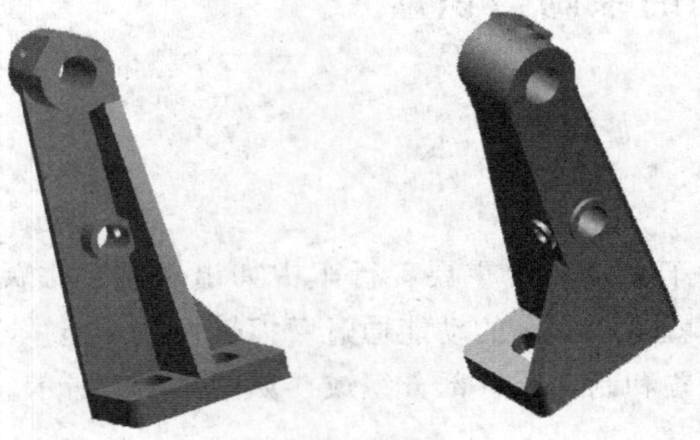

图 3-4-2 制动支架零件三维造型

任务分析

叉架类零件包括各种叉杆和支架，多为铸件或锻件。叉架类零件多数形状不规则，外形结构比内腔复杂，常有弯曲或倾斜部分，并带有肋板、轴孔、耳板、底板、螺孔等结构，局部结构常有油槽、油孔等，表面常有铸造圆角和过渡线。叉杆类零件多为运动零件，通常起传动、连接、调节或制动作用。支架类零件通常起支承、连接等作用。图 3-4-2 所示的制动支架为典型的叉架类零件。

相关知识

一、叉架类零件视图表达方案的选择

1. 结构分析

叉架类零件主要起连接、拨动、支承等作用，它包括拨叉、连杆、支架、摇臂、杠

杆、轴承座等。叉架类零件具有铸（锻）造圆角、起模斜度等结构。这类零件一般由支承部分、工作部分和连接部分三部分构成，多数为不对称零件。支承部分和工作部分细部结构较多，如圆孔、螺孔、油槽、油孔、凸台和凹坑等。连接部分多为肋板结构，且形状弯曲、扭斜的较多。这类零件的毛坯形状比较复杂，一般需经过铸造加工和切削加工等多道工序。

2. 视图选择

1）主视图的选择。这类零件结构较复杂，需经多种加工，常以工作位置或自然位置放置，主视图主要由形状特征和工作位置来确定。当工作位置倾斜或不固定时，可将其放正画主视图。

2）其他视图的选择。叉架类零件结构形状较为复杂，一般需要两个以上的基本视图，并用斜视图、局部视图，以及剖视图、断面图等表达内外形状和细部结构。

3）表达方法的选用。主视图常用剖视图表达主体外形和局部内形。零件上的肋剖切时应采用规定画法。对于连接支承部分的截面形状，用断面图表示。对表面的过渡线，应仔细分析、正确绘制。

二、叉架类零件图的尺寸标注及技术要求

1. 叉架类零件图的尺寸标注

1）确定尺寸基准。叉架类零件的长、宽、高方向的主要基准一般为加工的大底面、对称平面或大孔的轴线。

2）定形尺寸。通常先按形体分析法将零件划分为几个基本体，再标注定形尺寸，内外结构形状要保持一致。起模斜度、圆角等也要标注出来。

3）定位尺寸。叉架类零件上的定位尺寸较多，要注意能否保证定位精度。一般注出孔轴线间的距离，或者孔轴线到平面间的距离，或者平面到平面间的距离。此外由于这类零件图的圆弧连接较多，所以应给出已知圆弧与中间圆弧的定位尺寸。

2. 叉架类零件图尺寸标注注意事项

1）同一个基本形体的定形尺寸和有关定位尺寸，要尽量集中标注在一个或两个视图上，尽量注在反映形体的形状和位置特征最明显的视图上，并注意避免注在虚线上，这样便于看图。

2）零件剖视表达后，某些结构往往未全部画出，标注尺寸时应按完整形状注出。

3）对称分布的内形结构在半剖视图中另一半未画出，应将尺寸线超过对称中心线或轴线。

3. 叉架类零件图的技术要求

叉架类零件一般对工作部分的孔的表面粗糙度、尺寸公差和几何公差有比较严格的要求，同时对某些角度或某部分的长度尺寸有一定的公差要求，应给出相应的公差值。对其他非工作表面的表面粗糙度、尺寸公差、几何公差等内容没有特别严格的要求。

任务实施

根据以上所学的内容，完成图 3-4-2 所示制动支架的机械图样绘制，方法及步骤如下。

一、绘制零件草图

1）根据零件的总体尺寸和大致比例确定图幅，在图纸上定出各视图的位置。画主要轴线、中心线等作图基准线，如表 3-4-1 图 a 所示。布置各视图的位置时，要考虑到各视图之间应留有标注尺寸的地方，右下角有标题栏的位置。

2）详细地画出零件外部和内部的结构形状，如表 3-4-1 图 b 所示。根据实际需要，以目测比例徒手画出各视图、剖视图和断面图等。

3）选择基准，画出全部尺寸的尺寸线、尺寸界线及箭头，如表 3-4-1 图 c 所示。

4）逐个测量尺寸，填写尺寸数值，画剖面线，标注表面粗糙度、几何公差等必要的技术要求，填写标题栏中的相关内容，完成绘制零件草图的全部工作，如表 3-4-1 图 d所示。

表 3-4-1　制动支架草图绘制

	草图绘制步骤
画基准	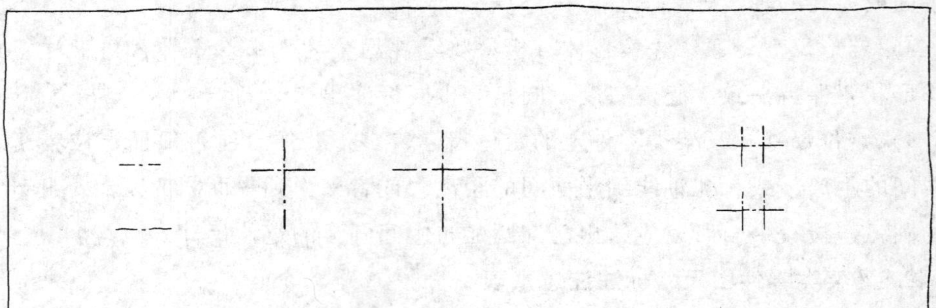 a)

（续）

	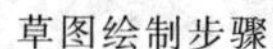草图绘制步骤
画视图	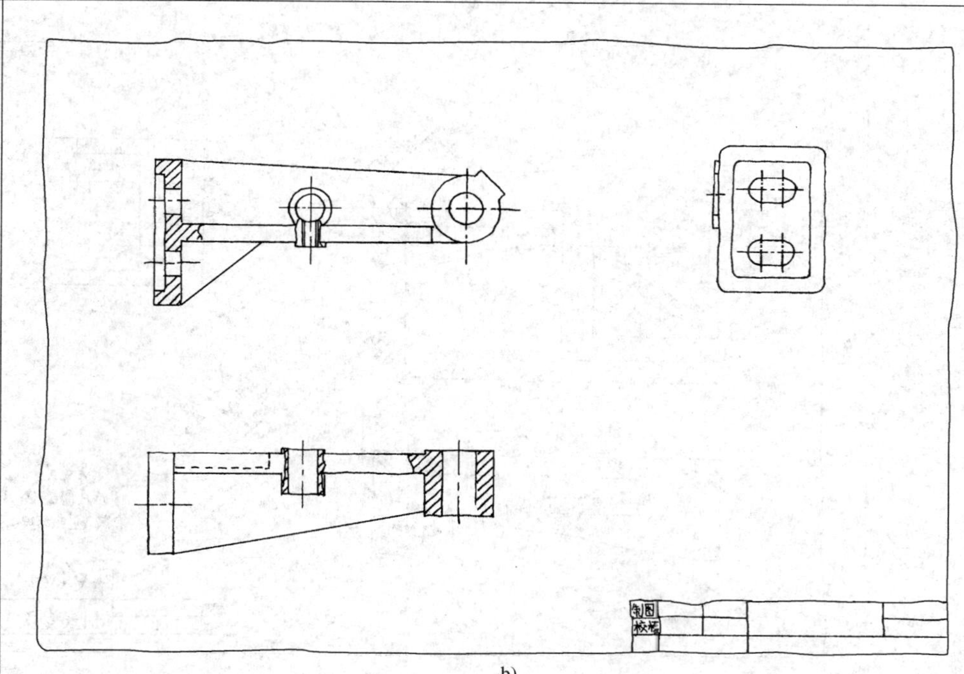 b)
画尺寸线、尺寸界线、箭头	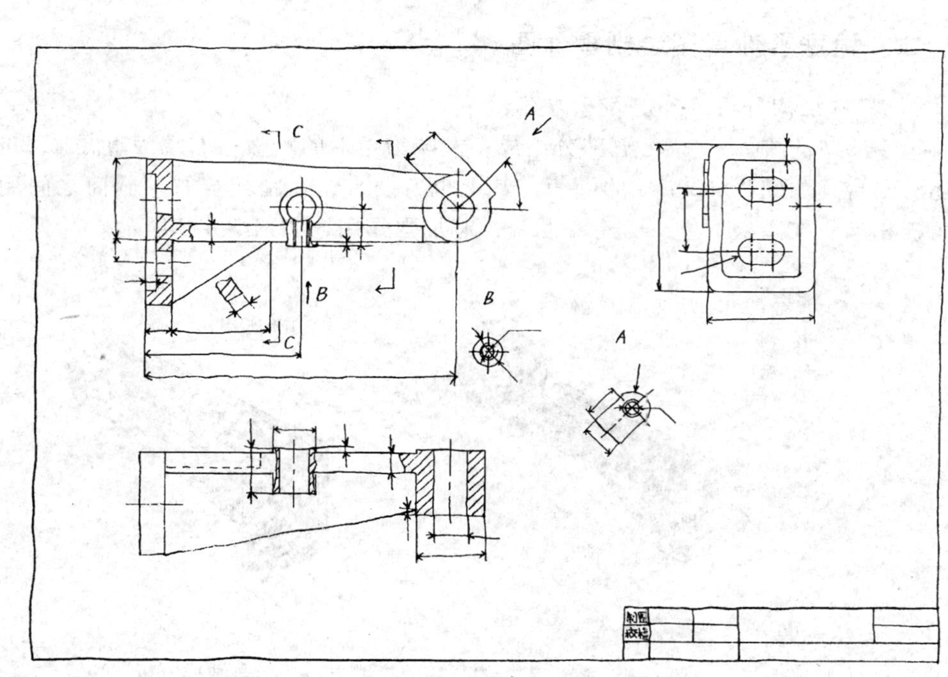 c)

（续）

	草图绘制步骤
测量并填写尺寸,注写技术要求和标题栏	技术要求 1.未注圆角R3~R5。 2.毛坯进行退火处理。 制动支架 HT200 d)

二、根据零件草图绘制零件图

1）零件结构分析，确定表达方案。

① 结构分析制动支架由五部分组成，左端为矩形的踏板；右端为直径 ϕ32mm 圆筒，其上还有凸台；中间为 ϕ20mm 的圆筒，其上也有凸台；在踏板与右端圆筒之间用“L”形的直角板相连；在踏板的左下方有一肋板，起加强作用，如图 3-4-3 所示。

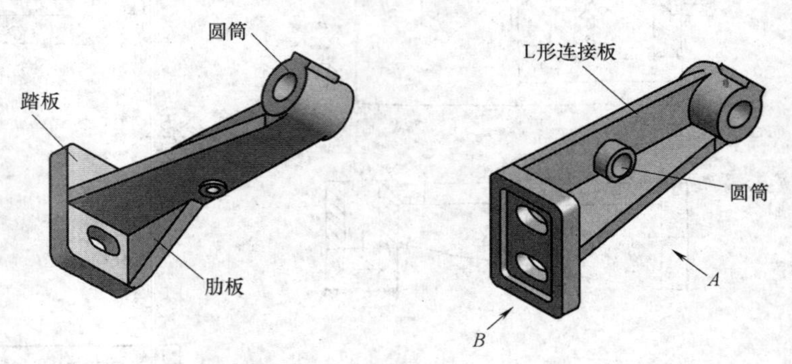

图 3-4-3　制动支架的主视图投射方向选择与结构分析

② 视图选择。从图 3-4-3 可以看出，制动支架主视图的投射方向选 A 向所反映的形状

特征明显，并按工作位置安放主视图。该支架的零件图可以由六个图形组成：主视图、俯视图、左视图、局部视图、斜视图和一个移出断面图。

a. 主视图采用两处局部剖视，分别表达中部 ϕ20mm 圆筒及 M6-7H 螺孔的结构以及制动支架左侧踏板的结构。

b. 俯视图采用两处局部剖视，表达 ϕ32mm 圆筒的结构。

c. 左视图通过外形结构用以表达制动支架左侧踏板的结构形状。

d. 斜视图用于表达制动支架右侧 ϕ32mm 圆筒上凸台的结构形状。

e. 局部视图用于表达中部 ϕ20mm 圆筒上凸台的结构形状。

f. 移出断面图用于表达肋板的断面形状。

③ 摆放位置。根据零件的加工位置选择主视图，一般按水平位置放置。

2）根据零件实际尺寸及结构选择绘图比例为 1∶1，留出尺寸标注位置，确定图纸幅面，画图框线和标题栏。

3）审核零件草图。

① 审核表达方案是否完整、清晰、合理，是否需要调整。

② 尺寸标注是否合理。

③ 技术要求是否符合性能要求和加工要求。

④ 是否符合国家标准。

4）绘制零件图。根据零件草图，将不合理处进行调整，完成制动支架零件图绘制，如图 3-4-4 所示。

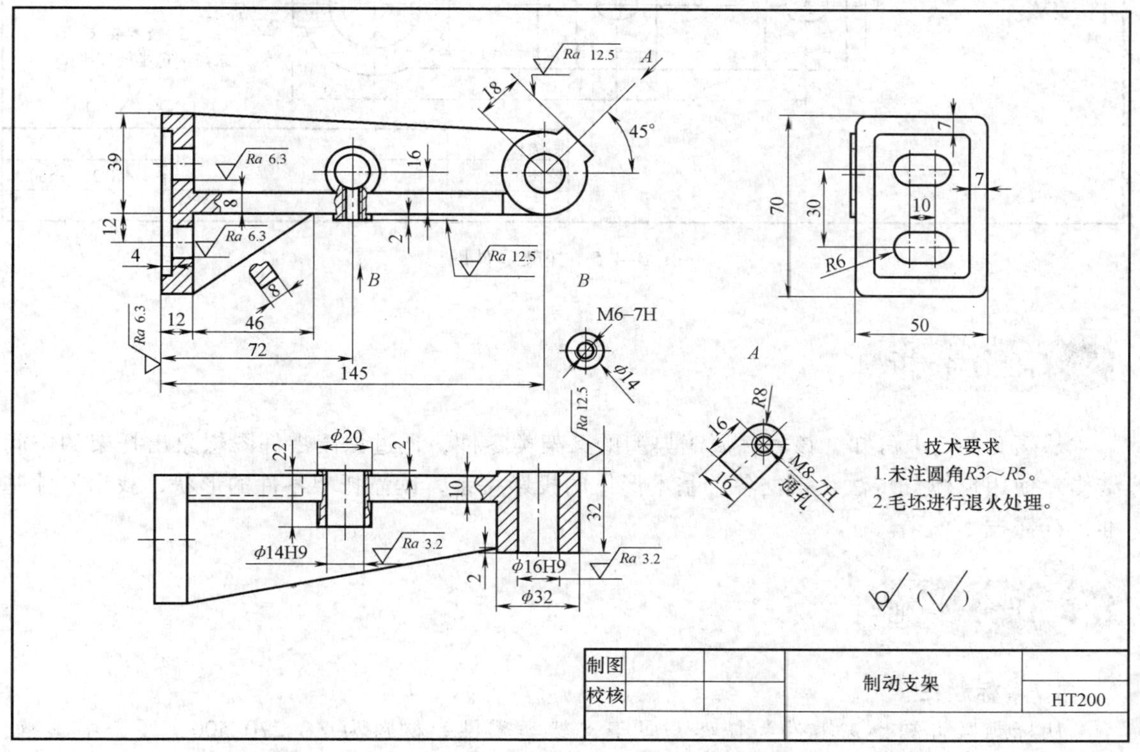

图 3-4-4　制动支架零件图

3.4.2 托架零件图识读

任务引入

如何正确识读图 3-4-5 所示托架零件图？

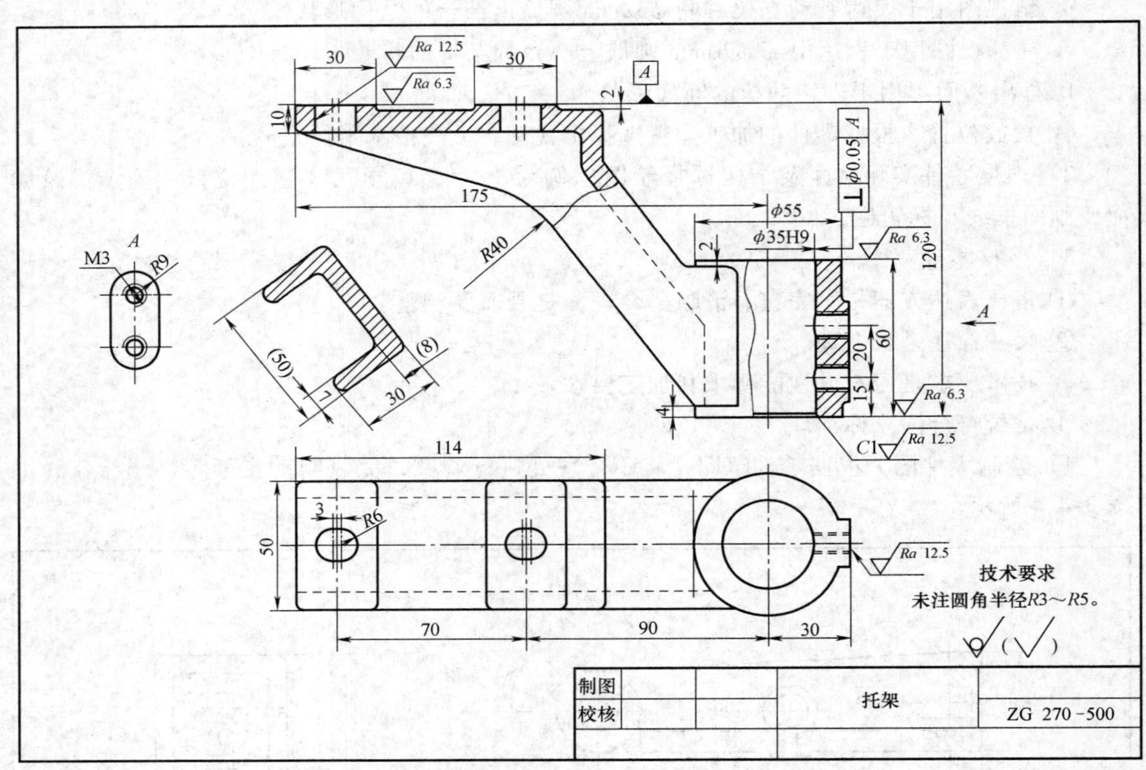

图 3-4-5 托架零件图

任务分析

从图 3-4-5 中可知，该零件属于典型的叉架类零件，通过识读零件图想象出托架的空间结构。使用形体分析法，根据各个基本形体的投影关系，读懂托架零件的形状，找出尺寸基准，读懂技术要求。

任务实施

1. 看标题栏

从标题栏可知，该零件为托架，属于叉架类零件。材料为 ZG 270-500，属于中碳钢，铸钢件。

2. 分析视图表达

图 3-4-5 采用了主、俯两个基本视图。主视图反映了零件的基本组成和相对位置关系。托架的圆筒部分有两个螺孔和一个凸台，同时在托架左上方平板部分有两个通孔，在主视图上用局部剖视图，结合移出断面图，用来表达圆筒和平板之间用槽钢连接；俯视图主要表达托架的外形。

3. 分析形体结构

托架零件由三部分组成，即支承部分、连接部分和工作部分。连接部分是槽钢，支承部分和工作部分结构较多，如平板、螺孔、圆筒等。托架零件三维造型如图 3-4-6 所示。

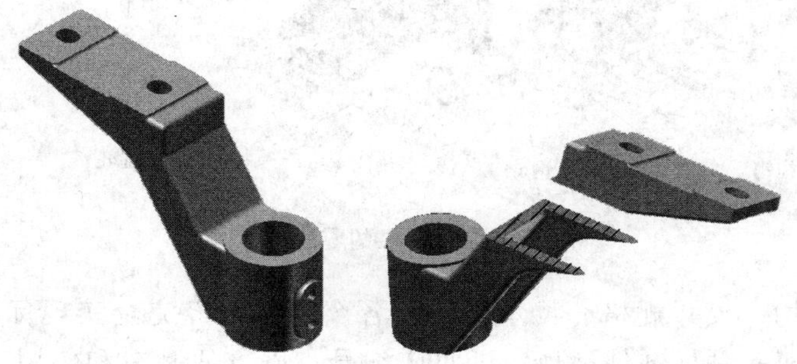

图 3-4-6　托架零件三维造型

4. 分析尺寸标注

长度方向的基准是 ϕ35H9mm 的中心线，它是尺寸 ϕ55mm、ϕ35H9mm、175mm、30mm 和 90mm 的标注起点；高度方向的基准是圆筒的上平面，它是尺寸 10mm、2mm、120mm 的标注起点，圆筒的底面是高度方向的辅助基准；宽度方向的基准是托架前后方向的对称平面，它是尺寸 50mm、*R*6mm 的标注起点。

5. 分析技术要求

1）尺寸公差。尺寸精度要求高的是 ϕ35H9mm 的孔，基本偏差代号 H，采用基孔制配合，公差等级为 IT9，其他未标注。

2）几何公差。垂直度公差的被测要素是 ϕ35H9mm 的轴线，基准是平板的上平面，公差是 ϕ0. 05mm。

3）表面粗糙度。托架有三种表面粗糙度要求，分别是 *Ra*6. 3μm、*Ra*12. 5μm 和 ∀（✓），可以看出托架的表面粗糙度要求不高，∀（✓）表示未注表面为不加工表面，保持铸造原状。

3.5　标准件及常用件结构要素的表示方法

在汽车机械中，任何机器或部件都是由零件装配而成的。图 3-5-1 所示为齿轮泵的零件分解图，它是发动机润滑系统的一个部件。从图中可以看出，齿轮泵由泵体、主动轴、主动齿轮、从动轴、从动齿轮、泵盖等零件装配而成，其各零件的连接及装配大量地使用了标准件和常用件。

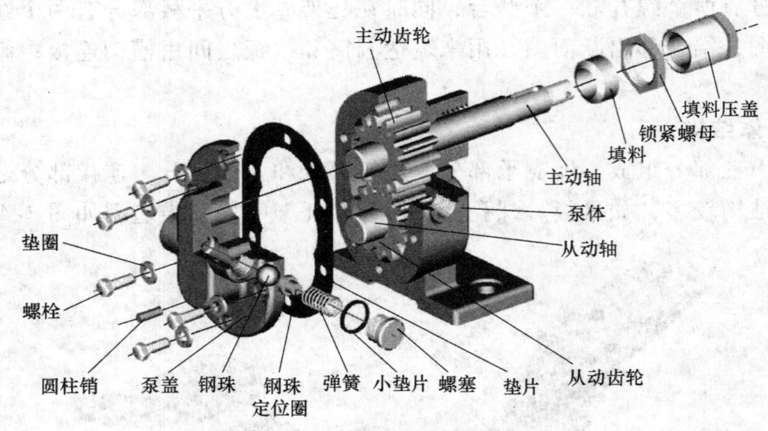

图 3-5-1　齿轮泵的零件分解图

标准件是指结构、尺寸规格、技术要求等各个方面已经完全实现标准化的零件或零件组，国家标准中对每一种标准件都规定了对应编号，以方便制造和使用。一般螺栓、螺钉、螺母、键、销、滚动轴承等均属于标准件，齿轮、弹簧等属于常用件，如图 3-5-2 所示。

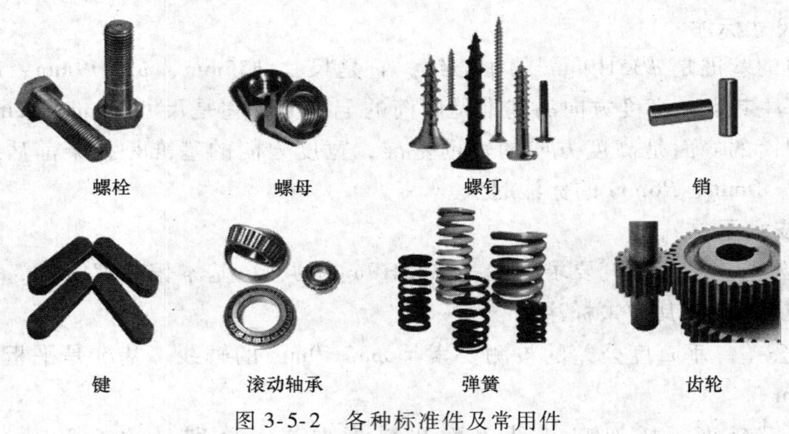

图 3-5-2　各种标准件及常用件

项目目标

1）理解标准件及常用件结构要素的概念。
2）掌握常用件规定的一系列的画法、代号和标记。
3）掌握齿轮、弹簧的规定画法及参数计算方法。
4）了解标准件的国家标准。
5）明确键、销的标记以及键连接、销连接的画法。
6）掌握标准件和常用件以及其他零件配合时的画法。

3.5.1 螺纹及螺纹紧固件连接的画法

任务引入

图 3-5-3 所示为螺纹连接零件装配立体图，那么各类螺纹连接图应该怎样绘制呢？

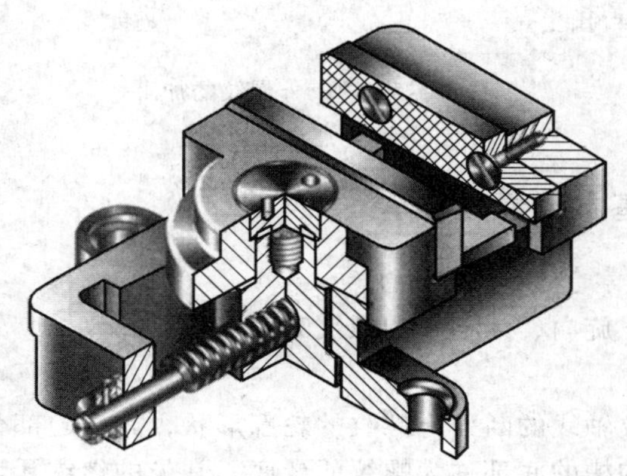

图 3-5-3 螺纹连接零件装配立体图

任务分析

螺纹连接零件是国家标准和机械零件中的标准件，在 GB/T 4459.1—1995 中规定了螺纹的标准画法。要完成螺纹连接的绘制，必须从国家标准入手，掌握螺纹的基本画法、有关参数、标注以及螺纹装配图的画法及基本要求等知识。

相关知识

一、螺纹的形成及加工方法

在圆柱表面上沿着螺旋线所形成的，具有规定牙型的连续凸起和沟槽称为螺纹，在圆柱外表面上形成的螺纹称为外螺纹；在圆柱内表面上形成的螺纹称为内螺纹，如图 3-5-4所示。凸起是指螺纹两侧面间的实体部分，又称牙。

螺纹的形成方法很多，可以车削加工、丝锥攻、板牙套口加工等。在生产实际中最常用的是车削和丝锥攻螺纹，如图 3-5-5 所示。

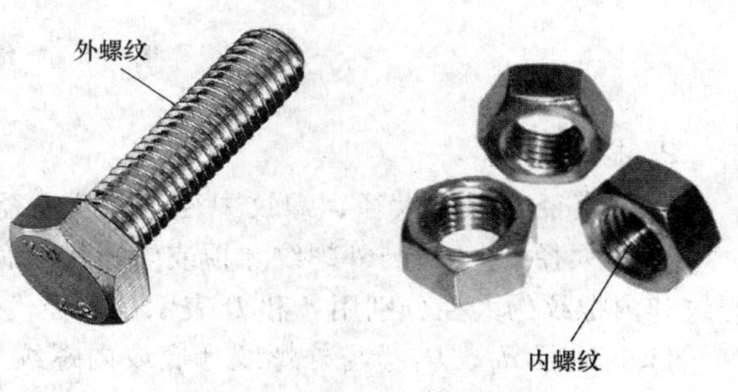

图 3-5-4 内、外螺纹

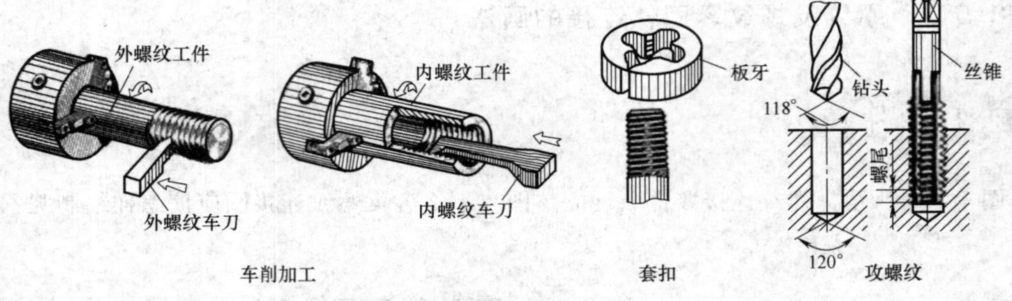

图 3-5-5　内、外螺纹的加工

二、螺纹结构的基本要素

螺纹结构的基本要素包括牙型、直径、螺距、导程、线数、旋向、牙型角和螺纹升角等。

1. 牙型

牙型是指在通过螺纹轴线的断面上螺纹的轮廓形状，其凸起部分称为螺纹的牙，凸起的顶端称为螺纹的牙顶，沟槽的底部称为螺纹的牙底。常见的螺纹牙型有三角形、梯形、锯齿形和矩形，如图 3-5-6 所示。

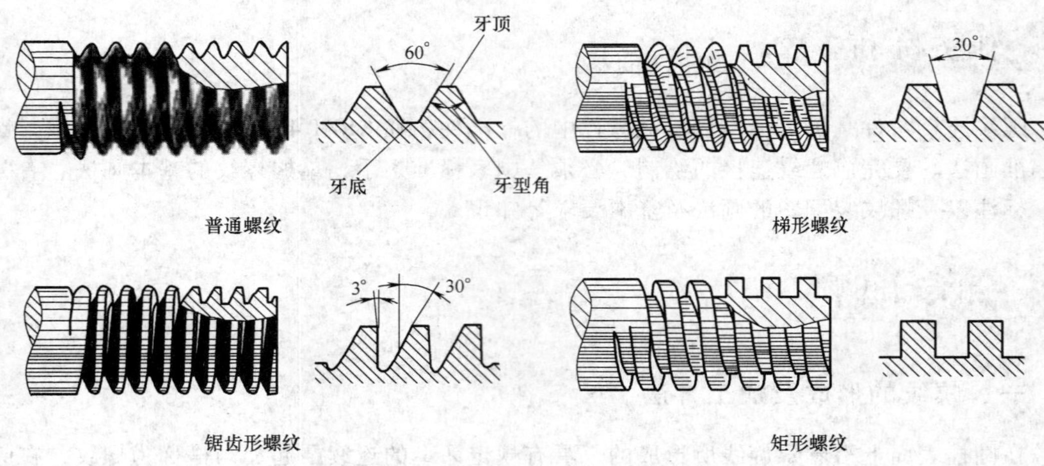

图 3-5-6　螺纹牙型

2. 螺纹直径

螺纹直径有螺纹大径、螺纹中径、螺纹小径，如图 3-5-7 所示。

（1）大径 d、D　与外螺纹牙顶或内螺纹牙底相切的假想的圆柱直径称为螺纹的大径。外螺纹和内螺纹的大径分别用 d 和 D 表示。大径代表螺纹尺寸的直径，又称为螺纹公称直径。

（2）小径 d_1、D_1　与外螺纹牙底或内螺纹牙顶相切的假想圆柱的直径称为螺纹的小径。外螺纹和内螺纹的小径分别用 d_1、D_1 表示。

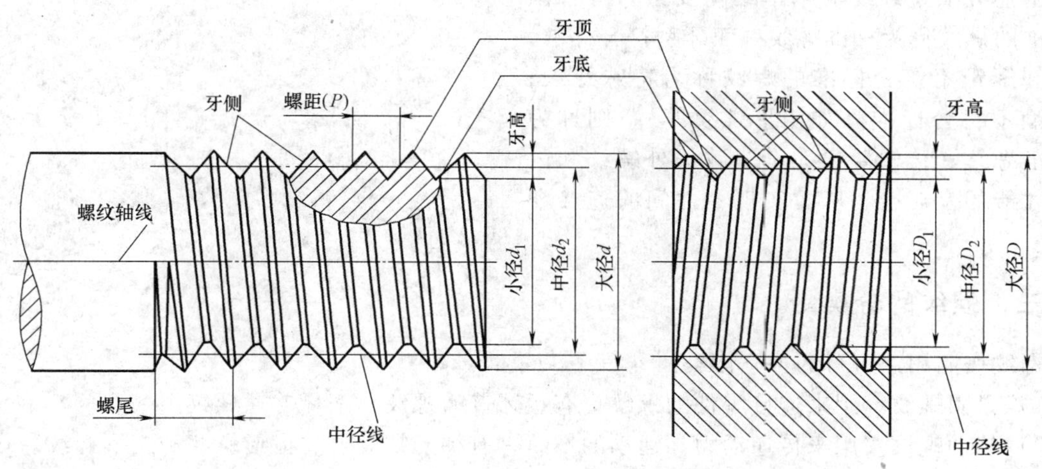

图 3-5-7 螺纹直径

(3) 中径 d_2、D_2 是指一个假想圆柱的直径，该圆柱的素线通过牙型上沟槽和凸起宽度相等的地方。外螺纹和内螺纹的中径分别用 d_2、D_2 表示。

3. 线数（n）

形成螺纹时螺旋线的条数称为螺纹的线数，用字母 n 表示。螺纹有单线和多线之分，如图 3-5-8 所示，沿一条螺旋线形成的螺纹称为单线螺纹；沿一条以上的轴向等距螺旋线形成的螺纹称为多线螺纹。

4. 螺距（P）和导程（P_h）

相邻两牙在中径线上对应两点间的轴向距离称为螺距，螺距用字母 P 表示；同一螺旋线上相邻两牙在中径线上对应两点间的轴向距离称为导程，用字母 P_h 表示，如图 3-5-8 所示。螺距与导程的关系为 $P_h = nP$。显然，单线螺纹的导程与螺距相等。

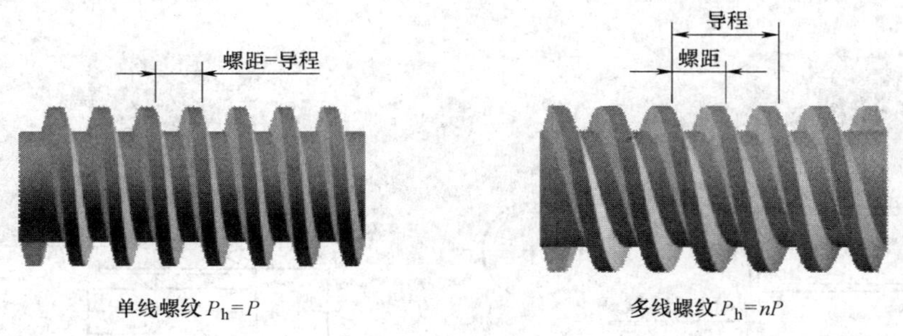

图 3-5-8 螺纹的线数、螺距和导程

5. 旋向

螺纹有右旋和左旋之分，顺时针方向旋转时旋入的螺纹为右旋螺纹；逆时针方向旋转时旋入的螺纹为左旋螺纹。判别螺纹的旋向可采用图 3-5-9 所示的简单方法，即面对轴线竖直的外螺纹，看牙顶的左右分布，如右边高于左边，即右旋，反之则左旋。

上述五项是螺纹的基本结构要素，符合国家标准的螺纹称为标准螺纹。而牙型符合标准，直径和螺距不符合标准的螺纹称为特殊螺纹；若牙型不符合标准（如矩形螺纹等），则称为非标准螺纹。结构要素完全一致的外螺纹和内螺纹才能相互旋合，从而实现零件间的连接和传动。

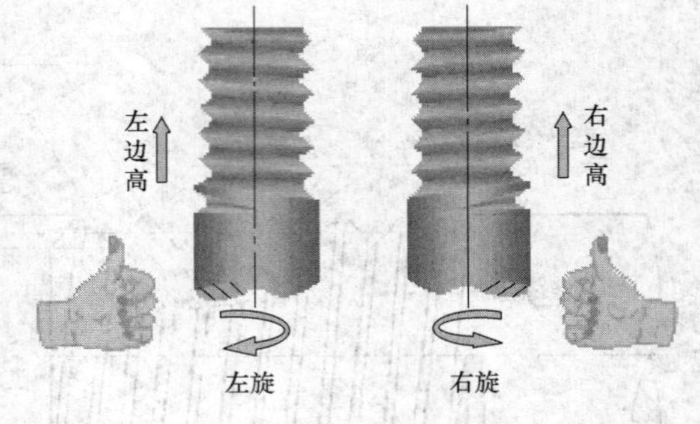

图 3-5-9　螺纹旋向

三、螺纹的分类

螺纹按照用途可分为如下四类。

1）紧固螺纹。用来连接零件的螺纹，有粗牙普通螺纹、细牙普通螺纹。

2）传动螺纹。用来传递动力和运动的螺纹，有梯形螺纹、锯齿形螺纹和矩形螺纹。

3）管螺纹。例如 55°非密封管螺纹、55°密封管螺纹、60°密封管螺纹等。

4）专用螺纹。根据产品设备需要特制的螺纹，如自攻螺钉、气瓶专用螺纹等。

四、螺纹的规定画法（GB/T 4459. 1—1995）

1. 外螺纹的画法

1）螺纹大径用粗实线表示，小径用细实线表示，小径的细实线应画入倒角或倒圆内，如图 3-5-10a 所示。

2）螺纹终止线用粗实线表示，在画螺纹剖视图时，剖面线必须画到表示大径的粗实线处，如图 3-5-10b 所示。

3）当需要表示螺纹收尾时，螺纹尾部的小径用与轴线成 30°的细实线绘制，在绘制剖视图时，螺纹终止线画到小径上，如图 3-5-10b 所示。

4）在垂直于螺纹轴线的视图中，表示小径的细实线圆只画约 3/4 圆，端面处表示倒角的圆省略不画，如图 3-5-10a 所示。

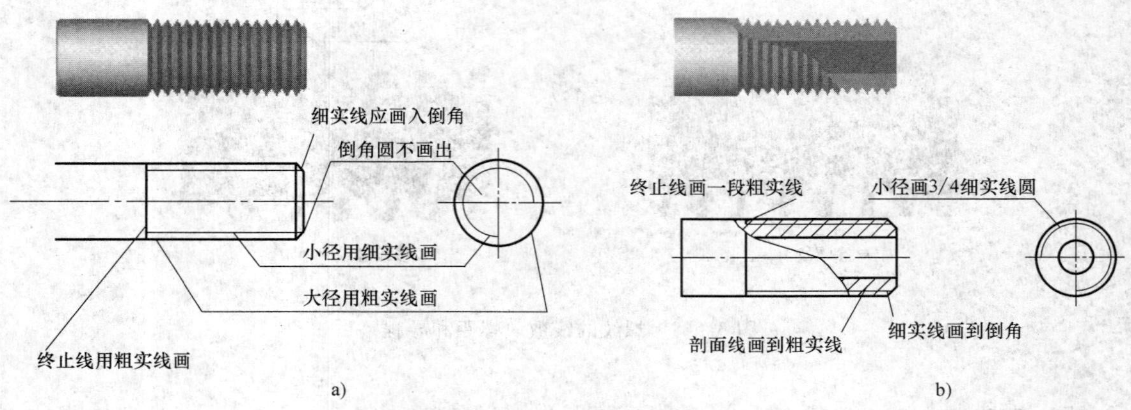

图 3-5-10　外螺纹的画法

2. 内螺纹的画法

内螺纹不可见，通常采用剖视图表达，不用剖视图表达的，则图线均用细虚线绘制。

1）在不反映圆的视图中，螺纹小径和螺纹终止线用粗实线表示，螺纹大径用细实线表示，如图 3-5-11a 所示。

2）剖面线应画到表示螺纹小径的粗实线处。

3）在垂直于螺纹轴线的视图中，小径用粗实线圆表示，表示大径的细实线圆只画 3/4 圆，倒角圆省略不画，如图 3-5-11a 所示。

4）若是不通孔，应分别画出钻孔深度及螺纹深度，钻孔深度距螺纹末端距离为 0.5D，钻孔时在末端形成锥面的锥角按 120°绘制，如图 3-5-11b 所示。

5）当螺孔相交时，其相贯线的画法如图 3-5-11c 所示。

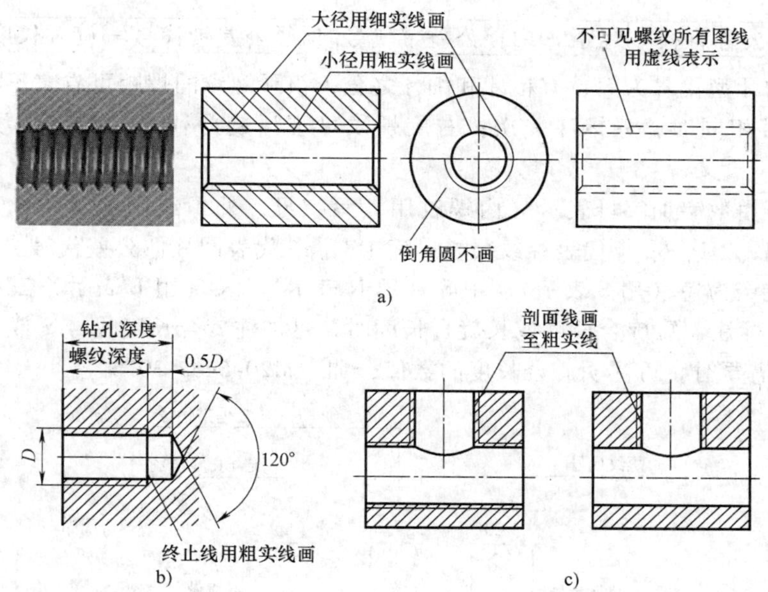

图 3-5-11　内螺纹的画法

3. 内、外螺纹连接的画法

1）用剖视图表示螺纹连接时，内、外螺纹的旋合部分应按外螺纹画法绘制，其余未旋合部分按各自原有的画法绘制。

2）按规定，当实心螺杆通过轴线剖切时按不剖绘制，如图 3-5-12 所示。

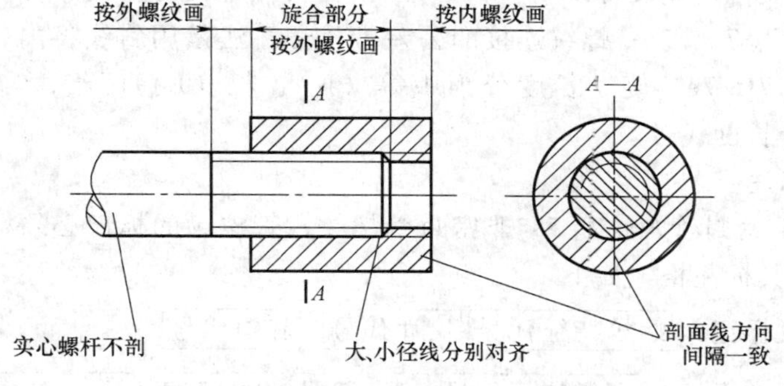

图 3-5-12　内外螺纹旋合画法

注：表示内、外螺纹大径的细实线和粗实线，以及表示内、外螺纹小径的粗实线和细实线应分别对齐。

五、螺纹的标注

由于螺纹采用了统一规定的画法，不能表达出螺纹的种类和要素，因此，要对螺纹用国家标准规定的标记进行标注。

1. 普通螺纹的标注

在视图上，螺纹标记的标注同线性尺寸标注方法相同，标记在内、外螺纹大径上，其标注格式如下。

[螺纹特征代号][公称直径]×[螺距]-[中径公差带代号][顶径公差带代号]-[旋合长度代号]-[旋向]

普通螺纹的牙型代号为M，有粗牙和细牙之分，粗牙螺纹的螺距可省略不注；中径和顶径的公差带代号相同时，只标注一次；右旋螺纹可不注旋向代号，左旋螺纹需注旋向代号LH。

公差带代号由数字加字母表示（内螺纹用大写字母，外螺纹用小写字母），如7H、6g等，应特别指出，7H、6g等代表螺纹公差，而H7，g6代表圆柱体公差代号。

旋合长度规定为短（用S表示）、中等（用N表示）、长（用L表示）三种。中等旋合长度（N）可不标注，短旋合长度或长旋合长度时，可加注旋合长度代号S或L，如“M20-5g6g-L”。特殊需要时，可注明旋合长度的数值，如“M20-5g6g-30”。

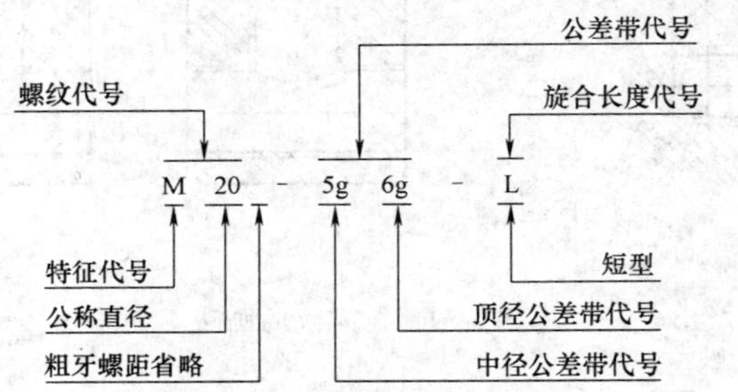

2. 梯形螺纹和锯齿形螺纹

梯形螺纹和锯齿形螺纹属于传动螺纹，标记在内、外螺纹大径上，其标注格式如下。

[螺纹特征代号][公称直径]×[导程（*P* 螺距）][旋向]-[中径公差带代号]-[旋合长度代号]

右旋螺纹不注旋向，左旋螺纹注LH；只注中径公差带代号，内、外螺纹常用的中径公差带代号分别为7H、7h、7e；螺纹连接的公差带代号注法是用斜线将内、外螺纹的中径公差带代号分开，如7H/7e；旋合长度分为中等（N）、长（L）两组，当旋合长度为中等（N）时，不注旋合长度代号。

3. 管螺纹的标注

管螺纹分为55°密封管螺纹和55°非密封管螺纹，管螺纹的标记必须标注在由螺纹大径引出的引出线上。其标注格式如下。

55°密封管螺纹标记：[螺纹特征代号][尺寸代号]-[旋向代号]

55°非密封管螺纹标记：[螺纹特征代号][尺寸代号][公差等级代号]-[旋向代号]

55°密封管螺纹又分为：与圆柱内螺纹相配合的圆锥外螺纹，其特征代号是 R_1；与圆锥内螺纹相配合的圆锥外螺纹，其特征代号是 R_2；圆锥内螺纹，其特征代号是 Rc；圆柱内螺纹，其特征代号是 Rp。左旋代号为 LH，右旋不注旋向。

55°非密封管螺纹的特征代号是 G，外螺纹公差等级分 A 级和 B 级两种，A 级为精密级，B 级为粗糙级。内螺纹只有一种公差带，故标注中不注内螺纹的公差等级，右旋不注旋向。常用螺纹的标注方法和示例见表 3-5-1。

表 3-5-1　常用螺纹的标注方法和示例

螺纹类别	特征代号	标注示例	标注含义
普通螺纹（粗牙）	M	M20−5g6g−S	普通外螺纹，大径 20mm，螺距为 2.5mm，粗牙，右旋，螺纹中径公差带代号为 5g，顶径公差带代号为 6g，短旋合长度
普通螺纹（细牙）	M	M10×1−7H−L−LH	普通内螺纹，大径为 10mm，螺距为 1mm，细牙，左旋，中径和顶径的公差带代号为 7H，长旋合长度
梯形螺纹	Tr	Tr40×10(P5)−7e	梯形螺纹，公称直径为 40mm，导程 10mm，螺距 5mm，双线，右旋，中径公差代号为 7e，中等旋合长度
锯齿形螺纹	B	B36×6LH−7e	锯齿形螺纹，大径 36mm，螺距 6mm，左旋，单线，中径公差带代号为 7e，中等旋合长度
55°非密封管螺纹	G	G1A	55°非密封管螺纹，尺寸代号为 1，外螺纹公差等级为 A
55°密封管螺纹	R_1、R_2、R_c、R_p	Rc1/2	表示圆锥内螺纹，尺寸代号为 1/2 寸，右旋

六、常用螺纹紧固件连接及画法

螺纹紧固件均是标准件，即结构形式和尺寸均已标准化，由标准件厂大量生产。通常根据螺纹紧固件的规定标记，在相应的标准手册中即可查出该零件的有关尺寸。在设计机器时，标准件不必画零件图，只在装配图中画出。

1. 常用螺纹紧固件的种类及标记

螺纹紧固件运用内外螺纹的连接作用来连接和紧固一些零部件。常用螺纹紧固件有螺栓、螺柱、螺母、垫圈和螺钉等，如图 3-5-13 所示。它们的结构尺寸都已经标准化，使用或绘图时，可以从相应标准中查到所需的结构尺寸。表 3-5-2 中列出了常用螺纹紧固件种类及标记。

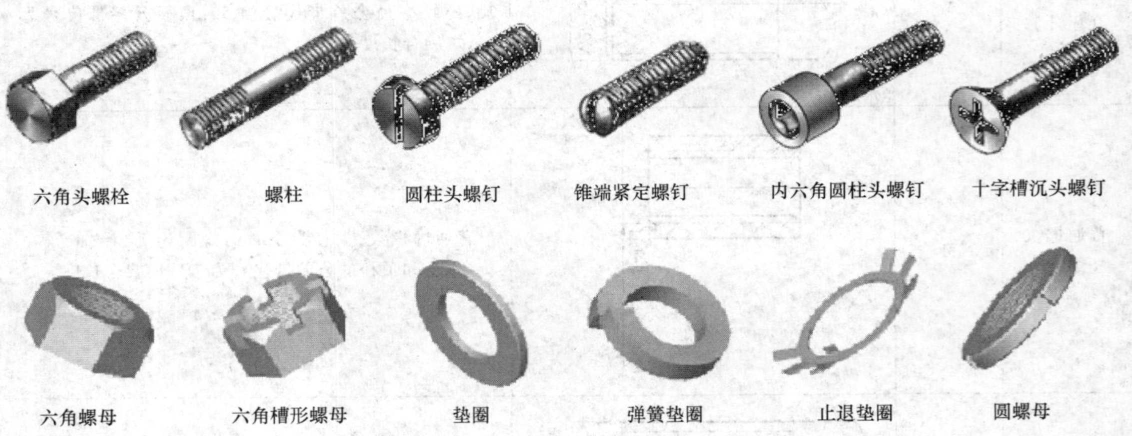

图 3-5-13　常用螺纹紧固件

表 3-5-2　常用螺纹紧固件种类及标记

名称及标准号	图　例	标记示例
六角头螺栓 A 级和 B 级 GB/T 5782	M12 35	螺栓　GB/T 5782　M12×35 螺纹规格 d = M12、公称长度 l = 35mm、性能等级为 8.8 级、表面氧化、A 级的六角头螺栓
1 型六角螺母 A 级和 B 级 GB/T 6170	M12	螺母　GB/T 6170　M12 螺纹规格 D = M12、性能等级为 8 级、不经表面处理、A 级的 1 型六角螺母
平垫圈 A 级 GB/T 97.4	ϕ13	垫圈　GB/T 97.4　12 标准系列、公称规格 12mm（垫圈的孔径为 13mm）、硬度等级为 200HV 级、不经表面处理的平垫圈

（续）

名称及标准号	图 例	标记示例
标准弹簧垫圈 GB/T 93	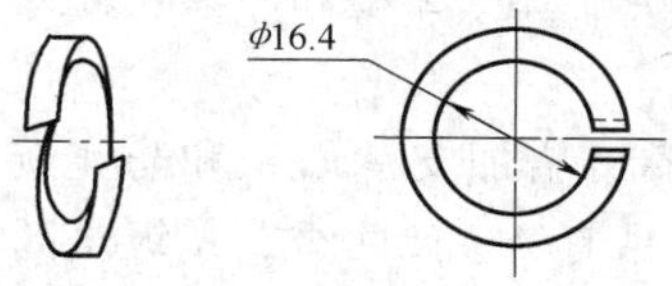	垫圈 GB/T 93 16 规格 16mm、材料 65Mn、表面氧化的标准型弹簧垫圈
螺柱 A级和B级 GB/T 897 GB/T 898 GB/T 899 GB/T 900	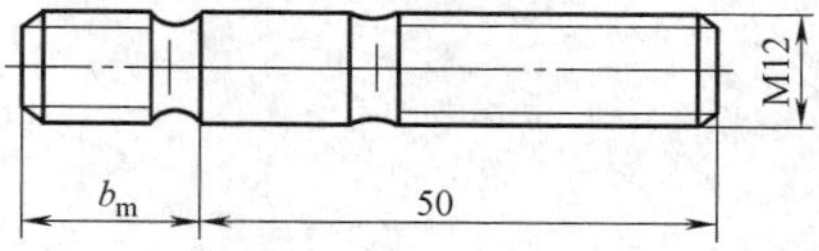	螺柱 GB/T 897 M12×50 旋入机体一端为粗牙普通螺纹，旋入螺母一端为螺距 $P=1$mm 的细牙普通螺纹、$d=12$mm、$l=50$mm、性能等级为 4.8 级、不经表面处理、A 型、$b_m=1.25d$ 的螺柱
开槽沉头螺钉 GB/T 68	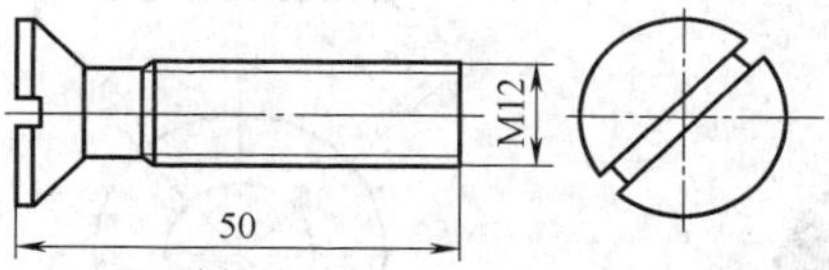	螺钉 GB/T 68 M12×50 螺纹规格 $d=$M12、公称长度 $l=50$mm、性能等级为 4.8 级、不经表面处理的 A 级开槽沉头螺钉
开槽圆柱头螺钉 GB/T 65	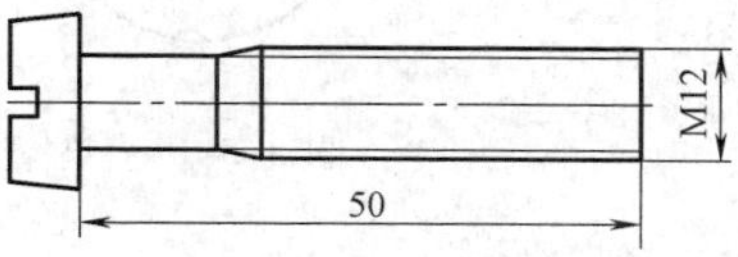	螺钉 GB/T 65 M12×50 螺纹规格 $d=$M12、公称长度 $l=50$mm、性能等级为 4.8 级、不经表面处理的 A 级开槽圆柱头螺钉

2. 常用螺纹紧固件及其连接的画法

（1）螺栓连接 螺栓连接常用的紧固件有螺栓、垫圈、螺母。采用螺栓连接的连接件都不太厚，能加工出通孔，且要求连接力较大。如图 3-5-14 所示。由此先学习螺栓、垫圈、螺母的画法。紧固件的画法一般采用比例画法，即以螺栓上的螺纹的公称直径为基准，其余各部分的结构尺寸均与公称直径成一定比例关系，并按此比例关系绘制。

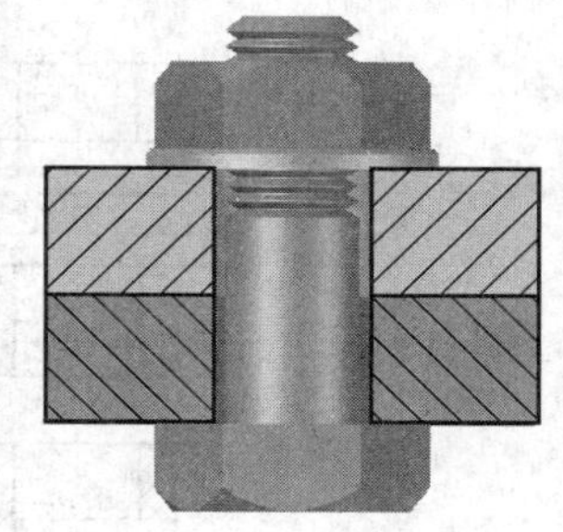

图 3-5-14 螺栓连接

1）螺栓。螺栓按头部形状可分为六角头螺栓、方头螺栓等，其中六角头螺栓应用最广。根据加工质量，螺栓的产品等级分为 A、B、C 三级。六角头螺栓的比例画法如图 3-5-15 所示。

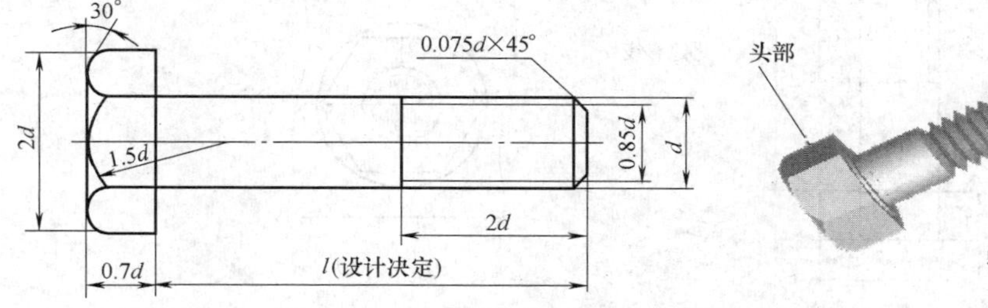

图 3-5-15 六角头螺栓的比例画法

2）螺母。常用的螺母按其形状分为六角螺母、六角开槽螺母、方螺母和圆螺母等，其中六角螺母应用最广。螺母产品等级分 A、B、C 三级，分别与相对应精度的螺栓、螺钉及垫圈相配。根据螺母高度 m 的不同，又分为薄型、1 型、2 型和厚型。螺母的比例画法如图 3-5-16 所示。

3）垫圈。垫圈有平垫圈、弹簧垫圈等。垫圈可增加支承面积和防止旋紧螺母时损伤零件表面，弹簧垫圈还具有防松作用。平垫圈的产品有 A、C 两级，A 级垫圈主要用于 A 级与 B 级六角头螺栓、螺钉和螺母；C 级垫圈用于 C 级螺栓、螺钉和螺母。平垫圈的比例画法如图 3-5-17 所示。

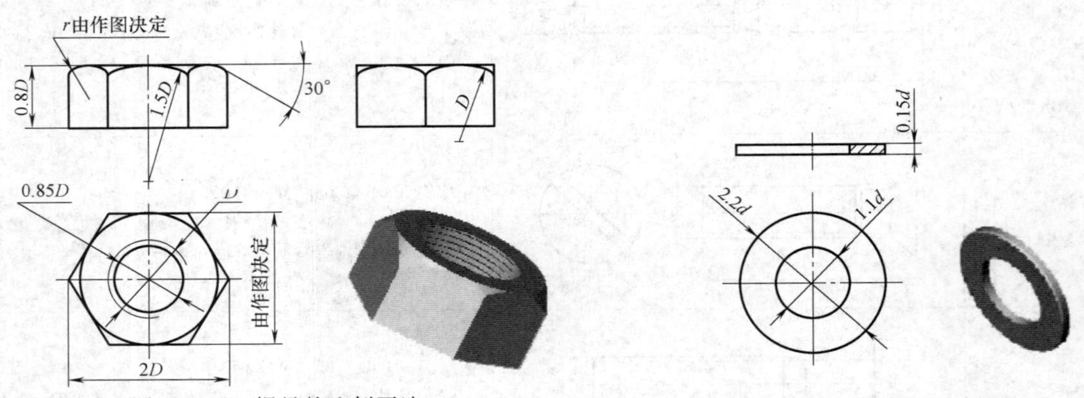

图 3-5-16　螺母的比例画法

图 3-5-17　垫圈的比例画法

4）螺栓连接画法。螺栓连接图的比例画法如图 3-5-18 所示。螺栓的公称长度 $L \geqslant t_1+t_2$（t_1、t_2 为被连接件的厚度）$+h$（垫圈厚度）$+m$（螺母厚度）$+a$（螺栓伸出螺母的长度，取 $(0.2\sim0.3)d$），根据公式的估算值查表，取与估算值相近的标准长度。

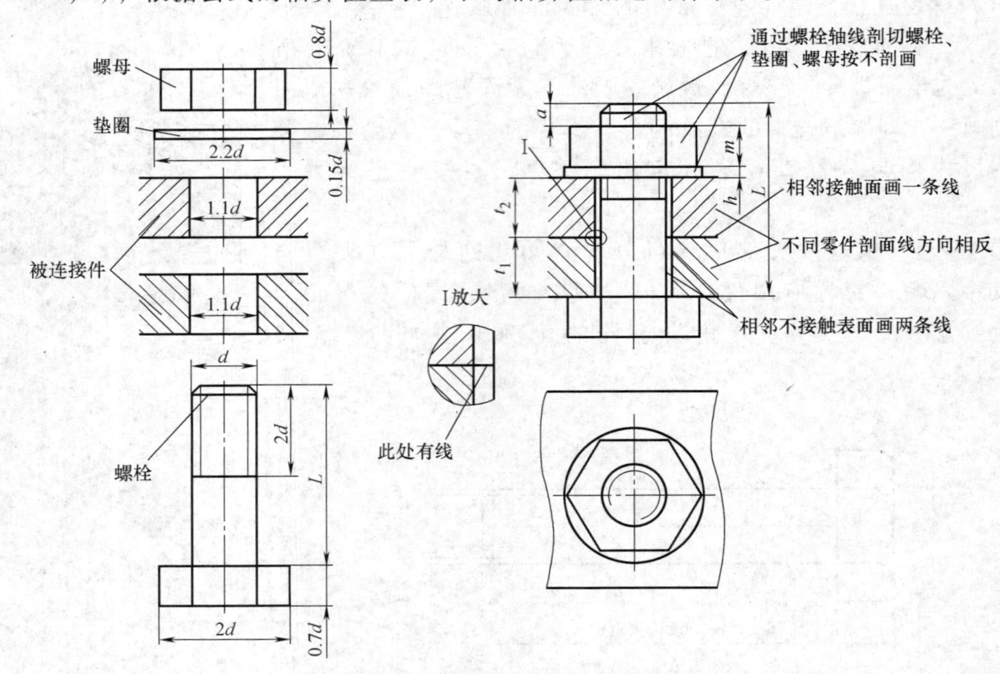

图 3-5-18　螺栓连接图的比例画法

（2）螺柱连接　螺柱连接用螺柱、垫圈、螺母来紧固被连接零件，螺柱连接用于被连接零件太厚或由于结构上的限制而不宜用螺栓连接的场合，如图 3-5-19 所示。

图 3-5-19　螺柱连接

螺柱两端都制有螺纹，b_m 端旋入被连接件中的较厚零件的螺孔中，称为旋入端；b 端与螺母旋合，称为紧固端。国标规定，旋入端的 b_m 螺纹长度由被旋入的零件的材料强度来定，有如下四种长度。

零件材料是钢或青铜时　　$b_m = 1d$（GB/T 897—1988）

零件材料是铸铁时　　$b_m = 1.25d$（GB/T 898—1988）

零件材料强度在铸铁与铝之间时　　$b_m = 1.5d$（GB/T 899—1988）

零件材料是纯铝时　　$b_m = 2d$（GB/T 900—1988）

螺柱的比例画法如图 3-5-20 所示。

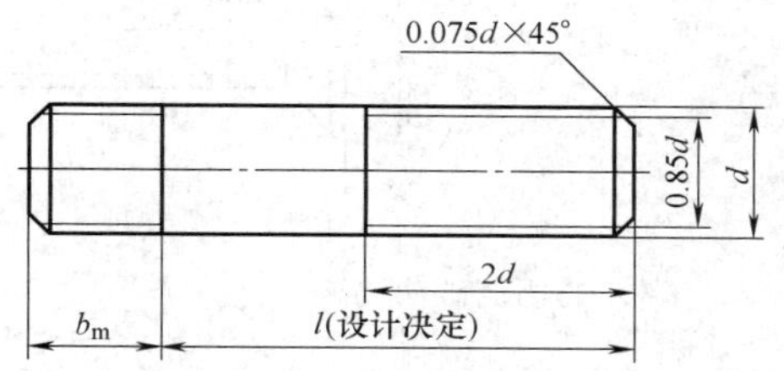

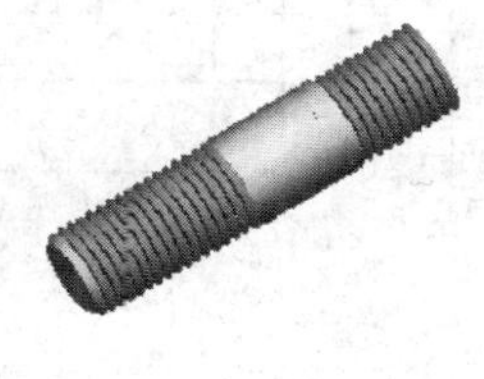

图 3-5-20　螺柱的比例画法

螺柱连接要求先在较厚的被连接零件上加工出螺孔，在另一个被连接件上加工出通孔。其装配过程：将螺柱的旋入端全部旋入螺孔内，紧固端装上加工出通孔的零件，再套上垫圈（平垫圈或弹簧垫圈，弹簧垫圈的作用是防松，其开槽的方向为阻止螺母松动的方向），拧紧螺母。螺柱连接的比例画法如图 3-5-21 所示。

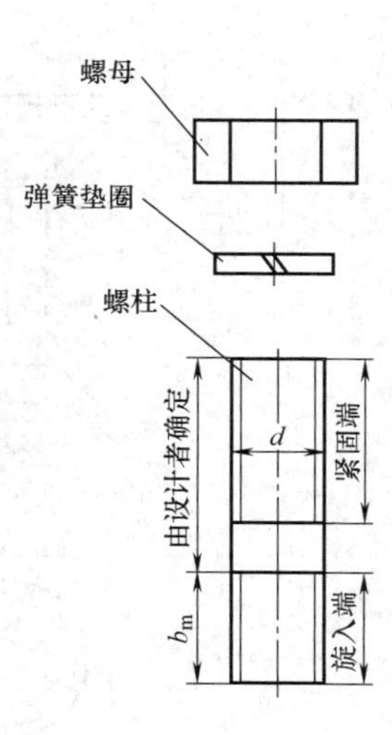

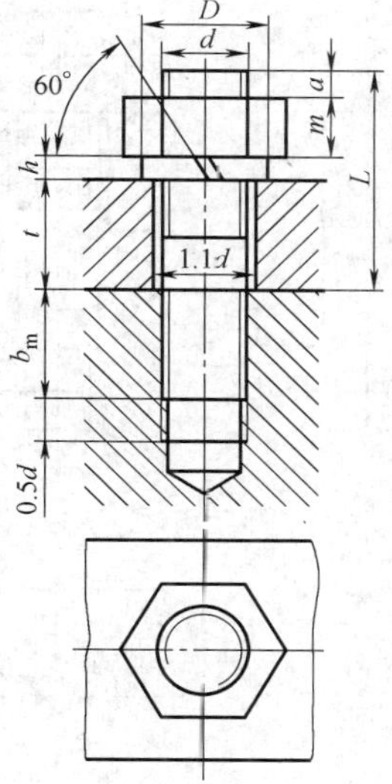

图 3-5-21　螺柱连接的比例画法

(3) 螺钉连接　螺钉连接不用螺母，而是将螺钉直接拧入零件的螺孔中，依靠螺钉头部压紧零件，如图 3-5-22 所示。螺钉连接一般用于受力不大又不需要经常拆卸的场合。螺钉按用途不同可分为连接螺钉和紧定螺钉两类。

1) 连接螺钉。连接螺钉的一端制有螺纹，另一端为头部。按头部形状不同可分为许多种类，如开槽盘头螺钉、开槽圆柱头螺钉、开槽沉头螺钉、内六角圆柱头螺钉等。螺钉的比例画法如图 3-5-23所示。

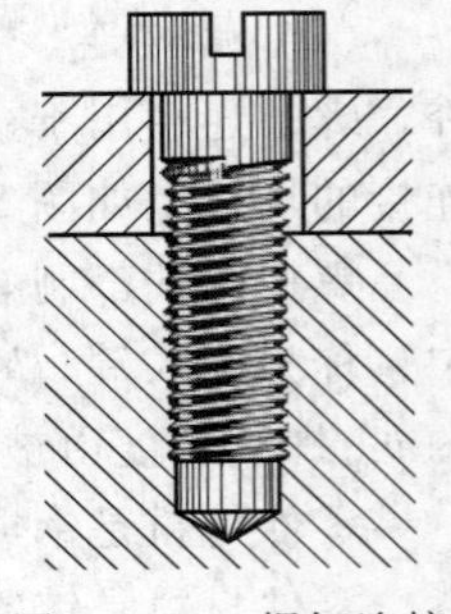

图 3-5-22　螺钉连接

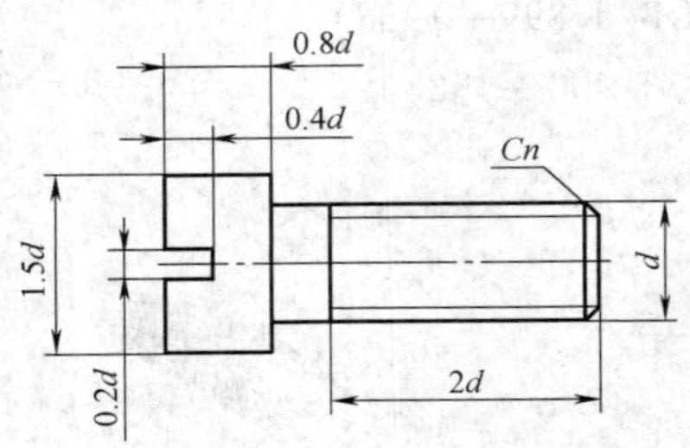

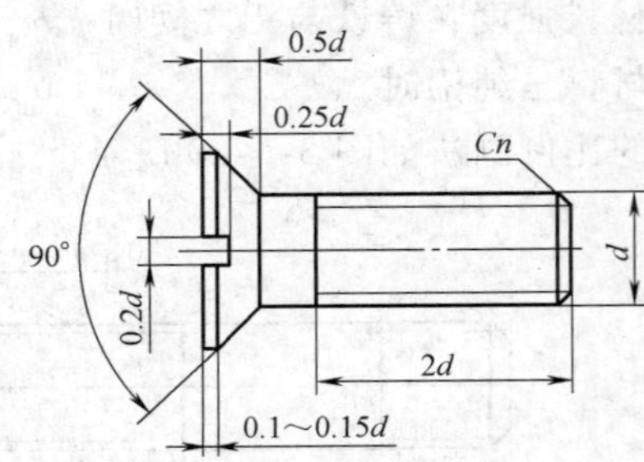

图 3-5-23　螺钉的比例画法

连接螺钉的头部画法不同于螺柱连接，其连接部分的画法与螺柱旋入端的画法类似，连接螺钉连接图的比例画法如图 3-5-24 所示。绘制连接螺钉连接的装配图的画法规定如下。

① 螺钉的螺纹终止线不能与被连接件的结合面平齐，应高于螺孔的端面，表示螺钉有拧紧的余地。

② 直槽螺钉的头部，在主视图应被放正，在俯视图中规定画成 45°倾斜。

③ 螺杆的全长都有螺纹。

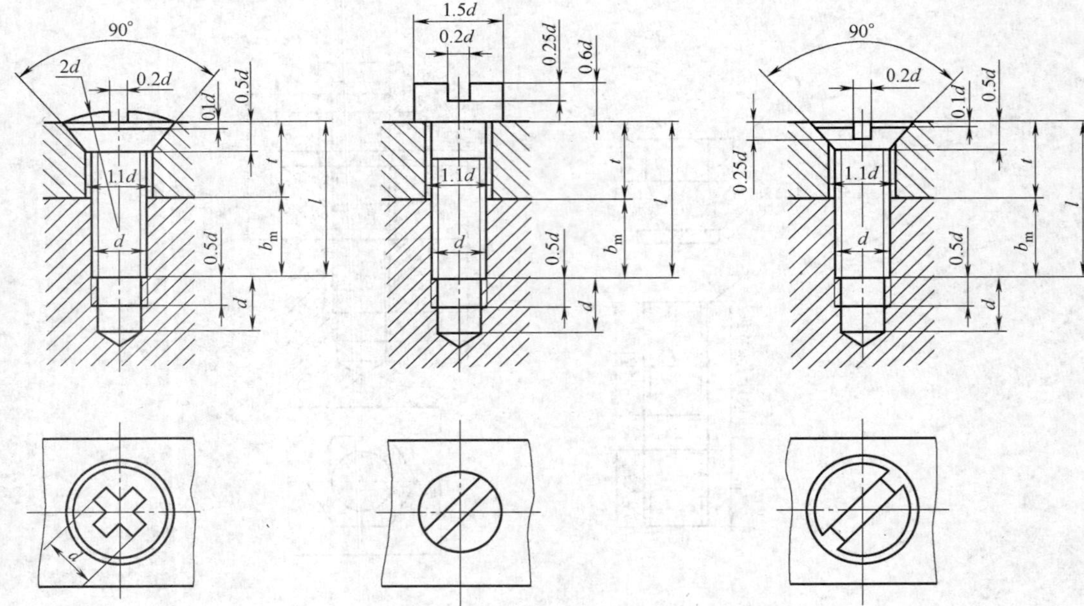

图 3-5-24　连接螺钉连接图的比例画法

2）紧定螺钉。紧定螺钉的端部有锥端、平端、凹端、圆柱端等，用来固定两个零件的相对位置，防止两个相配合的零件产生相对运动。

柱端紧定螺钉利用其端部小圆柱插入机件小孔起定位、固定作用；锥端紧定螺钉利用端部锥面顶入机件上小锥坑起定位、固定作用；平端紧定螺钉则依靠其端平面与机件的摩擦力起定位作用。

紧定螺钉连接图的比例画法如图 3-5-25a 所示，有时也将紧定螺钉“骑缝”旋入，如图 3-5-25b 所示。即将两机件装好加工出螺孔（两机件各有一半），旋入紧定螺钉，起固定作用，此时该螺钉又称为“骑缝螺钉”。

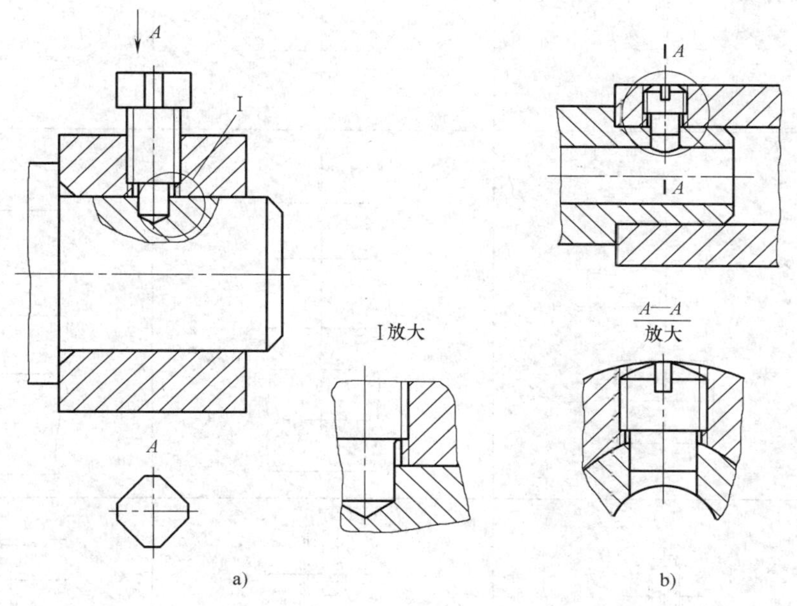

图 3-5-25　紧定螺钉连接图的比例画法

任务实施

根据以上所学的内容，完成图 3-5-3 所示的螺纹连接装配图的绘制（以螺栓连接、螺柱连接和连接螺钉连接为主进行绘图步骤详述），方法及步骤如下。

1）确定螺栓、螺柱的公称长度，查表确定垫圈厚度 h 及螺母高度 m。

2）根据比例关系计算紧固件各部分绘图尺寸，进行装配图的绘制，见表 3-5-3。绘制步骤如下。

① 确定基准线，按比例画被连接件。

② 绘制连接件（螺栓、螺柱、螺钉）三视图。

③ 绘制垫圈三视图。

④ 绘制紧固件螺母三视图。

⑤ 绘制被连接件剖面线，检查。

表 3-5-3 螺纹连接的画图步骤

绘图步骤	图例		
	螺栓连接	螺柱连接	连接螺钉连接
画基准线			
画被连接件	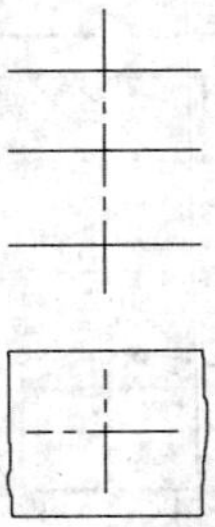	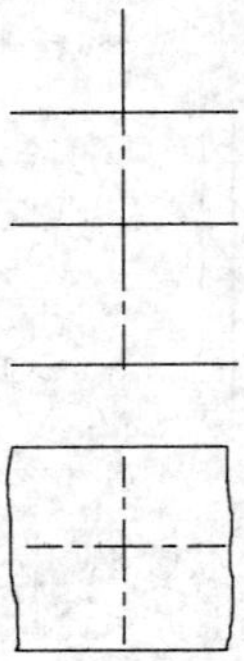	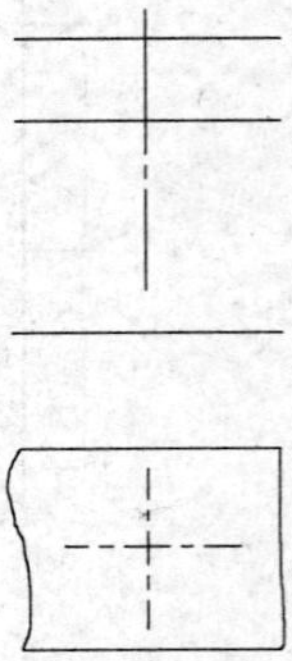
画连接件（螺栓、螺柱、螺钉）	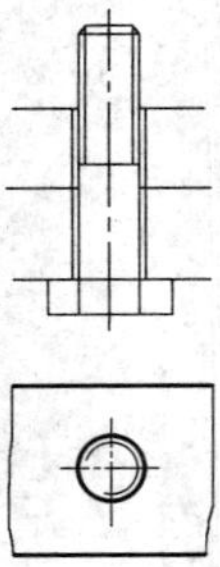	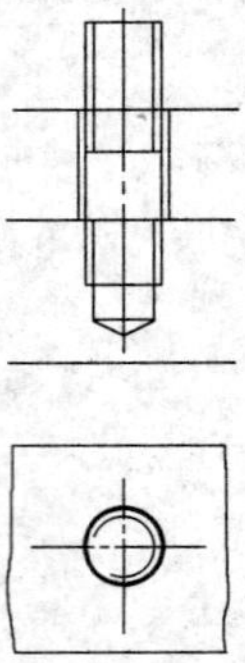	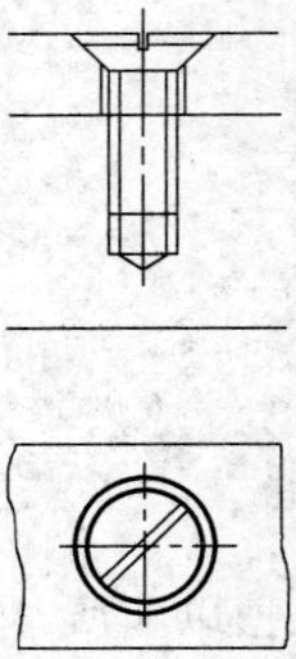
画垫圈	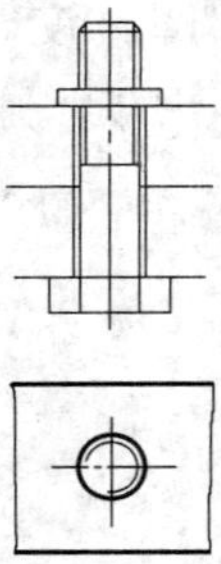	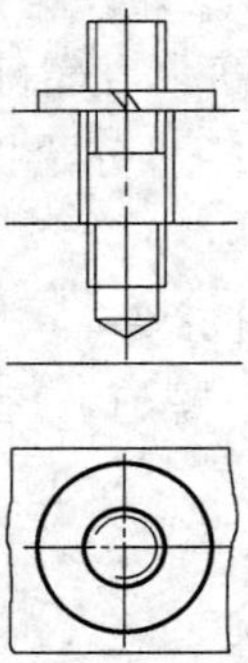	

（续）

绘图步骤	图例		
	螺栓连接	螺柱连接	连接螺钉连接
画螺母	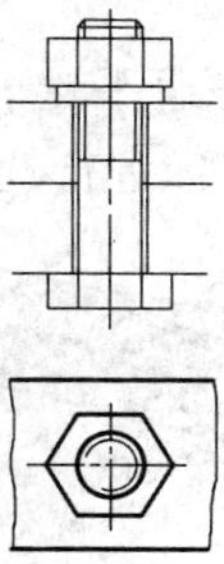	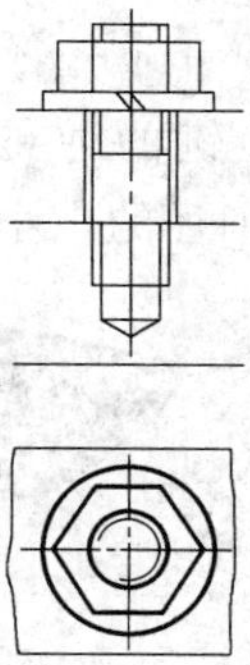	
绘制剖面线、检查、描深	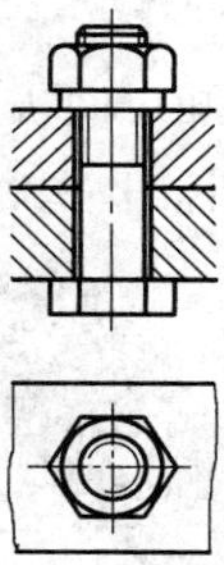	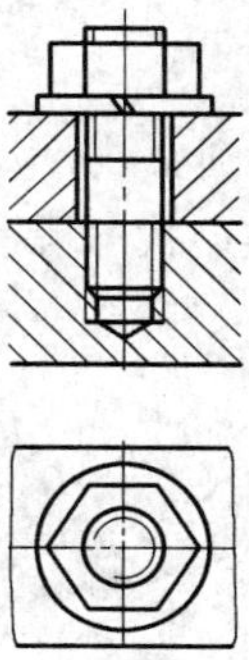	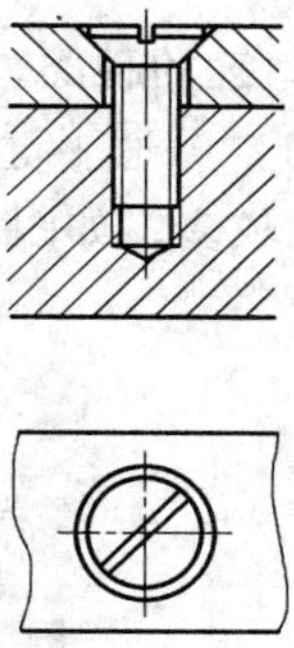

3.5.2　键、销连接的画法

任务引入

图 3-5-26 所示为变速器滑移齿轮与轴的连接，它们是怎样连接的呢？这种连接结构又怎么在视图中表示？

图 3-5-26　变速器滑移齿轮与轴的连接

任务分析

键通常用来连接轴和装在轴上的零件（如齿轮、带轮等），起传递转矩的作用，使轴与传动件间不发生相对转动，或者实现零件的轴向固定或导向移动。销通常用于零件间的连接或点定位。要绘制键和销的连接图，就要了解相关国家标准的规定，并掌握键和销的作用、分类、应用范围及标注等相关知识。

相关知识

一、键连接

键连接是一种可拆卸的连接，键的种类很多，常用的有普通平键、半圆键、钩头型楔键，如图 3-5-27 所示。键要根据轴径的大小和工作环境按照国标进行选取。

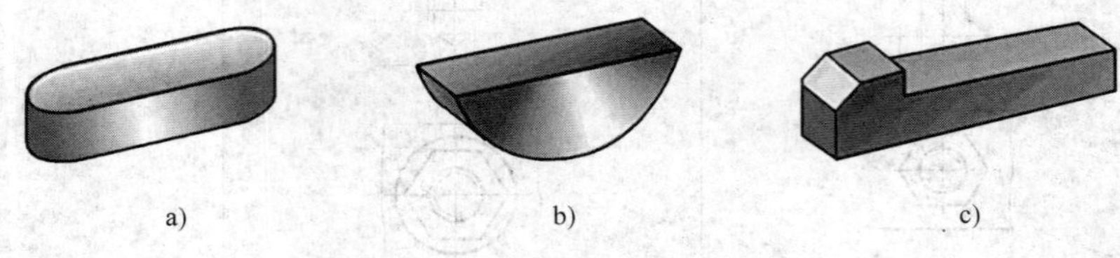

a)　　b)　　c)

图 3-5-27　键

a）普通平键　b）半圆键　c）钩头楔键

1. 键的种类、画法及标记

（1）普通平键　普通平键分为圆头（A 型）、平头（B 型）和单圆头（C 型）三种，以 A 型应用较多，如图 3-5-28 所示。类型代号除 A 型可以省略不注外，B 型和 C 型均要注出型号。

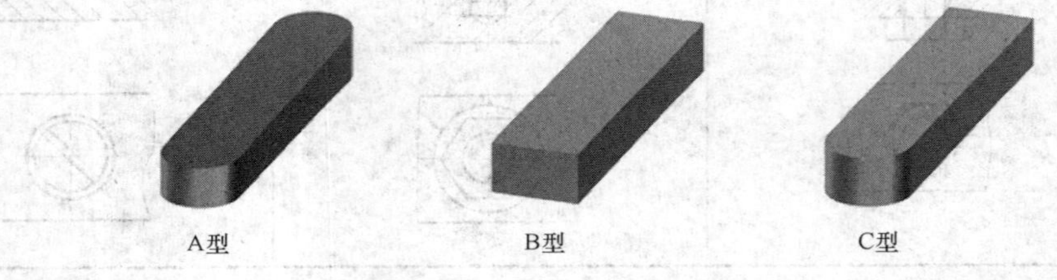

图 3-5-28　普通平键

（2）半圆键　半圆键一般用于载荷较轻的场合，其优点是在轴槽中能绕底圆弧摆动，自动调整位置。

（3）钩头型楔键　钩头型楔键用于精度要求不高、转速较低的场合，可传递较大的、双向的或有振动的转矩；也可用于拆卸时不能从另一端将其打出的场合。

键的种类、画法及标记见表 3-5-4。

表 3-5-4　键的种类、画法及标记

名称	标　准　号	图　　例	标　　记
普通平键	GB/T 1096—2003	C　h　b　$b/2$　L	b = 18mm、h = 7mm、L = 25mm 普通 A 型平键标记：GB/T 1096　键 18×7×25

（续）

名称	标 准 号	图 例	标 记
半圆键	GB/T 1099.1—2003		b = 6mm、h = 10mm、D = 25mm 普通型半圆键标记：GB/T 1099.1　键 6×10×25
钩头型楔键	GB/T 1565—2003		b = 18mm、h = 11mm、L = 100mm 钩头型楔键标记：GB/T 1565　键 18×100

2. 键连接的画法

（1）普通平键连接画法　A 型普通平键在轴上的键槽用指状铣刀在立式铣床上铣出，槽的形状与键相同，键在槽中固定良好，工作时不松动，但轴上键槽端部应力集中较大。B 型普通平键在轴上的键槽用盘状铣刀在卧式铣床上加工，轴的应力集中较小，但键在轴槽中易松动，故对尺寸较大的键宜用紧定螺钉将键压在键槽底部。C 型普通平键常用于轴端的连接。图 3-5-29 所示为键槽加工示意图，轮毂上的键槽一般用插刀插出。

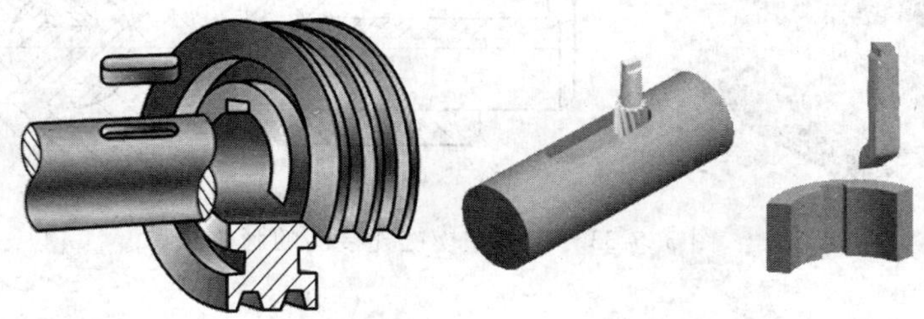

图 3-5-29　键槽加工示意图

普通平键的两侧面为工作面，用于传递转矩。普通平键连接图的画法如图 3-5-30 所示。

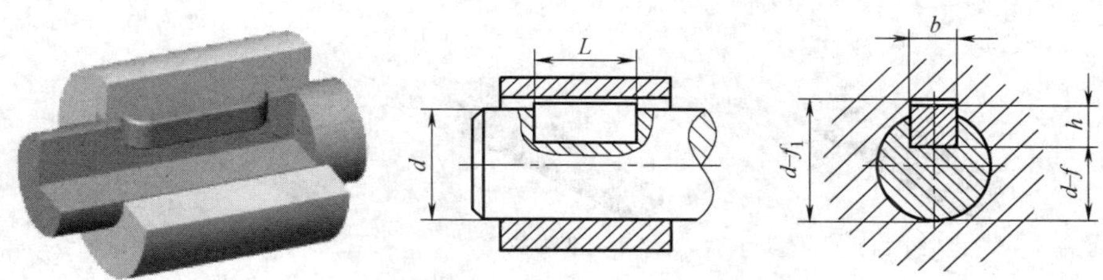

图 3-5-30　普通平键连接图的画法

（2）半圆键连接画法　半圆键连接的工作原理与普通平键连接相同。轴上键槽用与半圆键半径相同的盘状铣刀铣出，因此半圆键在键槽中可绕其几何中心摆动以适应轮毂槽底面的斜度，如图 3-5-31 所示。半圆键连接的结构简单，制造和装拆方便，但由于轴上键槽较深，对轴的强度削弱较大，故一般用于轻载连接，尤其是锥形轴端与轮毂的连接中。

半圆键连接图的画法如图 3-5-32 所示。

图 3-5-31　半圆键连接

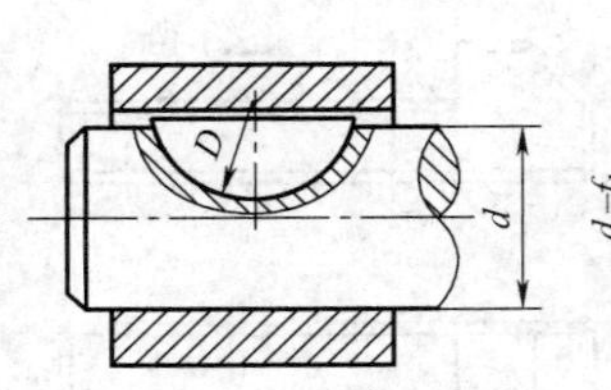

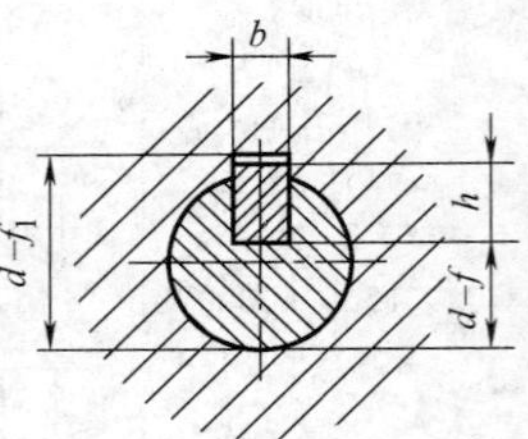

图 3-5-32　半圆键连接图的画法

（3）钩头型楔键连接画法　钩头型楔键上下两面是工作面，键的上表面和轮毂槽的底面各有 1∶100 的斜度，装配时需打入，靠楔紧作用传递转矩。装配后，键楔紧于键槽和轮毂槽之间。工作时，靠键、轴、轮毂之间的摩擦力及键受到的偏压来传递转矩，同时能承受单方向的轴向载荷。钩头型楔键连接图的画法如图 3-5-33 所示。键与键槽顶面、底面、侧面均接触无间隙，键的上表面和轮毂槽的底面在装配图中应画成一条线。

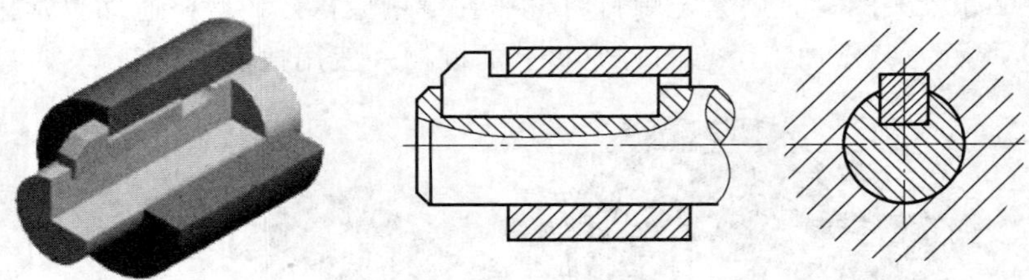

图 3-5-33　钩头型楔键连接图的画法

二、销连接

销通常用于零件间的连接或点定位。常用的销有圆柱销、圆锥销、开口销，如图3-5-34 所示。

图 3-5-34　销的种类

（1）圆柱销　圆柱销用作定位零件时，为保证其定位精度，两零件的销孔应该用钻头同时钻出，然后用铰刀铰孔。圆柱销依靠少量过盈固定在孔中，对销孔的尺寸、形状、表面粗糙度等要求较高，销孔在装配前须铰削。通常被连接件的两孔应同时钻铰，孔壁的表面粗糙度不大于 $Ra0.6\mu m$。装配时，在圆柱销上涂上润滑油，用铜棒将销打入孔中。

（2）圆锥销　圆锥销的锥度为 1∶50，以小端直径为公称直径。圆锥销用作定位零件时，销孔的加工方法同圆柱销孔一样。圆锥销装配时，被连接件的两孔也应同时钻铰，但必须控制孔径，钻孔时按圆锥销小端直径选用钻头，用 1∶50 锥度的铰刀铰孔。

（3）开口销　开口销一般用于锁紧螺栓与螺母。它的公称直径 d 是指开口销穿过的孔的直径，它的实际直径小于 d。

销的种类、画法及标记见表 3-5-5。

表 3-5-5　销的种类、画法及标记

名称	标准号	图例	标记
圆柱销	GB/T 119.1—2000	Ra 1.6 15° d c l c	公称直径 $d=6$mm、公称长度 $l=50$mm、材料为 35 钢、热处理硬度为 28～38HRC、表面氧化处理，B 型销标记：销　GB/T 119.1　6×50
圆锥销	GB/T 117—2000	Ra 0.8 1:50 r_1 r_2 a l a	公称直径 $d=10$mm、公称长度 $l=80$mm、材料为 35 钢、热处理硬度为 28～38HRC、表面氧化处理的 A 型圆锥销标记：销　GB/T 117　10×80
开口销	GB/T 91—2000	b l a c d	公称直径 $d=3$mm、公称长度 $l=20$mm、材料为 Q235、不经表面处理的开口销标记：销　GB/T 91　3×20

任务实施

根据以上所学的内容，完成图 3-5-26 所示的变速器滑移齿轮与轴的连接图，如图 3-5-35所示。

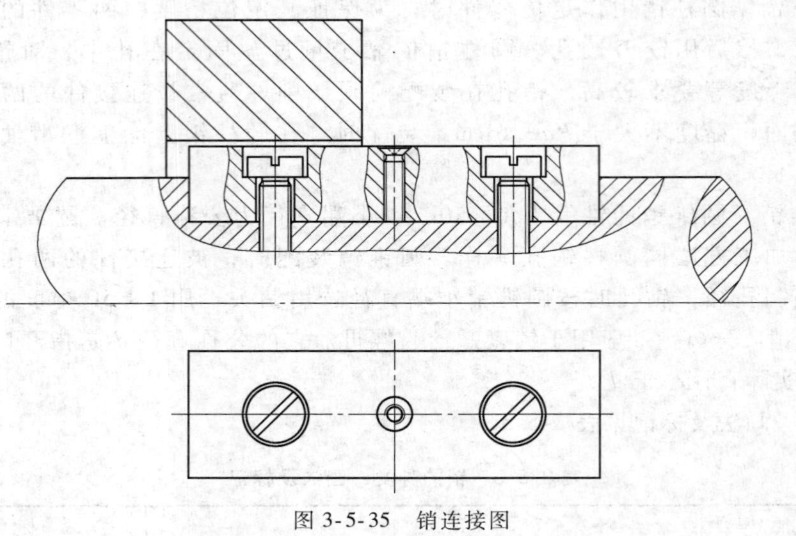

图 3-5-35　销连接图

3.5.3　齿轮及其画法

汽车机械传动中，齿轮传动应用最为广泛，齿轮一般成对啮合使用，用来传递运动和动力，且在传递过程中也可改变转速或方向。图 3-5-36 所示为圆柱直齿轮，请用二维图的方式表达其结构。

齿轮属于标准件，国家标准中规定了齿轮的标准画法。要完成齿轮及啮合齿轮的绘制，必须从国家标准入手，对齿轮种类、各部分的名称、代号、主要参数及画法等知识加以掌握。

图 3-5-36　圆柱直齿轮

一、常见齿轮及齿轮传动形式

齿轮按齿轮齿廓外形可分为圆柱齿轮、锥齿轮和非圆形齿轮三大类。按其传动情况可分为圆柱齿轮传动、锥齿轮传动、蜗杆传动三大类，如图 3-5-37 所示。

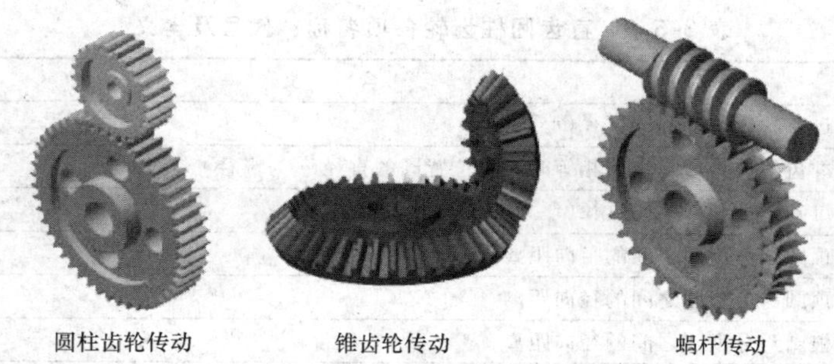

图 3-5-37　齿轮传动形式

（1）圆柱齿轮传动　用于两平行轴间的传动。
（2）锥齿轮传动　用于两相交轴间的传动。
（3）蜗杆传动　用于两交错轴间的传动。

二、圆柱齿轮及其画法

圆柱齿轮按其轮齿的方向可分为直齿圆柱齿轮、斜齿圆柱齿轮和人字齿圆柱齿轮，如图 3-5-38 所示。本节主要介绍直齿圆柱齿轮，直齿圆柱齿轮的结构如图 3-5-39 所示。

图 3-5-38　圆柱齿轮类型

1. 直齿圆柱齿轮的各部分名称及代号

直齿圆柱齿轮各部分名称及代号如图 3-5-40 所示。直齿圆柱齿轮各项名称、代号及含义见表 3-5-6。

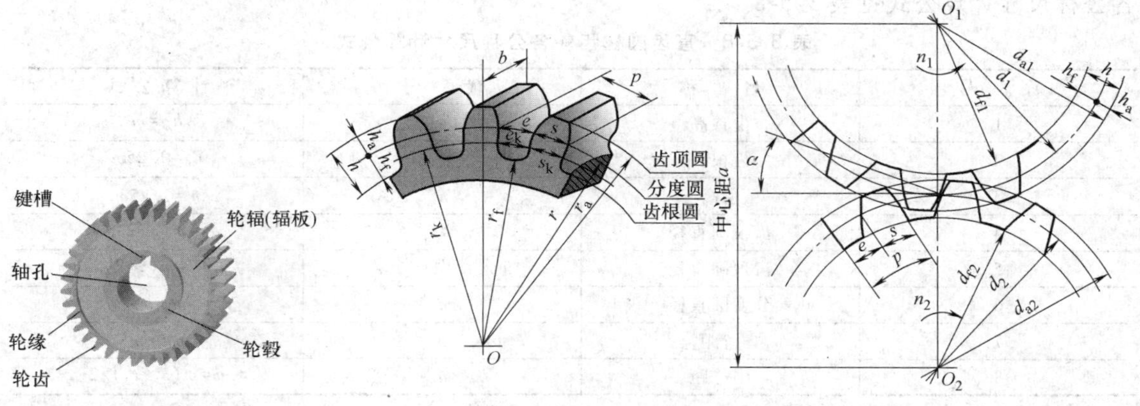

图 3-5-39　直齿圆柱齿轮的结构　　图 3-5-40　直齿圆柱齿轮各部分名称及代号

表 3-5-6　直齿圆柱齿轮各项名称、代号及含义

名称	代号	含　义
齿顶圆	d_a	通过各轮齿顶部圆的直径（r_a 为半径）
分度圆	d	标准齿轮的齿厚与齿间相等时所在位置圆的直径（r 为半径）
齿根圆	d_f	通过各轮齿根部圆的直径（r_f 为半径）
齿顶高	h_a	齿顶圆与分度圆之间的径向距离
齿高	h	齿顶圆与齿根圆之间的径向距离
齿根高	h_f	齿根圆与分度圆之间的径向距离
齿距	p	分度圆上相邻两齿廓对应点之间的弧长，$p=e+s$
齿厚	s	在分度圆上，一个齿的两侧齿廓之间的弧长
齿槽宽	e	在分度圆上，一个齿槽的两侧齿廓之间的弧长
中心距	a	两齿轮轴线之间的最短距离
压力角	α	在节点 b 处，两齿廓曲线的公法线与两节圆的内公切线所夹的锐角

2. 直齿圆柱齿轮的基本参数

1）齿数（z）。齿轮上轮齿的个数为齿数。一般齿轮的齿数不少于 17 个，如少于 17 个，尤其是渐开线齿轮，在加工时就会产生根切的现象。

2）模数（m）。齿距 p 与 π 的比值为模数，即 $m=p/\pi$，其单位是 mm。由于分度圆的周长 $\pi d=zp$，则 $d=mz$。模数是齿轮几何参数计算的基础，为了便于齿轮设计与制造，减少齿轮成形刀具的规格及数量，国家标准对模数规定了标准值，见表 3-5-7。一般情况下，模数越大，齿轮的承载能力越强。

表 3-5-7　通用机械和重型机械用圆柱齿轮的模数（GB/T 1357—2008）（单位：mm）

系列	模　数
第一系列	1，1.25，1.5，2，2.5，3，4，5，6，8，10，12，16，20，25，32，40，50
第二系列	1.125，1.375，1.75，2.25，2.75，3.5，4.5，5.5，(6.5)，7，9，11，14，18，22，28，36，45

3）传动比（i）。主动齿轮的转速 n_1 与从动齿轮的转速 n_2 之比称为传动比，即 $i=\frac{n_1}{n_2}=\frac{z_2}{z_1}$。

3. 直齿圆柱齿轮各参数的计算关系

当模数 m 和齿数 z 确定后，齿轮轮齿的其他参数均可按照公式计算出来。直齿圆柱齿轮各公称尺寸计算公式见表 3-5-8。

表 3-5-8　直齿圆柱齿轮各公称尺寸计算公式

序　号	名　称	代　号	计算公式
1	齿顶高	h_a	$h_a=m$
2	齿根高	h_f	$h_f=1.25m$
3	齿高	h	$h=2.25m$
4	齿根圆直径	d_f	$d_f=m(z-2.5)$
5	齿顶圆直径	d_a	$d_a=m(z+2)$
6	分度圆直径	d	$d=mz$
7	齿距	p	$p=\pi m$
8	中心距	a	$a=m(z_1+z_2)/2$

注：基本参数为模数 m 和齿数 z。

4. 圆柱齿轮的规定画法

（1）单个齿轮的画法（GB/T 4459.2—2003）

1）视图中，齿轮的齿顶圆和齿顶线用粗实线表示；分度圆和分度线用细点画线表示；齿根圆和齿根线用细实线表示（也可不画），如图 3-5-41a 所示。

2）剖视图中，齿根线用粗实线绘制，且不能省略，轮齿按不剖画，如图 3-5-41b 所示。

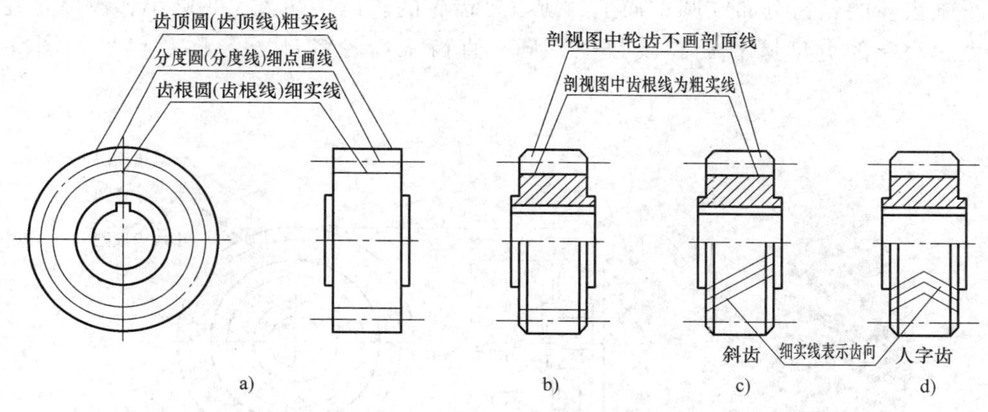

图 3-5-41　单个圆柱齿轮的画法

注意，如果表达的齿轮是斜齿或人字形齿轮，需要用三条细实线表达其轮齿的齿线方向，如图 3-5-41c、d 所示。

（2）圆柱齿轮啮合的画法　两标准齿轮啮合时，两分度圆相切，此时分度圆又称为节圆。圆柱齿轮啮合的画法如图 3-5-42 所示。

1）在投影为圆的视图中，两齿轮的分度圆（节圆）相切，啮合区的齿顶圆均用粗实线表示（图 3-5-42a），也可不画（图 3-5-42b）。

2）在非圆投影中，啮合区的分度线（节线）用粗实线表示，啮合区的齿顶线和齿根线不必画出，如图 3-5-42c 所示。

3）在非圆投影剖视图中，啮合区分度线（节线）用细点画线表示，齿根线用粗实线表示。齿顶线是将一个齿轮的轮齿作为可见，用粗实线表示，另一个齿轮的轮齿为不可见，用虚线表示，如图 3-5-42a 所示。

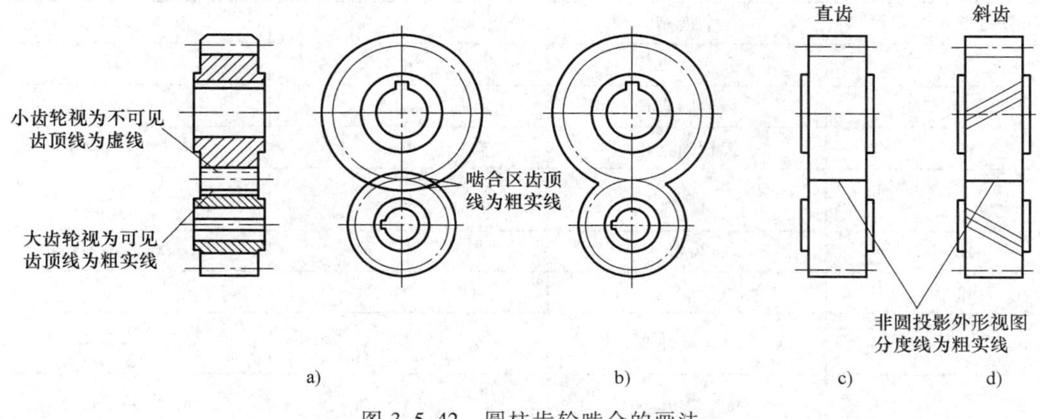

图 3-5-42　圆柱齿轮啮合的画法

在齿轮的零件图上不仅要表示出齿轮的形状、尺寸和技术要求，还要列出制造齿轮所需要的参数和公差值。

三、锥齿轮及其画法

1. 直齿锥齿轮的各部分名称及代号

由于锥齿轮的轮齿分布在圆锥面上，所以锥齿轮的轮齿一端大、一端小，齿厚是逐渐变化的，大、小端的分度圆直径和模数也不同，直齿锥齿轮各部分名称及代号如图 3-5-43 所示。

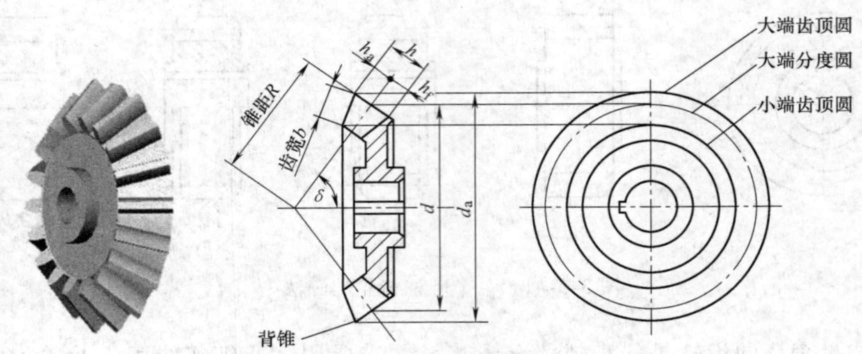

图 3-5-43　直齿锥齿轮各部分名称及代号

2. 直齿锥齿轮各参数的计算关系

通常规定以大端的分度圆直径和模数来决定其他各部分的尺寸。直齿锥齿轮尺寸计算公式见表 3-5-9（表中的参数为大端参数）。

表 3-5-9　直齿锥齿轮尺寸计算公式

序　号	名　称	代　号	计算公式
1	模数	m	以大端模数为标准，由设计给定
2	齿数	z	由设计给定
3	齿顶高	h_a	$h_a=m$
4	齿根高	h_f	$h_f=1.2m$
5	全齿高	h	$h=2.2m$
6	分度圆直径	d	$d=mz$
7	齿顶圆直径	d_a	$d_a=m(z+2\cos\delta)$
8	齿根圆直径	d_f	$d_f=m(z-2\cos\delta)$
9	锥距	R	$R=\dfrac{mz}{2\sin\delta}$
10	齿宽	b	$b=(0.2\sim0.35)R$
11	压力角	α	$\alpha=20°$
12	传动比	i	$i=\dfrac{n_1}{n_2}=\dfrac{z_2}{z_1}$
13	锥角	δ	$\tan\delta_1=\dfrac{z_1}{z_2}$，$\tan\delta_2=\dfrac{z_2}{z_1}$

3. 锥齿轮的规定画法

（1）单个直齿锥齿轮的画法　单个直齿锥齿轮的主视图常采用全剖视图。

投影为圆的视图上，用粗实线画出大端和小端的齿顶圆，用细点画线画出大端的分度圆。齿根圆（无论大端还是小端）和小端分度圆均不画。单个直齿锥齿轮作图步骤见表3-5-10。

表 3-5-10　单个直齿锥齿轮作图步骤

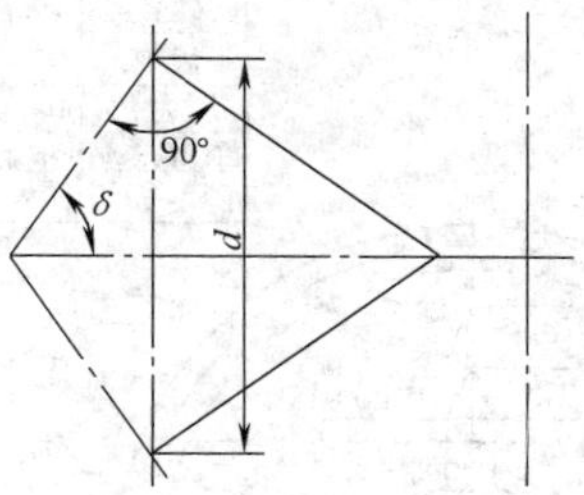 90° δ d	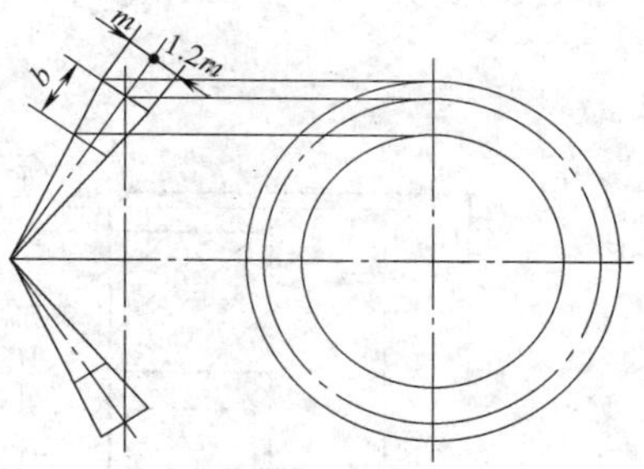 m 1.2m b
画分度圆和背锥	画齿形
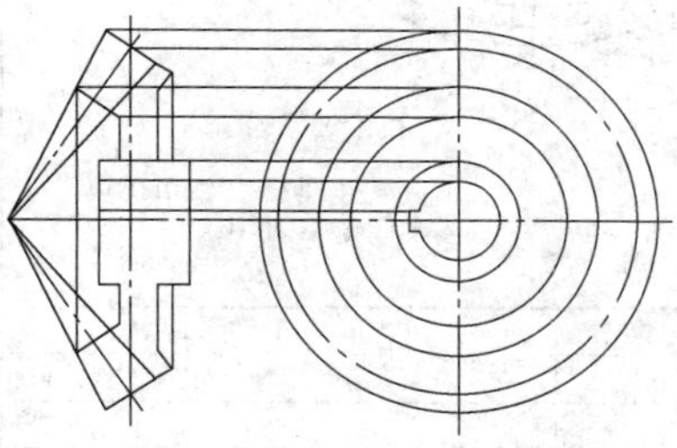	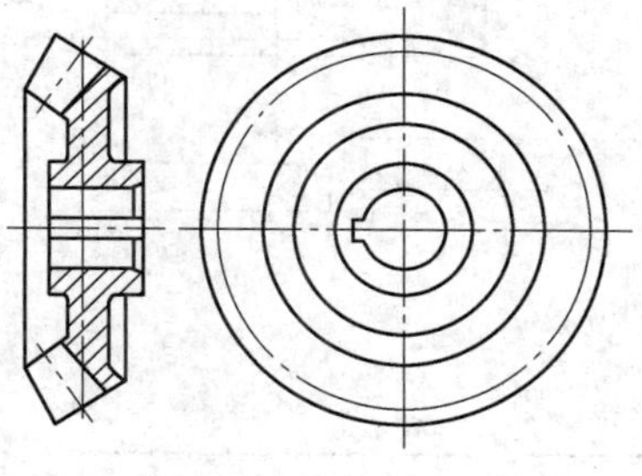
画其他部分	完成全图

（2）直齿锥齿轮啮合的画法　直齿锥齿轮的轮齿部分和啮合区的画法与直齿圆柱齿轮的画法相同，如图 3-5-44 所示。

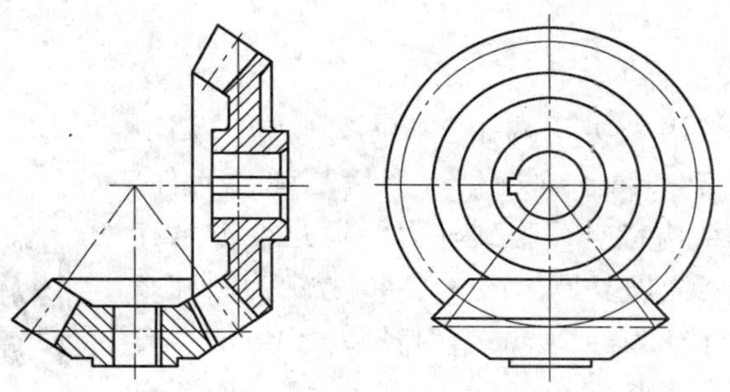

图 3-5-44　直齿锥齿轮啮合的画法

任务实施

根据以上所学的内容，完成图 3-5-36a 所示单个直齿圆柱齿轮的零件图，如图 3-5-45 所示。

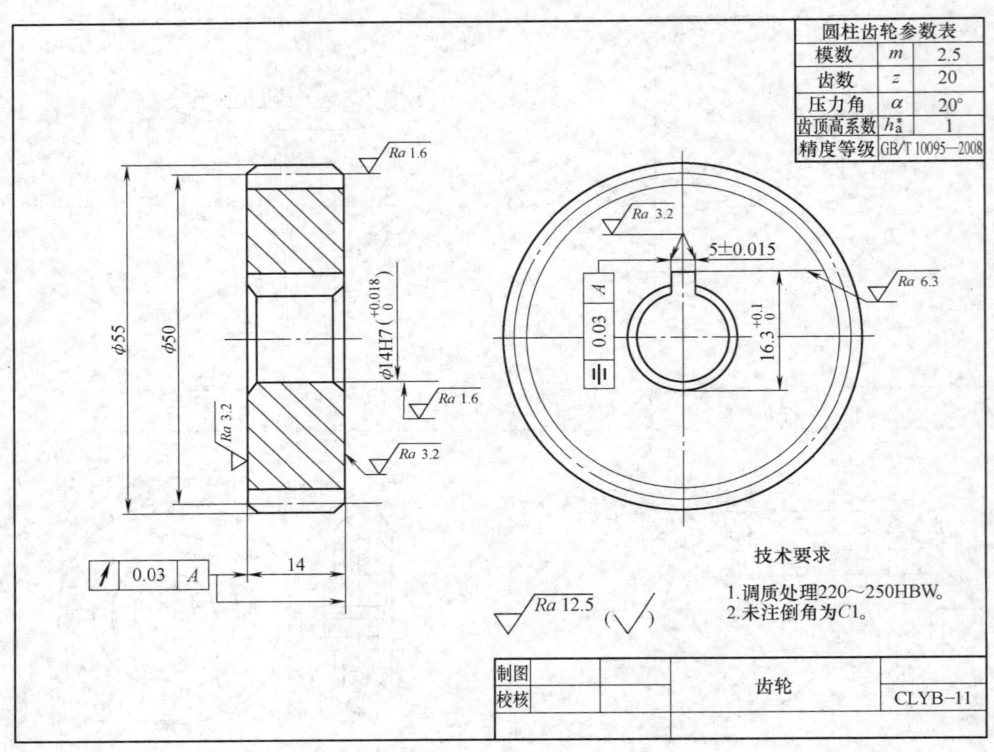

图 3-5-45　单个直齿圆柱齿轮零件图

3.5.4　弹簧及其画法

任务引入

汽车机械中，弹簧被用来实现减振、夹紧、复位及调节等功能，其应用极为广泛，属于常用件。弹簧是弹性元件，利用材料的弹性变形和结构特点，受到外力时通过变形来存储能量，当外力去除后能立即复原。图 3-5-46 所示为圆柱螺旋压缩弹簧，其中弹簧外径 $D_2=20\text{mm}$，内径 $D_1=10\text{mm}$，自由高度 $H_0=70\text{mm}$，节距 $t=10.2\text{mm}$，支承圈 $n_2=2.5$ 圈，右旋。请用二维图的方式表达其结构。

图 3-5-46　圆柱螺旋压缩弹簧

圆柱螺旋压缩弹簧两端并紧且磨平，在受到外力时压缩变形，在弹力范围内去除外力后立即恢复原状。要绘制弹簧的零件图，需要掌握国家标准中弹簧的画法、弹簧的相关计算及弹簧结构等。

一、弹簧的种类

弹簧的种类很多，如图 3-5-47 所示，有螺旋弹簧、板弹簧、平面涡卷弹簧等，其中螺旋弹簧应用最广，其按照受力性质可分为压缩弹簧、拉伸弹簧和扭转弹簧等。

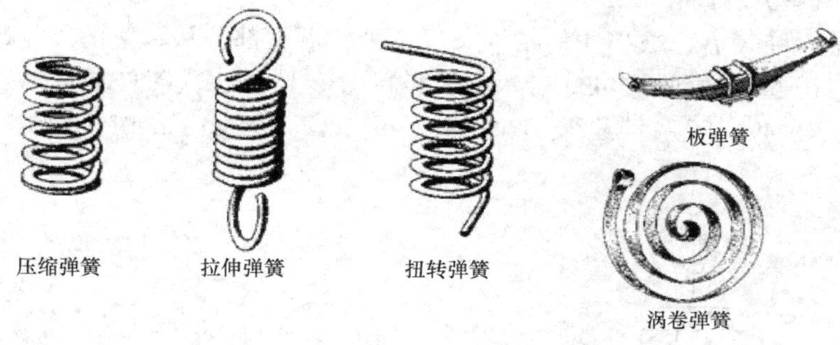

图 3-5-47　弹簧的种类

二、弹簧各部分结构名称及尺寸关系

圆柱螺旋压缩弹簧各部分名称如图 3-5-48 所示，其尺寸关系见表 3-5-11。

表 3-5-11　圆柱螺旋压缩弹簧各部分名称及尺寸关系

序号	名称	代号	说　明
1	线径	d	制造弹簧所用金属丝的直径
2	弹簧外径	D_2	弹簧的最大直径
3	弹簧内径	D_1	弹簧的内孔直径，即弹簧的最小直径
4	弹簧中径	D	弹簧的平均直径，$D=(D_2+D_1)/2=D_1+d=D_2-d$
5	有效圈数	n	保持相等节距且参与工作的圈数
6	支承圈数	n_2	弹簧两端并紧且磨平，仅起支承或固定作用的圈数（一般取 1.5 圈、2 圈或 2.5 圈）
7	总圈数	n_1	有效圈数和支承圈数的总和，$n_1=n_2+n$
8	节距	t	除支承圈外，相邻两有效圈上对应点间的轴向距离
9	自由高度	H_0	未受载荷作用时的弹簧高度（或长度），$H_0=nt+(n_2-0.5)d$
10	展开长度	L	制造弹簧时所需金属丝的长度，$L\approx\pi D_2 n_1$

三、圆柱螺旋压缩弹簧的画法

1. 弹簧绘制规则

根据 GB/T 4459.4—2003 中的规定，绘制弹簧的规则如下。

1）在平行于螺旋弹簧轴线的投影面视图中，常用直线代替其各圈轮廓的螺旋线。

2）有效圈数在 4 圈以上时，可以每端只画出 1~2 圈（支承圈除外），其余省略不画，当中间各圈省略后，可适当缩短弹簧的长度，但应画出簧丝中心线。

3）螺旋弹簧不论是左旋还是右旋，均可画成右旋，但左旋弹簧要在参数栏中注明旋向。

4）螺旋压缩弹簧如要求两端并紧且磨平时，不论支承圈的圈数多少和末端紧贴情况如何，均按 2.5 圈绘制。

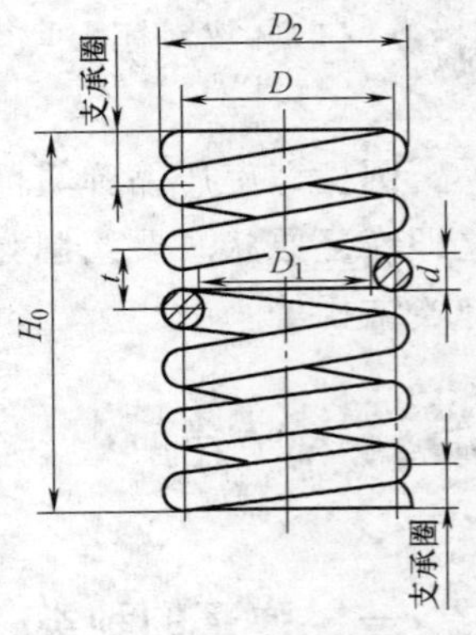

图 3-5-48　圆柱螺旋压缩弹簧各部分名称

2. 装配图中弹簧的简化画法

在装配图中，弹簧后面被挡住的结构一般不画，可见部分从弹簧的外轮廓线或从弹簧钢丝剖面的中心线画起，如图 3-5-49a 所示。线径在图形上小于或等于 2mm 时，其剖面可用涂黑表示，如图 3-5-49b 所示；线径在图形上小于或等于 1mm 时，可用示意画法，如图 3-5-49c所示。

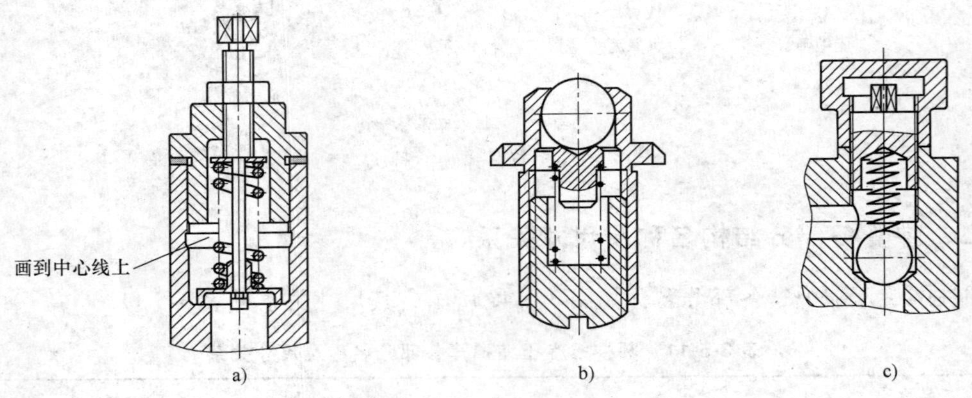

图 3-5-49　装配图中弹簧的画法
a）不画挡住部分的零件轮廓　b）弹簧丝剖面涂黑　c）簧丝示意画法

任务实施

计算未知参数值，然后完成图 3-5-46 所示的圆柱螺旋压缩弹簧的零件图。

1. 尺寸计算

1）弹簧中径。$D=(D_2+D_1)/2=(20\text{mm}+10\text{mm})/2=15\text{mm}$。

2）线径。$D_1+d=D_2-d$（根据弹簧中径计算公式）可得 $d=(D_2-D_1)/2=(20\text{mm}-10\text{mm})/2=5\text{mm}$。

3）有效圈数。$H_0=nt+(n_2-0.5)d$（根据弹簧自由高度计算公式）可得 $n=[H_0-(n_2-0.5)d]/t=[70-(2.5-0.5)\times5]/10.2=5$。

2. 作图步骤

1）根据任务中提供的弹簧自由高度 $H_0=70$mm 和计算出的弹簧中径 $D=15$mm 画出矩形，如表 3-5-12 图 a 所示。

表 3-5-12 弹簧作图步骤

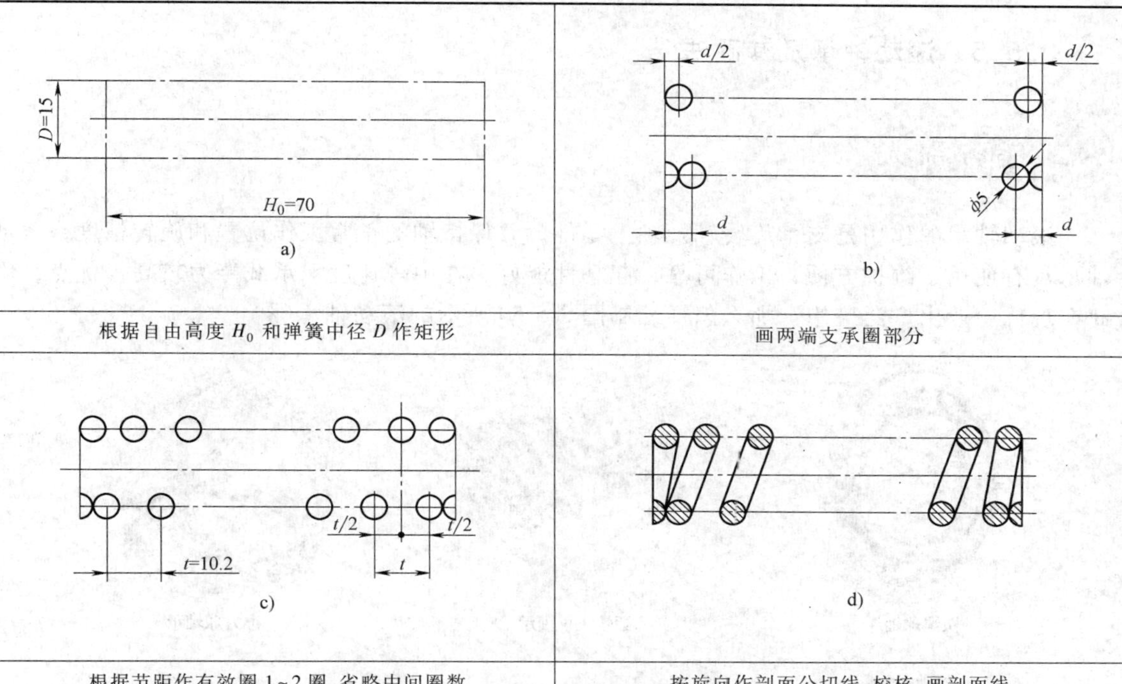

根据自由高度 H_0 和弹簧中径 D 作矩形	画两端支承圈部分
根据节距作有效圈 1~2 圈，省略中间圈数	按旋向作剖面公切线，校核，画剖面线

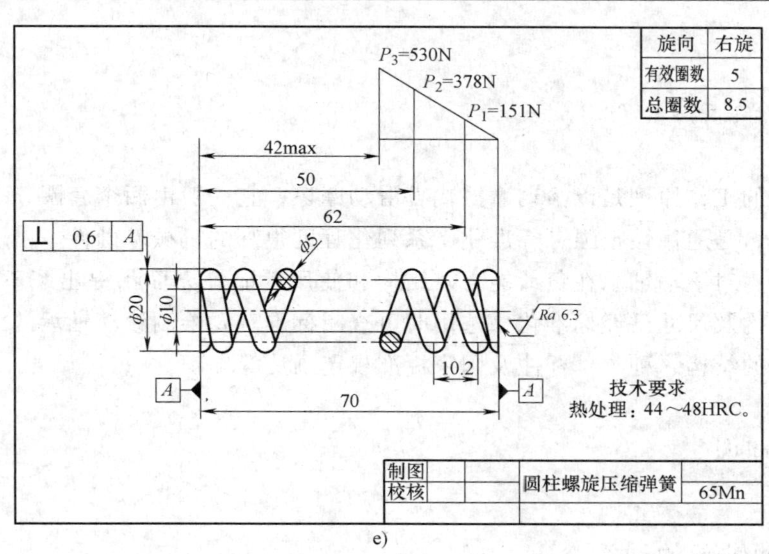

e)

尺寸标注，填写参数栏、标题栏、技术要求

2）根据计算出的线径 $d=5\text{mm}$，在矩形上、下两端面画出支承圈部分的四个圆和半个圆，如表 3-5-12 图 b 所示。

3）根据节距 $t=10.2\text{mm}$ 和线径 $d=5\text{mm}$，画出有效圈部分的五个圆，如表 3-5-12 图 c 所示。

4）按照右旋方向作相应圆的公切线，画弹簧丝的剖面线，如表 3-5-12 图 d 所示。

5）检查无误后，标注尺寸、填写标题栏及参数栏，如表 3-5-12 图 e 所示。

3.5.5　滚动轴承及其画法

任务引入

滚动轴承的作用是支承旋转轴及轴上零件，并保持轴的正常工作位置和旋转精度，滚动轴承具有使用、维护方便，工作可靠，起动性能好，在中等速度下承载能力较高等优点，因此在现代工业中广泛应用。那么怎样绘制图 3-5-50 所示的滚动轴承呢？

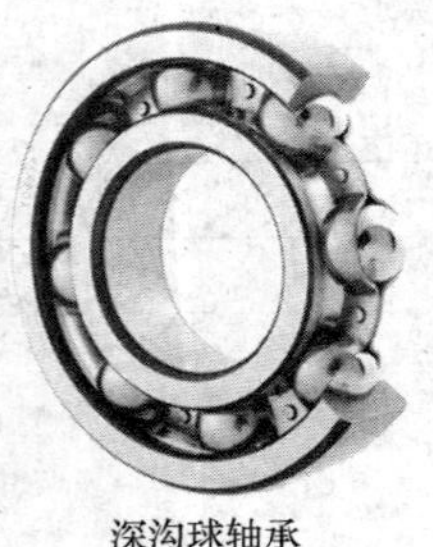
深沟球轴承

圆锥滚子轴承

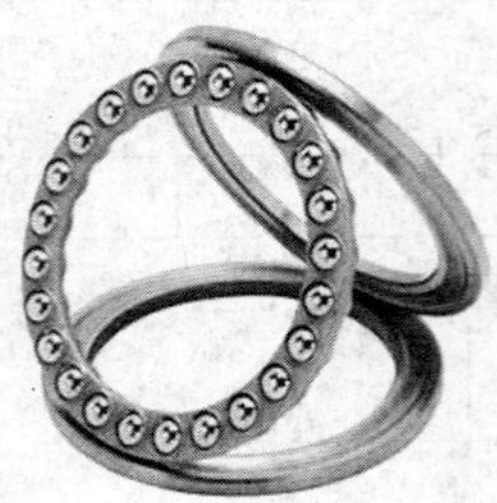
推力球轴承

图 3-5-50　滚动轴承

任务分析

滚动轴承的工作原理是以滚动摩擦代替滑动摩擦，它一般由两个套圈、一组滚动体和一个保持架组成，是通用性很强，标准化、系列化程度很高的机械基础件。由于不同机械有不同的工作条件，对滚动轴承在负荷能力、结构和使用性能等方面都提出了不同要求。因此，滚动轴承的结构及尺寸已经标准化，选用时可查阅标准。要绘制滚动轴承的二维图形，需要掌握滚动轴承的结构、种类、标注及国家标准规定画法等知识。

一、滚动轴承的种类

滚动轴承按受力方向可分为三类，见表 3-5-13。

表 3-5-13　滚动轴承的类型

序号	种类	图例	说明
1	向心轴承		主要用于承受径向载荷的滚动轴承，如深沟球轴承
2	推力轴承		主要用于承受轴向载荷的滚动轴承，如推力球轴承
3	向心推力轴承		同时承受轴向载荷和径向载荷的滚动轴承，如圆锥滚子轴承

二、滚动轴承的结构

滚动轴承的种类很多，其结构大体相同，一般由外圈、内圈、滚动体和保持架 4 部分组成，如图 3-5-51 所示。

1）外圈。装在轴承座孔内，一般不转动。

2）内圈。装在轴颈上，随轴转动。

3）滚动体。滚动轴承的核心元件。

4）保持架。将滚动体均匀隔开，避免摩擦。

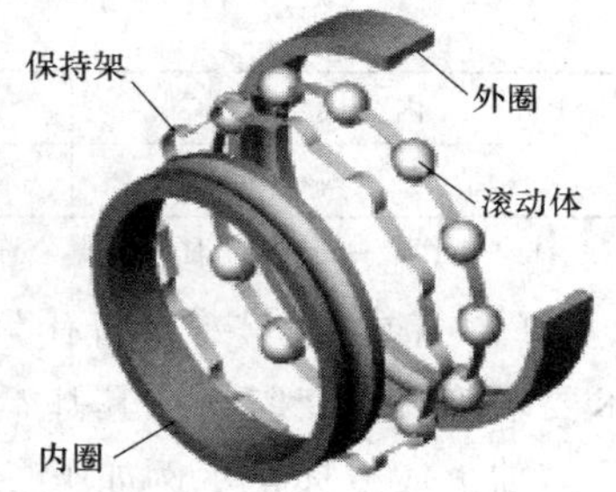

图 3-5-51　滚动轴承结构

三、滚动轴承的代号

GB/T 272—1993 规定了轴承的代号，轴承代号采用字母加数字的形式来表示轴承结构、尺寸、公差等级、技术性能等特征。代号由三部分组成：前置代号、基本代号、后置代号。基本代号是轴承代号的基础。前置代号和后置代号都是轴承代号的补充，只有在遇到对轴承结构、形状、材料、公差等级、技术要求等有特殊要求时才使用，一般情况下可部分或全部省略。

（1）基本代号　基本代号表示轴承的基本类型、结构和尺寸。它由轴承类型代号、尺寸系列代号、内径代号构成（滚针轴承除外），基本代号构成如下。

类型代号 尺寸系列代号 内径代号

1）轴承类型代号。用阿拉伯数字或拉丁字母表示不同类型的轴承，其含义见表 3-5-12。

表 3-5-14 轴承类型代号

代号	轴承类型	代号	轴承类型
0	双列角接触球轴承	6	深沟球轴承
1	调心球轴承	7	角接触球轴承
2	调心滚子轴承和推力调心滚子轴承	8	推力圆柱滚子轴承
3	圆锥滚子轴承	N	圆柱滚子轴承双列或多列用字母 NN 表示
4	双列深沟球轴承	U	外球面球轴承
5	推力球轴承	QJ	四点接触球轴承

2）尺寸系列代号。由两位数字组成，前一位数字代表宽度系列（向心轴承）或高度系列（推力轴承），后一位数字代表直径系列。主要用于区别内径相同而宽（高）度和外径不同的轴承。

① 宽（高）度系列。内径 d 相同的轴承，对向心轴承配有不同的宽度 B 的尺寸系列，代号有 8、0、1、2、3、4、5、6，尺寸依次递增；对推力轴承配有不同高度 T 的尺寸系列，代号有 7、9、1、2，尺寸依次递增。

② 直径系列。内径 d 相同的轴承，配有不同的外径 D 的尺寸系列，代号有 7、8、9、0、1、2、3、4、5，尺寸依次递增。

3）内径代号。表示轴承公称内径的大小，用数字表示（表 3-5-15），其内径尺寸可以直接从代号判定。

表 3-5-15 滚动轴承的内径代号

内径代号	00	01	02	03	04~480
轴承公称内径/mm	10	12	15	17	代号数字×5

注：当代号数字≥04 时，轴承公称内径值为代号数字×5，但代号 22、28、32 除外。

（2）前置代号和后置代号　前置代号和后置代号是轴承在结构形状、尺寸、公差、技术要求等有改变时，在其基本代号左、右添加的补充代号。

轴承代号标记示例如下。

1）轴承 23224

① 第一位数字。“2”表示类型代号，调心滚子轴承。

② 中间两位数字。“32”表示尺寸系列代号，宽度系列代号为“3”，直径系列代号为“2”。

③ 后两位数字。“24”表示内径代号，$d=24\times5\text{mm}=120\text{mm}$。

2）轴承 6208-2Z/P6

① 第一位数字。“6”表示类型代号，深沟球轴承。

② 中间两位数字。“02”表示尺寸系列代号，其中代表宽度系列代号的“0”省略，直径系列代号为“2”。

③ 后两位数字。“08” 表示内径代号，$d=8\times5\text{mm}=40\text{mm}$。

④ 2Z——轴承两端面带防尘罩；P6——公差等级符合标准规定 6 级。

四、滚动轴承的画法

滚动轴承是标准件，不需要画零件图。GB/T 4459.7—1998 对滚动轴承的画法做了统一规定，分简化画法和规定画法，见表 3-5-16。在装配图中，需要较详细地表达滚动轴承的主要结构时，可采用规定画法；只需要简单地表达滚动轴承的特征性能时，可采用特征画法；在传动系统中，可采用通用画法。

表 3-5-16　滚动轴承的简化画法和规定画法

轴承类型	简化画法		规定画法
	通用画法	特征画法	
深沟球轴承 GB/T 276—2013		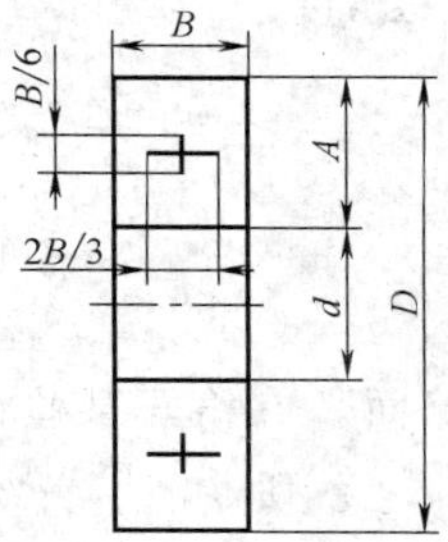	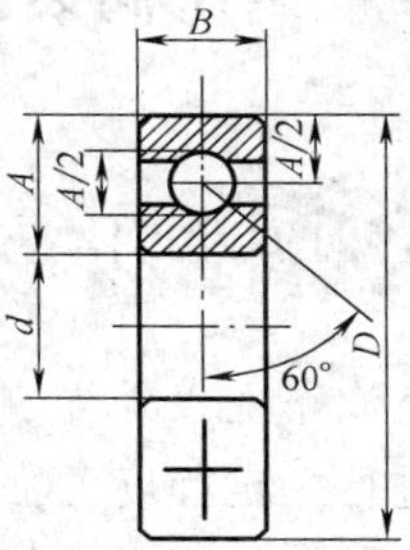
圆锥滚子轴承 GB/T 297—2015	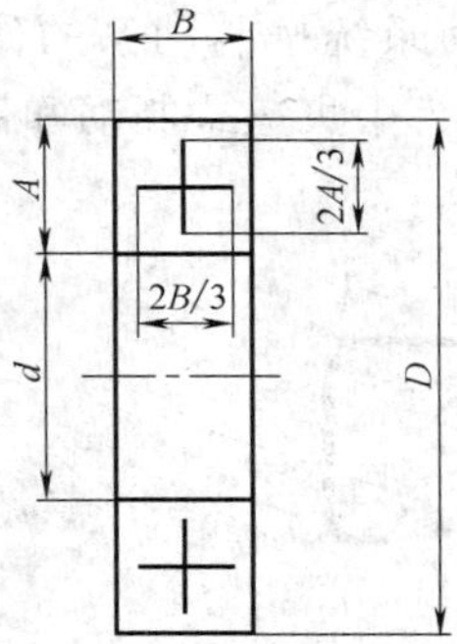	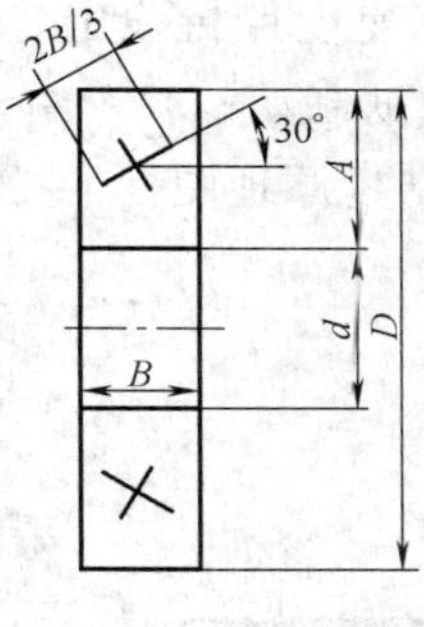	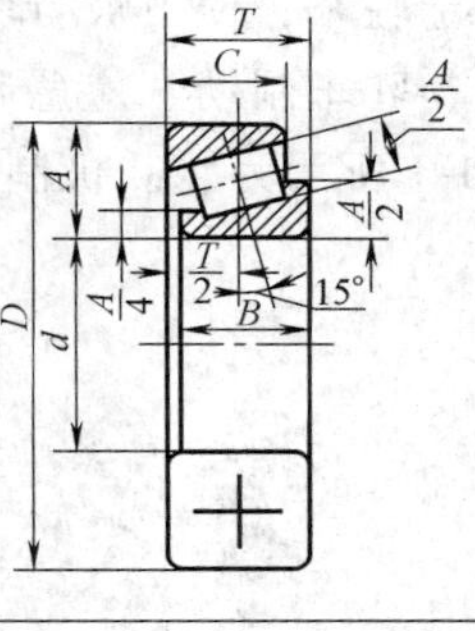
推力球轴承 GB/T 301—2015		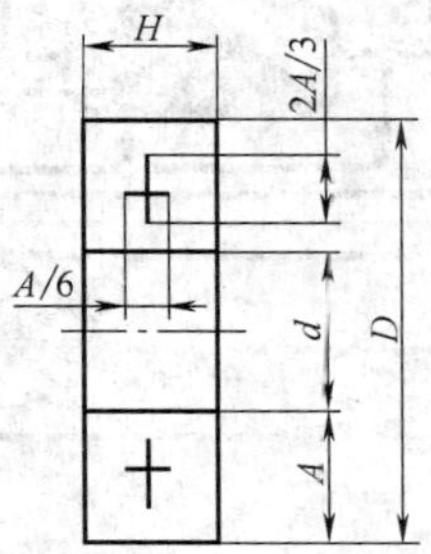	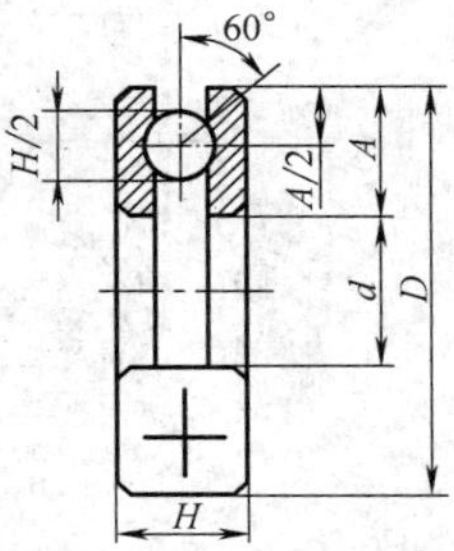

模块四

综合能力应用

4.1 调压阀装配图的绘制

项目引入

汽车上以外界（主要是路面）在汽车某些部分（主要是车轮）施加一定的力，从而对其进行一定程度的强制制动的一系列专门装置统称为制动系统。其作用：使行驶中的汽车按照驾驶人的要求进行强制减速或停车；使已停驶的汽车在各种道路条件下（包括在坡道上）稳定驻车；使下坡行驶的汽车速度保持稳定。汽车制动系统按制动系的作用可分为行车制动、驻车制动、应急制动、辅助制动。驻车制动又可分为中央盘式制动和储能弹簧制动。图4-1-1所示为装载机制动系统结构原理图。

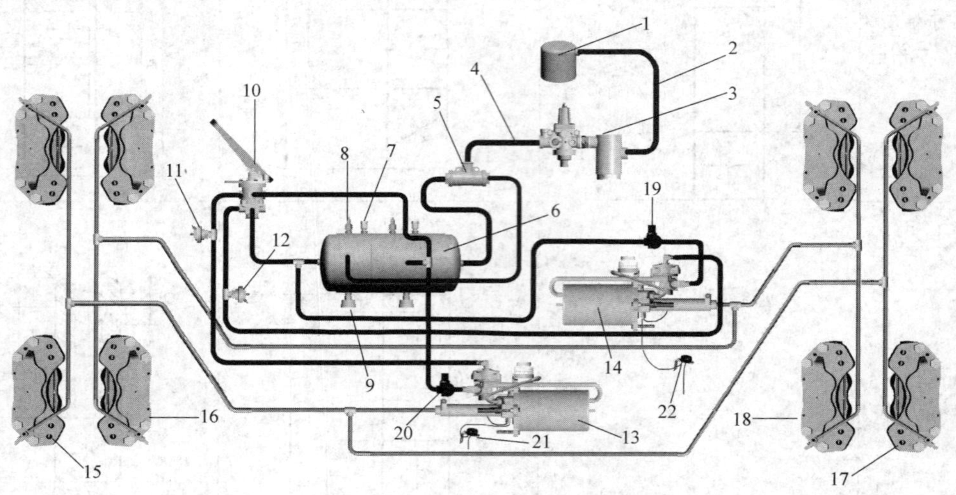

图 4-1-1 装载机制动系统结构原理图

1—空压机 2—冷凝管 3—空压源管理器 4—气管 5—双回路保险阀 6—双腔储气筒 7—安全阀 8—低压抵警开关 9—自动排水阀 10—总阀 11、12—制动灯开关 13、14—加力泵 15、17—第一系统制动钳 16、18—第二系统制动钳 19、20—调压阀 21、22—蜂鸣器

气刹制动系统由空压机直接提供制动所需要的空气，并产生制动所需要的空气压力，空压机是制动系统中的第一供能装置。当发动机运转时，空压机随之转动，带动活塞下压，外界空气经空气滤清器和进气阀门进入气缸。当活塞上行时，缸内的空气被压缩，压力升高，克服排气阀门的弹簧预紧力而使排气阀门开启，压缩空气便进入储气筒。当储气筒中的气压升至 0.78~0.81MPa 时，调压阀膜片下方气压作用力足以克服弹簧预紧力而推动膜片向下拱曲，从而使进气阀门关闭，排气阀门开启，来自储气筒的压缩空气进入压缩机中的卸荷气室中，使卸荷膜片和卸荷杆下移而顶开进气阀门，使两气缸均与大气连通。其工作原理图如图 4-1-2 所示。

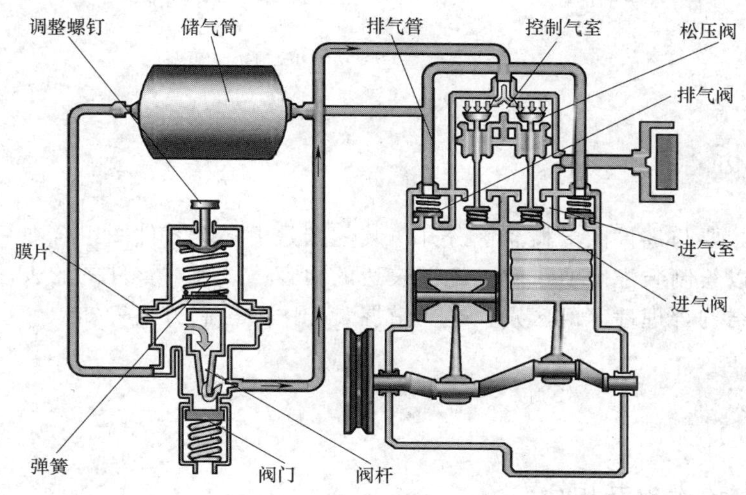

图 4-1-2 双缸空气压缩机卸荷装置与调压阀的工作原理图

项目目标

1）掌握装配图的作用和内容。
2）掌握装配图的表达方法、标注方法。
3）掌握正确识读装配图的方法。
4）掌握装配图的绘制方法和步骤。

任务引入

调压阀也称气压调节阀，如图 4-1-3 所示，其作用是使储气筒的气压维持在规定范围以内，当超过规定范围时使空压机卸载，从而减小发动机动力损失。气压的规定范围是由气压调节阀的弹簧预紧度和调节螺栓设定的。完成图 4-1-3 所示气压调节阀的装配图绘制。

注意：气压调节阀可用于各种调压系统，本项目中讲解的调压阀并非装载机制动系统的调压阀。

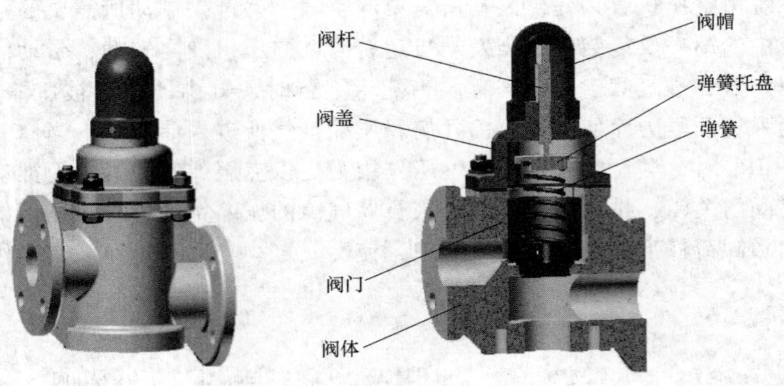

图 4-1-3 气压调节阀示意图

任务分析

装配图的概念要与零件图的概念区分开，装配图是由多个零件图组合在一起的，但又不同于零件图。所以绘制装配图要了解装配图表达的内容，以及与零件图的表达方案、尺寸标注、技术要求、结构合理性等的区别，还要掌握装配图的绘制方法等知识。

相关知识

一、装配图的作用及组成

装配图是表达机器或部件的工作原理、装配关系、传动路线、连接方式及零件基本结构的图样。装配图和零件图一样，是生产和科研中的重要技术文件之一。

1. 装配图的作用

汽车或汽车的部件，都是由若干个零件按一定的装配关系和技术要求装配而成的。在产品或部件的设计过程中，通常是根据设计任务书，先画出符合设计要求的装配图，再根据装配图画出符合要求的零件图；在制造产品的过程中，要根据装配图制订装配工艺规程来进行装配、调试和检验产品；在使用产品时，要从装配图上了解产品的结构、性能、工作原理及保养、维修的方法和要求。

2. 装配图的组成

图 4-1-4 所示为千斤顶机构装配图，从该图可以看出装配图由如下五部分组成。

1）一组视图。用以表达机器或部件的工作原理、装配关系、传动路线、连接方式及零件的基本结构。图 4-1-4 所示千斤顶机构装配图采用的一组视图：主视图采用全剖视，主要表达千斤顶组成零件的主要结构、工作原理、零件间的装配关系等内容；其他视图主要辅助表达千斤顶外形。

2）必要的尺寸。用以表示机器或部件的性能、规格、外形大小及装配、检验、安装所需的尺寸。如图 4-1-4 中的 108mm、45mm、80mm、ϕ25mm，M20mm 和 ϕ16mm。

3）技术要求。用符号或文字注写的机器或部件在装配、检验、调试和使用等方面的要

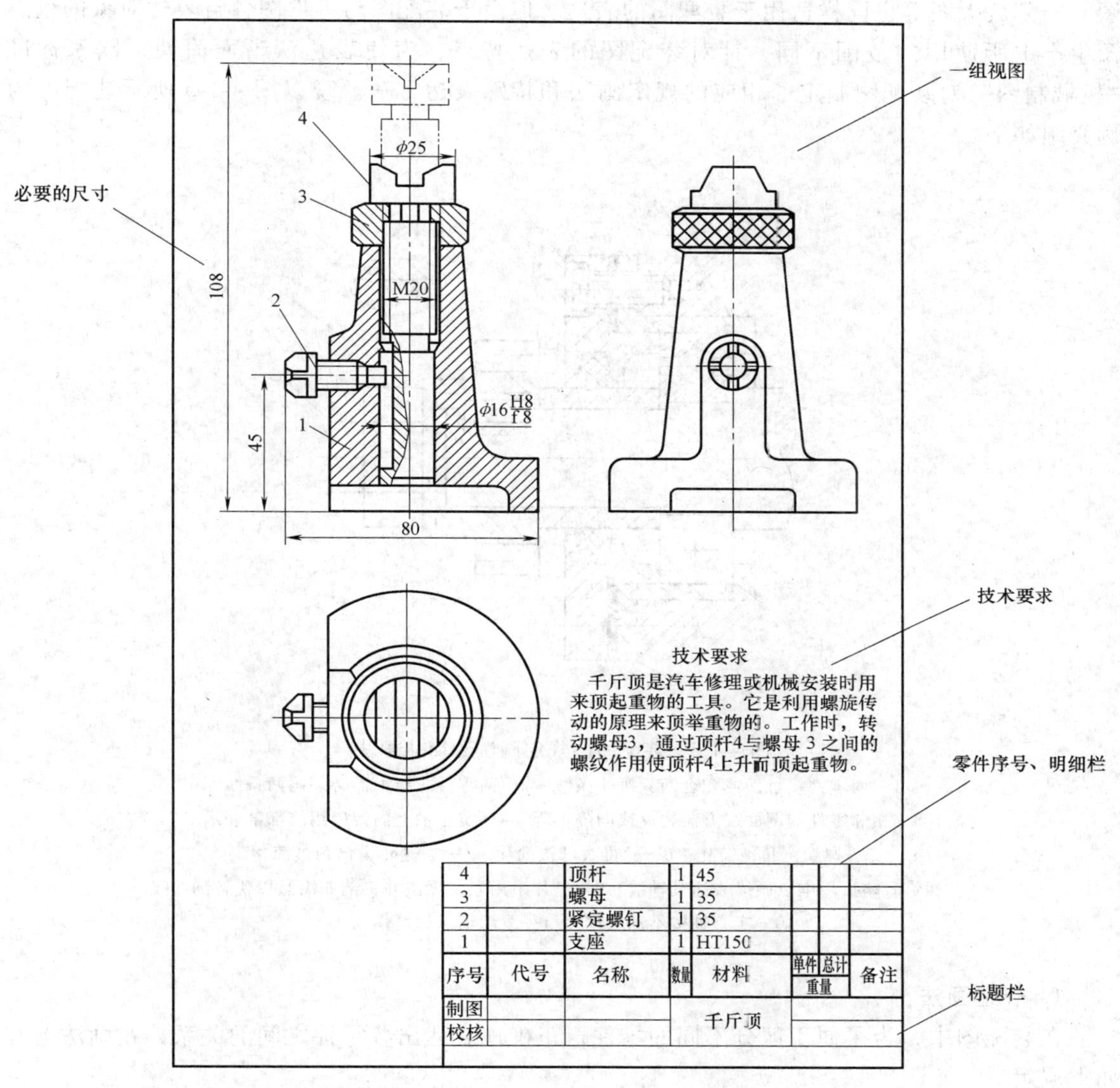

图 4-1-4　千斤顶机构装配图

求、规则和说明等。

4）零件的序号和明细栏。组成机器或部件的每一种零件（结构形状、尺寸规格及材料完全相同的为一种零件），在装配图上必须按一定的顺序编上序号，并编制出明细栏。明细栏中注明各种零件的序号、代号、名称、数量、材料、重量、备注等内容，以便读图、图样管理及进行生产准备、生产组织工作。

5）标题栏。说明机器或部件的名称、图样代号、比例及责任者的签名和日期等内容。

二、装配图视图表达方案的选择

装配图和零件图一样，同样是按照正投影的原理、方法和《机械制图》国家标准的有关规定绘制的。在机件表达方法中讨论过的零件图的各种表达方法，如视图、剖视图、断面图、局部放大图等也同样适用于装配图的表达。但由于装配图与零件图各自表达对象的重点及生产中所使用的范围不同，针对装配图的表达特点，为使表达清晰而简便，国家标准“机械制图”对装配图制定了相应的规定画法和特殊表达方法。现以图 4-1-5 所示装配图为例介绍如下。

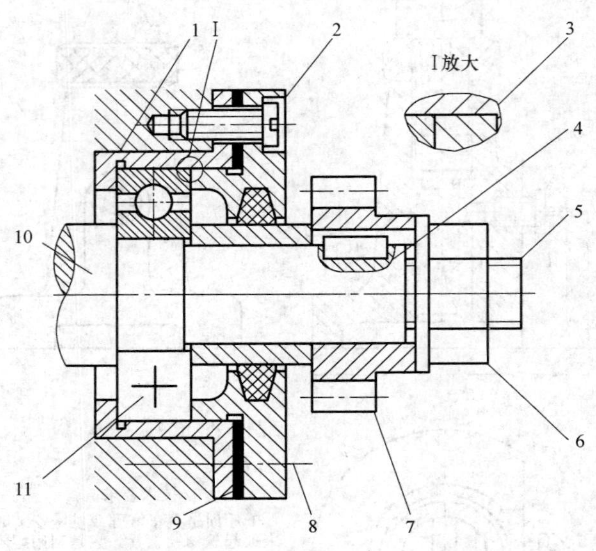

图 4-1-5　装配图的规定画法和简化画法

1—两零件接触面或配合面只画一条线　2—两零件非接触面必须画两条线
3—相邻零件的剖面线方向相反或间隔不等　4—实心轴上的键槽用局部剖表示
5—螺纹倒角被简化　6—螺母头部被简化　7—齿轮轮齿倒角被简化
8—螺钉省略后用细点画线表达其轴线　9—垫片采用夸张画法并将剖面涂黑以代替剖面线
10—实心轴按不剖处理　11—滚动轴承的简化画法

1. 规定画法

在装配图中，为了便于区分不同的零件，正确地表达出各零件之间的关系，在画法上有如下规定。

1）零件间接触面与配合面的画法。两个相邻零件的接触表面和公称尺寸相同的配合面，规定只画一条线；但对于相邻两零件的不接触表面和公称尺寸不同的非配合表面，即使间隙很小，也必须用夸大画法分别画出两条轮廓线。

2）剖面线的画法。在装配图的剖视图中，相邻的两个零件剖面线方向相反或方向一致而间距不等。在各视图中，同一零件的剖面线方向与间隔必须一致。

当零件的剖面厚度在图中不大于 2mm 时，允许将剖面涂黑以代替剖面线。

3）其他。在装配图中，对于紧固件（如螺栓、螺母、垫圈、螺柱等）及实心件（如轴、手柄、球、连杆、键等），当剖切平面通过其轴线（或对称线）剖切这些零件时，则这些零件均按不剖绘制，即不画出剖面线，只画出零件的外形。如果实心杆件上有些结构，如键槽、销孔等需要表达时，可用局部剖视表示。当剖切平面垂直于其轴线剖切时，需要画出其剖面线。

2. 简化画法

1）装配图中，对若干相同的零件组，如几组规格相同的螺栓连接、螺钉连接等，在不影响理解的前提下，可以详细地画出一处或几处，其余只需要用细点画线表示其位置。

2）对于装配图中零件上的一些工艺结构，如小圆角、倒角、退刀槽和砂轮越程槽等，可以省略不画。

3）当剖切平面通过某些标准产品的组合件，或者该组合件已在其他视图中表达清楚时，允许只画出外形轮廓。

3. 特殊表达方法

1）拆卸画法。在装配图的某个视图上，当某些零件遮住了大部分需要表达的零件时，或者某些零件无须重复表达时，可假想将其拆去绘制，这种画法称为拆卸画法。如图 4-1-6 所示的俯视图就是拆去轴承盖、螺栓和螺母后画出的。采用这种画法需要加注“拆去××等”。

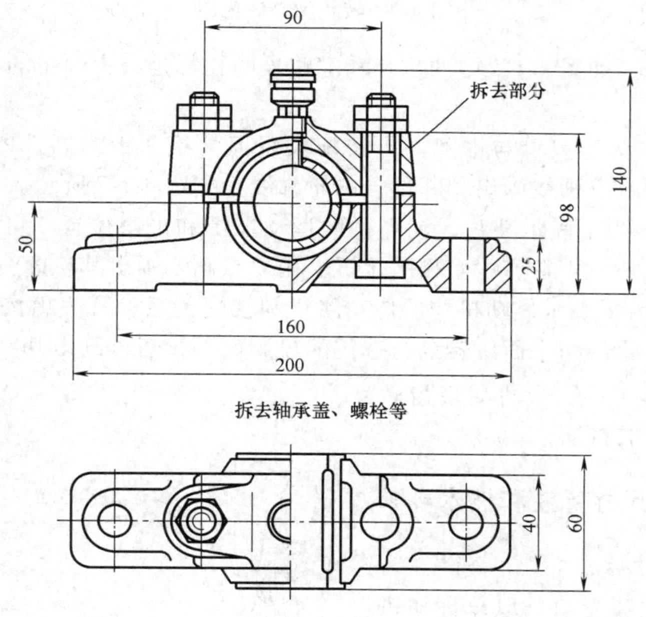

图 4-1-6　滑动轴承装配图

2）沿结合面剖切画法。为了表达装配体的内部结构，可采用沿装配体结合面剖切，画出剩下部分的视图。如图 4-1-7 中的 *A—A* 剖视图就是沿泵体和泵盖的结合面剖切后画出的。零件结合面上不画剖面线，但被剖切到的其他零件如泵轴、螺栓、销等应画出剖面线。

3）单独表示某个零件。在装配图中，当某个零件的主要结构在其他视图中未能表达清楚而又对理解工作原理和装配关系有影响时，可另外单独画出该零件的视图或剖视图。这种表达方法要在视图上方注出零件的编号和视图名称，在相应的视图附近用箭头指明投射方向，如图 4-1-7 中单独画出了泵盖的 *B* 向视图。

4）夸大画法。在装配图中，如绘制直径或厚度小于 2mm 的孔或薄片以及较小的斜度、锥度、间隙和细丝弹簧时，允许该部分不按原绘图比例而夸大画出，以使图形清晰，这种表

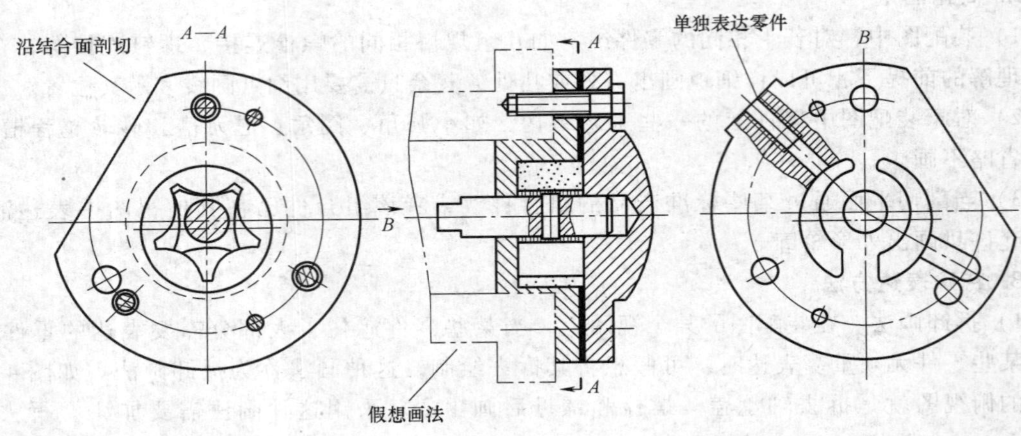

图 4-1-7 转子油泵装配图

示方法称为夸大画法，如图 4-1-5 中的垫片和穿螺栓的孔都是夸大画出的。

5）假想画法。

① 在装配图中，为了表示与本部件有装配关系但又不属于本部件的其他相邻零部件，可采用假想画法，用双点画线画出相邻部分的轮廓线，如图 4-1-7 所示。

② 在装配图中，为了表示某些运动零件的运动范围和极限位置，可先在一个极限位置上用粗实线画出该零件，再在另一个极限位置上用双点画线画出其轮廓，如图 4-1-8 所示。

6）展开画法。为了表示传动机构的传动路线和装配关系，可假想按传动顺序沿轴线剖切，然后依次展开，将剖切平面旋转到与选定的投影面平行后再画出其剖视图，这种画法称为展开画法。如图 4-1-8 所示的交换齿轮架装配图就采用了展开画法。

三、装配图的尺寸标注和技术要求

1. 装配图的尺寸标注

与零件图不同，装配图一般只标注机器或部件的规格尺寸、装配尺寸、安装尺寸、总体尺寸及其他主要尺寸。

(1) 性能（规格）尺寸　表示机器和部件性能（规格）的尺寸，在设计时就已确定，也是设计、了解和选用该机器或部件的依据。如图 4-1-4 中千斤顶螺纹尺寸 M20 是千斤顶机构的性能尺寸，它决定了千斤顶的耐磨性及自锁性能。

(2) 装配尺寸　装配尺寸是保证有关零件间相互配合性质、零件相对位置及零件装配时进行加工的有关尺寸等。如图

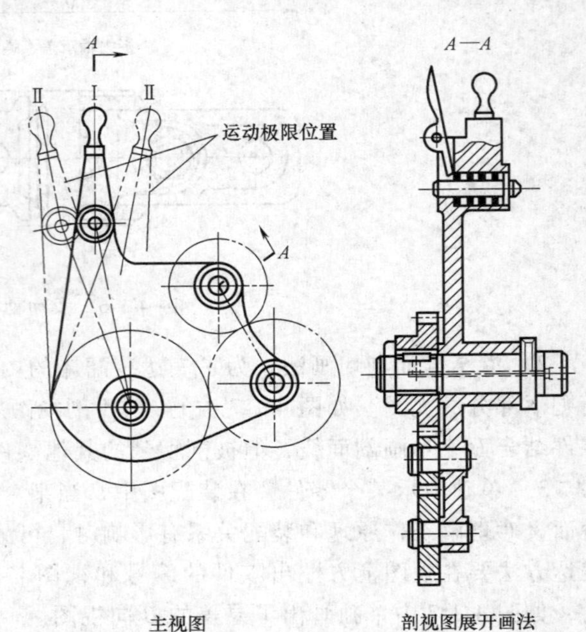

图 4-1-8 交换齿轮架装配图

4-1-4中表示千斤顶配合尺寸的$\phi 16\dfrac{H8}{f8}$。

（3）安装尺寸　将装配体安装到基座或其他工作位置时所需的尺寸。

（4）总体尺寸　反映装配体外形轮廓的大小，即总长、总宽和总高尺寸。它为包装、运输和安装过程所占的空间大小提供了数据。如图 4-1-4 中的 108mm、60mm。

（5）其他重要尺寸　它们是在设计中决定，又不属于上述几类尺寸的一些重要尺寸，如运动零件的极限尺寸、主体零件的重要尺寸等。如图 4-1-4 中的 108mm，不仅表示了千斤顶的总长，也表示了运动零件的运动极限位置。

以上五类尺寸，并非装配图中每类尺寸都必须存在，同时，五类尺寸之间并不是互相孤立无关的，有时一个尺寸同时兼有几种含义。因此装配图上的尺寸标注要根据具体的装配体情况来确定。

2. 装配图中的技术要求

在装配图中，用简明文字逐条说明在装配过程中应达到的技术要求，应予保证装配体在装配、检验、使用时应达到的技术性能和质量要求，同时对产品外观如油漆、包装等要求。装配图的技术要求一般用文字写在图纸下方的空白处。技术要求应根据实际需要注写，其内容如下。

（1）装配要求　包括机器或部件中零件的相对位置、装配方法、装配加工及工作状态等。

（2）检验要求　包括对机器或部件基本性能的检验方法和测试条件等。

（3）使用要求　对机器在使用、保养、维修时提出的要求。例如限速要求、限温要求、绝缘要求等。专项的技术要求一般写在明细栏的上方或图纸空白处，要条理清楚、文字简练准确；内容太多时可以另编技术文件。此外，还有对机器或部件的涂饰、包装、运输等方面的要求以及对机器或部件的通用性、互换性的要求等。

（4）其他要求　不便用符号或尺寸标注的性能规格参数等，也可用文字注写在技术要求中。

编制装配图中的技术要求时，一般也可参阅同类产品或原有的老产品图样中的要求，根据具体情况再做确定。技术要求中的文字注写应准确、简练，一般写在明细栏的上方或图纸下方空白处，也可另写成技术要求文件作为图样的附件。

四、装配图的零件序号及明细栏

1. 装配图零件序号规定

1）装配图中所有的零部件均应编号。

2）装配图中一个部件可以只编写一个序号；同一装配图中相同的零部件用一个序号，一般只标注一次；多处出现的相同的零部件，必要时也可重复标注。

3）装配图中零部件的序号，应与明细栏中的序号一致。

4）装配图中所用的指引线和基准线应按 GB/T 4457. 2—2003 的规定绘制。

5）装配图中字体的写法应符合 GB/T 14691—1993 的规定。

2. 序号的编排方法（国标 GB/T 4458. 2—2003）

序号应写在视图及尺寸的范围之外，指引线从所指的零部件的可见轮廓内画一圆点，然

后从圆点开始用细实线绘制指引线，在指引线的另一端用细实线绘制一水平线或圆。

1）装配图中编写零部件序号的表示方法有以下三种。

① 在水平的基准（细实线）上或圆（细实线）内注写序号，序号字号比该装配图中所注尺寸数字的字号大一号，如图 4-1-9a 所示。

② 在水平的基准（细实线）上或圆（细实线）内注写序号，序号字号比该装配图中所注尺寸数字的字号大一号或两号，如图 4-1-9b 所示。

③ 在指引线的非零件端的附近注写序号，序号字号比该装配图中所注尺寸数字的字号大一号或两号，如图 4-1-9c 所示。

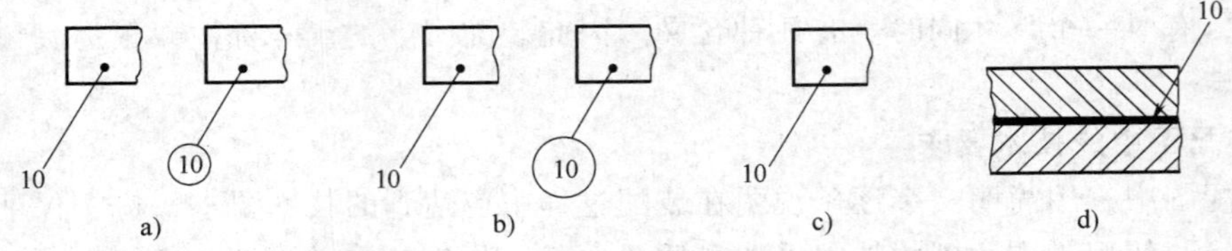

图 4-1-9　装配图中序号编排方法

2）零件序号编排的基本规定。

① 同一装配图中编排序号的形式应一致。

② 指引线应自所指部分的可见轮廓内引出，并在末端画一圆点，如图 4-1-9a～c 所示。若所指部分（很薄的零件或涂黑的剖面）内不便画圆点时，可在指引线的末端画出箭头，并指向该部分的轮廓，如图 4-1-9d 所示。

③ 指引线不能相交。当指引线通过有剖面线的区域时，它不应与剖面线平行。必要时指引线允许画成折线，但只可曲折一次。

④ 对于一组紧固件以及装配关系清楚的零件组，可以采用公共指引线，如图 4-1-10 所示。公共指引线常用于螺栓、螺母和垫圈所组成的零件组等。

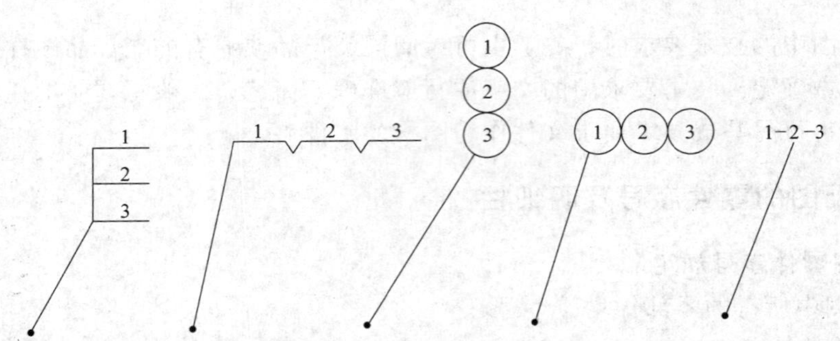

图 4-1-10　公共指引线的标注形式

⑤ 装配图中序号应按水平或竖直方向排列整齐，可按下列两种方法编排。

a. 按顺时针或逆时针方向顺次排列，在整个图上无法连续时，可只在每个水平或竖直方向顺次排列。

b. 按装配图明细栏中的序号排列，采用此种方法时，应尽量在每个水平或竖直方向顺次排列。

3. 装配图的明细栏及标题栏

明细栏是装配体中全部零部件的详细目录，明细栏应包括序号、代号、名称、数量、材料、重量、备注等。明细栏应画在标题栏的上方，如图 4-1-11 所示。在特殊情况下，装配图中也可以不画明细栏，而单独编写在另一张图纸上。

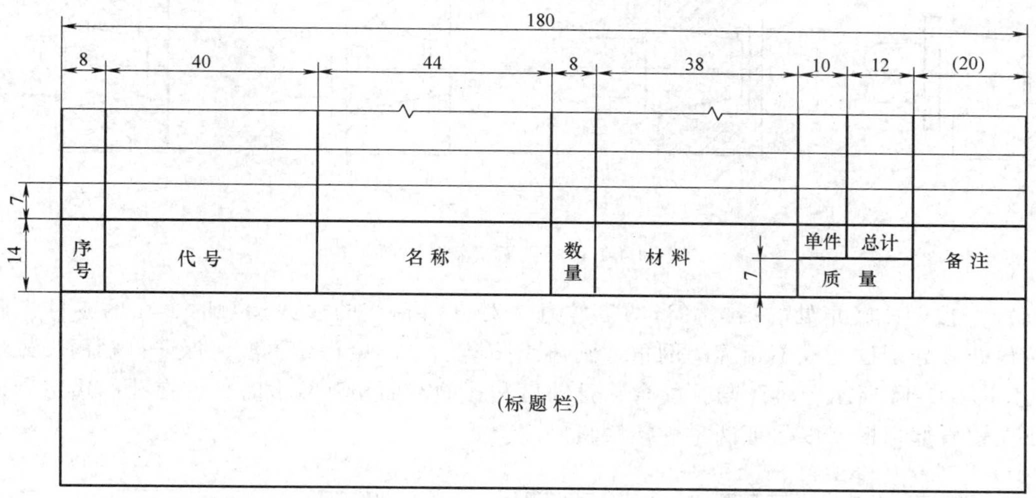

图 4-1-11 明细栏的格式和尺寸

五、装配结构的画法

在设计和绘制装配图的过程中，除了根据设计要求确定其结构外，还应考虑到装配结构的合理性，以保证产品的性能，并给零件的加工和装拆带来方便。以下对常见结构进行合理性分析。

1. 接触面与配合面的合理结构

（1）两零件间的接触面

1）在装配体中，两零件（包括轴承和孔的配合）在同一方向上只允许有一对表面接触（或相配合），应尽量避免两组表面同时接触，这样既能满足装配要求，又可降低加工要求，如图 4-1-12 所示。

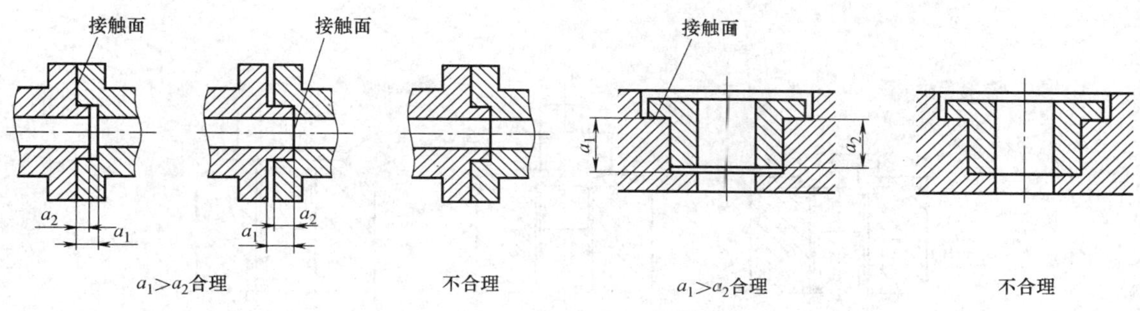

图 4-1-12 两零件间的接触面

2）装配体中有两圆锥面配合时，锥体的端面与锥孔的底面之间应留有空隙，如图 4-1-13 所示。

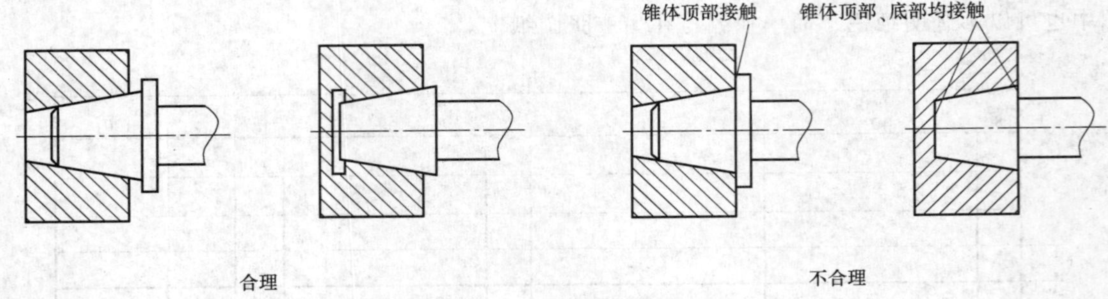

图 4-1-13　锥面接触的结构

（2）接触面转角处的结构　当两零件有一对直角相交的表面接触时，在两零件接触面的转角处应分别设计成不相等的倒角、圆角或凹槽，以避免相互干涉，保证接触面良好地接触。如图 4-1-14 所示，轴颈与孔配合，且轴肩和孔的端面相互接触时，应在孔的边缘制出倒角或在轴肩部切槽，以保证两零件接触良好。

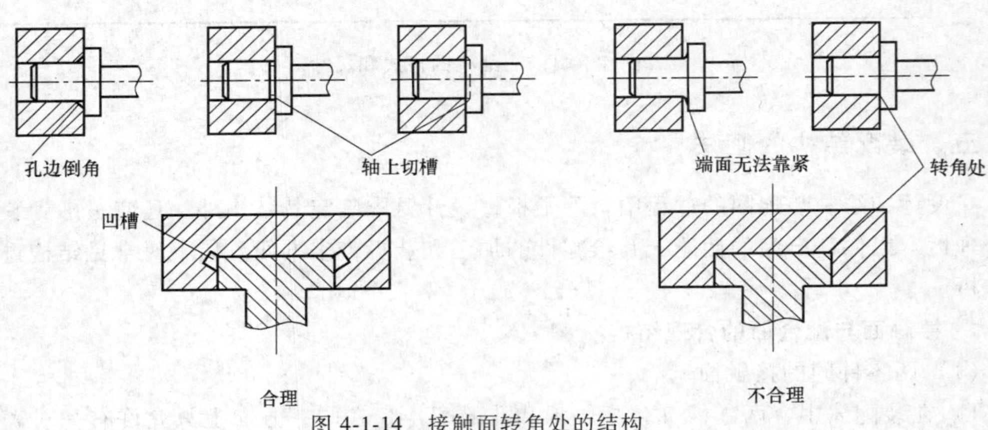

图 4-1-14　接触面转角处的结构

（3）螺纹连接接触面的结构　为了使螺栓、螺钉、垫圈等紧固件与被连接表面有良好的接触面，同时减少加工面积，在被连接件的表面应加工成凸台或沉孔等结构，如图 4-1-15 所示。

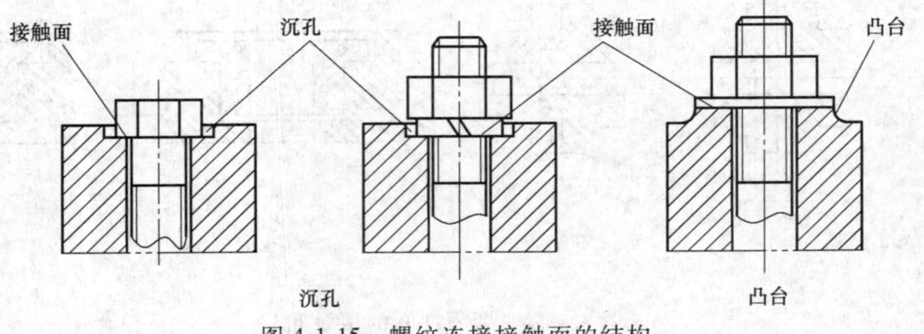

图 4-1-15　螺纹连接接触面的结构

2. 便于拆装的合理结构

（1）滚动轴承端面的接触结构　滚动轴承的内、外圈在进行轴向定位设计时，轴肩直径应小于轴承内圈的外径，孔径应大于轴承外圈的内径（或采用工艺螺孔），以便于滚动轴承的装拆，如图 4-1-16 所示。

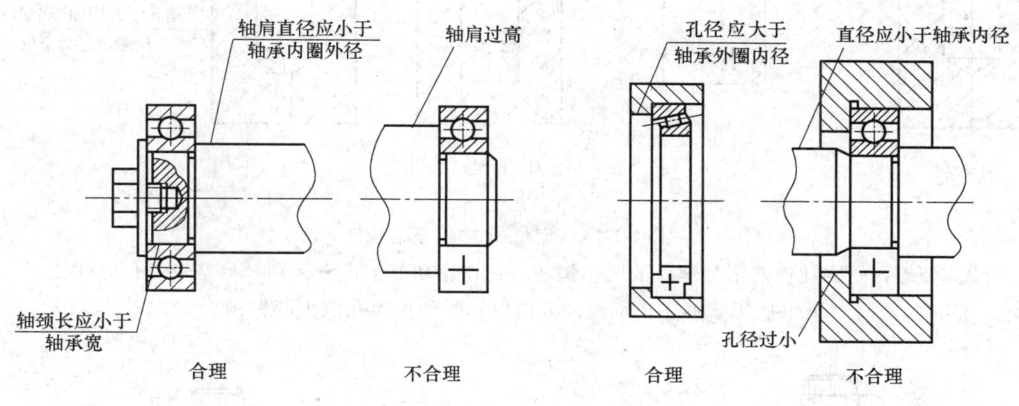

图 4-1-16　滚动轴承端面的接触结构

（2）紧固件位置的合理结构　在确定螺栓等紧固件在部件上的位置时，必须考虑螺栓、螺钉装拆的可能，一是要留出扳手、螺钉旋具的操作空间，如图 4-1-17a 所示，若所留空间太小，扳手将无法使用；二是要保证有紧固件装、拆的空间，如图 4-1-17b 所示，若所留空间太小，螺钉将无法放入。

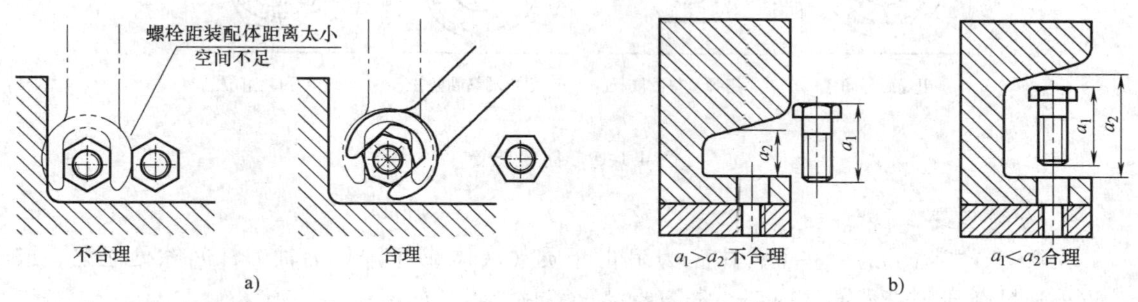

图 4-1-17　紧固件位置的合理结构

（3）定位销的合理结构　为了保证两零件在装拆前后不至于降低装配精度，通常用圆柱销或圆锥销将两零件定位。为了加工和装拆的方便，在可能的条件下，最好将销孔做成通孔或选用带螺孔的销钉，如图 4-1-18 所示。

3. 螺纹紧固的防松装置

为避免机械运动时产生的冲击或振动引起螺纹紧固件松动，在某些装置中需采用双螺母、止动垫圈、弹簧垫圈、开口销等防松装置，如图 4-1-19 所示。

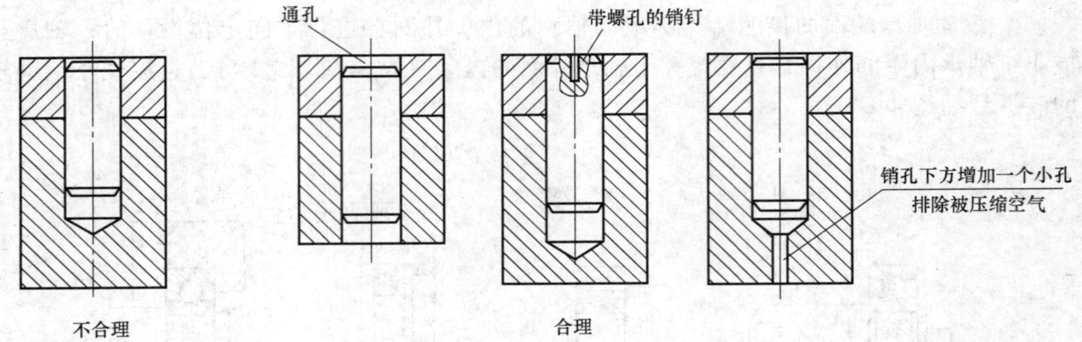

图 4-1-18　定位销的合理结构

注：带螺孔的圆柱销与不带螺孔的圆柱销两者在使用功能上没有区别。只是带螺孔的圆柱销更适用于不通孔定位，方便拆卸时利用螺孔取出圆柱销。

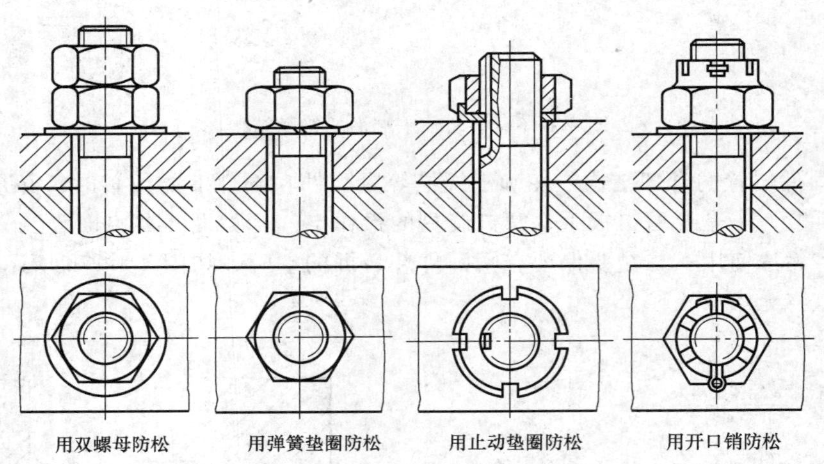

图 4-1-19　防松装置

4. 密封装置

在汽车或机器上的一些部件中，为阻止介质（液体或气体）沿轴、杆间隙处泄漏，或者防止外界杂质等进入部件内部，常需要设置密封装置，如图 4-1-20 所示。

六、装配图的画图方法及步骤

1. 画装配图的方法

（1）确定装配图的表达方案　选择装配图的表达方案，要确定主视图、视图的数量和表达方法，要能较好地反映部件的装配关系、工作原理和主要零件的结构形状。

（2）主视图的选择　主视图的选择一般应满足以下要求。

1）符合机器（或部件）的工作状态，按照其工作位置放置。

2）能清楚地表达部件的工作原理、主要的装配关系或其结构特征。

3）能较好地表达主要零（部）件的相对位置，以及主要零件的主要形状。

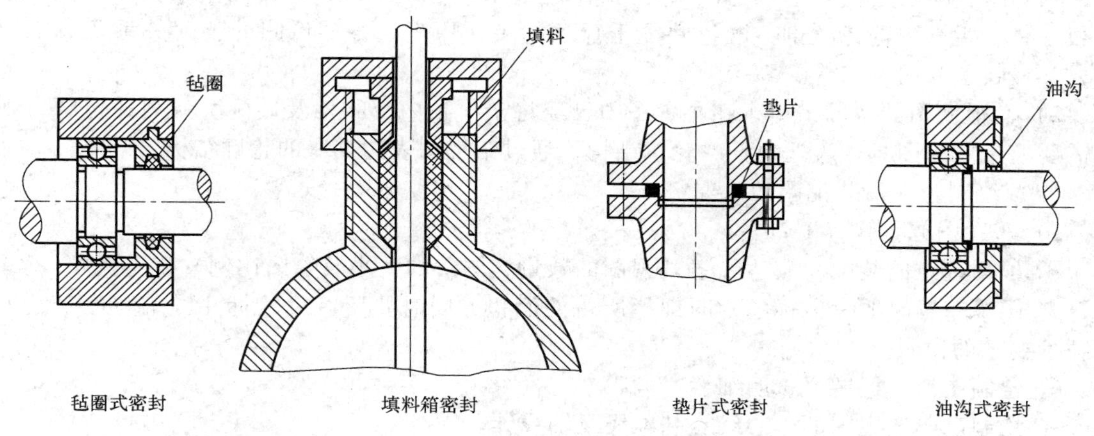

图 4-1-20　密封装置

（3）其他视图的配置　根据确定的主视图，再选取能反映其他装配关系、外形及局部结构的视图。其配置原则如下。

1）考虑还有哪些装配关系、工作原理以及主要的结构还没有表达清楚，再选择相应的视图以及表达方案。

2）考虑合理地布置视图位置，使图样清晰并有利于图幅的充分利用。

注意：装配图的表达方案一般不会是唯一的，可对不同的表达方案进行分析、比较和调整。

2. 装配图的画图步骤

下面以千斤顶装配图的画法为例讲解装配图的画图步骤。

（1）了解和分析装配体　要正确地表达一个装配体，必须对其用途、工作原理、结构特点及拆装顺序等情况进行了解。千斤顶是汽车修理或机械安装时用来顶起重物的工具，如图 4-1-4 所示。其工作原理利用螺旋传动来顶起重物。

（2）拆卸装配体　千斤顶由 4 个零件组成：支座、紧定螺钉、螺母、顶杆。其拆卸顺序如下。

1）先将紧定螺钉用螺钉旋具拧出，解除对顶杆的挤压。

2）旋转螺母，将顶杆旋出。

（3）拟订装配图的表达方案

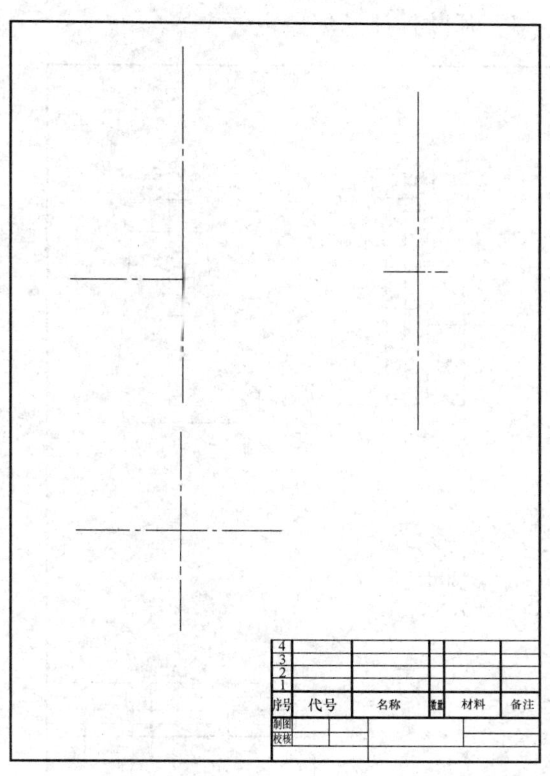

图 4-1-21　千斤顶装配图画图步骤（一）

1）主视图的选择。水平放置、人工操作是千斤顶的工作状态。其工作位置即为自然的安放位置。主视图选择全剖，既反映了千斤顶的工作原理、各零件间的装配关系及装配干线，又反映了其内部结构。

2）其他视图的选择。由于在主视图中已经将千斤顶内部结构及装配关系表达清晰，则只需要通过左视图具体表达顶杆的轮廓结构，通过俯视图表达支座的轮廓结构。

（4）绘制千斤顶装配图的步骤

1）布置图幅（图 4-1-21）。

① 根据选定的装配图表达方案（视图的数量、图形的大小及绘图比例）确定图幅。

② 图幅布置时要考虑标题、明细栏所占的面积，同时要留有尺寸标注、编写序号及书写技术要求的位置。

③ 绘制图框、标题栏、明细栏。

④ 绘制已确定视图的中心线、基准线及轴线等。

2）绘制底稿。

① 先从绘制主视图开始。绘图方法可根据表达的内容不同，采取不同的方法，如图 4-1-22所示。千斤顶装配图的绘图步骤有如下两种。

a. 先绘制支座，再绘制螺母，再绘制顶杆，最后绘制紧定螺钉。

b. 先绘制顶杆，再选择适当的位置绘制螺母，再绘制支座，最后绘制紧定螺钉。

② 绘制其他小零件及图稿细节，如图 4-1-23 所示。

3）仔细检查，无误后加深并画剖面线。

4）尺寸标注，编写零件序号。

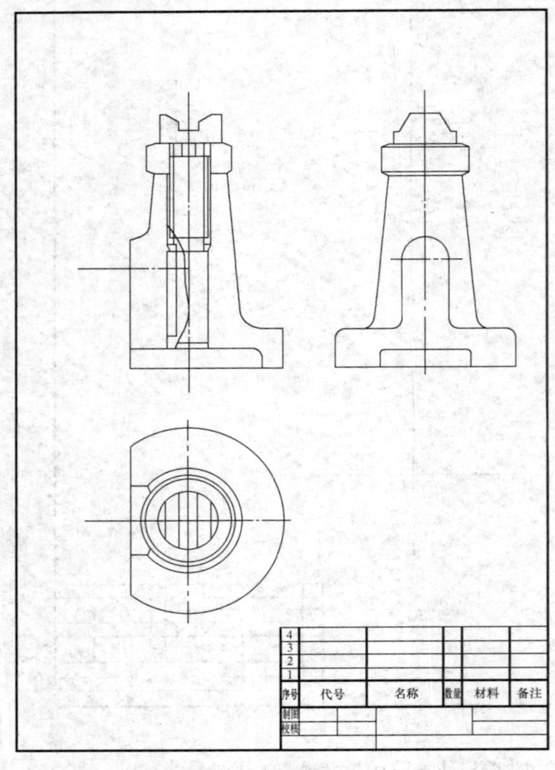

图 4-1-22　千斤顶装配图画图步骤（二）

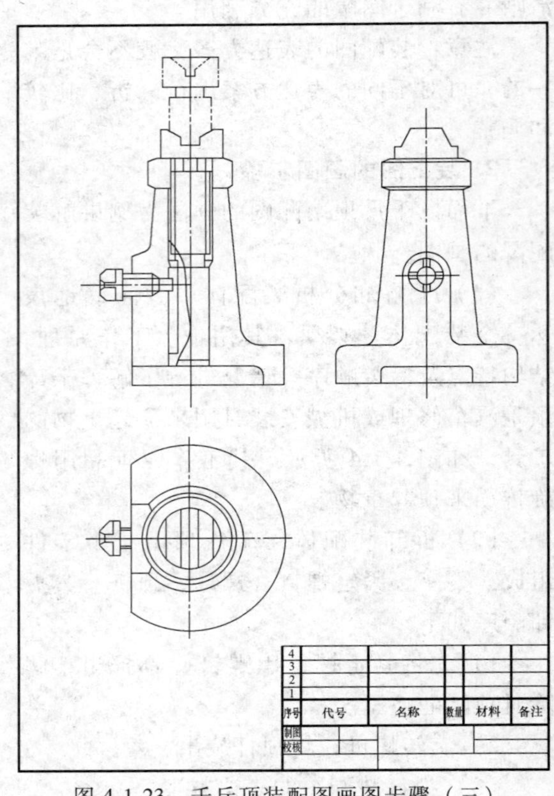

图 4-1-23　千斤顶装配图画图步骤（三）

5）填写明细栏、标题栏及技术要求等，如图 4-1-24 所示。

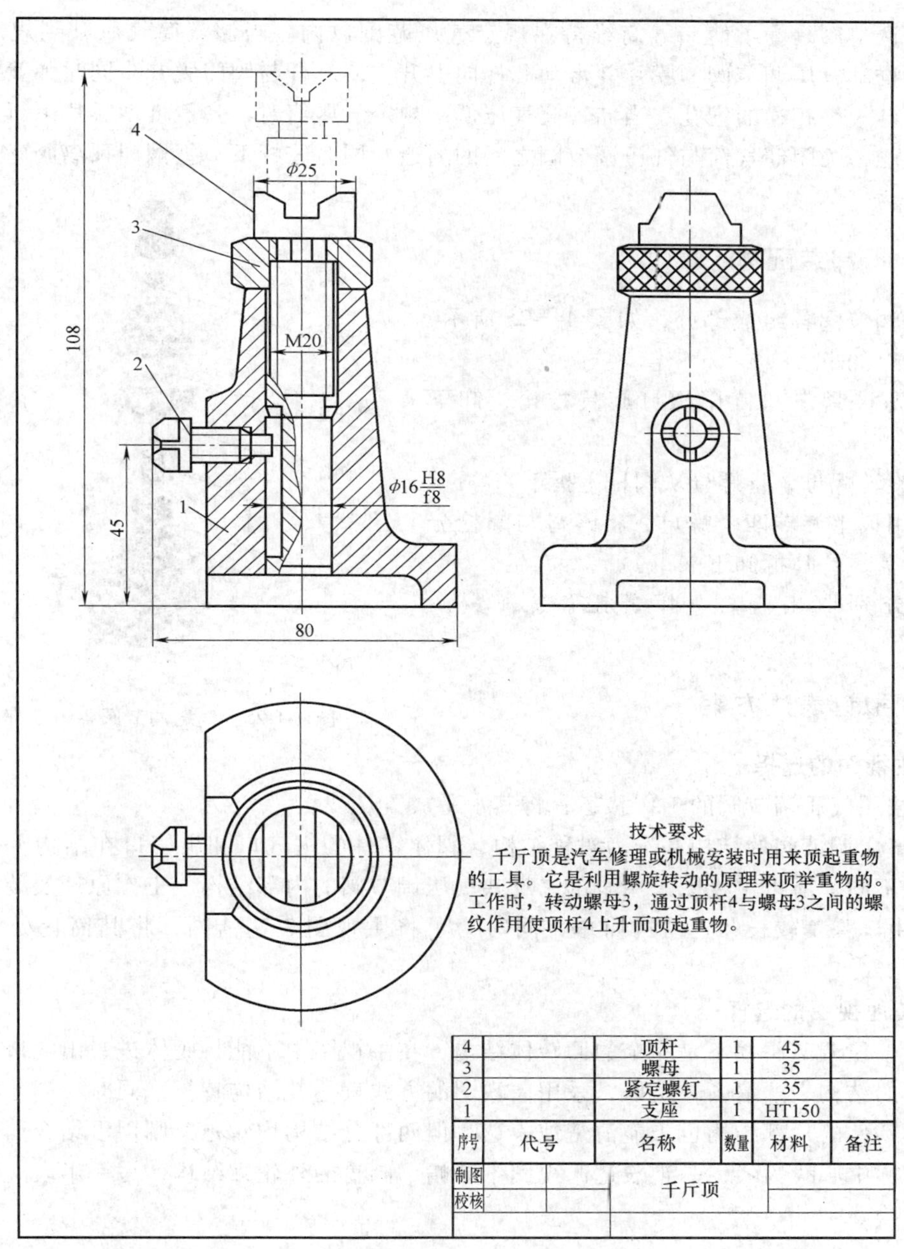

图 4-1-24　千斤顶装配图画图步骤（四）

任务实施

根据以上所学的内容，完成图 4-1-3 所示气压调节阀的装配图绘制，方法及步骤如下。

一、了解、分析气压调节阀的结构与工作原理

气压调节阀是为了使储气筒维持在规定气压范围以内。当储气筒气压升到规定气压值时，气压推动气压调节阀的膜片并带动芯杆向上升，使芯杆与阀门脱开，同时弹簧把阀门顶起，封闭与大气相通的气孔；当储气筒气压低于规定气压值时，弹簧推动膜片下行，使芯杆与阀门接触，关闭储气筒与气压调节阀之间的通道，同时芯杆下行把阀门顶离阀座，将排气通道打开。

二、拆卸装配体

气压调节阀各组成部分，如图 4-1-25 所示，其拆卸顺序如下。

1）先将紧定螺钉用螺钉旋具拧出，卸下阀帽。

2）旋转螺母，将螺母从阀杆上拆下来。

3）用扳手旋转四个螺母，将螺母与螺栓分开，将阀盖、垫片拆卸下来。

4）分别取出阀杆、弹簧托盘、弹簧及阀门。

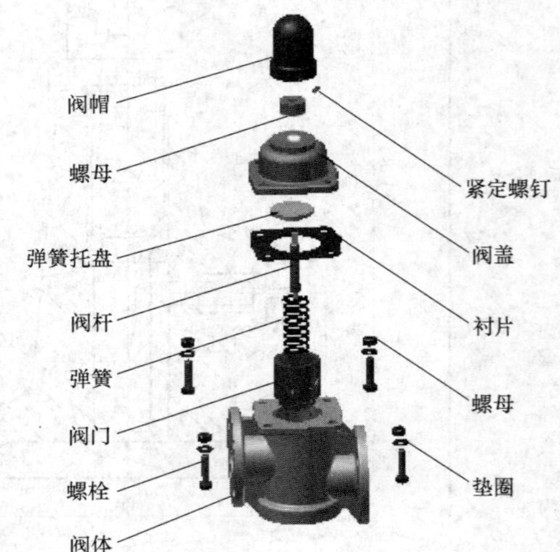

图 4-1-25　气压调节阀各组成部分

三、拟订表达方案

1. 主视图的选择

1）按照气压调节阀的工作状态，将其水平放置。

2）气压调节阀的结构基本为对称结构，阀体零件的进气口和出气口在结构上一致，但在位置上不同，所以主视图采用全剖来反映气压调节阀的内部结构、工作原理及装配关系。

3）由于弹簧较长，且结构简单，同时为了将主视图表达清晰，将其简化处理，采用“折断画法”。

2. 其他视图的选择

由于气压调节阀并不是完全的回转体结构，在主视图中不能将阀体进、出气口的结构及阀体底部的结构表达清晰，所以，采用向视图的方式表达其结构特征。同时，阀盖零件的底部及阀体零件的顶部结构也未能清楚地表达，但两部分结构均对称，则用沿结合面剖切的形式，以对称中心线为界，一半表达俯视图中阀帽、阀盖的外轮廓结构，另一半表达阀体顶部的轮廓结构。

四、绘制气压调节阀装配图的步骤

1）布置图幅（表 4-1-1 图 a）。

① 根据选定的装配图表达方案（视图的数量、图形的大小及绘图比例 1∶1）确定图幅为 A3。

② 图幅布置时要考虑标题、明细栏所占的面积，同时要留有尺寸标注、编写序号及书写技术要求的位置。

③ 绘制图框、标题栏、明细栏。

④ 绘制已确定视图的中心线、基准线及轴线等。

2）绘制底稿。

① 先从绘制主视图开始。绘图方法可根据表达的内容不同采取不同的方法，如表4-1-1 图 b所示。气压调节阀装配图的绘图步骤可有多种，列举两种如下。

a. 阀体→阀门→衬片→阀盖→阀杆→螺母→弹簧托盘→弹簧→阀帽。

b. 阀杆→阀盖→螺母→衬片→阀体→弹簧托盘→弹簧→阀帽。

② 绘制其他小零件及图稿细节，如沿零件结合面剖切的半剖视图、阀体两个方向的向视图等，如表 4-1-1 图 c 所示。

3）仔细检查，无误后加深图线并画剖面线，如表 4-1-1 图 d 所示。

4）尺寸标注，编写零件序号，填写明细栏、标题栏及技术要求等，如表 4-1-1 图 e 所示。

表 4-1-1　气压调节阀装配图绘制

	装配图绘制步骤
布置图幅	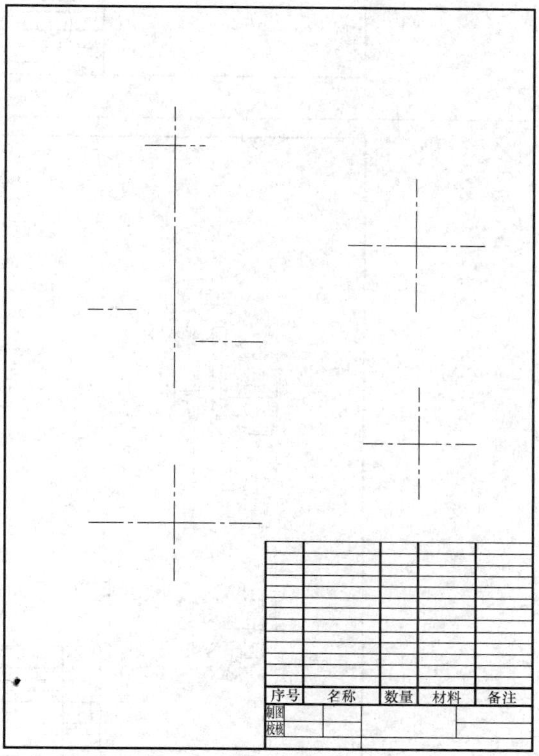 a)

（续）

	装配图绘制步骤
绘制底稿	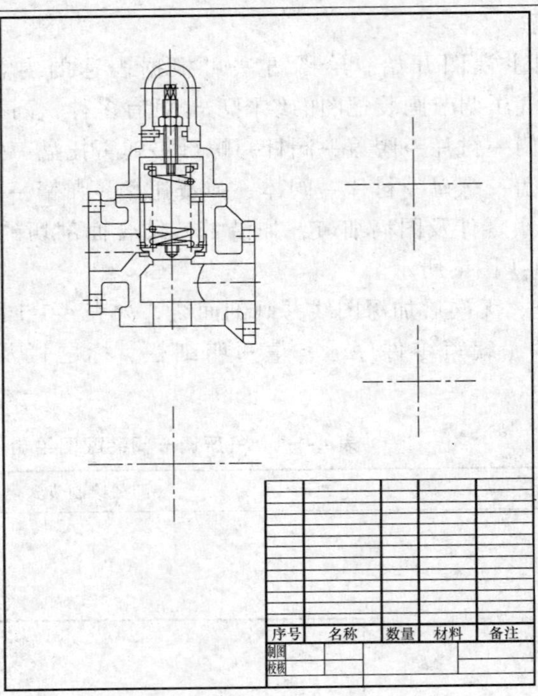 b)
绘制细节及其他视图	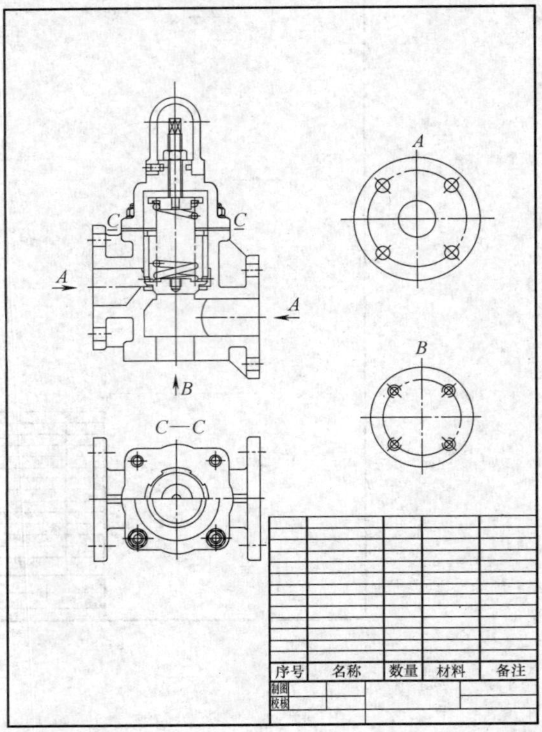 c)

（续）

	装配图绘制步骤
描深，绘制剖面线	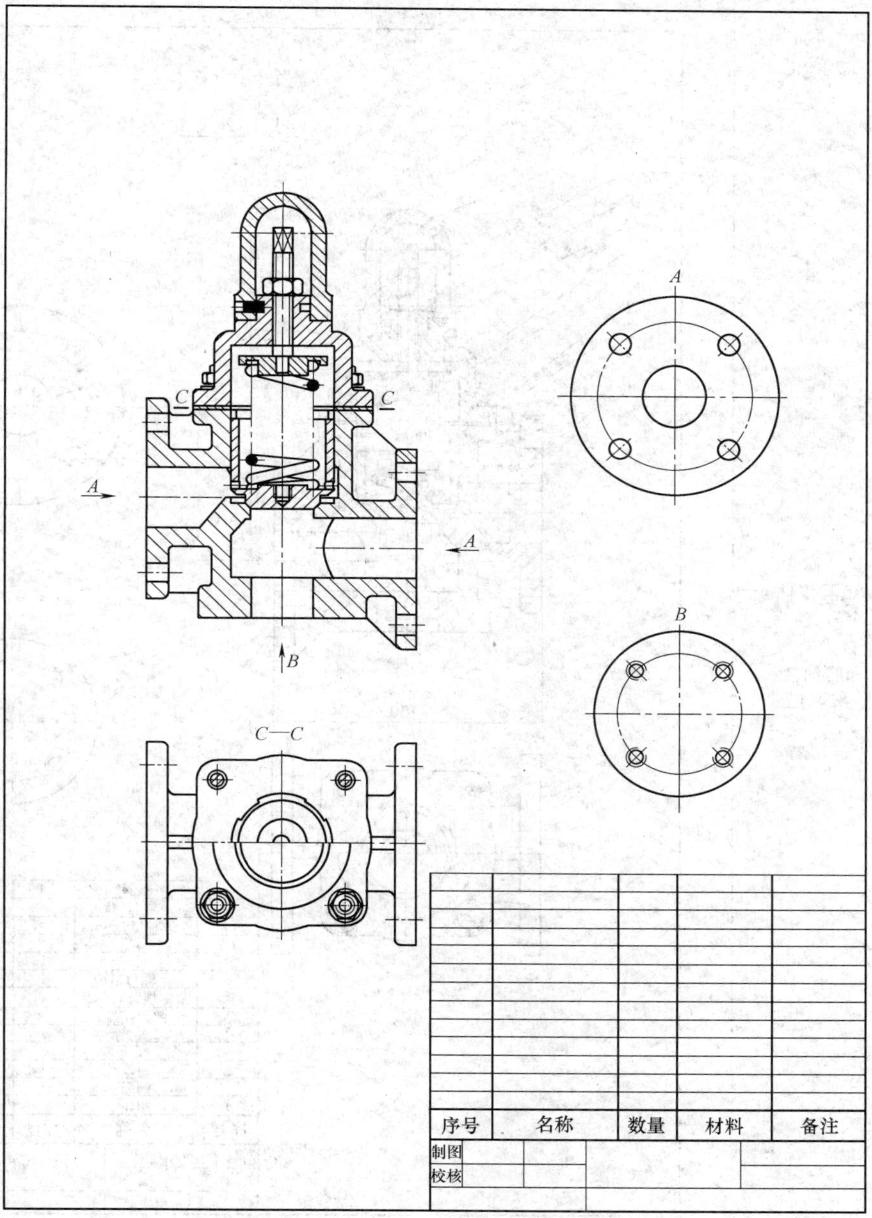 d)

（续）

	装配图绘制步骤
尺寸标注，编写零件序号，注写技术要求和明细栏、标题栏	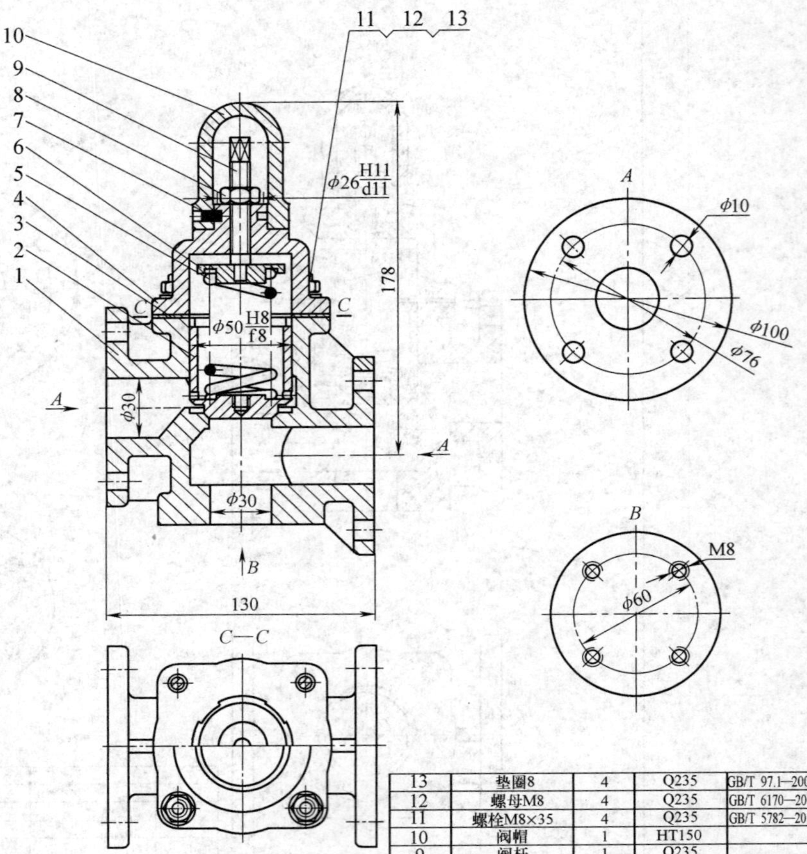 e)

13	垫圈8	4	Q235	GB/T 97.1—2002
12	螺母M8	4	Q235	GB/T 6170—2015
11	螺栓M8×35	4	Q235	GB/T 5782—2016
10	阀帽	1	HT150	
9	阀杆	1	Q235	
8	螺母M10	1	Q235	GB/T 6170—2015
7	紧定螺钉M5×10	1	Q235	GB/T 75—1985
6	弹簧托盘	1	HT150	
5	弹簧	1	65Mn	
4	阀盖	1	HT150	
3	衬片	1	纸板	
2	阀门	1	HT150	
1	阀体	1	HT150	
序号	名称	数量	材料	备注

制图		气压调节阀
校核		

4.2 柱塞泵装配图的识读

项目引入

柱塞泵（图 4-2-1）是车用柴油供给系中的重要部件，它的性能和质量对柴油机影响极大，被称为柴油机的“心脏”。其作用是提高柴油压力，按照发动机的工作顺序、负荷大小，定时定量地向喷油器输送高压柴油，且确保各缸供油压力均等。车用柴油机的喷油泵按其工作原理不同可分为柱塞式喷油泵、喷油泵-喷油器和转子分配式喷油泵三类。它依靠柱塞在缸体中往复运动，使密封工作容腔的容积发生变化来实现吸油、压油。柱塞泵具有额定压力高、结构紧凑、效率高和流量调节方便等优点，被广泛应用于高压、大流量和流量需要调节的场合，同时也应用于液压机、工程机械和船舶中。

柱塞泵由四大部分组成：分泵、油量调节机构、传动机构和泵体。分泵（图 4-2-2）是带有一副柱塞偶件的泵油机构，分泵的数目与发动机的缸数相等。每个气缸都有一个分泵，各缸的分泵结构尺寸完全一样。分泵的主要零件有柱塞偶件、柱塞弹簧、弹簧下座出油阀偶件、出油阀弹簧、减容器、出油阀压紧座等。

图 4-2-1　柱塞泵

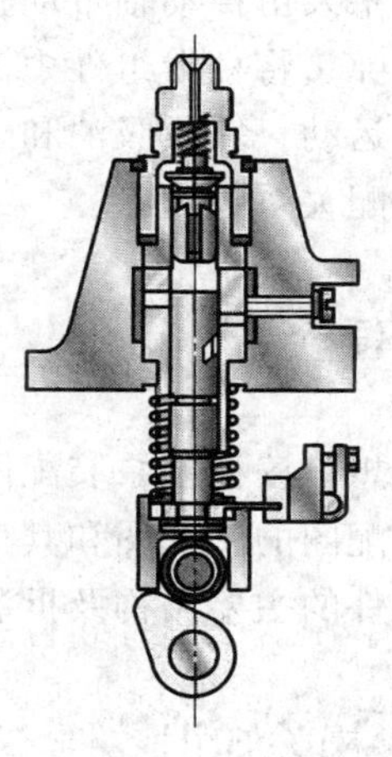

图 4-2-2　分泵

油量调节机构的作用是根据柴油机负荷和转速的变化相应改变喷油泵的供油量。改变供油量的办法是转动柱塞，通过改变供油行程来完成的。多缸机还要注意各缸供油均匀性的调整。油量调节机构通常采用两种形式：齿杆式和拨叉拉杆式，如图 4-2-3 所示。

项目目标

1）掌握识读装配图的基本要求。

2）掌握识读装配图的方法和步骤。

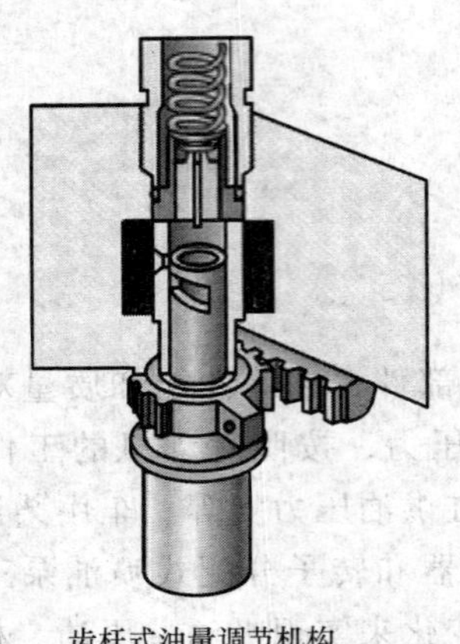

齿杆式油量调节机构

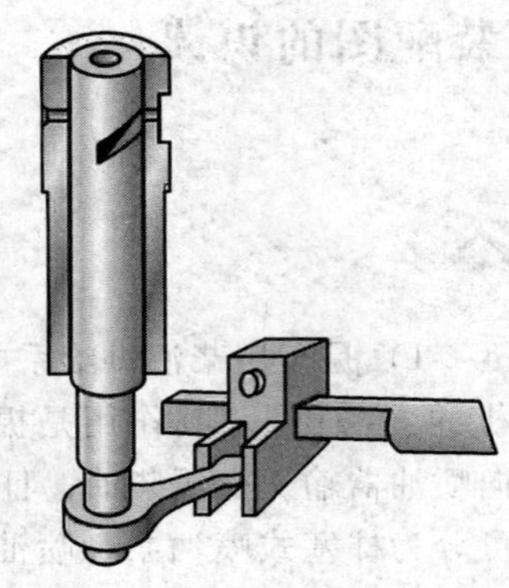

拨叉拉杆式油量调节机构

图 4-2-3　油量调节机构形式

任务引入

柱塞泵由传动轴带动缸体旋转，使均匀分布在缸体上的七个柱塞绕传动轴轴线转动，通过中心弹簧将柱滑组件中的滑靴压在变量头（或斜盘）上。这样，柱塞随着缸体的旋转而做往复运动，完成吸油和压油动作。怎样识读图 4-2-4 所示的柱塞泵装配图，了解其工作原理及装配关系呢？

任务分析

要想识读柱塞泵装配图，首先要通过装配图的标题栏、明细栏了解装配体的组成，然后通过装配图的主视图和其他视图了解各零件间的装配关系、装配体的使用性能、工作原理以及各零件的主要结构及拆装顺序等，最后想象出柱塞泵的立体图。

相关知识

一、识读装配图的基本要求

1）了解装配体的名称、使用性能、结构、工作原理和功用。

2）明确各零部件的结构形状、种类、相对位置及装配关系和连接方式。

3）了解装配图中的尺寸标注和技术要求。

二、识读装配图的方法与步骤

1. 概况了解

从标题栏入手，可以了解装配体的名称和绘图比例等，从中判断装配体的大致用途和制

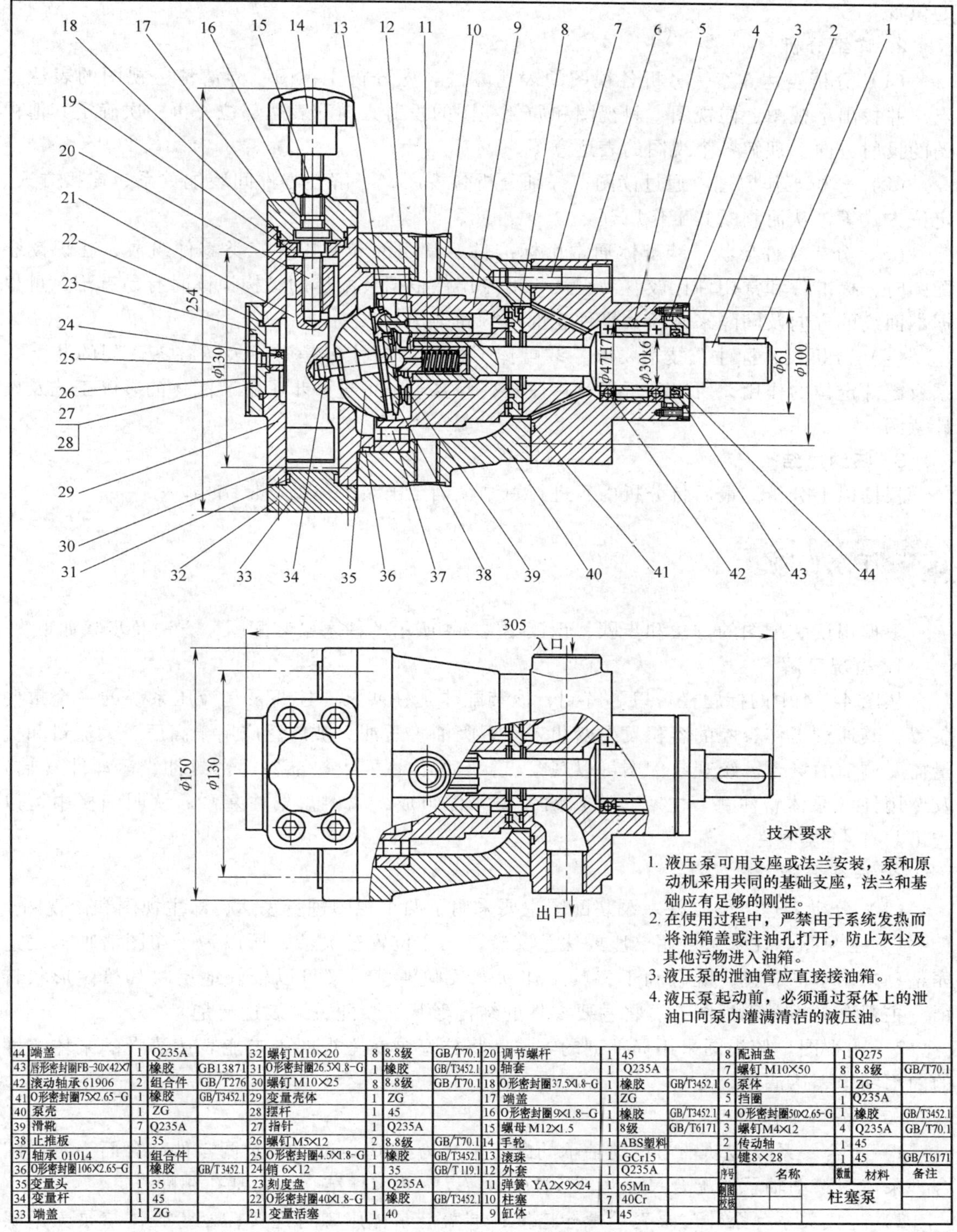

技术要求

1. 液压泵可用支座或法兰安装，泵和原动机采用共同的基础支座，法兰和基础应有足够的刚性。
2. 在使用过程中，严禁由于系统发热而将油箱盖或注油孔打开，防止灰尘及其他污物进入油箱。
3. 液压泵的泄油管应直接接油箱。
4. 液压泵起动前，必须通过泵体上的泄油口向泵内灌满清洁的液压油。

序号	名称	数量	材料	备注	序号	名称	数量	材料	备注	序号	名称	数量	材料	备注	序号	名称	数量	材料	备注
44	端盖	1	Q235A		32	螺钉M10×20	8	8.8级	GB/T70.1	20	调节螺杆	1	45		8	配油盘	1	Q275	
43	唇形密封圈FB-30×42×7	1	橡胶	GB13871	31	O形密封圈26.5×1.8-G	1	橡胶	GB/T3452.1	19	轴套	1	Q235A		7	螺钉M10×50	8	8.8级	GB/T70.1
42	滚动轴承61906	2	组合件	GB/T276	30	螺钉M10×25	8	8.8级	GB/T70.1	18	O形密封圈37.5×1.8-G	1	橡胶	GB/T3452.1	6	泵体	1	ZG	
41	O形密封圈75×2.65-G	1	橡胶	GB/T3452.1	29	变量壳体	1	ZG		17	端盖	1	ZG		5	挡圈	1	Q235A	
40	泵壳	1	ZG		28	摆杆	1	45		16	O形密封圈9×1.8-G	1	橡胶	GB/T3452.1	4	O形密封圈50×2.65-G	1	橡胶	GB/T3452.1
39	滑靴	7	Q235A		27	指针	1	Q235A		15	螺母M12×1.5	1	8级	GB/T6171	3	螺钉M4×12	4	Q235A	GB/T70.1
38	止推板	1	35		26	螺钉M5×12	2	8.8级	GB/T70.1	14	手轮	1	ABS塑料		2	传动轴	1	45	
37	轴承01014	1	组合件		25	O形密封圈4.5×1.8-G	1	橡胶	GB/T3452.1	13	滚珠	1	GCr15		1	键8×28	1	45	GB/T6171
36	O形密封圈106×2.65-G	1	橡胶	GB/T3452.1	24	销6×12	1	35	GB/T119.1	12	外套	1	Q235A		序号	名称	数量	材料	备注
35	变量头	1	35		23	刻度盘	1	Q235A		11	弹簧YA2×9×24	1	65Mn		制图			柱塞泵	
34	变量杆	1	45		22	O形密封圈40×1.8-G	1	橡胶	GB/T3452.1	10	柱塞	7	40Cr		校核				
33	端盖	1	ZG		21	变量活塞	1	40		9	缸体	1	45						

图 4-2-4　柱塞泵装配图

造方法。从明细栏了解零件的名称、数量和材料，根据零件编号在装配图中找到各零件所处的位置。

2. 详细分析

（1）分析表达方案　分析各视图的表达方法。先分析主视图，弄清楚主视图的表达重点，并找出剖视图、向视图、斜视图和局部视图的投射方向和表达部位，再一次确定其他视图的投射方向，理解各个视图的表达意图。

（2）分析工作原理　通过读图，仔细分析各视图，了解各零件间装配关系、连接方式、定位方式等，从而判断其工作原理。

（3）分析零件形状　装配体通常由标准件、常用件和专用件三类零件组成，在识读装配图时，标准件和常用件比较容易识读，但专用件根据装配体的结构识读时有易有难，可根据剖面线的方向及间隔来判断其零件轮廓形状和结构。

（4）分析尺寸标注及技术要求　装配体上标注的尺寸多是为了表达各零件间的装配关系及零件定位的作用，所以分析尺寸标注及技术要求，可进一步了解装配体的装配工艺及设计意图。

3. 归纳总结

根据以上分析，最后将分析内容进行总结，确定出装配体的立体结构。

任务实施

根据识读装配图的方法和步骤，识读图 4-2-4 所示的柱塞泵装配图，方法及步骤如下。

1. 概况了解

从图 4-2-4 中的标题栏可以了解到，该装配体是柱塞泵，柱塞泵是液压系统的一个重要装置，其通过工作容腔的容积发生变化来实现吸油、压油。被广泛应用于高压、大流量和流量需要调节的场合。统观装配图可以观察出，装配体主要由标准件、密封件、运动件（轴）及专用件（泵体、柱塞、柱塞套等）四大类零件组成，属斜盘式柱塞泵。从明细栏中可以查出共有 44 类零件。

2. 详细分析

（1）分析表达方案　柱塞泵装配图主要采用了两个视图进行表达，即主视图和俯视图。

1）主视图。柱塞泵可用支座或法兰安装，工作位置较灵活，所以为了布图清晰且表达完整，采用水平放置，既有利于将其工作状态反映清楚，又可以较好地反映其整体形状特征。主视图采用全剖视图，可将主要零件的结构形状、装配关系表达清楚。

2）俯视图。俯视图采用局部剖的方法，将柱塞泵在主视图中未能表达清晰的泵体零件的内部结构表达清楚。

（2）分析工作原理

1）配合关系。传动轴与滚动轴承的配合尺寸为 ϕ30k6mm，表示两零件结合面为过渡配合，泵体与滚动轴承的配合尺寸为 ϕ47H7mm，表示两零件结合面为基孔制配合。

2）连接关系。泵体与泵壳用螺栓连接；端盖与泵体用螺钉连接；变量壳体与泵壳用螺钉连接；指针与刻度盘及摆杆用销连接；刻度盘与变量壳体用销连接。

3）工作原理。柱塞泵由传动轴带动缸体旋转，使均匀分布在缸体上的七个柱塞绕传动

轴中心线传动，通过弹簧将柱滑组件中的滑靴压在变量头上，柱塞随着缸体的旋转而做往复运动，完成吸油和压油动作。

（3）分析主要零件形状　装配体中大部分专用件为回转体零件，如缸体、泵体、泵壳及传动轴等。

（4）分析尺寸标注及技术要求

1）尺寸分析。尺寸 254mm、ϕ150mm 及 305mm 是外形尺寸，ϕ47H7mm 和 ϕ30k6mm 是配合尺寸，ϕ100mm、ϕ61mm、ϕ130mm 为安装尺寸。

2）技术要求分析。技术要求说明了柱塞泵的工作位置，并提出了连接件的性能要求、柱塞泵工作状态的注意事项、柱塞泵的工作前提条件等。

3. 归纳总结

根据以上分析，将装配体的性能、结构、装配、操作等几个方面联系起来进行归纳总结，想象出柱塞泵的立体结构，如图 4-2-5 所示。

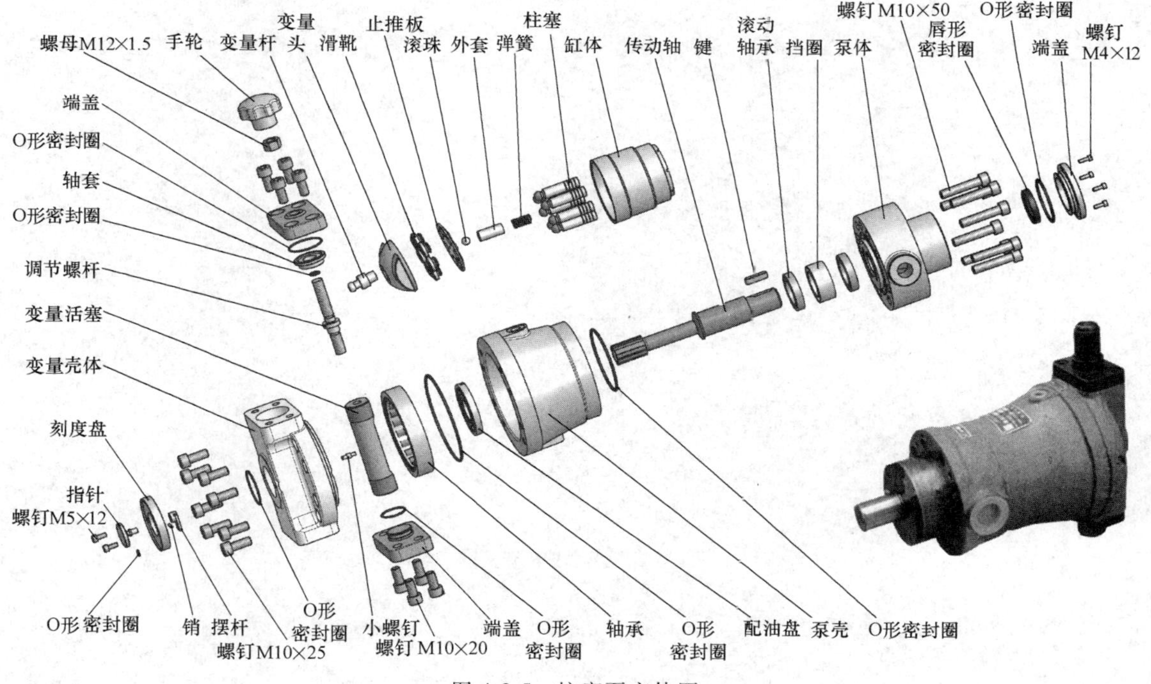

图 4-2-5　柱塞泵实体图

参考文献

[1] 安增桂，田耘. 机械制图［M］. 北京：中国铁道出版社，2011.
[2] 田耘. 汽车模型的测绘与制作［M］. 北京：机械工业出版社，2012.
[3] 钱可强. 机械制图［M］. 4版. 北京：高等教育出版社，2014.
[4] 韦燕菊. 机械识图［M］. 北京：机械工业出版社，2012.
[5] 李明惠. 汽车材料［M］. 北京：机械工业出版社，2002.